JN314651

消費税国会の攻防

一九八七－八八

平野貞夫 衆議院事務局日記

校訂・解題◆赤坂幸一
奈良岡聰智

千倉書房

消費税国会の攻防一九八七-八八——平野貞夫 衆議院事務局日記——目次

解題

消費税制度成立の舞台裏と「平野貞夫日記」

◆赤坂幸一
奈良岡聰智

解題

消費税制度成立の舞台裏と「平野貞夫日記」

赤坂幸一
奈良岡聰智

一　はじめに

本書は、一九八八（昭和六十三）年の消費税導入をめぐる国会の攻防を、国会職員として間近で目撃した、平野貞夫氏の日記を翻刻したものである。時期としては、一九八七（昭和六十二）年一月から一九八八年十二月まで、すなわち消費税導入の前史に当たる「売上税国会」から、実際に消費税関連法案が成立した「消費税国会」までをカバーしている。中曽根康弘、竹下登、後藤田正晴、金丸信、小沢一郎……本書に登場する人物は、当時の自民党政権の中枢を占めていた政治家ばかりである。本書は、中曽根内閣から竹下内閣に至る時期の政治の一断面をありのままに記録した第一級の歴史的史料である。

本書の内容に立ち入る前に、まずは著者の経歴と本書が成り立つに至った経緯について触れておきたい。

二　平野氏の略歴と時代背景[1]

平野貞夫氏は、一九三五（昭和十）年、高知県幡多《はた》郡三崎村（現土佐清水市）に生まれた。父親は開業医で、平野氏の兄三人も医師、歯科医師への道を歩んでいる。

平野氏も、清水高校を卒業後——父の希望に沿い——法政大学の医科歯科進学コースに入学したが、後に法学部に転じている。この法学部時代には、原水爆禁止運動で著名な安井郁《やすいかおる》のゼミに在籍し、社会党左派系のやや過激な学生運動に出入りしたこともあったという。その後、一九五八（昭和三十三）年に同法律学科を卒業した平野氏は、さらに研鑽《けんさん》を積むことを決意し、同大学大学院社会科学研究科に進学した。同研究科の政治学コースで、憲法と自由党史、憲法制定史・憲政史等に興味を持った平野氏であったが、中でも一番関心を抱いたのは、同氏の先祖が関わっていたという経緯もあり、自由民権運動であったという。[2]

こうして、維新史の泰斗《たいと》、遠山茂樹のゼミで『自由党史』等を講読しつつ、国会成立史を主たる研究対象とした平野氏は、その過激な政治運動を懸念した父の勧めもあり、父の友人である林譲治（元衆議院議長、吉田茂門下）[3]の縁で、[4]「衛視《えいし》と速記者しかいない職場だと思っていた」[5]衆議院事務局に奉職することとなる。一九五九（昭和三十四）年、すなわち六〇年安保の前年のことであった。

当時の一般的な採用形態として、[6]二年間という期限付きで臨時主事補に採用された平野氏は、議事法規関係の論文の収集作業を担当し、新設された委員部調査課[7]で議事法規の調査・研究に勤《いそ》しむことになる。一般に、両院事務局では議事運営部門が中心的な役割を果たしているが、とくに委員部はその中核を構成し[8]、その中でも議院運営委員会（以下、議運委）を主管する総務課や、法規・先例の調査及び特別委員会を主管する調査課は、議事運営上、枢要な地位を占めている。

この当時の平野氏について特筆すべき事柄としては、時系列順に、①安保特別委員会の運営事務、②『議会制度七十年史』の『議員名鑑』の作成、③知野虎雄委員部長（後の衆議院事務総長）の発案で始められた国会法研究会の運営担当、④議運委の担当、および⑤副議長秘書・議長秘書の経験、の五点がある。

①の安保特別委員会において平野氏は、小沢佐重喜《さえき》委員長のもと、請願の処理や使い走りなど、運営事務の担当補佐をつとめた。林譲治・益谷秀次とともに吉田内閣の三羽烏と言われた小沢佐重喜との縁が、後年の小沢一郎（佐重喜長男）との盟友関係をもたらすことになる。一時期議事部資料課に在籍した際に担当した②の『議員名鑑』は、鈴木隆夫事務総長のイニシアティヴで始められた『議会制度七十年史〔全十二巻〕』の一巻を構成するものである[9]。

③の国会法研究会は、委員部調査課が収集した文献をもとに議事法規の研究を試みたもので、その淵源は昭和十八年に秘書課長時代の鈴木隆夫が開催した議院法研究会にまで遡る。議院法研究会の成果は、不完全ながら憲政記念館等に遺されているが、議院法時代の体系的・公的な逐条解釈を示した最後の試みである[10]。この伝統を引き継いだ国会法研究会の成果は、二〇一〇年、『逐条国会法〔全八巻〕』として、二〇〇九年十二月までの『補巻（追録）』を加えた新たな装いで甦った[11]。④上

述の国会法研究会は、国会法の逐条的な解釈、あるいは議事運営上の問題点について、委員部の係長（＝五等級）以上に研究報告を行わせるという形で開催されたが、平野氏は、その係長として同研究会を担当するために、異例の二階級特進を受けたという。[12] 係長としての平野氏が主に担当したのが、議運委であった。

議運委は議事日程から議事堂運営まで、議院内の庶務一般を司る特殊な常任委員会であるが、[13] そのため、事務局側でも、総長・委員部長・委員部総務課長の指揮のもと、議運担当係長が実務運営を担当するという特殊な体制で臨んでいる[14]（通例の委員会は、課長補佐クラスが主担当（キャップ）となり、その下に係長一人、担当者二人の計五人程度が担当する）。[15] その後、次に見る（副）議長秘書の時代を経て、委員部総務課長、委員部副部長（総務課長事務取扱）、委員部長とキャリア・アップしてゆく平野氏は、つねに、議運委という主戦場において、与野党の議事運営上の相談に応じることとなった（議運委の担当は、管理職時代だけで十年を超える計算になる）。議運委員長の小沢一郎との親交を深め、政治倫理制度の確立に奔走したのも、平野氏が委員部総務課長時代のことである。[16] 本書は、この委員部総務課長・委員部副部長時代の日記である。

⑤平野氏はまた、園田《そのだ》直《すなお》副議長の秘書（一九六五（昭和四十年）十二月から二年間）、前尾繁三郎議長の秘書（一九七三（昭和四十八）年五月から一九七六（同五十一年）十二月）をつとめており、沖縄返還へ向けた動きや健保国会、あるいは核拡散防止条約の批准やロッキード事件に係る衆参両院議長裁定など、国政運営の動態を眼前で経験している。また、国務大臣秘書官クラスの副議長秘書に三十歳で就任し（行政官庁では四十歳前後）、総理候補でもあった前尾議長の秘書に事務総長直々の指名で就任

するなど、ここでも――いわゆるキャリア組ではないという事情に鑑みればなおさら――異例の抜擢を受けている。そして、この園田副議長秘書時代に内閣官房副長官・竹下登との間に築いた人脈が、竹下内閣での消費税成立にいたる一つの伏流をなしているのである。[17]

三　本書成立の経緯

一九九二(平成四)年、委員部長を最後に衆議院事務局を退職した平野氏は、高知県選出の参議院議員を二期務めたのち、文筆活動に入り、現在に至っている。二〇〇九(平成二十一)年三月、議事法研究の一環として、赤坂・奈良岡両名は『逐条国会法』の成立経緯について平野氏に取材する機会を得た。その際、より包括的に国会職員時代の経験や見聞を記録に残すため、オーラル・ヒストリーを申し込んだところ、快諾を頂き、以後月一回程度のペースで全二十四回にわたってお話を伺ってきた(二〇一一年六月終了)。

話が中曽根内閣期にさしかかった頃、平野氏が当時継続的に日記をつけていたことに話が及んだ。というのも、平野氏自身、国会職員時代に膨大な日記やメモを残していることを、既に著書などで公にされていたからである。それは、例えば、以下のとおりである。

「衆院事務局で三三年間、参議院議員として一二年間、私は永田町という特殊な場所で生きてきた。そのほとんどは、政治の裏方として、与野党の政治家から相談を受けることであった。そのなかで私は膨大なメモを残してきた。また、この目で見、この耳で聞いてきた政治の真実を日記に書いてきた[18]」

「…こうしてリクルート事件の経緯をすべて調べ、資料を作成し、官邸側が答弁に困らないものを用意したのだった。国会職員がこういう作業をするのは、明らかに国会法および国会職員法違反である。しかし、この頃までの日本の議会政治は、政治的中立であるべき私に、毎日、法律違反をさせていたというのが現実だった[19]」

このような叙述を手掛かりに、平野氏の日記やメモの閲覧、および同記述に基づく聞き取り調査を依頼したところ、この点についてもご快諾を頂き、以後、「平野貞夫日記」(以下「平野日記」)をもとにしたオーラル・ヒストリーが展開されることとなった。その際、本日記の成り立ちについても平野氏に尋ねたところ、(a)日記をつけたのは一九八五(昭和六十)年(委員部総務課長時代の中頃)から一九九二年二月(衆議院退職時)までであること[20]、(b)日記の記述は議運理事会の審議内容や議長・与野党議員・記者との接触の内容、総長との関係などに及び、テーマとしては国会の定数是正と消費税導入を中心としていること、(c)分量としては大学ノート三十冊に及ぶこと、などが確認できた。

他方、「メモ魔」と呼ばれた平野氏は、日記とは別に膨大な量の「平野メモ」を書き溜めており、時期的には、少なくとも、園田副議長秘書の時代、すなわち一九六五(昭和四十)年頃からのものが残されている[21]。「平野日記」には、日記本体の記述とは別に、これらの各種メモが挟み込まれており、日記本体の記述の理解を助けている。

ただし、注意を要するのは、これらの各種メモの中には、相異なる性格のものが混在しているという事実である。すなわち、日記それ自体の一部を構成しているメモ(例えば、日記本文で参照指示があるメモ）もあれば、電話があった際に作成された覚書を一両日中に会話体に再現したメモ、あるいは、当時誰かに提出する目的で作成したメモのコピー、さらには、後に著書を書く際に作成されたメモなど、その内容・性質は多岐にわたる。本書にも多数のメモを収録しているが、日記本体の記述とメモとの区別を明瞭にすると同時に、各メモの位置づけが明確になるよう心掛けた。

こういった日記・メモ（次ページの写真を参照）の貸与を受け、直接その内容に接した赤坂・奈良岡は、「平野日記」が、同氏が直接見聞したことをありのままに記した、極めて資料的価値の高い文献であること、また、同日記の随所に挟み込まれたメモにも、消費税の成立や各政党・政治家の動向に一定の影響を与えた重要な資料が含まれていることを確認した。如上の経緯から、平野氏が同日記を公刊する意向であることを伝えられた両名が、その校訂作業をお手伝いさせて頂くこととなり、オーラル・ヒストリーを継続し、日記の記述についてさらに踏み込んだお話を伺いつつ、平野氏自身による日記の翻刻文と原文とを全文照合し、必要な加除修正を加えてできあがったのが本書である（凡例を参照）。

平野氏は、既に日記の一部を著作の中で利用している。例えば『ロッキード事件――「葬られた真実」』[22]や『公明党・創価学会の真実』、『公明党・創価学会の野望』[23]、『小沢一郎との二十年』あるいは、『平成政治二〇年史』[24]等がそれである。ただし、これらの著作では、執筆意図に応じて日記本文が適宜編集されている。これに対して本書では、消費税制度成立に関わる重要な記述を原文通りに掲載した。すなわち、これまでに公開された「日記」の記述とされるものは、多少の補足やニュアンスの変化を伴っているが、本書ではこうした脚色前の資料に拠り、日記の原文と厳密に照

Campus
NOTEBOOK

合した上で、筆者や赤坂・奈良岡による補足部分を明確に区別している。

これらの日記本体の記述は、その内容から判断して、そのままの形では他者に見せる意図のなかったものであり、実際、日々の生活の様子や、自身の夢診断の内容、家族生活の詳細など、プライヴェートな記述も多く含まれている(ただし、これらプライヴェート色の強い記述は本書では省略している)。このことから、読者は、既出の諸文献と日記本文との「偏差」から一定の含意を読み取るという「読み方」も、可能なのである。

四　消費税制度成立の研究史と「平野日記」[25]

それでは、本日記の記述の中心をなす消費税制度成立をめぐる歴史について、簡単に振り返っておこう。戦後日本の高度経済成長は、一九七三(昭和四十八)年のオイルショックを契機として大きな曲がり角を迎えた。一九七五(昭和五十)年度の補正予算で、不況による税収減を補うために赤字国債が発行されると、以後国債の発行は常態化した。一九七〇年代後半以降、日本の財政状況は徐々に悪化し、財政再建が大きな政治課題として浮上する。ここで財政再建のための有力な手段として浮上したのが、税制改革すなわち消費税(新型間接税)の導入であった。

この課題に初めて本格的に取り組んだ政権は、大平正芳内閣(一九七八〜八〇年)であった。大平首相は、三木武夫内閣(一九七四〜七六年)の蔵相時代に開始した赤字国債発行に強い責任を感じ、一般消費税と命名した新型間接税の導入を目指したが、唐突な提案が各方面から大きな反発を受け、自民党の総選挙惨敗によってこの構想は棚上げされた。次の鈴木善幸内閣（一九八〇～八二年）が「増税なき財政再建」を掲げ、指導力不足のまま退陣したため、税制改革構想は中曽根康弘内閣（一九八二～八七年）に引き継がれた。

中曽根首相は、行政改革で実績を挙げた後、新型間接税（売上税）の導入に着手した。しかし、首相の発言が二転三転するなど、中曽根内閣の取り組みも準備不足が否めず、売上税法案は廃案となる。次いで発足した竹下登内閣（一九八七～八九年）は、前政権の失敗に学んで、慎重な根回しと丁寧な説明に努め、一九八八（昭和六十三）年に消費税の導入に成功した。消費税は、その実現が政治日程に上ってから十年を経て、ようやく実現に漕ぎ着けたわけである。

以上の消費税導入をめぐっては、これまで政治学者、経済学者、ジャーナリスト、官僚などによって多数の著作が書かれており[26]、その経緯や政治的意義については既に相当程度解明されていると言える。しかしながら、現時点において改めて検討すべき課題も少なくない。その第一は、政権中枢にいた政治家たちの動向である。中曽根、竹下両首相は退任後に回顧録を発表し、自らと消費税問題の関わりについて明らかにしている[27]。しかし近年、後藤田正晴（中曽根内閣官房長官）、藤波孝生（中曽根内閣期の国対委員長）、石原信雄（竹下内閣官房副長官）らへのオーラル・ヒストリーが実施されたことによって、政府・与党内部の動向がより詳細に分かるようになってきた[28]。これらの新たな証言を得た今日、既存の研究や資料を再検討し、政権中枢にいた政治家たちの動向を政治史的に捉え直すべき時期に来ていると言えよう。

第二は、消費税導入の際の野党の動向である。野党各党は、中曽根内閣期の売上税、竹下内閣期の消費税いずれにも強く反対し、牛歩、審議拒否など様々な手段を駆使して抵抗した。もっとも、社会党は強い反対姿勢を貫いたものの、[29] 公明党、民社党には話し合いに柔軟な動きもあり、実は内部は相当に複雑であった。近年、塚本三郎（民社党委員長）のオーラル・ヒストリーや矢野絢也（公明党委員長）の回顧録などによって、その動きは少しずつ明らかになりつつあるが、[30] いまだ十分な検証はなされていない。野党が消費税問題にかなり大きな影響を与えていたことを考えると、その動向についても、資料に基づいて検証する必要があるだろう。

「平野日記」は、これらの課題を検討し、消費税導入をめぐる立法過程を包括的に考察するための格好の資料である。というのも、消費税導入が政治問題になっていた当時、平野氏は衆議院委員部総務課長（一九八三年一月〜八七年六月）、委員部副部長（一九八七年七月〜八九年九月）として、国会運営の要である議運委の事務を担当していたからである。平野氏は、その職責上、議運委に集まってくる国会審議前の様々な情報に通じていたのみならず、自民党の小沢一郎（一九八三〜八五年に議運委員長）や、竹下登から「兄弟のようなものだ」と評されるほど親密であった[31]公明党の権藤恒夫（議運理事や国対委員長を歴任）らと頻繁に連絡を取り合い、国会運営の円滑化に尽力していた。

平野氏は、小沢のいわば上司であった竹下登（幹事長から首相）、権藤と近かった公明党の大久保直彦書記長、二見伸明副委員長とも直接連絡を取り、彼らにしばしばアドバイスを行っていた。[32] 平野氏は、消費税導入論者であった前尾繁三郎衆院議長の薫陶を受けたこともあって、消費税導入の必要性を強く認識しており、衆議院事務局の一職員としては異例なほど、この問題に深く関わった。そのことは、彼が後に竹下元首相と共に『消費税制度成立の沿革』という大部の本を監修していることからも明らかである。[33]

立法過程の全体的な流れについては、平野氏自身が『消費税制度成立の沿革』の中で詳しくまとめているが、同書の眼目は消費税導入をめぐる国会の動きを通史的・概説的にまとめることにあり、裏面における内閣や各党の動きについては触れられていない。本日記の最大の価値は、同書やこれまで書かれた本では触れられていない立法過程の裏面を明らかにしている点に存する。その詳しい内容は直接本書をご覧頂くとして、以下では、適宜本日記の記述に触れつつ、消費税導入をめぐる立法過程を概観していきたい。

五　中曽根内閣と「売上税国会」

(1)　売上税導入問題の浮上

一九八二(昭和五十七)年に成立した中曽根内閣は、発足当初こそ最大派閥である田中派に配慮した政権運営を余儀なくされたものの、その後巧みに「田中離れ」を進めながら、三公社の民営化など行財政改革で実績を積み、一九八六(昭和六十一)年七月の衆参同日選挙で自民党を大勝利に導いた。これによって中曽根首相は、自民党総裁任期の一年延長に成功し、第三次内閣を発足させた。ここで、さらなる任期延長を目指していた彼が政治課題として選択したのが、新型間接税(売上税)の導入であった。

中曽根首相は、政権発足以来、税制改革について検討を進め、新型間接税導入のタイミングを慎重に探っていた。しかし、衆参同日選挙前には、「多段階、包括的、網羅的、普遍的で大規模な消費税を投網をかけるようなやり方でやることはしない」という政府統一見解を出していたため（一九八六年二月の衆議院予算委員会）、新型間接税構想は「唐突」「説明不足」という印象を与え、自民党内ですら反対が少なくなかった。しかし中曽根内閣は、一九八六年十二月に政府税制調査会、自民党税制調査会に税制改革案をまとめさせ、「売上税」と呼ばれる日本型付加価値税の導入、マル優制度の廃止、法人・個人所得税減税を柱とする税制改革を、次期通常国会（第百八回国会）で目指す構えを見せた。

一方、野党の反対は非常に強硬であった。社会党は、一九八六年九月に就任した土井たか子委員長のもとで、「公約違反」である売上税の導入に反対の姿勢を示した。十二月に公明党委員長に就任した矢野絢也も、売上税への反対を明言した。公明党の支持母体である創価学会の池田大作名誉会長も、一九八七（昭和六十二）年一月に新聞紙上での対談で、売上税を「これほどの公約違反はない」と評した。民社党の塚本三郎委員長も、一月に売上税反対を表明した。共産党も、従来から一貫して新型間接税の導入に反対であった。

従来、自民党と野党は、法案や予算をめぐって表面上は対立していても、互いの面子を立てながら、裏面で何らかの形で妥協を図るのが常であった。国対委員長を長く務めた金丸信が、その名手であったことはよく知られている。しかし、この時の社会党の反対はきわめて強硬で、自社両党が妥協点を見出すのは難しかった。そこで鍵を握ったのは、公明党、民社党の動向であった。

公明党は、福祉政策の充実を掲げており、それと引き替えに妥協をする余地があるように見えたし、民社党は反対姿勢が弱かったため、中曽根政権は両党の取り込みに全力を挙げた。平野氏は、数多く存在した両党間のパイプの中で、①議運委を通じた与野党間の交渉、②自民党の竹下幹事長およびその意を受けた小沢一郎（前自治相）、公明党の大久保直彦書記長、権藤恒夫代議士の間で行われた折衝に関与し、その経緯を日記に残している。

(2) 難航する予算委員会審議

一九八六年十二月二十九日、第百八回通常国会が召集された。中曽根首相は、翌年一月二十六日に施政方針演説を行ったが、ここでさっそくつまずく。演説中に「売上税」という言葉が入っていなかったため、野党が抗議し、代表質問入りを拒否したのである。平野氏は、公明党ですら売上税法案に断固反対であることを大久保書記長から聞き出し、この話をさっそく越智伊平議運委員長に伝えている。[34]

中曽根首相が衆議院本会議で補足説明を行うことによって、国会審議は二月二日に正常化したものの、政府・与党内の調整が難航し、税制改革三法案の衆議院提出が遅れたため（「所得税法等の一部を改正する法律案」「売上税法案」の二法案が二月四日、「所得税法等の一部を改正する法律及び売上税法施行法案」が十日）、野党は予算委員会の審議開始を拒否した。野党の狙いは、予算を人質に取って、売上税法案を粉砕することにあった。そのために、できる限り審議拒否を続け、三月二十三日から選挙活動が始まる統一地方選挙で好成績を挙げることも目指していた。野党のこうした動きに危機感を強めた平野氏は、早坂茂三（竹下幹事長の秘書役）[35]、朝日新聞の池内記者、越智議運委員長、創価学会幹部らと会談して情報収集を続けた。結局、予算委員会の総括質疑は、例年に比べて一ヶ月も遅い三月三日に始まった。この経緯を間近で見た平野氏は、二月中旬までには、「売上税問題は政治的棚上で収拾されるだろう」という見通しを持つに至っている。[36]

平野氏は、公聴会（一般国民からの意見を予算委員会の場で聴くもので、国会法五十一条によって、総予算及び重要な歳入法案について義務づけられているもの）の開催をめぐる問題など、与野党間対立を収拾するために奔走した。[37] また、三月八日の参議院議員補欠選挙（岩手選挙区）で「反売上税」を訴えた社会党の候補者が当選し、野党の意気がますます上がる中、強行採決は事態を悪化させることになると予想し、議長斡旋によって各党から意見を聴取して「政治休戦」を行い、日切れ法案や暫定予算の審議を行うべきであると小沢一郎に進言した。[38] 小沢から報告を受けた竹下幹事長は、四月十二日（統一地方選の投票日）までは売上税法案を強行採決しないことを決め、与野党間の調整を精力的に進めた。[39] その結果、三月十二～十三日にかけて、十三日の審議開始、十九・二十日の公聴会開催が決まった。平野氏は、これは「権藤・小沢ライン」による決着だと見た。

三月十三日、予算委員会が再開し、公明党の大久保書記長、民社党の永末英一副委員長が質疑を行ったが、野党側の姿勢は相変わらず強硬であった。例えば大久保は、「売上税制度の創設は、選挙公約の違反であることを認め、政治責任をとるということを、この場で、国民に対して明らかにしてもらいたいと思いますが、総理いかがですか。」などと中曽根首相に迫った。[40] しかし、中曽根首相には修正に応じる考えはなく、十九日の政府・与党首脳会議の場で、規定方針通り予算成立と税制改革に向けて全力を挙げることが確認された。他方で、与野党間では、十七日の自社公民幹事長・書記長会談の場で、四月十二日までは政治休戦とし、国会審議は行わないことなどが確認された。こうして各党は統一地方選の選挙運動に突入し、政治の焦点は、四月十二日以降の動向に移った。

た。

(3) 議長斡旋に至る過程

選挙運動が始まってからも、与野党は激しい鍔迫《つばぜ》り合いを続けた。平野氏は、竹下幹事長からの求めに応じて、一九八七年三月三十一日に、「売上税問題をめぐる事態の打開について」と題したメモを届け、野党の批判を厳粛に受け止め、税制改革について野党とも話し合う必要性を表明すると共に、予算成立への協力を呼びかけるべきだと助言した。[41] 竹下は、「よくわかった。意を体してやる」と応じ、以後このメモに沿って討論会や演説会で発言を行ったという。[42] これを契機として、竹下・金丸ラインが主導する形で、事実上の税制改革凍結を目指す柔軟路線が、自民党内に形成されていった。

他方で、社会党の姿勢は強硬であった。平野氏は、毎日新聞の記者から、同党の山口鶴男書記長が二十四日のオフレコ懇談の場で、「売上税問題は、勝負あったと思っている」と語り、法案の「事実上の棚上げ」が落とし所だと考えているという情報を入手していた。[43] 公明党、民社党も、内情は複雑であったものの、[44] 依然として反対姿勢を変えていなかった。

四月六日、平野氏は弥富啓之助事務総長に「総予算の審議及び売上税問題についての私見」と題したメモを提出して、以上の政治状況を報告すると共に、「売上税関係法案を棚上げする(事実上の撤回となるかもしれない)」という方法の検討を進言した。[45] 弥富総長も、売上税法案は「棚上げというか凍結しかない」という意見で、四月九日夜、首相官邸に裏から入って中曽根首相と会見した際に、このことを進言したようである。しかし、中曽根首相は依然として「キビシイ国会を考えている」様子だったという。[46]

四月十二日、統一地方選挙が行われた。知事選では北海道、福岡で革新が勝利し、県議選でも自民党が前回獲得議席を九十二減らすという大幅退潮であり、野党はますます態度を硬化させた。しかし中曽根首相に税制改革法案撤回の考えがなかったため、政府・与党首脳は、強行採決によって予算を成立させる覚悟を固めた。三月十五日、砂田重民委員長は予算委員会を開会し、野党議員が委員長席に詰め寄る大混乱の中で、昭和六十二年度総予算を採決した。野党四党は採決の無効を主張し、中曽根内閣の即時退陣を求める抗議声明を発表した。

本会議を前に緊迫が増す中で、事態収拾に動いたのは金丸副総理であった。金丸は、四月十六日午前の記者団との懇談で、売上税決着を議長裁定の形で図るべきだという考えを示した。議長側も、与野党が了承すれば受け入れる姿勢であった。これを受けて弥富事務総長は、平野氏と共に、議長のもとに協議機関を作るための検討を開始した。[47] 平野氏は、越智委員長の指示で本会議の準備を進めると共に、[48] こうした動きをひそかに公明党の大久保書記長にも報じた。[49] 平野氏は、話し合いによって売上税法案をめぐる妥協が成立するよう、与野党間の媒介となっていたのである。

四月十七日以降、予算成立と売上税法案の事実上の棚上げとを目指して、政府・自民党、野党間で協議が続けられたが、事態打開の障壁となったのが、法案通過をあきらめていない中曽根首相であった。いわば中曽根首相に引導を渡す役回りとなった竹下幹事長は、「言い切れない」と悩んでいる様子であったが、側近の小沢は、議長預かりという案に中曽根首相を同意させるよう竹下に説得を続けた。[50] 平野氏も、これを後押しするため、竹下にメモを送り、「死中に活を求めること」が肝要で、中曽根首相を説得することによって政権獲得への展望を開くよう激励した。[51]

このような中で、四月二十二日に衆議院本会議が開会したが、野党が牛歩戦術に出たため、徹夜国会となった。翌二十三日にも牛歩による議事妨害が行われ、四時間半かかって宮沢喜一蔵相の不信任決議案が否決されるという異常事態が続いた。二十三日の午前中、小沢・金丸・弥富事務総長の会談が行われ、議長斡旋による事態収拾案の文章が詰められ、税制問題の協議機関を設置する案が作られた。この席上で、金丸副総理は「これで竹下が中曽根を説得できなかったら、田中派では竹下を擁立しないと言え」と言って、小沢に案文を渡したという。[52]

同日午後に首相官邸で中曽根首相と会談した竹下幹事長は、このままの状態で予算を強行採決すれば国民に政治不信を起こすことになるとして、売上税法案について中曽根首相の決断を求めた。ここに至り、中曽根首相もついに売上税法案の通過を断念し、原健三郎議長の斡旋を受け入れることにした。同日夜、原議長、多賀谷真稔副議長は各党幹事長・書記長を招き、中曽根・竹下の会談で確認された線に沿った調停案を文書で示した。そこでは、①税制改革問題の実現のため、各党最大限の努力を払うこと、②昭和六十二年度予算の衆議院通過後直ちに、税制改革に関する協議機関を設置すること、③売上税関連法案の取り扱いについては、協議機関の結論を待って処理すること、が唱われていた。原議長が、各党の話し合いが不調に終わった場合には審議未了・廃案になることを明言したため、野党もこれを受け入れた。こうして、四月二十三日深夜、昭和六十二年度予算は衆議院を通過し、売上税関係法案は会期終了と共に廃案することが固まった。中曽根内閣は、売上税導入に失敗した。しかし、粘り強い努力によって、近い将来の税制改革の芽は辛うじて残され、その実現は次期政権に託されることになった。

売上税法案をめぐる混乱を収拾したのは、竹下・金丸ラインであった。竹下は、この時の事態収拾に成功したことによって、次期政権獲得の可能性を一気に高めることになる。

六　竹下内閣と「消費税国会」

(1)　消費税導入への地ならし　昭和六十二年度予算成立と引き替えに、衆議院議長の下に設置された税制改革協議会は、一九八七年五月二十五日から七月二十四日にかけて十二回にわたって開催された。しかし、減税に重点を置く野党と、恒久財源の確保のため新型間接税の導入になお意欲を持つ自民党との意見の隔たりは大きく、むしろ両者の対立点はより明確になっていった。そこで同協議会の伊東正義座長は、七月二十四日に中間報告を原議長に提出し、協議の状況を報告した。中曽根内閣は、この報告を踏まえてマル優制度廃止、減税を柱とする税制改革法案をまとめ、第百九回臨時国会(七月六日召集)に提出した。野党側では、マル優制度廃止に対する反対が強かったが、政府が減税額を上積みするなど野党に一定の配慮をした修正を行うことによって、売上税法案の時のような強い反対は出ず、法案は可決成立した。この税制改革は中曽根政権の執念によって実現したもので、消費税導入の地ならしをする意味を持った。

この間、自民党では、秋に任期が切れる中曽根総裁の後任をめぐって、激しい争いが展開されていた。竹下幹事長は、次期総裁候補として正式に名乗りを上げるため、七月四日に経世会を発足させる。百十三人の国会議員を擁する、党内最大派閥であった。経世会発足の前日、平野氏は、竹下から永田町の料亭「花乃家」に呼ばれ、食事を共にした。平野氏はこの席で次のような言葉をかけられたという。「自分なりに考えがあるが、君からもらうレポートが色々と役に立つ。自信をつけたりアイデアが出たりするので、本当に有難い。おれのような人間がここまでこれたのも、みんなのおかげだ…」[53]。平野氏は、この頃にも臨時国会や税制改革の見通しについて竹下にレポートを提出しており、以後も竹下に個人的に助言を行っていくことになる。[54]

一九八七年十一月六日、中曽根首相の裁定によって、竹下内閣が発足した。平野氏は、十一月四日に竹下にメモを届け、さしあたっては税制改革の具体的構想についてなるべく触れず、野党やマスコミを刺激しないのを得策だと進言したが、[55]この考えは、竹下自身の考えと近いものだったと思われる。竹下首相は、就任直後の記者会見で「税の抜本改正」を目指すことを明言しつつ、「一般消費税は仕組みなどにおいて国民に理解されなかったので」、行政改革、歳出の節減合理化と並行して進めるべきだと位置づけた。竹下内閣は、まずは政府税調、自民党税調で検討を進め、世論の動向を見定めるつもりであった。

竹下内閣では、小沢一郎が官房副長官に就任した。小沢副長官は、中曽根内閣期から引き続いて税制改革問題や野党対策を担当したが、平野氏は、臨時国会前から国会の見通しや税制改革について様々な助言を行った。[56]議運委員長は、越智伊平から三塚博に交代した。平野氏はそれまで三塚とはあまり面識がなかったため、三塚監修の著書をゴースト・ライトする仕事を引き受け、三塚からの信頼を得ようと努力した。[57]

十二月二十八日、第百十二回通常国会が開会した。竹下首相は施政方針演説で「税制の抜本的改革」の実現に向けて努力を傾ける覚悟を表明した。これに対して野党各党は、引き続き新型間接税の導入に反対であったが、公明、民社両党の間では、直間比率の見直しは避けて通れない課題であるという認識も出始めていた。[58] 国会審議が開始されると、平野氏は竹下首相にメモを送り、社会党が解散を要求して硬直姿勢を続けていくと思われるので、「公明、民社がどこまで引っぱられて行くか」が問題だと指摘し、両党への慎重な対応を求めた。[59]

この国会では、浜田幸一予算委員長が、共産党の宮本顕治議長が「人殺し」をしたと発言して審議を空転させ、一九八八年二月十二日に辞任に追い込まれるというハプニングがあった。また、昭和六十三年度総予算や減税案をめぐって与野党が対立したため、予算が年度内に成立せず、前年に引き続き暫定予算が組まれることになった。しかし、竹下首相が性急に新型間接税を法案化するのを避け、丁寧な答弁を心がけたこともあり、国会審議では、税制改革をめぐって、かなり充実した議論が展開された。特に、竹下首相が衆議院予算委員会の総括質疑の際、「大型間接税」の「六つの懸念」として率直にまとめた答弁は、国民に好印象を与え、野党を本格的議論の場に引き込む画期的なものであった。[60] 竹下政権が初めて臨んだ通常国会は、表向きは税制改革をめぐる与野党間協議は不調であったが、減税問題について実質的合意ができ、財源をめぐる議論が深まったという点では、新型間接税の導入に向けて、大きな意味があったと言える。

(2) リクルート事件の勃発

昭和六十三年度予算が成立すると、竹下内閣は税制改革案の取りまとめにかかった。同時に、野党の強い抵抗が予想される税制改革法案を成立させるためには、五十日以上の長期臨時国会召集の必要があると考えられたため、国会運営の展開のシミュレーションも開始した。平野氏は、一九八七年七月に総務課長から委員部副部長（総務課長事務取扱）に昇任し、引き続き竹下政権の国会運営を支えた。例えば平野氏は、一九八八年四月十一日に小沢内閣官房副長官、大蔵省の三課長と税制改革対策の勉強会を開き、それを踏まえた「税制改革臨時国会のシミュレーション」と題するメモを竹下首相に送っている。[61] 平野氏は以後も弥富事務総長、小沢副長官、大蔵省と連絡を取り続け、[62] 七月九日には小沢に書翰を送り、「実現可能な野党の要求を全部のむぐらいの腹がほしい」と進言している。[63]

他方で平野氏は、引き続き公明党にもアドバイスを行っていた。例えば平野氏は、同年四月二十七日に「税制改革問題について」という文書をまとめ、権藤代議士に送付した。[64] この中で平野氏は、新型間接税の問題点を指摘した上で、公明党に柔軟姿勢を取ることを勧め、減税の要求、防衛費の増額に歯止めをかけるといった従来からの公明党の主張に加え、「福祉基本法」の制定を要求してはどうかと提案している。この構想は、さっそく公明党内で検討されたようで、[65] 同党が八月に発表した「税制改革基本法案要綱」（後述）に活かされたものと考えられる。

一九八八年五月二十四日、竹下首相は小沢官房副長官と協議を行い、七月上旬に臨時国会を召集し、「税制国会」とする方針を固めた。[66] 竹下首相は、「売上税国会」の失敗から、予算を人質に取られた税制改革の困難を学んでいたため、次期臨時国会で何としてでも新型間接税の導入を仕上げる覚悟であった。[67] 竹下首相の意向に沿う形で、自民党税調は、六月十四日に税率三パーセントの「消費税」導入を柱とする税制抜本改革大綱を決定した。翌十五日には、政府税調も「税制改革についての答申」を竹下首相に提出し、新消費税の導入を提唱した四月二十八日付の中間答申を最終答申とするものとした。竹下首相は、六月二十三日にハワイで行った記者会見で、税制改革に「内閣の命運をかける」覚悟を示した。竹下内閣は、二十八日に「税制改革要綱」を閣議決定した。こうして消費税導入への外堀は、着々と埋められていった。

このように竹下政権が着々と準備を重ねていたため、何事もなければ、消費税法案は「売上税国会」ほどの騒ぎにならずに成立に漕ぎ付けることができたであろう。しかし、ここで予期せぬ大事件が発生した。リクルート事件である。一九八八年七月六日、与野党間の駆け引きが活発になった矢先に、リクルートコスモス社の非公開株が、中曽根前首相、安倍晋太郎自民党幹事長、宮沢蔵相の秘書に譲渡され、いずれも公開直後に売却されたという報道がなされた。七日には竹下首相の元秘書、塚本民社党委員長の秘書にも同じ事実があったことが報じられ、臨時国会では、税制改革問題と並んで「政治とカネ」の問題が大きなテーマとして浮上することになった。「消費税国会」は同時に「リクルート国会」ともなり、「売上税国会」に劣らず困難な国会と化したのであった。

七月十九日、第百十三回臨時国会が召集された。二十六日、国会冒頭で、「昭和六十三年度分の所得税の臨時特例法案」が議員立法として提出され、全会一致で可決された。これは、政府・自民党が野党の要求を容れ、消費税など税制改革の本体と切り離して成立させることになったものであった。[68] 二十九日、竹下内閣は税制改革関連六法案を閣議決定して、国会に提出した。竹下首相は、同日の所信表明演説で、消費税を新設すると共に、総額二兆円を上回る規模の減税を実施する考えを示した。そしてその後、全国各地で自ら遊説を行い、消費税制度の必要性を訴えた。

野党各党首は、代表質問で政府の消費税構想を批判した。ここで、本来は予算委員会の審議に入るところであったが、社会党、共産党はリクルート事件の真相解明を優先させ、関係者の証人喚問を予算委員会で行うことを強く主張し、四日間にわたった予算委員会を全てボイコットし、八月中自民党との話し合いに応じない姿勢を続けた。これに対して、公明、民社両党は予算委員会の質疑に参加し、税制改革問題についても論戦が行われた。

民社党の塚本委員長は、国会開会前に、消費税導入を柱とする抜本改革法案の審議に条件付きで応じる姿勢を示していた。公明党も、八月五日に「税制改革基本法案要綱」を発表し、税制の抜本改革と「高齢化社会ビジョン」の策定が必要であるという認識を示した。[69] 自民党の税制改革案とかけ離れたものであったが、税制改革に前向きな姿勢を具体的に示したという点では、転機となるものであった。

「平野日記」を見ると、公明党の転換の背景に、竹下内閣側からの積極的な働きかけがあったことが分かる。七月二十七日、小沢官房副長官の意を受けた朝日新聞の池内記者、および平野氏は、公明党の二見副書記長、権藤代議士と会見し、竹下内閣が「中道の妥協がどうしても得られない時は強行成立で、解散という場面もありうる」が、明電工事件の捜査状況によっては、矢野委員長が『灰色』という感じでマスコミに出る可能性がある。そうなれば公明党に対するイメージはガタ落ちで、解散にでもなると壊滅になるだろう」と伝えていた。[70]

二見からこれを聞いた矢野委員長は、「なんとか解散を避けたい」と応じ、リクルート事件でも証人喚問にこだわらない考えを示したようである。[71] 七月二十九日に平野氏が権藤代議士から聞いたところによると、矢野委員長は、消費税国会の展開次第では解散もあり得ると見ており、同日の公明党企画委員会(中央執行部にあたる)で「解散・総選挙となれば、公明は半減する。絶対に解散は避けなければならない。」「そのため『韓信の股くぐり』で行かざるを得ない。」と発言していたという。[72]

こうして、リクルート事件、消費税問題いずれにおいても、社会党と公明、民社両党の態度は一線を画したものとなった。以後、公明、民社両党は、次第に社会党から距離を取り、むしろ自民党に引きつけられる場面も出てきた。もっとも、野党四党が八月十七日に「不公平税制是正の共同提案」を発表するなど、社公民の提携路線も残っており、野党の動きは流動的であった。そのため、八月二十五日に始まった衆議院の議運委理事会において、税制改革関連法案の取り扱いに関する話し合いは膠着状態に陥り、審議は一向に進まなかった。

(3) 消費税制度の成立

このような中で、公明党は、予算委員会で暗礁に乗り上げているリクルート疑惑の解明を進めるため、特別委員会を設置するよう提案した。それ以前から、衆議院事務局では、弥富事務総長が特別委員会の設置による審議促進を考え、その具体策を練っていた。[73] また、自民党の議運理事の間でも特別委員会の設置が検討されており、平野氏が八月四日に作成した資料「特別委員会について」を土台にして、検討が進められた。[74] 九月五日になると、楢崎弥之助代議士が隠し撮りさせた映像がテレビで放映された影響で、国民のリクルート疑惑に対する関心が大きくなり、野党は疑惑解明を目的とした委員会設置をより強く求めるようになった。野党が、疑惑を解明しない限り消費税問題の審議に入らない態度を取ったため、自民党も特別委員会の設置を認め、リクルート問題、税制改革関連法案を、その中で議論する方針を固めた。[75] こうして九月十二日、「税制問題等に関する調査特別委員会」が設置された。

この特別委員会にかける政府・自民党の意気込みは強く、特別委員長には竹下首相自らが口説いて金丸前副総理が就任した。特別委員会設置によって、消費税法案の審議は一気に前進することになった。また、この頃昭和天皇の容態が悪化したことも、審議を微妙に促進する効果を持った。特に政府・自民党側では、万が一のことが起こる前に税制改革法案を成立させようという雰囲気が出てきたようである。[76]

もっとも、審議はなかなか進まなかった。自民党は、審議を促進するため、税制改革関連法案とリクルート疑惑の審議をできるだけ切り離す作戦であった。社会党は、リクルート疑惑の解明と不公平税制の是正を実現し、税制改革関連法案は廃案に持ち込む作戦であった。公明党、民社党は、リクルート疑惑の解明と不公平税制の是正が一定程度実現すれば、税制改革関連法案の審議入りに柔軟に応じる姿勢であった。各党が別々の立場を取り、江副浩正リクルート前会長の証人喚問などをめぐって激しく対立した結果、九月十四日に開始された審議は長引き、自民党は会期最終日（九月二十六日）を前に、会期の大幅延長（十一月二十四日まで五十九日間）を提案し、議決された。その後もリクルート疑惑解明をめぐって、与野党は激しい対立を続けた。

こうして次第に審議日程が厳しくなり、社会党に変化の兆しも見られないため、政府・自民党は、税制改革法案の自民党単独採決を決断した。十一月九日、金丸委員長は翌日に採決を行うこととし、小沢内閣官房副長官と平野氏の間で事務的な詰めが行われた。平野氏は、本会議採決の場に公明党、民社党が出席することが重要と考え、夜に権藤代議士と会って、次のように述べた。「来年初め、中曽根逮捕ありうる。政局混迷、連立政権もありうる。公明から入閣も可能な時代になるかも知れないので、税制改革で竹下・小沢に誠意を見せておくこと肝心」。権藤は、委員会で強行採決があっても「本会議には入るよう、全力を尽す」と応じた。[77]

十一月十日午前九時過ぎ、平野氏は小沢副長官と院内閣議室で会談した。この時点で全野党は欠席する意向を固めており、小沢は採決に入るべきか、なお迷いがあったが、平野氏は「自民単独なら、今日やるべきだ。甘い姿勢を見せるからズルズルと引っぱられる」「決断すべし」と進言した。[78]その後の竹下首相、安倍幹事長、金丸委員長、小沢内閣官房副長官らの協議により、強行採決はやむなしと決まった。この日の午後、金丸委員長は委員会を再開し、採決を行った。採決の後、金丸が海部俊樹理事を委員長代理に指名し、「あとは若いもんに任せる」「こういう国会はきらいだね」と語って退室したことは、よく知られている。

この強行採決に野党は反発し、国会は空転した。しかし竹下政権の法案成立に向けた決意は固かった。自民党は、リクルート問題を税制改革法案審議とできるだけ切り離すため、リクルート問題解決のための特別委員会設置に動き、十五日に衆議院に「リクルート問題調査特別委員会」が設置された。他方で自民党は、本会議の採決の場に公明党、民社党を引き出すため、税制改革法案の追加修正の協議を進めた。その結果、十一月十六日午前零時半から開始された自公民の幹事長・書記長会談によって、半年間の弾力的運営条項（民社党が要求）、寝たきり老人対策（公明党が要求）などの追加修正が行われた。こうして、税制改革関連法案は、十六日に衆議院本会議で可決される運びとなった。社会・共産両党は本会議を欠席したが、公明・民社両党は、自民党との合意にもとづき本会議に出席し（修正案に賛成し、修正部分を除く原案に反対）、「強行採決」という形を何としてでも避けたかった自民党の面目は保たれた。

その後税制改革関連法は、参議院に送付された。参議院への送付後、十二月九日にリクルート疑惑によって宮沢蔵相が辞任するという一幕もあったが、竹下首相は自ら蔵相を兼務し、消費税制度実現への執念を示した。参議院本会議では、再び社共両党の牛歩戦術による抵抗にあったものの、長時間にわたる引き延ばしにもかかわらず、税制改革関連法は可決に漕ぎ着けた（公明・民社両党は、参議院でも本会議に出席）。時に一九八八年十二月二十四日。一九七八年十二月に大平内閣によって一般消費税構想が初めて具体的に公表されてから、ちょうど十年が経過していた。平野氏は、十二月二十八日に竹下首相から挨拶を受けたが、平野氏がさっそく認《したた》めた礼状には次のように記されていた。「税制改革で二十一世紀の展望が開けた」[79]。

七　おわりに

以上、本日記の成立の経緯、背景ならびに内容の紹介・検討を行ってきた。

本日記の記述は、消費税問題にとどまらず、多岐な話題に及んでいる。例えば、本書には新聞記者が多数登場し、彼らが内閣と国会事務局の間を往来し、情報収集に奔走している様子が描かれている。と同時に、ジャーナリストを通じた情報の連鎖・循環が、政治過程の動態的な展開をもたらしうる可能性が、具体的な例をもって提示されている。これらは、新聞報道の裏面やジャーナリストによる著作の取材背景、ひいては広くジャーナリズムと政治との関わりを知る上で、非常に興味深い。

また、日記には、平野氏が政治家やジャーナリストと共に、赤坂や向島の料亭で会合を重ねている様子も描写されているが、これらの記述は、今日では失われつつある「料亭政治」の雰囲気を伝える貴重なものである。加えて、一九八七年六月には、国会議員の海外視察の際に、内閣官房から機密費が支出されていたことを窺わせる記述があるが、これは昨今問題になっている機密費の使途を考える上で、興味を惹く。

さらに、本日記の最大の特色は、衆議院事務局委員部総務課長・同副部長の地位にあった平野氏が、竹下登総理や小沢一郎内閣官房副長官、公明党関係者等に依頼されて執筆した大部のメモを、そのまま採録していることである。その多くは、公明党の政策・党運営に対する提言書[80]、および、与野党の議会運営担当者に対する戦術指南書といった性格を有しているが、既述の通り(三を参照)、これら各種のメモは多様な背景・性格をもち、後年の執筆に際して整理・作成したメモも存する。したがって、それが政治過程に与えた影響についても慎重な分析・検討を要するが、「消費税国会」から二十年余を閲《けみ》した今日、実証的な政治史研究の資料となることが期待されよう。

もとより、本日記の記述は、基本的に平野氏が直接見聞し、知り得た事実に限定されており、史料的限界がある。また、平野氏とは異なる立場から見れば、ある一つの事実に対する評価、解釈が異なる場合も十分にあり得るであろう。平野氏自身、「毎日、国会職員法に違反するむちゃくちゃなことをやってきた」[81]と述懐する通り、同氏は通常の議会官僚としての領分を超え、政治の領域に立ち入った活動をも見せており、物事の評価・解釈、あるいはその表現手法にも、平野氏固有の立場・スタンスが色濃く反映している。その意味で、消費税問題のみならず、政治改革・政治資金問題、与野党の政治家および事務局関係者に対する人物評価、あるいは上述のジャーナリストの取材問題、機密費問題などについても、他の様々な史料とつきあわせて検討されるべきであり、本日記のみに拠って性急な結論を引き出すことは厳に慎まなくてはならない。

もっとも、本日記には、当時の国会審議の中心近くにいた当事者が直接仕入れた事実が数多く記されており、極めて貴重な史料であることは疑いない。本日記には、従来公刊されている平野氏の諸著作との間に、ニュアンスの相違が認められる箇所も散見される。本書では一切の脚色を排し、日記本文の厳密な再現を試みたが、そのような既刊書との偏差それ自体が、本日記の叙述を読み解く鍵の一つになるであろう。本書が広く活用され、今後新たに発掘されるであろう諸史料と共に、さらに研究が進展することを期待したい。

最後に、厳しい出版事情にも拘らず、本日記の価値・重要性に理解を示され、出版をお引き受け頂いた千倉書房、および同社編集部の神谷竜介氏に、この場を借りて、心より御礼を申し上げる。

＊本解説は、赤坂が二〜三、奈良岡が四〜六を主に執筆した後、両者が討議して加筆・修正したものである（一、七は文字通りの共同執筆）。文責は、両者が共同で負う。

＊本書の出版及び本解説の執筆に当たっては、その経費の一部につき、次の助成金からの援助を受けた。

(1) 平成二十一年度〜二十三年度科学研究費（基盤研究（A））「衆議院事務局の未公開資料群に基づく議会法制・議会先例と議院事務局機能の研究」（研究代表者：大石眞）

(2) 平成二十一年度科学研究費補助金（若手B）「近代日本における二大政党制の展開過程の実証的研究——新資料に基づいて」（研究代表者：奈良岡聰智）

(3) 平成二十三〜二十四年度科学研究費（若手B）「議会法・議会先例の形成過程の解明」（研究代表者：赤坂幸一）

(4) JFE二十一世紀財団二〇一〇年度アジア歴史研究助成（研究代表者：赤坂幸一）

(5) 平成二十四年度旭硝子財団研究助成（研究代表者：赤坂幸一）

注

1 本節については全般に、平野貞夫『小沢一郎との二十年』（プレジデント社、一九九六年）一六〇頁〜二一一頁も参照。

2 平野貞夫『「国会新時代」への提言』（五月書房、一九九二年）一〇九頁、「政治家の本棚一五　平野貞夫氏」（『一冊の本』一九九七年六月号、朝日新聞社）および後述の『平野貞夫オーラルヒストリー〔上巻〕』（二〇一二年）第一回・第二回記録を参照。

3 平野氏の東京での親代わりが、吉田の秘書をしていた依岡《よりおか》顕知《あきとも》であったという。

4　平野貞夫『わが友・小沢一郎』(幻冬舎、二〇〇九年)六八頁以下、および二〇〇九(平成二十一)年三月四日の平野貞夫氏からの聞き取り調査による(聞き手は赤坂・奈良岡のほか、村井良太氏)。同調査によれば、平野氏は自らを、「吉田の系譜を継ぐ林譲治と前尾繁三郎の門下」と規定している。

5　平野貞夫『昭和天皇の「極秘指令」』(講談社＋α文庫、二〇〇七年)一五頁。

6　二〇〇九年二月二十七日の桂俊夫・元衆議院議事部長からの聞き取り調査によれば、国会に移行してのち、人員の急速な拡大のために臨時職員が採用されることになったが、給料は一日十二円という下働きであり、毎晩遅くまで雑用をしていたとのことである。そもそも帝国議会時代には、通常議会の会期が三ヶ月に限られていたこともあり、職員の大半は臨時雇用であった。また平野氏によれば、一九五九年の平野氏の例が、臨時職員という暫定的採用形態がとられた最後の時期にあたる。

7　調査課の新設は一九六一(昭和三十六)年三月三十一日である。

8　今野彧男(著)、赤坂幸一・奈良岡聰智(編著)『国会運営の裏方たち――衆議院事務局の戦後史』(信山社、二〇一一年)第一章Ⅲ、近藤誠治(著)、赤坂幸一・奈良岡聰智(編著)『立法過程と議事運営――衆議院事務局の三十五年』(信山社、二〇一一年)第一章。

9　今野・前掲書、一五一頁以下を参照。

10　事務局による帝国議会末期の議事法解釈の試みとしては、ほかに、昭和十七年の『衆議院先例集』『衆議院委員会先例集』と表裏一体の、衆議院事務局(編)『議事解説』があるが、二〇一一年に復刻された(昭和十七年四月帝国議会衆議院事務局編『議事解説』(信山社、二〇一一年))。その意義については、原田一明教授の解題を参照。

11　この経緯につき詳しくは、赤坂幸一「事務局の衡量過程のÉpiphanie」(『逐条国会法〔第一巻〕』

（信山社、二〇一〇年）所収）を参照。

12 前掲、平野貞夫『「国会新時代」への提言』一六〇頁を参照。大卒採用時は七等級の扱いである。赤坂・前掲論文、一一頁及び一七頁も参照。

13 大石眞『議会法』（有斐閣、二〇〇一年）六六頁。

14 各部長のほか、議事部の副部長、議事課長、場合によっては議案課長も出席する。前掲、近藤誠治（著）、赤坂幸一・奈良岡聰智（編著）『立法過程と議事運営』第二章Iを参照。

15 『平野貞夫オーラルヒストリー〔上巻〕』第四回記録。

16 平野貞夫『虚像に囚われた政治家——小沢一郎の真実』（講談社＋α文庫、二〇〇七年）三七頁、一一五頁以下。

17 前掲、平野貞夫『虚像に囚われた政治家』一三五頁。

18 平野貞夫『公明党・創価学会の真実』（講談社＋α文庫、二〇〇八年）九頁。同一五七頁、三〇〇頁も参照。

19 前掲、平野貞夫『虚像に囚われた政治家』二四五頁。同『ロッキード事件——「葬られた真実」』（講談社、二〇〇六年）二二頁以下も参照。

20 前掲、平野貞夫『虚像に囚われた政治家』一二九頁、同『公明党・創価学会の真実』一七〇頁も参照。

21 前掲、平野貞夫『ロッキード事件』二二頁以下、および『平野貞夫オーラルヒストリー〔下巻〕』第十四回記録を参照。

22 前掲、平野貞夫『ロッキード事件』二〇三～二〇八頁。

23 平野貞夫『公明党・創価学会の野望』（講談社＋α文庫、二〇〇八年）。

24 平野貞夫『平成政治二〇年史』（幻冬舎新書、二〇〇八年）。

25　四〜六節に関わるより詳細な解説は、奈良岡聰智「消費税導入をめぐる立法過程の検討——「平野貞夫日記」を手がかりに」(『レヴァイアサン』四十八号、二〇一一年)を参照。

26　主なものとして、加藤淳子『税制改革と官僚制』(東京大学出版会、一九九七年)、渡部純『企業家の論理と体制の構図——税制過程に見る組織と動員』(木鐸社、二〇〇〇年)、石弘光『現代税制改革史　終戦からバブル崩壊まで』(東洋経済新報社、二〇〇八年)、岸宣仁『税の攻防　大蔵官僚四半世紀の戦争』(文藝春秋、一九九八年)、水野勝『主税局長の千三百日　税制抜本改革への歩み』(財団法人大蔵財務協会税のしるべ総局、一九九三年)などが挙げられる。詳細な文献リストは、前掲、奈良岡聰智「消費税導入をめぐる立法過程の検討」を参照。

27　中曽根康弘『天地有情　五十年の戦後政治を語る』(文藝春秋、一九九六年)、竹下登『証言　保守政権』(読売新聞社、一九九一年)。

28　後藤田正晴『情と理　カミソリ後藤田回顧録』上下(講談社、一九九八年、文庫版は二〇〇六年)、藤波孝生『藤波孝生オーラル・ヒストリー』(政策研究大学院大学C.O.E.オーラル・政策研究プロジェクト、二〇〇五年)、御厨貴・渡邉昭夫『首相官邸の決断　内閣官房副長官石原信雄の二六〇〇日』(中央公論社、一九九七年、のち中公文庫、二〇〇二年所収)。

29　土井たか子『せいいっぱい　土井たか子半自伝』(朝日新聞社、一九九三年)、上田哲『ドキュメント衆議院予算委員会　野党理事の内面手記』(北泉社、一九八七年)。

30　塚本三郎『塚本三郎オーラル・ヒストリー』上下(近代日本史料研究会、二〇〇六年)、矢野絢也『闇の流れ　矢野絢也メモ』(講談社+α文庫、二〇〇八年、原著は文藝春秋、一九九四年)。

31　『平野貞夫オーラルヒストリー〔下巻〕』第十三回記録。

32　そのため平野氏は、公明党の「裏国対」「諸葛孔明」と呼ばれることもあったという(『平野貞夫オーラルヒストリー〔下巻〕』第十二、十四、二十回記録)。

33 竹下登・平野貞夫『消費税制度成立の沿革』(ぎょうせい、一九九三年)。以下、消費税導入に至る事実経過に関しては、特に断りのない限り同書に拠る。

34 「平野日記」一九八七年一月二十七日別紙、二十八日。

35 早坂は、一九八五年四月に田中角栄秘書を解雇された後、竹下の秘書役を務めるようになっていた。竹下は早坂を通して頻繁に平野氏に接触し、平野氏の持つ政治情報を集めていた。平野氏はそれに応えると共に、文筆活動を始めようとしていた早坂を支援し、早坂のゴースト・ライターも務めていた。一九八七年九月に出版された早坂茂三『政治家田中角栄』(中央公論社)の約三分の二は、平野氏が執筆したものである。

36 「平野日記」一九八七年二月五日、六日、九日、十七日。

37 「平野日記」一九八七年三月五日、六日。

38 「平野日記」一九八七年三月九日。

39 「平野日記」一九八七年三月十一日、十二日。

40 この時の大久保の質問は、実は平野氏が大久保に依頼され、草案を執筆したものであった(「予算委員会質問事項(草案)」「平野日記」一九八七年二月二日添付資料——ただし、そのまま利用されたわけではなく、本書では省略)。

41 「売上税問題をめぐる事態の打開について」(「平野日記」一九八七年三月三十一日添付資料)。

42 「平野日記」一九八七年四月二~八日。

43 「毎日新聞岡部記者(野党クラブ・サブ・キャップ)の情報」(「平野日記」一九八七年三月二十五日添付資料)。

44 「平野日記」一九八七年三月十九日添付資料、二十一日、二十三日、二十四日、二十六日、二十九日、三十日、三十一日。

45 「総予算の審議及び売上税問題についての私見」(「平野日記」一九八七年四月六日添付資料)。
46 「平野日記」一九八七年四月七〜九日。
47 「平野日記」一九八七年四月十六日。
48 「平野日記」一九八七年四月十七日。
49 「平野日記」一九八七年四月十八日添付資料。
50 この時の小沢の役割は大きなもので、のちに竹下は「この調停を実質的にまとめたのは小沢一郎君だった。当時の彼は自治大臣をつとめたあと無役だったが、交渉能力は抜群だった」と評価している(竹下登『証言　保守政権』読売新聞社、一九九一年、一九一頁)。
51 「異常国会の収拾について」(「平野日記」一九八七年四月二十二日添付資料)。この経緯については、前掲、平野貞夫『虚像に囚われた政治家』一〇八〜一一〇頁も参照。後藤田官房長官は、弥富総長、平野氏が竹下、金丸による事態収拾に協力したことに激怒し、「今回の国会収拾で、原議長や竹下幹事長にバッチをつけていない人間が影響を与えたのは議会主義に反する」と新聞記者に語っていたという(「平野日記」一九八七年四月三十日)。
52 「平野日記」一九八七年四月二十三日。
53 「平野日記」一九八七年七月三日。
54 「第百九回臨時国会について」(「平野日記」一九八七年六月十日添付資料)、「税制改革関連法案をめぐる事態の収拾について」(同八月三日添付資料)など。
55 「新総裁就任に対する印象」(「平野日記」一九八七年十一月四日添付資料)。
56 「平野日記」一九八七年十一月十一日、二十六日、十二月一日。
57 平野氏は、一九八八年一月から公務の合間を縫って執筆を進め、その作業は三塚博監修『議会政治一〇〇年』(徳間書店、一九八八年)として結実した。

58 「平野日記」一九八七年十二月十六日。
59 「抜本的税制改革問題と総予算の審議について」(「平野日記」一九八八年一月二十九日)。
60 この答弁の一部は、平野氏が竹下に届けたメモがきっかけになったようである(「平野日記」一九八八年三月十日)。
61 「税制改革臨時国会のシミュレーション」(「平野日記」一九八八年四月一二日添付資料)。
62 「平野日記」一九八八年四月十三日、二十一日、二十六日、二十七日、五月二十五日、七月四日。
63 「平野日記」一九八八年七月九日。
64 「税制改革問題について」(「平野日記」一九八八年四月二十七日添付資料)。
65 「平野日記」一九八八年五月十一日、六月十五日。
66 「平野日記」一九八八年五月二十日、二十四日。
67 そのため、六月二日に三塚議運委員長が竹下首相と会談した際、減税、税制改革法案を二つに分けて提出し、後者を通常会で行うという案を具申したところ、竹下首相に叱られたという(「平野日記」一九八八年六月二日)。
68 「平野日記」一九八八年七月十四日、十五日、二十一日、二十六日。
69 その後、平野氏はこれを具体化させるため、二見副委員長らに文書を送っている(「「福祉基本法制定」についての提言」「平野日記」一九八八年八月二十三日添付資料、「福祉基本構想について」同九月三十日添付資料、「人間的福祉社会の実現を目指して」同十月二十日添付資料など)。
70 「平野日記」一九八八年七月二十七日添付資料。
71 「平野日記」一九八八年七月二十八日添付資料。
72 「平野日記」一九八八年七月十九日。
73 「平野日記」一九八八年七月九日。

74 「特別委員会について」(「平野日記」一九八八年八月四日)、同八月二十三日、二十四日、二十五日、二十九日。

75 「平野日記」一九八八年九月二日、六日、七日、八日、九日。

76 『平野貞夫オーラルヒストリー〔下巻〕』第十九回記録。

77 「平野日記」一九八八年十一月九日。

78 「平野日記」一九八八年十一月十日。

79 「平野日記」一九八八年十二月二十八日。

80 平野氏自身、「私は毎日のように『公明党・創価学会』から相談を持ちかけられた。国会運営だけでなく、政策や党運営など、政局対応についても意見を求められ、その際に使った多くの資料を保存している」と述懐しているが(『公明党・創価学会の真実』一二一～一二三頁)、本日記は、まさしくこの記述を裏書きしている。

81 前掲、平野貞夫『公明党・創価学会の真実』一五七頁。

消費税国会の攻防一九八七-八八

——平野貞夫　衆議院事務局日記

凡例

□は判読不能であることを示す。
（　）は著者による原注記を示す。

［　］は著者による補足注記、およびコメントを示す。

〔　〕は校訂者による補足注記、およびコメントを示す。

明らかな誤字脱字のほか、送りがな、句読点などの軽微なミスの修正を行った。

例、〔責任等の〕追求→追及、〔人事〕移動→異動、自参→持参、質議→質疑、並記→併記、流調→流暢、味方→見方、才入→歳入、内合せ→打合せ、シュミレーション→シミュレーション、いづれ→いずれ、ことづける→ことずける、正す→糺す、切り符→切り札、仲々→中々、伝り→伝わり、預る→預ける、集る→集まる、軟い→軟らかい、かけ引→かけ引き、全べて→全て、誰れ→誰、決る→決まる、変る→変わる、終る→終わる、どうり→どおり、皆んな→みんな、ほずみ／穂ずみ→穂づみ、あんのじょう→案の定など
簡略表記されている部分を正式表記に改めた。

例、協ギ→協議、情せい→情勢、動よう→動揺、準ビ→準備、矢ノ→矢野、仏だん→仏壇、休か→休暇、TEL→電話、高令者→高齢者、根たん→魂胆、も様→模様、欠かん→欠陥、放だい→放題、など
本文中の数字は原則漢数字とし、時刻表示については次のように統一した。

例、「7:00すぎ」→「午前七時過ぎ」など
一部、差別的と取られかねない表現について、字数分を伏せ字とした。

著者が見た夢にかんする記述は原則として割愛した。

Campus
NOTEBOOK

一九七〇年代後半以降、財政再建が大きな政治課題となり、そのための有力な手段として、税制改革、すなわち新型間接税（消費税）の導入が浮上した。一九七九（昭和五四）年、大平正芳内閣は、次年度からの新型間接税（一般消費税）の実施を閣議決定したが、唐突な提案が各方面から大きな反発を受け、この年の秋に行われた総選挙で自民党が惨敗したことによって、この構想は棚上げされた。次の鈴木善幸内閣が「増税なき財政再建」を掲げ、指導力不足のまま退陣したため、税制改革構想は中曽根康弘内閣に引き継がれる。

第一章

売上税国会における挫折

中曽根首相は、一九八五(昭和六〇)年九月に政府税制調査会に対して「抜本的税制改革」を諮問する一方で、翌年(昭和六一年)二月の衆議院予算委員会では「多段階、包括的、網羅的、普遍的で大規模な消費税を投網をかけるようなやり方でやることはしない」という政府統一見解を出すなど、当初は新型間接税の導入に対して慎重な姿勢を示していた。しかし、同年七月に行われた衆参同日選挙で自民党が大勝し、中曽根首相が自民党総裁任期の一年延長を勝ち取ると、中曽根首相は新型間接税(売上税)の導入に向けて動き出した。中曽根首相は、さらなる政権延命をも視野に入れて意気軒昂だったが、売上税構想は「唐突」「説明不足」という印象を与え、世論の猛反発を買うことになる。

一九八七（昭和六十二）年一月－五月

◆一月五日（月）

出勤の電車は割合すいている。着物姿は少ない。午前十一時に、〔弥富啓之助・衆議院〕事務総長が〔原健三郎・衆議院〕議長の代わりに〔幹部職員に新年の〕挨拶。

◆一月六日（火）

午前十一時五十分、早野氏〔朝日〕来訪。池内氏〔朝日〕に連絡して六本木〃アル・フランス〃で〔早野氏の〕送別会。午後二時まで、平河〔クラブ〕[1]キャップとしての心得や引き継ぎを行う。後輩思いの早野氏である。三人の政局見通しは、「竹下さん〔幹事長〕が宮沢さん〔蔵相〕をかつがない以上、中曽根さんの〔首相任期〕再延長」という見方で一致。国会は言われる程混乱しないということでも一致。

◆一月七日（水）

午前十時半、大久保〔直彦〕公明党書記長から電話。社・公書記長会談の直前、「税制問題について社会党の質問に関連質問という形をとることができるか」とのこと。「とれるが、むしろ集中審議ということではないか」と答える。

◆一月八日（木）

午前十時半、事務総長に呼ばれ「中曽根総理から総予算のことについて万事よろしくとの話があり、山崎拓先生を連絡役とするのでとのこと。がんばらねばならないので、何でも情報があれば直接もって来い」とのこと。昨日の大久保氏の話をする。

梶本氏〔朝日〕、四時五十分来訪。「〔中曽根〕オカルト国会」について説明。〔この〕国会をみるには、①教科書的見方、②ゲーム的見方、③人知に見えざるもののつかみ方の三つの方法を総合的に判断すべきとアドバイス。

◆一月九日（金）

午前十時半、越智〔伊平・衆議院議院運営〕委員長久しぶりの登院。事務的報告の後、世間話、政治展望を中心として…。

午後三時、早坂〔茂三・田中角栄元総理秘書〕氏と会う…。元旦以来の出来事について〔意見交換〕。中公の出版[2]、予定どおりで良いかどうか念を押す。秋に出版という方針に変更…。来年六十三年から独自の活動をしたいとのこと。

◆一月十日（土）

〔衆議院事務局〕幹部の登院ランプは〔中島隆〕事務次長のみ。松下氏〔事務総長秘書〕と事務総長周囲のことについてジックリと話す。

午後一時、中島氏〔朝日〕来訪。税制改正の法案の出し方について特ダネを得たので、話を聞かせてほしいとのこと。新税〔売上［税］〕は別の独立法にするが、施行について減税と一括にするとのこと。議論が起ろう。

◆一月十二日（月）

総予算の審議概要の資料できる。

◆一月十三日（火）

午後、山口〔鶴男〕社会党書記長が事務総長のところに来て、予算委で野党国対委員長が一つのテーマで質問を共同でした例を調べるよう〔に〕とのこと。倉石〔忠雄〕発言、［昭和］四十三年・五十八国会の例を調べる。[3] また、安保国会、四次防国会、ECC国会等の資料を調べ、事務総長に説明。

◆一月十九日（月）

午前十一時から永年表彰式。正午会食。午後二時から部長の先例勉強会。午後五時半に終わる。途中越智委員長から電話。政治情況《ママ》を聞かれる。

午後七時、六本木の［スナック］〝浮名〟で小沢一郎先生主催の新年会。事務総長周辺十数名が参加。小沢先生、事務総長には最低二年はやってもらう。［中島隆事務次長の］会計検査院のことは心配するなとのこと。午後十一時半、帰宅。

◆一月二十一日(水)

庶務小、図書小、議運理事会、委員会と開かれる。例年再開当日なのに、野党が税制問題の公開討論会を申し入れ、自民が拒否したので、代表質問に入らないとの主張をしたが、通らず。委員会で政府演説と代表質問の日まで決めることができた。

◆一月二十三日(金)

午前中、越智委員長に呼ばれ、国会情勢分析。途中、建設〔委員会〕の増員は、もめないうちにやりたいとのこと。条約と予算関係法案の参院先議に反対するとのこと。原則そのとおりという。午前十一時、大久保書記長(公)、来週メシを食いたいとのこと。二十七日に〝辻留〟と決まる。予算委の税制問題は集中審議方式とのこと。

TBS田中〔良紹《よしつぐ》〕氏と〝土佐〟に行く。政治分析。後藤田氏〔官房長官〕が最近宮沢氏をほめていることについて、言葉どおり理解しておいた方が良いと話す。金丸さん〔副総理〕の病状について、年明けに朝メシを食べたとのこと。よく食べるし、制限した生活をしていないことが、何かある、心配だとのこと。結論として、宮沢さんが政権とるか、中曽根さんが再続投かの方向との見方で一致。竹下さん本人に、政権につく燃え上るものが少ないとのこと。

小沢一郎氏と事務総長の間で、中島〔事務〕次長の会計検査院転出の話がつく。内閣は一月中に手続をすませるとのこと。次の〔事務〕次長は池田〔稔〕氏。池田氏を一年で辞めさせる方向が強いが、成行ではどうなるか…。

◆一月二十四日（土）

午前十一時、早坂事務所に行く。〝中公〟の打合せ。[4]

三月末には草案をつくることになる。

◆一月二十六日（月）

いよいよ百八国会〔常会〕再開。政府演説。総理と大蔵大臣の「売上税」の発言が問題となった〔中曽根首相の施政方針演説に「売上税」という言葉が入っていないと野党が抗議。このままでは二十八日の代表質問に入らないとのこと〕。野党は代表質問に入らないといっているが、言論で勝負すべきこと…。それより、総理の議会政治についての発言が問題である。

本散後〔本会議散会後〕、〔議運〕理事懇が開かれたが、物別れ…。午後六時半、越智委員長の主催で山王飯店で会食。議運、議事課関係者が集まる。

◆一月二十七日（火）

総理の演説で「売上税」の言葉がなかったことについて、社会党清水〔勇〕〔議運〕理事、越智委員長に理事懇を要求。役員会に出る越智議運委員長と廊下を歩きながら、施政方針演説の憲法上の意味について説明〔＝政府演説の法的根拠について質問を受ける。「憲法六十三条に根拠がある」と説明する〕。

午後三時から理事懇開かれる。約一時間、〔中曽根首相の演説内容問題は〕物別れ。明日に持ちこす。

午後七時、大久保〔公〕書記長と池田〔克也〕副書記長と、〝辻留〟で懇談。要旨は別紙。

【別紙】大久保書記長（公明）との懇談要旨[5]

一月二十七日（火）午後七時〜午後九時

一、二十八日の代表質問をどうするか

○大久保　政府演説が憲法上の権限であり、訂正が簡単に行えないものであることはよくわかった。むしろ、問題発言として、今後追及の種にした方が得策であると思う。

朝、山口書記長と連絡をとって、とにかく質問で糺すことをすすめる。できれば、代表質問は予定通り行うことに三野党をまとめるように努力する。矢野委員長も代表質問をストップさせることに乗り気ではない。

二、予算委の審議入りについて

○大久保　代表質問を予定どおりやるかわりに予算委の審議入りには、十分な協議を重ね、簡単に予算委の審議日程に同意しない。要求として、総括質疑に入る前に「選挙公約違反緊急集中審議」を提案し、ここで、中曽根総理の政治姿勢や議会政治無視、予算編成の不当性を、三野党のタッグマッチ方式で追及し、売上税が大型間接税でないならその証明を求め、それが示されるまで、総括質疑に入らないようにする。二月中旬まで引っぱればよいと考えている。

三、総予算の出口について

○大久保　売上税という新税を歳入源として予算に組み入れていることは違法だと思う。従って、予算案を認めるわけにはいかん。（理論的には、歳入は見込であり、新税でも予算に予定して違法ではない……との説明に対して、）庶民の感覚から政治論として問題にする。

（暫定にどうしても追い込むのか……との質問に対して）

○大久保　二十六日、業界の代表者との会合で、売上税を財源とする予算を認めるわけにはいかんとブッタが、実は心配している。しかし、面目からいって暫定に追込まざるを得ない。しかし、限界は一ヶ月と心得ている。それでも、スンナリと認めるわけにはいかない。自分の要望としては、①防衛費を一％に押える措置、②売上税法案等の審議にあたって、与野党の十分な協議と合意で進めること、③一ヶ月の暫定予算となれば百点だと思う。（七十点程度で満足すべしという）

四、売上税法案等の審議について

○大久保　現段階で修正に応じるとはとても言えない。断固粉砕である。解散を受けて立つ……というのが基本方針である。都市部の流通業者から続々と声がかかって、自民党の支持母体がガタガタになっている様子がよくわかる。

中曽根がつぶれて売上税が成立ということも良くないと考えている。しかし、最後の場面では、政局とのにらみで、もっとも得策の道を選びたいが、今、なんとも見通せない。

五、その他

○大久保　市川〔雄一〕国対委員長は発想が堅くて、どうも使いにくい。結局、山口書記長と二人で国対もやっていかざるを得ない。それにしても、山口さんは、ハシャギすぎて、抑えるのに苦労している。

◆一月二十八日（水）

朝、〔弥富〕事務総長に大久保書記長との話の要旨をわたす。

午前中、公明を中心に、代表質問に応じることについて、柔軟な話が流れたが、午後になって民社を中心に三野党の結束を強める方針と、金丸副総裁の「補足説明をすればよい」という発言があり、野党さらに硬化。〔代表質問を予定した〕本会議は流れ、二十九日に追悼演説等を行うことだけ決まる〔きわめて異例のことである〕。

越智〔議運〕委員長から、公明を説得してくれとたのまれ、大久保書記長との話をする。午後七時半、自民党国対との懇談の席に出て、一たん総務課に帰り帰宅。宮沢先生に〔依頼された国会の見通しの〕メモを〔書いて秘書に〕わたす。

◆一月二十九日（木）

午前八時、権藤〔恒夫〕さん〔公明党代議士〕に電話。[6] 中曽根総理退陣について自民党の一部から社・公・民に非公式に話が来ていることを頭に入れておけとのこと。

登院して、事務総長に報告。「どうもおかしかった。〔正常化について〕総理を説得しよう」ということで、午後、「政府から発言する」ことで収拾の動きが出たが、自民党内、藤波〔孝生〕国対委〔員〕長らの反対でつぶれる。越智議運委員長と藤波国対委員長の感情的対立が深まる。

夜、〔赤坂の〕〝以津み〟で権藤、国正〔武重〕氏〔朝日新聞編集委員〕と会食。国正氏、権藤先生を評価。良い関係が出来よう。

◆一月三十日（金）

国対レベルでの話は、夕方になって、やっと昨日の収拾案に、官房長官が議運理事会出席〔という条件〕が加わって決着した。何のために国対で話したのか空転したのか、自民執行部への批判出る。〔夕刻、〕大久保書記長から電話。「中曽根対安竹の確執に注意するよ。〔事務〕総長にも伝えてくれ」とのこと。

午後七時前の議運理事会は、各党一致で二月二日、三日の本会議の段取りを決める。

午後七時半から、〔赤坂〕〝佐久間〟で越智委員長、事務総長、松下、土田とごく周辺の人間でスッポンを食べる。越智委員長の機嫌良し。〔事態の解決で〕国対委員長、浜幸氏らが敬意を表しに来たとのこと。事務総長、これからも大変だが、議長・副議長・議運委員長を守ることが仕事という。

久しぶりに、〔議運委員長室の〕土田氏と新宿歌舞伎町に出る。〔間違えて〕暴力キャバクラに入って、二人で八万二千円取られる。国会では強い、でもシャバでは甘い。午後九時半、帰宅。

◆一月三十一日(土)

週休であったが、午前十一時前に登院。二月二日から始まる代表質問、中曽根首相の発言の段取りについて再チェック。

◆二月二日(月)

一週間ぶりで国会正常化。議運理事会に官房長官出席して、本会議で総理が発言するとの説明あり。代表質問は三人〔自民伊東正義政調会長、土井たか子社会党委員長、矢野絢也公明党委員長〕とも上出来。特に伊東政調会長はさすが。土井委員長(社)が〔売上税反対の〕総論、矢野委員長(公)が各論という感じ。〔本会議後一句〕〝春雪や野党党首の厚化粧〟

総理が減税額を十四兆円と間違え〔て答弁して問題化す〕るようでは困る。
大久保書記長の予算委総括質問の質問事項をつくる。

【解説】当時のメモによれば、大久保書記長用の質問事項の草案は、中曽根首相の施政方針演説に「売上税」という言葉が欠落していたことを責めると共に、売上税制度の創設が選挙公約の違反であることを指摘し、政治責任を取ることを求める内容であった。この草案は、大久保書記長が三月十三日に予算委員会で行った質問に活かされたものと考えられる。

◆二月三日（火）

代表質問二日目、〔中曽根首相〕減税額の発言訂正が訂正になっておらず、再び訂正。メモの内容とメモを持っていくタイミングにも問題があったのではないか。

伊東政調会長が各省官房長を集めて売上税について協力要請を行ったことを、憲法違反、公務員法違反として、〔野党が〕議運で取り上げる。代表質問でも民社が取り上げた。越智委員長には、内閣委の所管〔であり〕、議運の問題でないとするも、民社、総理の答弁が不十分と、議運に持ち込むとのこと。

大久保書記長への予算委質問事項案〔を〕届ける〔予算委理事会、審議日程で与野党合意できず〕。夜、予算委は四日の委員会〔で〕提案理由〔の説明〕と公聴会議決のため、〔砂田委員長は〕見解を職権で出す〔＝委員会を開会することを職権で決める〕。

夜、八時過ぎから久しぶりで総務課三階で一杯。毎日〔新聞〕岡部氏来る。予算も売上税もやり方仕第でうまく成立するので、協力するよう説明。

【解説】この日、政府は「売上税法案」等を閣議決定した。

◆二月四日(水)

議運理事会。自民党政調会長、各省官房長への圧力問題について、議運でとり上げないこととなる。

参院の代表質問終了後、自民、予算委を単独で開いて、〔総予算の〕提案理由説明と公聴会を議決〔強行採決、野党は強く抵抗〕。

三時間前、佐藤健一氏〔自民党国対事務局次長〕から意見を求められ、やめるよう説明。竹下幹事長も説得にまわったが、安倍派と宏池会の一部がつき上げて強行することになった。政府も無理押しはさけたい意向であった。

公聴会については、議運マターになるので、事務総長と協議の上、予算理事会で日程が決まるまでそのままにしておくことにした。

池内氏(朝日)代表質問を聴いての対談の〔=話題の〕種を聞きに来る。野党は近来にない出来と〔のこと。〕同意見。

予算委の無理は、出口の障害を一つふやした。

【解説】 この日政府は、「売上税法案」等を国会に提出した。

◆二月五日(木)

国会審議空転。

午後六時、早坂氏と会う。状況を説明。党を割らないように、売上税法案は自民党がそのままにしておくと〔=強行していくと〕、地方選やれないだろう。予算の出口か何かで政治凍結して、政権をゆすぶるようなことはすべきでない、と説明。午後八時から竹下幹事長と会うとのこと。

午後七時半、中島（朝日）、安藤［前尾繁三郎秘書］と湯島の〝□□〟に行く。[7] 状況分析…。宮沢［喜一］・竹下［登］の提携無理との判断。竹下の背後には問題多く、政権につくことにあせっているとのこと。田中裁判の延期は、これに関連しているとの見方もあるとのこと。

ともかく、総予算を材料に、政権つぶしは国民生活を混乱させるだけ。

◆二月六日（金）

議運委員長、内閣から［法案］要旨の提出にともない社・公・民・共を呼んで懇談。

売上税問題について世論と野党のつながりわかる。

［午後一時　越智議運委員長と懇談。］売上税について越智委員長の意見を聞くと、一％程度の取引税がよいとの意見。前尾先生［終戦時主税局長、衆院議長］と同意見でびっくり…。この考えを大事にされたい、何かのとき役に立ちますと伝える。

［午後二時　朝日池内記者来訪。］池内氏、竹下幹事長が、売上税法案凍結の考えをチラつかせているとのこと…。

夜、［弥富］事務総長らと銀座〝みの一〟に。中島事務次長の会計検査院行き、本人も心よく受けてくれたとのこと。国会の見通しはつかないが、事務局人事の方は進み出した。しばらく池田氏が次長と委員部長兼務でやるとのこと。

◆二月七日（土）

土曜日無理に予算理事会をセットしたものの、九日（月）正午理事会を決めただけ、野党応じず。中島氏も来訪せず…。

緒方〔信一郎〕庶務部長と久しぶりに会い、状況を説明。

◆二月八日（日）

午後七時、権藤先生から電話。政治状況を説明。公明矢野委員長が全てをやっており、書記長、国対委員長に実権はないとのこと。

◆二月九日（月）

午前十一時、越智議運委員長、糸山〔英太郎・議運〕理事と会う。朝日に「『売上税問題を処理しないと、予算の成立もおぼつかない構図となっており、打開の筋書きを予想しにくい』と衆院事務局のベテラン職員。」と中島ジャンボが書き、話題とされる〔「平野君のことか」とのこと。「そうです」と答える〕。

午前十一時から、総理と自民首脳の会談が行われ、党内の調整をはかった後、総理が記者団の《ママ》〔売上税〕修正の含みの発言〔をし〕、再び問題となる。

越智委員長、午後会った時、「党の首脳は危機感が足りない。このままだと暫定〔予算〕だ」とのきびしい見方。

午後七時、〔朝日の〕木村、池内氏と、池内氏のキャップ就任祝を〝魚大〟でやる。土佐鶴の特吟を持参。池内氏は中曽根総理はスンナリ辞めないとの見方。政局を混迷させると経済が破滅すると説得。「売上税法案は棚上げ」では一致。

◆二月十日（火）

自民党税制改革推進会議は、なんとか切りぬけたという感じ。全国的には不満は収まらないだろう。国会審議再開については、水面下の接触は始まったようで、十二日午後四時過ぎに自民が与野党国対を申し入れることになった。

税制改革関係法案を棚上げすることについて大蔵省緒方主計官の説明を聞いたが、こんな話を政府に持ち込むこと自体どうかしている。池田、大友両氏の見識の問題だ。

◆二月十二日（木）

予算委の正常化。与野党国対委員長会談までゆかず。野党は予算委員長の責任問題を正面に取り上げる様子。

中島氏〔朝日〕の話によると、川崎寛治氏〔社会党代議士〕が「強行に予算を上げ、税法を切りはなし、臨時会で集中してやる」との見通しをいったとのこと。「棚上げ・臨時会論」は一つの常識だろう。

◆二月十三日（金）

予算委の再開について〔与野党〕国対委員長会談が〔午後三時から〕開かれて、予算理事会に〔協議を〕下したが、与野党同席するに至らず。本会議、議運委も流会。予算委員長の責任問題。理事の白紙撤回についてこじれるだけ。

夜、越智委員長、事務総長らと夕食、赤坂〝みくみ〟。紛糾の原因は、一月二十九日の代表質問のスタート、総理の補足説明について自民国対が反対したことにある。

◆二月十六日（月）

予算委正常化の話、進展せず。

越智委員長、午後二時と午後四時半二回にわたって電話。状況を説明。

馬毛島問題、[8] 朝日も確証なし、竹下、中曽根、加藤紘一等ではないかと中島氏の話。たいしたことにはなるまい。

◆二月十七日（火）

予算理事会は、行きつもどりつし、結局、野党が参加したのは理事懇だった。午前九時過ぎから委員長が陳謝し、十八日の理事会を決めただけ。

〔午後一時、〕権藤先生から電話で、〔議員〕会館に呼ばれる。創価学会の青年部長太田〔昭宏〕氏、本部役員室総務部長井上氏の二人がいて、政局展望について意見を求められる。「自民党が割れない限り解散はない。売上税問題は政治的棚上で収拾されるだろう。野党も政局がらみで突っ込みすぎるとケガをする。社会党、民社党はそれでもよいが、公明党はそうもいくまい。三月中旬議長が収拾にのり出した時は、公明党をよく指導するよう」という。

◆二月十八日（水）

越智委員長、夜になって予算理事会の動きをしばしば電話で聴いてくる。

予算理事会、審議日程や委員長の陳謝発言などをめぐってまとまらず。公聴会の日程が強行採決の目安となるため自民がセットで出すのが原因。[9]〔自民国対事務局の〕佐藤（健一）氏に切りはなし折衝をアドバイス。

午後十時、越智委員長から電話で、明日の本会議を正午にくり上げることで、社・公・民が要望してきているので、事務的手続をするようにとの指示。事務総長に電話で連絡して手続をすすめる途中、公明党に確認したところ、了承していないとのこと。自・社で本会議十二時、衆予算一時、参予算二時、その前衆予算で自民の質疑の話がついていたので公・民が反発。越智委員長に、社会党に公明に話を通すようたのむ。社会党清水理事から、調整つかず、もとの一時にもどす、誠にすまなかったとのこと。要するに清水氏が公明の事務局に連絡したのを、委員長に〔＝が〕了承したといったのがはじまり。確認の必要を痛感。

◆二月十九日（木）

本会議は、〔午後一時から日切れ法案の〕水田利用減税法案を議了。

予算委、G7蔵相出席問題をはさんでさんざんもめたあげく…午後六時から委員長の陳謝発言、〔総予算の〕提案理由のやり直しを行う。

議運理事懇、G7蔵相出席問題で午後五時すぎから緊急に開かれ、官房長官が出席が遅れたことについて釈明する。

政府からの正式な連絡と議運ベースでの根まわしについて越智委員長にキチンとした話なし。渡辺〔秀央内閣官房〕副長官の判断ミス…。

［自民党国対事務局の］佐藤健一氏に越智委員長の前で、自民党幹事長としての心がまえと［与党幹事長を長くやった］前尾さんの話をする。「与党の幹事長は、国会の幹事長と思え」。［これを竹下幹事長に伝えるよう要請。］

［午後七時半、］池内記者と懇談［自民党内の情報を聞く］。①売上税棚上げ論は、安倍総務会長が絶対反対である。②中曽根首相は、［竹下幹事長と安倍総務会長の］お手並拝見という姿勢を続けているとのこと。この状況が変化しない限り、議長が乗り出せないだろう。

［午後八時、］梶本氏（週刊朝日）来訪。木村氏（朝日）来訪。昨今の国会について。［日本政治の病名を］ポリチカ・エイズ・ジャポニカ（先天性政治免疫不全症候群）だと説明。

社労理事懇。定例日増、社会党反対。増員は棚上げ…。

◆二月二十日（金）

午前九時五分、着くや越智委員長に呼ばれる。昨日の蔵相海外出張の取扱いや経過について説明。役員会でとやかく言われないよう理論武装をする。

予算理事会は、公明が政・省令［売上税法案の政令と省令］提出が審議入りの条件と主張したため、来週の日程合意せず。土曜日も理事会の公報を出すことになる。

午後四時、権藤先生に呼ばれる。「学会の幹部に説明した政局分析が、君の話が一番明解で会長までいってる。三月二日、幹部［会長秘書役］が夕食をしたい」とのこと。事態を収拾する方向のものなら会うという［＝答える］。［権藤議員］いわく、「現在の公明幹部は、結果的に売上税法原案成立に加担する可能性あり、フンサイ、フンサイでオー［ル］・オァー・ナッシングの可能性あり。中曽根はやめた、売上税は成立したでは何んにもならん、なんとかならんか」とのこと。

事務総長に報告する。総長、ロッキード国会覚書を読みたいとのこと。

◆二月二十一日(土)

予算理事会は、自民党だけが集まっただけ。

正午半、読売高橋記者と昼食。後藤田サイドの情報として、「中曽根首相、サミット後退陣。それまでに税調を開き、売上税問題棚上げ」との話。浜幸氏が大出〔俊〕氏〔社会党国対委員長〕を女性と金の問題でおどかした話など…。

午後一時二十分、木村、梶本両氏〔朝日〕と懇談。午後五時、早坂事務所へ。〔執筆中の『政治家田中角栄論』について、〕田中先生の戦後史での位置づけについて議論。

◆二月二十三日(月)

予算理事会は審議日程決まらず…。

G7の報告や資金運用部資金法改正〔案〕の緊急上程で二十四日〔火〕本会議セットの動きあり、社・公・民の要望。予算審議日程とからんで実らず。

越智委員長、正午半に二十二日の情報を説明。〔「自民党が売上税法にこだわっている限り正常化無理」と伝える。〕その後越智氏、午後三時半、金丸副総理と会う。社・公・民の本会議開会要求で午後八時までガタガタする。

権藤氏から電話。自民は予算について強行しない、すれば、福岡県知事選挙で下りるといったとのこと。

夕方、佐藤健一氏から、後藤田、竹下、伊東の会談で、二週間〜二ヶ月の暫定予算を準備することになった、ついては政治展開全体のシミュレーションをつくってくれとのこと。〔「売上げ税問題について基本姿勢が定まらないと見通しつかない」と断わる。〕

◆二月二十四日(火)

議運は正午からの理事会で、次回二十六日の本会議をセットして休憩。予算委は進むがごとく進まざるがごとく。二十五日本会議を開いて週内に動かすかという話もあったが、浜幸氏が理事会に欠席していたため、昨夜の問題(自民国対と予算理事との連絡不十分)のシコリのためで、なんと次元の低いこと。〔午後三時　朝日池内記者来訪。〕池内氏の話によれば、時間がたつにつれ、売上税問題は自民党に不利との認識を、竹下幹事長がしているとのこと。

夕方、議運理事会を流そうとすると、予算〔委〕の林〔義郎〕理事からストップがかかる。午後七時半、野党の理事を集め、越智委員長が説明。

◆二月二十五日(水)

社・公・民がG7の報告と質疑を本会議でするよう事務総長に働きかけ。越智委員長を通して動き出したが、自民国対、特に星野部長が国対を無視してと八つ当り。結局、国対内の話に戻して、同時に予算委員会もそれを含み、大蔵委の資金運用部法改正案も急ぐということで、午後四時過ぎ、議運理事会で決める。それで大蔵委も動き出し、予算理事会もようやく、まともな形で協議に入ったが、日程のツメでまだ意見対立のまま。

〔午後三時　朝日池内記者来訪。〕池内氏〔朝日〕、田中派の中にも売上税法案反対修正派が出ているとのこと。自民党内には、研究会として修正をいう意見がだんだん大きくなる。

午後七時、大蔵省浜本〔英輔〕文書課長、池内氏と三人で売上税法案について議論をする。〔「大蔵省事務当局も予算の成立の遅れもあり困っている」とのこと。〕

◆二月二十六日（木）

G7の本会議は、予定どおり正午半～三時二十分まで行われた。

予算理事会は、与野党食い違いがそのまま。自民党の奥の方で大きな動きがありそうとの記者情報。総理周辺で、減税だけ今年やり、増税は来年を検討しているとか。〔売上税法案の〕撤回・廃案でなければ、棚上・修正ならとか…。これも後々の影響力を計算したことと受け取られる。本会議中、金丸・後藤田・竹下会談が行われる。

本散〔本会議散会〕後、日切れ法案について協議がされる。第一次的には、野党も考えているが、地方税法について議論があり、租税法について越智委員長が売上税法と一括して趣旨説明をやりたいらしい。

佐藤健一氏に本国会のSimulationを渡す。

午後十時半、権藤先生から電話あり。三月二日のことをたのまれる。

◆二月二十七日（金）

予算理事会はようやく、三月三日の正午に「政・省令の骨子」を提出させる、〔同日の〕午後から質疑入り、を決める。

越智委員長から、中曽根総理の性格から解散の可能性も残されているとのこと。

夜、大蔵省文書課長と食事をする予定であったが、午後五時半、事務総長と急に会食することになり、上野〝北畔〟に行く。「ロッキード国会覚書」[10]を読んで、当時のことを思い出したとのこと。三月の後半、中曽根首相と会って、〔国会を正常化して〕上手なタイミングで辞めるようすすめるので、その前に公明の大久保書記長と会う段取りを考えてくれとのこと。

事務局人事は、緒方氏を事務次長心得とすることを〔池田〕委員部長にも伝えたとのこと…。

◆三月二日（月）

予算理事会、ようやく三日、四日の日程決まる。社・公・民の書記長会談で予算委での質疑展開が協議され、きびしい結論となった。

午後四時半頃、越智委員長から電話あり。国会情況を説明…。午後五時半、佐藤健〔一〕氏と情報交換。午後六時半、権藤氏と中上氏と三人で会食。中上氏は創価学会の組織企画部の副部長、〔秋谷〕[11]会長の政治秘書役。頭の良い男だが、油断のならぬ人物。丸山真男論について、意見が合ったもので、結論を早く出しすぎ。才におぼれる可能性あり。中公の角栄論は評価していたが、面白い人物なり。十時まで時を忘れて語る。「知的刺激をうけた」とのこと。国会情勢について、十六日から審議をまともにやるべしとアドバイス。権藤氏から、鉄鋼労連を中心に予算の早期成立論高まりつつあるとのこと。

◆三月三日（火）

予算委員会、自民党の質疑始まる。山下元利氏の質疑。具体的な問題の提起なく、役人上りの発想を出ず。〔予算委〕公聴会について砂田委員長、思いつめている様子。

議運理事会、四日の午後五時にセットされる。近江〔巳記夫〕氏の都合で異例な時間になる。

公明党が公聴会の日程を話し合いで決めたい、十六、十七日頃にでも、との動きが出て来る。昨夜の影響か。

夜、〔総長〕次室で飲み。流れで雨花に行く。事務総長途中で「政治向けのことは平野にやらせる」とのこと。

池内氏に西宮でごちそうになる。午後八時からのニューリーダー三人と後藤田・伊東・藤波会談について話す。

◆三月四日（水）

公聴会をめぐって砂田委員長の様子がおかしいので、越智委員長に伝える。理事会午後五時セットが強行される可能性あり。東中〔光雄〕先生〔議運理事（共）〕より、〔予算公聴会のあり方について〕さぐりの電話あり。越智委員長に〔乱暴なことはさせないと〕電話してもらう。

〔予算委、〕山口（鶴）氏〔（社）〕の総括質問。もり上りなかったが、予想されたように、午前十一時三十一分、〔審議〕ストップ。昼の理事会で、三月十三・十四日公聴会と砂田委員長が決定することを発言。午後三時七分確認して、五時の理事会にかける。野党抵抗―おおもめ〔公聴会を決めると採決の日程が決まるため〕。

事務局人事、秘密会で了承。[12]

公聴会の承認問題をめぐって、議運委員会を明日セットするかどうか。議運委員長の意向はセットするとのことで、準備したが、事務次長が消極的で、調整する〔の〕に困った。

電話連絡ずみということで、公報を出すことになった。

◆三月五日（木）

自民党公聴会の決意は堅く、十三・十四日は実行の様子。朝日、三日夜のニューリーダー三人等の会談について報道。特ダネ。

越智委員長、議運委員会の公聴〔会〕セットについて気になると見えて、野党の対応の情報をほしがる。朝日木村氏によると、清水理事（社）一言はいうとのこと。

議運理事会大激論となる。法規的手続について与野党とも問題なしとの意見で一致。政治的として論議。結局委員長が、午後一時から議運委員会で議論する旨宣告。〔越智委員長、〕議長と公邸で会談する。

午後一時三十六分、一旦開会宣告したものの、二時まで休憩。二時十七分、再開。公聴会承認について〔自民党の〕石井〔一《はじめ》〕理事が発言。承認を《ママ》答申を決定。

決裁を直ちに副議長までもらったが、〔原〕議長が一旦予算委員長を呼んで円満な運営を要請したうえで、午後二時五十五分に決裁。

直ちに〔大蔵省〕印刷局に連絡して、官報の〔公示の〕印刷に入る。あらかじめ石井理事が〔吉野良彦〕大蔵事務次官に電話して、午後六時まで待つことで合意を得ていた。

午後三時半過ぎ、大久保書記長から電話あり。〔議長が予算公聴会を承認したのはけしからん、〕議長に抗議して、官報の印刷を止めてもらうようにするとのこと。「事務責任者は私で、すでに印刷にとりかかっているので無理だ。抗議をするなら議運委員会の前だ…。〔公式に決定したものを変えることはできない。そんな感覚では書記長は勤まりませんよ〕」といってあきらめてもらう。

夕方、いろいろと大声を出したので、〔総務課〕三階で一杯やる。

◆三月六日（金）

公聴会承認答申の議運委強行採決について、マスコミ論調は大きな批判はない。越智委員長は多少心配して、周辺の情報をほしがる。

NHKが午前十一時五十分になって、公聴会のお知らせのTV放送〔TVによる予算公聴会の公示〕を、番組が立てこんで明日にするとの連絡をしてくる。十時半に口頭で放送するという話を急に変更してきた。砂田予算委員長に報告したところ、慣例どおり今日放送されたしとのこと。直接NHKにのり込み、〔報道局長に面会を求めると、「出張に出かけたばかり」とのこと。逃げたかと思ったが、代理の〕畑経営主幹に会い、砂田委員長の要請を伝えるとともに、〔衆院事務局の〕事務責任者としての、変更の説明を求める。〔従来の慣例を無視して、国会の重要日程の公報活動に協力しない理由を質したところ、〕部下の連絡の手違いとのこと。いきさつからして、どうも、〔元NHK労組の社会党衆院議員〕上田哲氏あたりの圧力らしい。そこで「このことを政治的な問題としてコジらせたくない。予算委の理事にはNHKに縁の深い人達がいて、問題になると、NHKにも私達にもダメージが出る。なんとか事務的に処理して善処されたい」と話す。二時まで待ってくれというので、努力してくれているとの返事をしてよいかといったところ、「よい。番組一つ削ればよいことだから…」とのこと。

結局、午後一時半に電話で予定どおり本日放送するとの返事あり。その後、「吹田理事から、国会担当の理事に電話があった」とのこと。砂田委員長に報告して、一件落着した。

池内氏（朝日）が来訪。シナリオを書く時期ではないかとのこと。「今までは自→公（権藤）→でたのまれていたが、権藤氏がいなくて、自もどうしてよいかわからないだろう。事務総長は基本構想を調整して整合性のあるものに手直しするが、基本構想は作らない…」というと、「小沢一郎氏に渡すので、つくってくれ」とのこと。

夜、山王飯店で越智委員長と会食。議運委員長室三人、大坪、松岡氏。

◆三月七日（土）

予算委は土曜日にもかかわらず、午前十時過ぎ全閣僚を並べて開会して、審査に入らず。

中島ジャンボ氏（朝日）〔から〕、見直しについて説明を求められる。「全て岩手県の参院補選の結果次第。〔自民党の〕岩動《いするぎ》〔麗〕候補は必ず負ける。政治は政治家だけがやっているのではない。神は必ず仕組みをする。ただし野党が大勝すれば、国会運営は一段とむずかしくなる」と説明。

午後、公聴会の反応について東京新聞から取材あり。

◆三月八日（日）

権藤氏から電話。池内氏の情報を伝える。池田名誉会長と会ったかどうか確かめてくれとのこと。池内氏探すも見当たらず。午後四時半、電話あり。確認はできないが推測はできた。

午後六時半、権藤氏に電話。

［午後九時　岩手県参院補欠選挙で、自民候補の敗北が決まる。］午後九時、権藤氏から電話。岩手・参院補

欠選で国民の反応、売上税に強い反対。この調子では福岡県知事選も［自民は］あぶないので、小沢一郎氏に強行だけはやめるよう伝えてくれとのこと。

◆三月九日（月）

岩手・参院選の影響大。正午からの政府・与党連絡会議は、従来の線を継続することを確認しただけ。

予算理事会は自民党だけで開かれるも、意気上がらず。

午後二時過ぎ、池内氏に、［事態の収拾について、昨夜から書いた］小沢一郎氏あてのメモを渡す［**【別紙】**］。

権藤氏の伝言もそえて。

午後四時過ぎ、池内氏から小沢氏に渡したメモについて返事あり。「最後の売上税法案の取扱いで、棚上、減税先行はできない」とのこと。さすれば、修正論をつめるしかない。竹下→竹入、竹下→矢野の電話を要請。

予算委の公聴会延期の予想記事が読売の夕刊に出たため、自民党内で反発が出る。

越智委員長、［建設省の］真島《ママ》［一男］審議官と会いたいとのこと――建設業法改正案のつめになった。

【別紙】事態の収拾について[13]

一、予算委の起き上り

(1) 公聴会の日程（三月十三日、十四日）を変更し、与野党の合意で、できれば十六日（月）、十七日（火）とする。この手続は、予算委で委員長が発言すれば足りることで、改めて議長の承認や官報告示は必要でない。前例もある。

(2) 総括質疑入りについては、三月四日の予算委で、午後四時三十三分から再開され（自民党単独）た際、砂田委員長が「……理事会の協議により、山口鶴男君の残余の質疑は、後に譲ることといたします。……」と発言しているので、事務的には次の質疑者を指名すれば足りるが、経過からいっても、再度、議事進行の発言者（川俣理事（社））に発言を求めさせ、問題の整理を行ったうえで、次の質疑予定者（公明党大久保書記長、理事会では合意されていたが、公聴会の日程問題でウヤムヤになっている）を指名する方法をとらないと、大久保書記長から質疑に入りにくい。

これらの協議のスタートは、与野党国対委員長会談で基本的な合意を行い、予算理事会で合意する方法となろう。

二、総予算の審議について

全体の見通しを云々するには材料不足であるが、水面下の交渉はスタートさせておくべきである。

(1) 岩手参院補選の結果をどう見るか。

岩手県の社会党支持票は、甘くみてせいぜいで二十万票程度、今回四十二万票という数字は、奇蹟的なものである。公・民で約十万、共産が約三万、自民が七万程度小川（仁一）氏に入れている。

社会党は、国会戦術を強化して、予算撤回論をさらに強く主張してこよう。公明党は、むしろ、社会党ペースになることに警戒を始めており、このまゝ進むと福岡県知事選に悪影響が出ることを心配し始めている。そのため、矢野委員長、市川国対委員長とも竹入前委員長に対応を相談し始めたということなので、まず、全体の収拾について、自・公で極秘に話を進める時期に来ている。

(2) 正常化の前提

予算委で公聴会を正常に開くことが、前提条件である。自民単独の公聴会は政治的にはナンセンスである。

まず、自・公の合意をとりつけるためには、公聴会の日程の変更について合意することである。

総括質疑は、公聴会の前後、断続して行われようが、結局は、予算の撤回問題を中心に、審議は中断となろう。

そこで、審議中断後の展開について参考までに一つの流れを想定してみよう。

(a) 出来れば共産党の質疑の第一順者が終った時点で、自民党から質疑打切りの動議を提出する。時期的には、三月十九日頃が望ましい。

(b) 砂田委員長は、これを委員会に諮らず、握っておく。採決すれば全面戦争となる。委員会を休憩とし、自民党は理事会で砂田委員長を追及する。

(c) 砂田委員長は、事態をこれ以上紛糾させるべきでないとし、原議長に会い、多賀谷副議長にも同席してもらい、状況を報告し、総予算の審議が、三月下旬になっても目途が立たない事態は、もはや予算委だけの問題でなくて、衆院、国会、国政運営の全体的問題であり、事態の収拾について、高い立場から協力されたい旨要請する。

(d) 原議長は『かねてから事態を憂慮しており、予算は国家経営の血であり、また、国民生活に直結する日切れ法案についても緊急な審議が必要なので、議長から各党が事態についてどのような考え方を持っているのか、意見を聴いてみる。』という趣旨で、事態の収拾についいて、各党が望むなら斡せんをする意向のあることを示す。

(e) 議長は、三月十九日〜二十日にかけて、各党の幹事長、書記長を個別に招き、事態についての各党の認識を聴く。この会談で、出来れば、事態の収拾について、各党から議長に斡せんすることを要望させる。議長による斡せんについて、全党が一致しなくても二、三党が要望するなら、斡せんの動きをすべきである。

(f) 連休明け、三月二十三日(月)に、議長はとりあえず、各党に対して、政治休戦をして、日切れ法案と暫定予算の審議に与野〔党〕参加して行うよう要請する。これには、各党とも了承せざるを得ない。両院で三月三十一日までかかろう。

(g) 四月一日(水)、会計年度も変ったところで、議長から各党に、総予算が当該年度に入っても審議の目途がたたないことは、国政運営上異常なことであり、事態の収拾を斡せんしたいし、複数の政党が同意すれば、斡せんに入る〔旨を伝える〕。

(h) 議長の斡せんは、

(イ)予算審議の日数に目途をつけること。

(ロ)税制改革法案の取り扱いについて一つの方向を示すこと。

(ハ)他の法案で必要なものの審議促進を要望すること。

等になろう。

この中で、税制改革法案の取り扱いについては、次のような方向となろう。

① 減増税一括して、次国会で審議させる。

② 減税分のみ今国会に処理して、増税分については、各党で十分協議して次国会に結論を

得る。

③各党間で十分に協議して、今国会に処理する（修正）。

◆三月十日（火）

〔午前、〕朝日の木村氏の話によれば、「今朝、金丸副総理と二人だけで一時間会った。〔予算理事で無茶なことを言って野党を怒らせている〕浜幸氏のことを批判していた。二・三日したら、先の見通しもついてくる。売上税法案は中曽根の時処理させるが、時間がかゝる…」と話したとのこと。小沢氏に渡したメモの報告を受けている感じ…。

〔正午、〕池内氏から電話あり。小沢氏はメモを受け取り、すぐ竹下幹事長と会い、四十分ぐらい相談して動き出したので、キキメが出て来たとのこと。

正午過ぎから開かれた自・社・公・民国対委員長会談では、野党が公聴会日程の白紙撤回を主張して中断。自民党内をまとめるため、明日に持ちこす。

越智委員長に公聴会の日程変更をさせようとの話が自民党内におき、越智委員長立腹。事務総長室に呼ばれ、経過を説明。越智委員長と建設省の一年半ごしのトラブルは解決。

〔午後六時、〕TBSの田中氏から電話あり。金丸副総理にどうしても売上税法を通すなら、①題名修正、②公平・簡潔なものとする、③〔福祉〕目的税とする、これがのめるかを聞くようにたのむ。

◆三月十一日（水）

午前十時半過ぎ、小沢一郎氏から呼ばれ、〔事務〕総長次室に行く。立話しをしながら、〔議員〕会館に行き、権藤氏からの伝言について確認を求められる。「公聴会を延ばせば公明は本当に審議に入ってくれるか、保証してくれ。おれも竹下幹事長に四月十二日まで〔売上税法案を〕強行させないと決断させたから…。いずれ議長の出〔番〕もあるし、事務総長も心配していたし」とメモの礼と共にいわれるので、公明の実情を説明。社・共にあおられて埋没することを心配しており、幹事長が竹入先生と矢野委員長にきちんと電話で挨拶すれば応じると説明。

午前十一時半、権藤氏から電話あり。小沢さんとの話をする。その後、再び、改めて「竹入先生に電話しておいたから」とのこと。

午前十一時半から始まった社・公・民国対は手まどり、案の定三党間にすきまが出て来た。引き続き開かれた自・社・公・民国対で、自民は公聴会の延期と十二日からの審議入りを説明。改めて国対を開くことになったが、野党が明日回答することで中断のままとなった。

正午半、TBSの田中氏から電話。金丸副総理の売上税法案修正の反応について、目的税はOK、公平・簡潔〔広く薄く〕もよい。題名変更は今さらとのこと。NTTの真藤〔恒〕社長が題名修正で日商も了承する話をしたとのこと。

午後二時二十分、権藤氏から三度電話。福岡〔知事選挙に〕社・共のオルグが多数入り、自・公・民タジタジ。田中〔健蔵〕候補に売上税反対の記者会見かなんかさせないと、選挙が闘えないので、幹事長に了解をとってほしいとのこと。話は小沢さんに伝えるが、こんな話は〔国会職員の〕私がとりもつのではなくて、直接本人同士で話すようにいって、午後三時半に小沢さんに会って説明。頭をかかえていた。

◆三月十二日（木）

午前十一時過ぎから社・公・民、午後二時前から自・社・公・民国対委員長会談が開かれ、一応の合意ができた。その後、社会党で議運委員長の責任ケジメ問題で強行論が出、清水理事が石井・糸山両理事と話し、越智委員長が外出から帰るのを待って、藤波国対委員長が頭を下げ、緊急議運委を召集して遺憾表明を行った。午後、越智委員長に遺憾表明について、前尾議長をダマシた話をしておいたので、その辺の理解は早かった。

ところが、予算理事会が浜幸氏の筋論で開けず［野党が怒って協議に応じない］。小沢一郎氏も、公聴会の日取りについて確約がないとして、どうなっているかと様子を聞きにきたり。結局、浜幸を説得できず、社・公は了承しているものの、民の説得にあたることになった。

夜、〝つやま〟で早坂、池内両氏と会食。国会の状況、売上税問題で懇談。竹下幹事長がどうしても総理になりたいので、田中派をまとめる時は□□[14]になってくれといわれているとのこと。

◆三月十三日（金）

予算委の正常化はスッタモンダしたあげく、浜幸氏が折れて、午前十一時四十分から大久保質問に入った。結局午後五時前、永末［民社］質問で中断。五時十五分再開の委員会で、十九・二十日の公聴会［開会］を決めて散会。公聴会の日程が決ったことだけでも収穫。とくに権藤・小沢ラインでの結着だったので一安心。小沢氏に公明説得の保証をしていただけに、山を越した感じ。後は、日切れ［法案］、暫定［予算］で政治休戦をして、［福岡］知事選挙後どうするかにうつるが、それにしても、四月二十日頃総予算の単独採決なんていうことはやめさせるべきだ。十六日（月）国対、十七日幹事長・書記長会談となったので、四月十二日までは大丈夫だ。

夕方、越智委員長が建設、通産両省［の幹部］を呼び、懸案［国会図書館のコンピューター導入で、談合があった話］について解決の会食を〝一条〟でやってくれる。仲介役として両方から感謝される。それにしても、つかれた。

◆三月十四日（土）

予算委は理事会だけで、午前十時半過ぎ流会。共産党の質疑入りを、社会党の［質疑］保留でやれないため。共産党議員が抗議。当然のこと。それにしても、社会党の議会感覚はどうかしている。

◆三月十六日（月）

予算理事会、共産党の質疑をめぐって話し合いつかず。［共産党は］砂田委員長と原議長に抗議。日切れ法案の話し合いの自・社・公・民国対副では問題煮つまらず。

夜、高久氏（朝日）から、社・公・民が予算委で明日、共産党に質疑させることになったとの電話あり。午後十時、大友氏［委員部の予算担当課長］に電話する。

◆三月十七日（火）

午前中、社・公・民の書記長・国対委員長らが協議の上、正午半から、自・社・公・民幹事長書記長会談を開き、日切れ法案、暫定予算について協議。六件について、政調・政審会議を開いたうえ、二十四件について合意。共との会合も開いたうえ、午後三時半過ぎから議運理事会を開いた。官房長官が出席して、同意人事で中島次長を会計検査官にとの内示あり…。次回の本会議を二十五日（水）として、日切れ法案についての対応できる。

夜、〝魚大〟で、朝日池内、中島、若宮〔啓文〕、大蔵省浜本〔文書課長〕、薄井〔信明〕（主税二課長）、二宮氏らと懇談。売上税問題を中心に、論議する。「売上税が実施されると、裏金が少なくなり、結果として自民保守政治に影響が出る」との見方をいったところ、薄井「その可能性あり」とのこと。

◆三月十八日（水）

国鉄パス問題で議運理事懇を逃げていた越智委員長も、先手を打つということで、午前十一時から緊急理事懇を召集。〔国鉄民営化に伴う従来の「国会議員の無料パス」について〕政党間で協議することを要請。公明党も暫定予算に組み入れることに反対することになったので、絶望的となり、事後処理について事務局と社・公・民が打合わせることになった。

午後一時四十分、TBS田中氏と議食〔議員食堂〕で会う。金丸副総理と朝会ったところ、野党側の反応を気にしていたとのこと。公・民は腹の中で評価していると伝える。これからの展開の参考にとメモ【別紙】を渡し、明朝金丸副総理に読ますことになる。

〔午後四時、〕池内氏から、金丸副総理周辺で動きが激しくなったとの電話あり…。〔午後五時、〕早坂氏から、明夜、竹下幹事長と会うのでその前に会いたいとの電話あり…。

夜、久しぶりに〔総務課〕三階の諸君と酒で話をする。午後十時、権藤氏から電話あり。今後の公明党の説得の方法について、小沢一郎氏に伝言をたのまれる。

【別紙】金丸副総裁に届けたメモ[15]

一、売上税問題について

税制改革というものは、お金の定数是正である。

民主政治というものは、代表者を選ぶ方法が公平で国民が納得することだけではなく、国民が負担する税金が公平・簡潔で大部分の国民が納得するものでなければならない。

現在のひずみの多い税制度が問題が多く、直接税にかたよりサラリーマンを苦しめていることや、法人税の負担が各国に比べて大きくて、重要な産業がどんどん外国に移って、産業の空洞化が発生している状況を放置しておいて良いはずはない。

「売上税」という考え方は、こういったことを解決するために、たしかに立派な方法である。しかし、議員の定数是正を緊急、臨時にやるだけでも、あれだけ紛糾した。税制改革というお金の定数是〔正〕だって、紛糾するのもあたりまえである。

要は、冷静になって可能な限り時間をかけて、多くの国民が納得する智恵を出し合うのが国会のつとめではないか。

わが国では、憲法で『主権は国民にある』と規定している。売上税という考え方が理論的に良いものであるとしても、国民の生活実感にそぐわないなら、十分に国民の意見も入れ、より妥当なものをつくればよいことだ。

大事なことは、税制度というものは、国家の運営に国民が、どういう方法で、どれだけ負担させるかというもので、民主政治の基本となるものだから、公平でわかりやすいものでなくてはいけない。

二、総予算の審議について

総予算というものは、国政を運営するための血液のようなものだ。いわば、国の政治・政策の養分が、全て含まれ、これがなければ、国家が成り立たないだけではなく、国民生活が破滅することになるものだ。

例年、政府・与党も野党各党も国民を代表する形で、総予算の審議に精魂をかたむけるのだ。そして成立する総予算は例え野党の要求が入らないとしても、精魂を入れることによって国会即ち国家の意思として生きるのだ。

それなのに、今年の予算審議は、三月末になっても、審議の目途もたたず、わずか十時間にも足りない審議時間で放置されていることは、恐らく明治二十三年に議会が始まって以来の異常なことである。

仮に、四月の当該年度になっても予算委員会の審議が正常化せず、成立の見通しもつかないままになるとすれば、与・野党問わず、国会全体の責任である。

売上税問題も重要であるが、防衛問題、景気対策、社会福祉問題、今、わが国は問題が山積みになっている。

国民は、国会の議論・審議を通して、国政を知る権利を持っているのだ。国会審議をいつまでも不正常にしておくことは、国会自身が国民の知る権利をうばうという、やってはいけないことになる。

国会自身が国会を否定することになる。こんなことを続けていたなら、議会政治はいらないという国会不信感が出て来る。

これが、一番心配なことだ。

◆三月十九日(木)

午前中、小沢一郎氏に[権藤議員からの伝言]メモをわたす【別紙】。予算公聴会は順調に進む。午後一時から議運理事懇が開かれ、国鉄パス問題で暫定には含めないことを確認。四月十四日、三木元首相の五十年表彰をすることを決める。

午後五時、早坂氏と会い、金丸[用]メモ、小沢[用]メモ、平石[用]メモをわたし、国会情勢を説明。午後七時から竹下幹事長と会う用意をする。

午後八時頃、ジャックダニエルを飲み、帰ろうとしたところ、早坂氏から電話あり、竹下幹事長が待っているとのこと。九時半まで、[赤坂〝満がん〟で]三人で話す。[午後九時半ごろ早坂氏帰宅。]朝まで竹下と二人。[話題は、(a)第一次佐藤内閣、副長官時代の苦労話、当時園田副議長秘書だった私に世話になった話、(b)私の故里選出の仮谷忠男衆院議員と盟友だったので、遺族の世話をした話。国会状況については、]①事務総長を将来新天皇の宮内庁長官にする。[=弥富事務総長の退職後のことについて、「新天皇に代った時点で、宮内庁長官を考えている」ということ]②四月一日正常化への話合いをするが、本格化は四月十三日以降となる。③自民党では金丸発言を後退させ、売上税修正せずと元に戻したいきさつを説明された。④原議長と幹事長はなじみが薄い。⑤二次暫定、三次暫定となるとよくない[との説明があり、私から]⑥国民が納得する努力を続けた後は、決断があってもしかるべき[だが、強行はよくない]等を話す。

【別紙】[16]

昨夜十時すぎ権藤先生から電話がありまして、小沢先生にぜひお伝えするようにとのことでしたので、メモにいたしておきますので、ご一読下さい。

平野拝

小沢一郎先生

一、福岡県知事選挙について

田中候補が勝つ見通しが立ちましたが、僅少差です。油断はできません。ちっと《ママ》の状況変化で、見通しがくるうこともありますので、懸命にがんばります。

二、公明党の党内事情について

大久保書記長、市川国対委員長とも、目先の国会対策の技術的なことにとらわれ、党本来の持味を出すことができず、学会幹部も心配しており、政治のわかる人間は矢野委員長だけで、このままでは、社会党に喰われてしまうと深刻です。

三、売上税問題について

池田名誉会長、秋谷会長、竹入前委員長等は、税制改革の必要性をよく理解しています。ただ、「売上税」という構想には、大蔵官僚の独断で、三〇四議席を悪用して持ち出したもので、国民主権からも許せないと、感情的反発が強いです。現段階では、「売上税」がいかに合理的なものであっても、言葉自身に反発しており、これから修正を構想する場合、「売上税」という言葉を変更することを検討されたい。

「売上税問題」を収拾する際、「売上税」という言葉を変えることと、自民党が構想を発表する前に、竹下幹事長が池田名誉会長と直接会って、よく説明し、協力を求めれば、学会幹部は必ず公明党を説得してくれます。

これは、権藤から出た話とは絶対に言わないでほしい。しかし、権藤も党や学会の実情を展望して言っている話なので、あてずっぽで言っているのではないことを理解してほしい。

◆三月二十日(金)

午前九時二十分、事務総長と会い竹下幹事長の話をする。「新天皇で大事な時期に宮内庁長官…」について関心を示したが、あてにならない話しとのことなので、「話だけでも有難いこと…。強く将来のことを考えてくれているので、幹事長のためにもがんばってほしい」と云う。事務総長もその気になってくれる。国会のことで何か話はなかったかとのことなので、①四月に入って政党間の話を始め、正常化について問題を提起しておく、②原議長と幹事長が馴みが薄いので、事務総長が配慮すべきである、等について説明。

予算公聴会終了。とにかく自民単独の公聴会にならなかったことが不幸中の幸である。

越智委員長から、何か情報ないかと何度も聞かれたが、幹事長との話は出来なかった。瓦〔力〕先生からも食事にさそわれたが、ことわる。

◆三月二十一日(土)

午後六時、権藤氏から電話あり。西日本新聞の東京支局長から、矢野委員長、中上氏らに入った情報だと、竹下幹事長は福岡知事選挙は天王山ではない、負けるところには〔応援に〕行きたくないと言っているとのこと〔＝「非公式に公明は自民党に協力している。本当ならえらいことになるぞ」とのこと〕。

午後八時、早坂氏に電話して〔権藤氏の話を伝える。〕謀略が始ったので、マスコミ対策をするよう進言。九時前、早坂氏から電話あり。竹下幹事長に伝えた。「そんなことを言った憶えないし、冗談ではない」とのこと。二十三日早坂氏が福岡に講演に行くので、友人の西日本の編集局長に会ってマス・コミ対策をやるとのこと。権藤氏に伝える。

朝日小田氏に話したことを〝はこ〟に使う。[17]

◆三月二十三日(月)

予算理事会は、共産党の質疑をめぐって社・公・民が話しを進めず、松本〔善明〕国対委員長が砂田予算委員長に、三月二十八日委員長職権で開会するよう要請。この問題は、議会政治の根本にかかわる問題で、今後注目すべきこと。

午後二時、〔議員会館で〕小沢一郎氏と会う。二十一日夜の権藤先生の話を説明。出来れば、自民党三役で売上税問題について「国会審議の中で国民の要求を入れる」ということを合意して、幹事長に発言させる等、工夫をしないといけないと進言。小沢氏は、三役で決定というわけにはいかんが、「竹下幹事長が福岡に行った時発言させるか」とのこと。

夕方、朝日高久氏来訪。「福岡知事選負けても責任はない」というのは、首相周辺の話とのこと——。

◆三月二十四日(火)

午前九時十分、権藤氏から電話。総理の福岡行きなどについて説明。「止めないと社・共が勢いづいて田中落〔選〕がはっきりする」とのこと。それから先は小沢一郎氏と直接話してくれといって、両方をつなぐ。

日切れ法案は順調に進む。

午後三時半、早坂氏から電話。西日本〔新聞〕の西崎編集局長との懇談した話を、権藤氏に伝えるようにとのこと。宮崎のホテルにいる権藤氏をつかまえ、メモ【別紙】を伝える。権藤氏から、竹下幹事長に伝えてくれとの伝言を受ける。メモの通りである。①売上税問題で出来る丈柔軟な対応をされたい。特に来福の時。②自民色でなしに県民色を出したいのでよろしく。③県議選が告示され、幹事長来福を契機に学会を責任もって総動員することで、最後の勢いをつける、とのこと。早坂氏を通じて伝える。

夜、上野〝北畔〟で、事務総長、池内〔朝日〕、岡部〔毎日〕氏らと会食。岡部氏から山口（鶴）社会〔党〕書記長の話を聞く。四月十三日以後予算委を動かす腹があるらしい。

土田君と午後十時半まで〝岡埜〟でコーヒーをのんで帰宅。


【別紙】早坂─西崎（西日本〔新聞〕編集局長）
①全体のながめ、こんとん。
②序盤　奥田〔八二《はちじ》〕リード。
③数字として負けることはないが……自140万　社・共80万　公40〃　民20〃
④売上税修正論でしのげるかどうか。住民運動化しているので、苦戦になる。雇用・景気問題の深刻さをもっと出すべきだ。
⑤公明次第。大橋氏のところ、動きが悪い。世代交代の問題があるらしい。（ビラハギ事件）
⑥奥田の貧相が同情を女性からかう。田中、堂々としすぎて婦人受少ない。奥田は中央とパイプ

あり結構仕事をしており、その点をいうのはどうか。

◆三月二十五日（水）

日切れ法案の処理は予定どおり。午後六時十分過ぎ、本会議で議了する。

昨夜の岡部氏の情報をメモにして、佐藤健〔二〕氏を通じて竹下幹事長にわたす〔【別紙】〕。同時に越智委員長にも口頭で説明。

〔午後二時、TBS田中記者来訪。〕TBS田中氏から、金丸副総理には秘書官をとおしてメモを渡した。今朝あたりは、売上税問題について「竹下が奇想天外な手を打たないと打開できないな…」といっていたとのこと。また、山口（社）と大久保（公）で四月二十四・二十五日までに総予算を上げる話があるとのこと。

決算委が四月十二日までに二回ぐらい開けそうな話が進んできた。昨日糸山氏〔議運理事（自）〕に説明した効果か。なんとか正常化の糸口になる非公式な折衝はやっている様子。

夜、権藤氏から電話あり。中曽根総理の福岡行きをストップさせることで、小沢一郎氏等が動いてくれるようになった。福岡では共産党のオルグが入り、主婦、サラリーマン、パートタイマーを中心に浸透しているとのこと。

【別紙】毎日新聞岡部記者（野党クラブ・サブ・キャップ）の情報

三月二十四日、午後、山口社会党書記長と二人だけで懇談、これからの国会の動かし方についてオフ・レコで本音をさぐってみた。……

(1)（売上税問題に対する社・公・民の取り組方についての評価）

○山口（鶴）氏　売上税問題は、勝負あったと思っている。政府原案が成立しないことは明確になったので、野党が勝ったと思っている。

(2)（統一地方選四月十二日以後の国会について）

○山口（鶴）氏　四月十二日の選挙の結果にもよるが、何時までも社・公・民が売上税関係法案の撤回論や総予算の撤回論をやっているわけにもいかなくなるので、十二日が過ぎれば、予算委員会を動かすことを考えていかざるを得ないだろう。その場合、売上税関係法案の実際的な取扱が問題になろうが、おとしどころは、事実上の棚上げを主張することになる。

(3)（自民党から事態の収拾について非公式な打診があるのか……）

○山口（鶴）氏　まだないが、しかるべき時期には、金丸さんサイドから話があると思う。私も大久保（直）氏も、金丸国対の仲間、二人でまとまれば民社もついてくるので……。ただ、収拾に若干時間がいるので、四月二十日頃までに総予算を衆院で議了できるかどうかはわからん。

結果的に、数日間の第二次暫定予算が必要になるかも知れない。

その場合、自民党内がおさまるかどうか。強行意見も出てこようし、自民党内でまとめれるかどうかにかかってくるよ……。

(4)（議長を使う気か……）

○山口（鶴）氏　どうも、今の議長のイニシャチブで事態を収拾するということは、野党も今のところ考えてないよ……。状況によって、声ぐらいかけてもらうかもしれんが……。

◆三月二十六日（木）

日切れ法案は参院に移った。公明党二見氏から予算委担当に、統一地方選後の予算委の正常化について情報が入る。正午からの決算委理事懇も四月二日、四月六日で五十八年度を議決する方向が決り、四月からの国会正常化の動きが表面化する。

午後四時過ぎ、権藤氏から電話あり。朝日の世論調査のデーターを電送するので、小沢氏に届けてほしいとのこと。午後四時半、メモをつけて届ける。同時に佐藤（健一）氏にわたし、党本部でも検討するように手配。約五万差で田中が有利となっていたが、中曽根総理が行けば逆転するだろう。権藤氏の話によれば、小此木氏［自］が来福して、中曽根総理の福岡入りについて相談があったとのこと。「来れば当選を保証できない」と伝えたとのこと。

◆三月二十七日（金）

午前十一時半、早坂氏と会う。「中公」の打合せ。政治状況の分析。西内君の上京の件。

［午後一時、］池内氏（朝日）と会う。「竹下幹事長が島根知事選で自民党苦戦。公明党に助けてもらいたいので、学会の方に働きかけてくれとの話があった。北九州市長選で礼をいっていないので気まずさが残っていて、池内にたのんできた」とのこと。どうも、周辺に人がいないようだ。

国会法の改正、国鉄［料金］の削除案について庶務課と調整。内容を入れることになる。

夜、大蔵省の政府委員室、佐藤健一氏らと会食。竹下幹事長が、予算の出口について砂田、林、浜幸氏らと協議。あい変わらず、林、浜幸がトゲになりそうとのこと。金丸副総理が来て、入り口だけは大事にせよとのアドバイ〔ス〕をしたとのこと――。

◆三月二十八日（土）

権藤先生から電話。土井社会党委員長の来福はたいしたことないとのこと――。

◆三月二十九日（日）

権藤先生から電話。良い調子になったとのこと。竹下幹事長の名古屋・大阪発言について権藤先生評価□□。

◆三月三十日（月）

暫定予算の審議はきわめて順調に進む。TBS田中氏から電話あり。午前十一時半。「今朝金丸副総理に会った。売上税問題は棚上げして、次国会〔に〕やるしかない。それにしても、竹下は各党に働きかけて、地方選後の対応をつくるべきだ…と、幹事長の動きに不満」とのこと…。また、「学会の池田名誉会長と竹下氏の仲がスムースでないようだ」とのこと。〔午前、〕権藤氏からの伝言を小沢氏にメモで伝える【別紙】。

午後一時五十分、権藤氏から電話あり。国会の情勢を聞かれる。午後四時半、再び電話あり。「竹下幹事長が福岡知事選は〔自民党が〕負けた方が、中曽根をつぶしやすくなると、信頼すべき筋から話が入った」とのこと。直ちに小沢一郎氏と話すように勧める。小沢氏はその情報を否定〔「信頼すべき筋」とは、赤坂〝満がん〟の主人とのことがわかる〕。

午後十時半、権藤氏から五度電話あり。情報分析を頼まれ、環境十六団体の安森〔公俊〕氏に問題あるのではないかという。謀略戦が始まった模様。

【解説】〝満がん〟のオーナーは政治好きで、竹下派のお抱え料亭であった。資金的にも竹下派と協力関係にあり、竹下氏は〝満がん〟を自宅のように使用していた。

【別紙】権藤氏からの伝言

権藤先生から、三月二十九日、電話で小沢先生にお伝えするようにとのことですので……。

(1) 中曽根総理の福岡入りが、事実上中止となったことを感謝しています。これで、売上税問題は社・共と五分・五分で戦えます。

(2) 社会党の土井委員長の福岡入り(三月二十八日)は、たいしたことはありませんでした。常識ある福岡県民は、ぼつぼつ景気、雇用といった身近な問題を考え始めたと理解しています。

(3) それにしても、共産党を中心に、田中候補が勝てば、売上税法案が強行される。中曽根さんはウソつきだから……という宣伝には困っている。

創価学会の中堅幹部さえ動揺しており、ようやく、次のような説明で納得してくれている。『奥田候補が当選することがあれば、自民党は売上税法案を強行してくる。理由は、田中候補を勝たせるために、自民党は、売上税に柔軟な態度をとっており、原案のまゝ成立させないことを約束してくれている。もし田中が負ければ、自民党の強行派の押えがきかなくなって、売上税法案が原案で強行成立することになる。これが、政治だ……』と。

(4) 竹下幹事長が福岡に入った時、可能な限り、売上税問題について柔らかい発言をしてほしい。

それをきっかけに、九州地方の学会員を福岡に動員をかけるので……。
(5) 福岡知事選にかゝわる権藤の動きが、公明党本部で批判されている。それは、一回も「売上げ税反対」と発言していないということらしい。自分は、竹入元委員長の指示ですべて動いており、竹入先生は、福岡で第二の蜷川〔虎三〕(京都〔府〕知事)をつくると日本が大変なことになり、ひいては、竹下政権の障害になるという判断〔を〕しており、ぜひ、近い機会に、竹入先生に幹事長から直接電話して、礼をいってほしい。
(6) 公明党サイドの売上税問題について参考のため知ってほしい。
直間比率の見直し、不公平税制の是正を中心とした税制改革は、早急に必要であると考えているのは、池田名誉会長、秋谷会長、竹入前委員長、矢野委員長で、基本認識において自民党とそんなに差はない。

ただ、池田名誉会長が、毎日新聞のインタビューで『売上税は江戸時代の召上げ税のようなもので、他人の財布に手を突っ込んでくるような悪税である』と発言しており、これがあるのでやりにくいが、内容はともかく、少なくとも「売上税」という名称だけは変更してほしい。

少し時間をかけて野党と話し合って、「売上税」という言葉が変われば、公明党は、税制改革の話についてゆく……。

◆三月三十一日(火)

午前十時半過ぎ、早坂氏に電話。〝赤坂満がんの主人〟についての権藤氏の話を伝える。

午後二時半過ぎ、早坂氏から電話あり。竹下幹事長に伝えたところ非常に喜んでいて、「赤坂満がんの親子がケンカをして、親の方がオレを良く思っていないようだから、そんな話が出るかもしれない。天地神明に誓って福岡知事選で負けてもよいとは考えていない」との伝言を権藤氏に伝えるようにとのこと。併せて、福岡での四月六日の記者会見の要旨をつくるよう依頼される。

［午後七時、］「売上税問題をめぐる事態の打開について」のメモ【別紙】をつくり、朝日の木村君に「神楽坂の」〝楽々〟に来てもらって相談する。［明朝、］趣旨を金丸副総理に伝え、反応をみるとのこと「よければ竹下幹事長に渡すことにする」。

午後十一時半、権藤氏に電話。竹下幹事長から［の］伝言を伝える。

【別紙】金丸副総理に事前に見せた竹下記者会見用メモ[18]

○売上税問題をめぐる事態の打開について

一、自民党は、ここ数年にわたって、財政再建のため、公務員の削減をはじめ、政府の日常経費のカット、公共事業の抑制、国鉄の民営化等々の行財政改革に全力をつくし、成果を上げることができたと思います。現在、国政で早急に解決されなければならない問題の一つに、租税制度の改革があります。

それは、戦後のシャープ［＝シャウプ］勧告によってつくられた現行制度が、社会経済の構造変化によって、著しく歪みが生じ、租税を負担する国民から強い不満が生じ、これを放置できない状態にあること。

さらに、激動する国際経済の難問に対処して、二十一世紀に向って国民生活を安定向上させ、活力ある日本をつくり上げるため、避けられないことであります。

二、政府・自民党は、こういった考え方から、所得税等の減税や売上税の創設を含む七件の税制改革法案を国会に提出したものであり、現段階においては、税制改革の抜本策として、総合的にみて、整合性のある合理的な制度であると考えております。

三、これらの税制改革法案のうち、売上税の創設にかかる部分が、国民から激しい批判を受けている現実を、与党である自民党幹事長として厳粛に受けとめております。

理論的な整合性を優先させ、現実の商習慣を激変させるような誤解や不安を与えていることも事実であると思います。

税制改革にあたっては、国民のコンセンサスが大前提であり、また、心理的納得も不可欠であります。国民の常識ある意見を今後も十分に反映させていくつもりであります。

四、売上税の創設をめぐって、国会が紛糾し、総予算の審議が著るしく停滞していることは残念であります。

円高問題等激動する国際的経済危機により、景気、雇用問題等でわが国の産業や経済が動揺するなかで、五十日間もの長期暫定予算の編成を余儀なくされ、さらに四月になっても、当該年度の総予算の審議に見通しが立たないということは、わが国議会史上かつてない異常事態であります。事、ここに至れば、原因を云々する次元の問題ではなく、主権者たる国民に対して、国会全体で反省しなければならない問題であります。

私自身、事態の打開に責任を痛感いたしております。

五、社会、公明、民社、社民連の野党四党は、『昭和六十三年度税制改革の提案』をまとめたと、報道されています。（三月二十七日）

これが、政府・自民党案に対する対案としての構想として調整され、公表されるならば、政府案を審議するに先だち、政党間において、税制改革の必要性について共通した認識があるのかどうか、あるとすれば、不公平税制の是正の方法、直間比率の改革のあり方等々、租税制度のあり方の基本的な問題点について、国民に各党の主張がわかりやすく理解されるよう整理する作業を、代表者によって行うということも検討されてしかるべきではないかと考えております。

できれば、各党間で、税制改革についての基本認識や問題点について、国民的合意を得るべく、一定の方向づけをする努力をすべきではないかと考えております。

六、成立の目途が立っていない総予算については、既に、国政や国民生活に支障が生じているので、予算委員会において早急に効率的審議を行い、一刻も早い成立を図りたい。

◆四月一日（水）

午前十時過ぎ、木村氏から電話あり。「金丸副総理も、昨夜のメモと同じ認識だ。それぐらいのことを竹下が言わないと天下はとれん。中曽根なんかに相談することない……」と言っていたとのこと。午前十一時半、早坂氏に会って、［竹下幹事長の］福岡での記者会見のメモを渡す。「政府案の審議に先立って、税制改革の必要性についての基本認識に共通なものがあるかどうか等について、各党間で協議しよう」ということを中心に説明することになる。

◆四月二日（木）

統一地方選中、決算委開き、昼すぎ予備費が上る［（議了）］。午後一時、早坂氏と会う。西村、西内両氏を連れて、打合せにいく。いろいろとアドバイスをうけ、話は本格化する。

〔午後、〕公明・民社の党首会談が開かれ、合意文書を榎本氏からもらう。地方選後の予算審議入りは応ずるとの話。権藤氏から電話。「社会党労組からねらわれはじめた。それは、学会が腰を入れてきたからだ」とのこと。早坂氏に伝える。

午後四時過ぎ、早坂氏から電話。竹下幹事長からの伝言で、「『売上税問題の打開』メモは、よくわかった。意を体してやる。赤坂満がんの親父の問題は、直接本人と話した。本気でやることを理解してくれたので、四月六日、斎藤〔十朗〕厚生大臣と一緒に福岡入りしてくれることになった。いろいろと本当に有難う」とのこと。その直後、権藤氏から電話あり。竹下幹事長からの話をする。

◆四月三日（金）

読売新聞が、減税先行で売上税〔法案〕凍結の記事を書く。記事を書いた高橋氏が午前十一時に来訪。政府・自民党の反応を話してくれる。中曽根総理は喜んでいた。宮沢蔵相は、賛成とはいえないが、そんなとこ《ママ》とのこと。後藤田官房長官は怒っていたとのこと。金丸副総理は、何んでも良いから柔軟だと書けとの話。

池内氏（朝日）に午後二時〔に〕会う。二日酔。昨日誕生日だったとのこと。早坂氏＝竹下幹事長へのメモを渡す。竹下幹事長、早坂氏の電話のあと、金丸氏と会ったとのこと。

午後六時、木村氏（朝日）来訪。去日の朝、金丸副総理に会った話を聞く。「竹下に歯切れよく発言させよ」とのこと。〔竹下会見用の〕メモの内容を話したところ、自分でメモをとり、誰れが考えたのか名を言え、といわれたとのこと。考え方はぴったりと驚いていた。

午後六時半、権藤氏から電話。安森〔環衛〕に竹下幹事長から電話をさせるようにしてくれとのこと。

◆四月四日（土）

午前七時、早坂氏に電話。昨夜の権藤氏からの伝言を札幌の竹下幹事長に伝えるようにいう。午前十時半、権藤氏から電話あり。午後七時半頃竹下幹事長から電話があり、種々話したとのこと。

午後零時四十分、［朝日の］池内氏と［上野の］〝伊豆栄〟に行く途中、自動車電話で、竹下幹事長が札幌での政談演説会で、税制改革について野党と話し合う用意ありと発言したとのニュースが入る。

午後一時〜午後三時、〝伊豆栄〟で事務総長、［衆院］記者クラブ有志と花見。午後四時〜午後五時半、〝北畔〟で二次会。上野駅で事務総長と別［れ］しなに、「八日午後八時半から、中曽根総理と会うことになった。野党の情況とこれからどうすればよいか、意見があれば、六日〔月〕に聞かせろ」と言われる。

◆四月五日（日）

［午前九時からの］ＮＨＫの放送討論会は、幹事長・書記長でやる。竹下幹事長の売上税、国会運営についての発言は歯切れが良く、先日のメモが役立っている模様。

午後七時半頃、権藤氏から電話。竹下幹事長の田中激励大会［福岡］での発言は、よくまとまっていた。売上税について、今まで野党と話し合いが不足していた。国鉄改革の時は権藤先生らとよく話し合ったのでできたのだと言ったとのこと。会った時、小声で「本当にお世話になる。よろしく」と［言って］いたとのこと。権藤氏も、福岡知事選は「自民・公明」でやっていると発言したという。

◆四月六日（月）

午前中、事務総長から話のあった中曽根総理と会談用のメモを作り、正午半、渡す【別紙】。午後三時、池内氏（朝日）と会って、中曽根・弥富会談について、止めさせた方が良いとのアドバイス。しかも平野が話の内容にかむなんておかしいと注意を受ける。

決算委員会が午後六時二十分まで〔か〕かった。五十八、五十九両年の決算を議了。〔午後四時半、〕高橋君（読売）が来訪。金丸副総理が竹下・安倍ラインを作ったので、凍結の方向で流れるとのこと。そういえば安倍総務会長の札幌での発言が、先日竹下幹事長に渡したメモの中身そっくり……。

【別紙】総予算の審議及び売上税問題についての私見[19]

一、基本認識

総予算の審議が当該年度に入って審議の目途が立っていない状況は、異常なことであり、国政の運営をはじめ国民生活に各種の支障が生じており、四月中旬という時点までこれが続くならば、原因の議論を云々する事態ではない。国会とりわけ衆議院を構成する全員で反省して、早急に事態の解決にあ〔た〕るべきである。

とりわけ、昨今の国際通貨問題、貿易問題はわが国にとって深刻な経済・社会問題を一層混迷させ、もはや国際経済戦争という状況である。早急に「総合経済対策」を決定し、対米交渉に国を挙げてあたるべきである。

そのためには、衆院において総予算を一日も早く議決し、成立を確実なものにしておかなければならない。そうでなければ、数字を入れた「総合経済対策」の作成も不可能であり、総理訪米による対米交渉も事実上、実行《ママ》性の薄いものになる。

これらのことは、ことナショナル・インターレストにかかることで、わが国の産業、経済が存続できるかどうかというきわめて重大な問題であることをよく認識して、総予算の早急な衆院通過をあらゆる問題に優先させるべきである。

二、売上税問題についての主な野党の態度

総予算の審議が著しく遅れたのは、売上税をめぐって、予算委員会の審議が紛糾したからである。従って、売上税問題を処理しなければ、総予算の審議の目途も立たない。

まず、社会、公明、民社三党の売上税問題に対する考え方を整理してみる。

《社会党》売上税関係法案の撤回（形式的）を主張し、併せて、予算も歳入部分において売上税が導入されているので、撤回して提出しなおすべきであるとの態度である。

これをもっとも強く主張しているのが土井委員長であるといわれており、新聞記者によれば「思い込んで、これしかない……」という状態であるとのことである。

山口書記長は、三月末、統一選が終わって審議が始まれば「事実上の凍結程度で収拾しようか」との意向をもらしていたようだが、四月に入って、公的には土井委員長と同趣旨の発言をしている。

また社会党の今国会でのねらいは、事態を可能な限り紛糾させ、早い機会に解散に持ち込んで、「土井ブーム」が消えないうちに、党勢を回復したいという戦略であり、党内の税制改革必要論者（堀昌雄、武藤山治ら）の常識論が浮上してくる可能性は薄い。

《公明党》　売上税制度については、社会党とほぼ同じような撤回論を主張しているが、税制改革については、相当に前向きで具体的な姿勢を持っている。

売上税撤回論を強く主張する原因は、一月十一日付毎日新聞で、池田名誉会長が対談し、『これほどの公約違反はないし、憤りを感じない人がいるとすれば不思議です。もし徳川時代だったら一揆が起ると思う。……』と発言したことである。

従って、「売上税という名のつく限り、絶対に応じることはできないが、不公平是正、直間比率の見直しなど、税制改革については、池田名誉会長、秋谷会長、公明党矢野委員長、竹入前委員長はよく理解している。」（秋谷会長政務秘書）とのことである。

矢野委員長の記者会見で意識して使っている言葉は「売上税制度の撤回」というものであり、社会党の主張のような形式的法案や予算の撤回論とはニュアンスが違うことに留意すべきである。

秋谷会長秘書の話によれば、

① 公明党では大久保書記長、市川国対委員長の二人は、政治の本質を理解していないので、問題とならない。矢野・竹入だけが事態の変化についていける人物だ。

② 池田・秋谷・竹入・矢野の四名は、わが国のこれからを考えれば、税制改革はどうしても必要であり、EC型付加価値税の導入あたりが適切ではないか、との意向を持っている。

③ 池田名誉会長の毎日新聞のインタビューもあり、売上税制度という考え方は、とにかく一旦棚上げして（事実上撤回して）改めて税制のあり方を早急に協議して、新税を設けることには協力できる。

とのことである。

「社会党は形式的に法案と予算を撤回しろ、という意見であり、事実上の棚上げで、公明は予算審議を短縮して、総理訪米までに衆院を通すことに協力できるか」と質問したところ、「売上税の修正とか、施行の延期ということでは、応じることはできないが、各党との協議の中で、結果として売上税制度が撤回というか創設されないことが、政治的にでも保証されるならば、総予算の審議の促進にはのると思われる。ただし、自民の誠意ある説得が必要だが……」とのことである。

《民社党》売上税問題を紛糾させ、政局を混迷させれば、党勢の拡大にもなろうし、解散・総選挙の機会も早まろうという戦略が基本であったが、同盟をはじめ支持団体からの景気・雇用問題等のつき上げで、状況は変化している。

ただ、ノーバッチ《ママ》の大内〔啓伍〕書記長が、早期の解散・総選挙を願望しており、これに公明党の大久保書記長が引っぱられ、それが事態紛糾の一つの原因だともマス・コミから言われている。

塚本委員長の各地での発言を分析するに「売上税棚上げ」で総予算審議に協力しそうなことをにおわせているが、事態収拾の核にはならないものと思われる。強固《ママ》論・柔軟論〔の間で〕都合しだいでゆれるものと思われる。

以上の状況のほかに、昨日、社会党の土井委員長は、抜本的税制改革について「三年ぐらいかけて国民的討議をすることが必要だ」と発言。また公明党の矢野委員長が「政府案の撤回を前提として、衆参両院議長のもとに〝諮問委員会〟を設けて時間をかけて国民的コンセンサスを得るべきである。」と発言している。

発言の内容の是非は別にして、社・公両党が税制改革について、政党間の話し合いについて共通した認識を持っていることは、事態の収拾の一つの鍵となろう。

三、事態の収拾について

予算委員会の審議は、野党の方針も十四日から正常化させるとのことであり、とりあえずは始まろう。しかし、審議日程について出口まで見通したスケジュールは、売上税問題が処理されるまで作られないまま、その日、その日の日程で進むことになろう。

これらのことを与・野党の理事は見通して、問題を国対委員長レベルに移して、予算審議と同時進行として協議されることは、固っている。国対委員長レベルでも話し合いがまとまるとは思えない。

現段階で、野党がのめる条件は、「売上税関係法案と予算の撤回（予算については出し直し）」であり、これは政府・自民党にとって了承できるものではない。

さりとて、売上税法案の修正や実施延期論でも、野党は了承しないものと思われる。

総予算を形式的にいじらずに、総理訪米前に衆院を通すために、野党と政府・自民党を政治的に妥協させるとすれば、『政党間で税制改革の必要性について、共通した認識があるかどうか。租税制度のあり方の基本的な問題点について各党がどのような考え方をもっているか。これらを整理して、税制改革を早急に行えるよう、国民にも理解してもらうべきであり、期間を限って、これらについて各党間の協議の場をつくって、結論を得ることにし、それまで売上税関係法案を棚上げする（事実上の撤回となるかもしれない）』という方法が検討されてしかるべきではないか。

収拾にあたって、幹事長・書記長会談、場合によっては、議長によるあっせんや合意事項の保証といったことも出てくるかも知れない。

また売上税問題をめぐる責任問題も出てこよう。

しかし、事ここに至れば、日本国の国益にかかる総理訪米を成功させることが、最も大切なことであり、政府・自民党はこの名分を生かすためにあらゆる努力を尽すべきである。

さらに最も重要なことは、中曽根総理が今後の国政運営にあたり、一点の邪念を持つことなく、国家・国民のため任期をまっとうし、しかるべき時期には適切な後継者に譲って、新しく大所・高所から日本の政治や世界の政治を指導していくという心境になることではなかろうか。

◆四月七日(火)

午前九時五十分、事務総長と会い、八日の中曽根総理との会談は中止するようアドバイス。新聞記者もそれとなく、目的は別にして察しているようだし、時期が悪い。会うなら、後でよいから議運委員長に説明して誤解のないようにすべきと言う。事務総長「〔君の〕メモにあったとおり〔売上税法案は〕棚上げというか凍結しかない。山鶴さんと昨日も会ったが、形式的撤回論は選挙までだという感じだった」とのこと。総理と会う話は考えてみようとのこと。

権藤氏から、午後三時半電話あり。「竹入先生が竹下幹事長からサイソク的に配慮してもらった。せっかく、小沢のために誠意をもってやってるのに、政治のいやらしさを思うと気がめいるとのこと。誤解のないよう、小沢氏によく気持を伝えておいてくれ」とのこと。午後四時半、小沢氏に会って伝える。

【解説】「竹入氏が竹下氏から催促的に配慮してもらった」ことの趣旨について平野氏に確認したところ、「売上税の棚上げにつき小沢氏が活躍できるよう、公明党としては協力したのに、竹下幹事長から竹入委員長にもっと協力してくれと催促して、金員の配慮があったのではないか」

という趣旨であるとのこと。

◆四月八日（水）

午前九時半、佐藤健一氏（自民幹事長室）が来訪。昨夜開かれた八者会談（自民三役、官房副長官）の様子を聞く。途中、越智委員長も話に入る。

金丸・竹下・安倍氏らの柔軟路線（事実上の凍結）に対して、藤波［国対委員長］、砂田［予算委員長］ら（中曽根総理直系）は早期の予算委の強行［採決］を主張しているらしい。このことは、中曽根総理が［国会を］混乱させて、イニシャチブを握るという戦術らしい。

午後二時、午後から出勤した事務総長に［八者会談の情報を］伝え、総理との会談は避けるよう［改めて］進言する。

午後五時、高久氏（朝日）来訪。後藤田氏は、完全に金丸・竹下ラインに入った。中曽根は民社と綿密な連絡を取っている。大内書記長の土地臨調は打合せたうえのこと、と…。

◆四月九日（木）

午前九時半、松下氏［事務総長秘書］に電話。昨夜事務総長、午後八時半から九時半にかけて、官邸の裏から入って中曽根総理と会ったとのこと。

午後一時、早坂氏に、中曽根総理と民社とのからみ、強行論があり、延命策が露骨になったと電話。キビシイ国会を考えているとのこと。

午後二時半、中島氏（朝日）来訪。「事務総長から話を聞いたか。何かまた、中曽根総理とのカラミがありそうだよ」とのこと。既に何か感づかれている。このままでは、強行突破で野党の議員総辞職を誘導して、解散で民社とつるんでいる様子ありとのこと。

午後四時半、越智委員長から電話。記者情報を説明。

◆四月十日(金)

統一地方選大詰。午後二時、権藤氏から、田中勝てるとの話あり。

午後十時半、権藤氏から再び電話。「〔自民推薦の田中候補は〕なんとかなるだろうか。春日〔一幸〕さんあたりが協力的でなく、同盟の動きもにぶい。久留米のBS〔ブリヂストン〕に手がまわらないか…。公明は八〇%は固まった」との話。

◆四月十一日(土)

久しぶりに休日。佐藤健一氏に電話して、権藤氏の話を伝える。

大蔵省二宮氏より電話。大久保氏と浜本文書課長の会う時間について――。

午後一時半、大久保氏より例の電話あり「〔紹介のあった浜本大蔵省文書課長と会った。勉強になった」と礼を言われる〕。

◆四月十二日(日)

夜、選挙開報。福岡〔県知事選挙〕、十二万の差で〔自民推薦の〕田中の負け。売上税問題と中曽根公約違反への反発か。

【解説】この日統一地方選挙の投票が行われ、自民党は大敗した。知事選では北海道、福岡共に革新陣営が勝利し、県議選においても自民党は九十二議席減となった。竹下幹事長は、報道各社とのインタビューで、福岡県知事選の敗北について、売上税に対する世論の反発の影響があったことを認めた。

◆四月十三日（月）

統一地方選の結果、自民大敗。売上税がすべての原因。北海道で一二〇万の差、福岡で十二万の差ではどうしようもなかろう。

午前十時、権藤氏から電話。ガッカリの様子。竹下さんを困らせることになるのではないかと心配する話あり。選挙は選挙。済めば新しいことを考えるべし、早く東京に来て売上税問題の政治処理に公明党内をまとめるよう要請する。

〔午後になって、〕記者情報や、社・公・民国対委員長会談の情報入る〔メモ参照〕。予算理事会、午後五時から開かれ、日程協議物別れ。浜幸氏強気…。

午後六時、総長次室で一杯。大衆民主主義というが、結局マスコミ民主主義ではないかと、岡部氏をひやかす。

午後七時半、早坂氏と〝津やま〟で会う。情報の交換。今後の国会の見通し。田中派は複雑になったと、二階堂〔進〕氏と会った話を聞く。田中先生〔元首相〕が、早坂氏が〔田中事務所を〕辞めたことを知らず「アヤサカ……」と言っているとのこと。

「回想録」田中先生の妹さんに手紙をことづけることにする。

山下元利には話をしないことになった。西村英一さんに相談することにして。

【別紙一】記者情報（四月一三日（月）一三時）

① 予算審議　土井委員長（社）、明日から総括〔審議〕の続き〔に〕入ることになると語っている。

② 売上税問題の処理　山口（社）、大久保（公）両書記長は、総予算から削除すべきである。大内（民）書記長は、政治的処理をして、継続にしてもよい、とのこと。公明の動きが一つ不明。一説によると、矢野委員長と竹下幹事長の間では話が出来ている、とのこと。

③ 政局について　金丸副総理の話　中曽根退陣は任期より前、サミットより後。鈴つけは後藤田になろう。総予算の強行突破は、中曽根の考えは変ったようだ。

【別紙二】社・公・民国対委員長会談　四月一三日（月）一六時〜一七時一五分

合意事項

① 売上税及びマル優の撤回をすべきである。

② 予算審議は慎重に行う。

③ われわれは更に結束を固め、所期の目的に向って断固進むものである。

（会談の内容）

社会党からの提案

① 社・公・民の結束の確認

② 税制改革について社・公・民の考え方を確認する必要がある。

③ 予算審議を始めるが、四月二八日までに議了させせない方針を立てなければならない。

④　売上税・マル優の撤回の方針を立てなければならない。
⑤　防衛費一％以内におさめさせるべきである。（民社、少々難色）
⑥　総理が訪米までに予算を通したいなら、売上税等を撤回して行け。
⑦　売上税・円高・雇用等で集中審議を要求しよう。また、ＧＮＰ一％でも集中審議を要求したい。
●社の提案を公・民が聞いたうえで、若干の議論を行い、書記長会談を開き、必要があれば、政審に下すことになった。
●公・民から四月二十八日までに云々（予算議了させない）ということは出さない方がよいとの意見があった。

◆四月十四日（火）

予算委は、理事会でとりあえず今日のところはやろうということで、午前十一時から上田〔哲〕質問から入り、午後五時五十分、金子〔満広〕（共）質問で終わる。

昼過ぎから、予算委での〔総予算の〕強行採決の情報が流れる。共同、ＮＨＫで…。

早坂氏に連絡して、竹下幹事長にメモをわたしてもらう。「国民にわかりやすい説明が出来る手をふんでやるべし」。「慎重に対処する」とのこと。

権藤先生から、午後二時電話あり。公明はますますキツイが、参院から、予算だけは通すよう要望があったとのこと。

午後四時過ぎ、今日の〔総予算〕強行〔採決〕はないとの確認とれる。夜、権藤氏から電話あり。社・公はゴリゴリにかたまった。強行しかないとのこと。

高橋〈読売〉、木村氏〈朝日〉より電話あり。明日強行とのこと。

◆四月十五日（水）

午前十時、TBS田中氏から、竹下幹事長、今日、予算委強行採決を決断との情報入る。浜幸氏は、強行の後、幹事長・書記長会談で収拾する方針とのこと。事務総長に報告して、準備に入る。予算委から、午後二時に強行とのこと。

越智委員長、午前九時半に、もし万が一〔総予算審議のために〕五泊六日の本会議になった時、徹夜をせず、朝十時から夜九時頃までを続けることについて意見を聞かれる。〔昭和〕四十二年の健保国会の時そうした旨を説明する。

午後二時一分、予算委員会開会。直ちに強行採決。〔委員長席の〕マイクが断線していたため、速記録は少なかったが、最少限度のものはとれていた。確認事務をやり、事務総長に報告。野党、議長に抗議。議長、自民幹事長らを呼び、各党の話し合いを要請。議運理事会、二度開かれる。

◆四月十六日（木）

〔午前十一時、〕議運理事会で野党側、話し合いをするまでに十七日の本会議を取り止めるよう要求。休憩にして、政党間協議をスタートさせることを条件に、原議長、越智議運委員長が、十七日の本会議セットをやめる。

〔午後一時、〕金丸副総理、売上税法案の議長預かりを提案〔との情報入る〕。議長側も、与野党が了承すればということで受け入れる姿勢。事務総長、議長のもとに協議機関をつくって預かることを検討。

午後二時、公明市川国対委員長、池田、鳥居、近江、木内氏［（国対・議運メンバー）］と一時間懇談。予算委の法的問題点、慣例上の問題点、内閣信任案と不信任案との関係、日程変更の問題点を説明。ためになったと感謝してくれる。［予算委員会の強行採決の］速記録が［事務局によって］偽造されたという話には、［「絶対ない」と］反論しておいた。

夜、〝山王飯店〟で越智委員長、事務総長と会食。徹底した話し合いをして、だめなら本会議セット開会、二十日は夜を徹して話し合う、とのこと。

◆四月十七日（金）

［午前中、］自民党内で国対を中心に、二十日（月）から本会議を開いて、予算を上程するようつき上げ強くなる。一方、自民一五〇名の議員が、売上税撤回の決議を行う。

［午前十一時、］越智委員長［から］、万が一［与野党の］話し合いが決裂した場合には、二十日［に］議運の［緊急］開会要求を［自民から］出させ、緊急開会して、二十一日の本会議セットをする準備をするよう指示を受ける。［事務総長に報告し、正午より］事務総長室で、本会議の運営について相談。いろいろ理解していない状況で、無理なことを言うので。例えば、内閣信任案をいきなり上程するとか…。昼食をしながら、［混乱した］日韓、健保［国会］の時の話をし、ノン・ルールの本会議というのは、本当は、話し合いのない、法規だけの運営のことで、憲法、国会法、［議事］規則の基本権は守らないと、採択の有・無効につながると説明。野党にも一定の抵抗権があること［従って、それを封じるため、内閣信任案を最初に出して野党の抵抗を封じることなんかすべきでないこと］を頭に入れるよう説明し、理解してもらう。

午後一時、［衆院本会議場入口の］便所で竹下幹事長と会う。［並んで小便をしながら］「小沢を連絡役にするのでよろしく頼む」とのこと…。

◆四月十八日(土)

公明大久保書記長に手紙を書く。状況の分析と柔らかい対応をしないとエライことになる旨(【別紙】)。木村(朝日)、佐野(NHK)さかんに情報を取りに来る。[午前十一時、]竹下幹事長から事務総長に電話あり。十九日(日)午後三時、東京キャピタルホテル[キャピトル東急ホテル]で会うことになった。

午後十一時、権藤氏から電話あり。

【別紙】公明大久保書記(長)の依頼のメモ[20]

一、売上税問題の展開は、予想以上の成果であり、ここまで自民党・中曽根政権を追いつめた、大久保書記長の政治手腕は国会史に残るものです。

これからが本当の勝負ですので、よく冷静に対応していただきたいと思いますので、ご参考のため愚見を申し上げます。

二、このまま与野党の話し合いが決裂して総予算をノン・ルールの本会議で強行可決した場合、二通りの展開が予想されます。

① 国会が機能しなくなる責任を中曽根総理がとって、総辞職する。

② 野党側との話し合いをやめ、税制改革について自民党内をまとめ、減税先行、売上税関係法案を反対論がいうとおりに修正する。例えば、施行を三年先に延期、課税率を下げ、不公平をやめ、手続を簡素化する等……。これでも売上税という制度は残り、総理の面目も立ちます。

野党は、当然①を狙っているようですが、昨今の自民党内では、どうも②の可能性がでて来ています。

その場合、せっかくここまで追いつめて、売上税が粉々になる直前で、売上税が生きかえることになり、そこを政治でそうさせないようにすることが、大事なことになります。

三、金丸副総理は、②になった場合、中曽根総理の力が回復して、任期切れに軟着陸できなくなり、竹下政権がつくれなくなるということを心配して、『議長預かり』で事実上、廃案にする腹です。このことは、原議長にも伝わっており、議長も廃案だという腹です。ただし減税の必要性もありますので、各党のベテランによる税制改革協議会を議長のもとに設け、預けたものがほどけないよう封鎖しておこうということです。そして、各党の税制改革についての合意をつくろうということです。従って、この構想をより野党側に有利なように活用すべきだと思います。

四、原議長は、ご存知のような野人で、先生方にいろいろ心配をかけていますが、中曽根総理のいうことをそのまま聞かないといっていまして、明治人として、自分が議長の時、みっともないことはしたくないという考えです。また、早稲田大学の後輩が早く政権をとることを考えています。金丸副総理とよく連絡をとり合っています。

五、そこで、事態収拾のための幹事長・書記長会談には応じて、堂々と公明党としての主張をすべきであると思います。

今回の売上税問題について、率直に申し上げれば、非常にうまくいっていますが、社会党・共産党が目立って、公明党が埋没している感じがします。統一地方選の結果もそれが出ています。従って、これからの事態の収拾は、ぜひ公明党大久保のペースでやられることを期待しています。

各党が考えていない点につきまして、何点か挙げますと、

①予算の強行採決の差し戻し論ですが、議長に権限がありませんので、法規的には今回はできませんが、「政治的差し戻し」を黙認するとしても、国会法を改正して「議長差し戻し権」を規定する論議を、昭和四十二年の健保法の処理の時のようにやってはどうですか。今回のようなことは許せませんので、議論の場に上げるだけでも意味があります。参考のため当時の新聞を同封します。

②「議長預かり」は、普通の凍結ではだめです。とはいっても「撤回」とはいえませんので、それをいうと、自民は強行突破になりますので、「封鎖的凍結」という言葉で、解けないことを国民に明示し、議長談話で「近い将来廃案となろう」程度のことを言わせるとよいと思います。

六、いよいよ大詰で、昨日あたりから、社会党より「公明党が堅いので……」という話が盛んに流されています。万が一というより可能性が強いと思いますが、自民党が予算を強行突破して、売上税で反対論の意見を入れて、大幅修正で、会期延長そして強行成立ということになりますと、撤回にこだわりすぎた野党の責任が問われます。結果的に廃案……撤回……となる方策を検討すべきと思います。

◆四月十九日（日）

午後二時に事務局に集まり、松下、土田と、午後二時半、東京〔＝東急〕キャピタル〔ホテル〕に行く。すでに二時過ぎから、竹下幹事長と事務総長との会〔談〕が始まっている。午後三時に小沢一郎氏来る。事務総長、用意のメモを出す。協議。〔売上税法案の〕審査未了、廃案について、幹事長、〔中曽根首相

に」言い切れないとのこと。［私が］大久保書記長に出したメモについて説明。竹下幹事長も、「何とか話し合いで決着させたい。不測の事態も起こりうるので」と必死になっている。午後五時過ぎ、引き上げる。

午後十時、木村（朝日）、権藤氏から電話あり。

◆四月二十日（月）

午前九時五十分、小沢一郎氏より、昨日の案文を整理して持参するように電話あり。事務総長と協議して、十時半持参。午前十一時過ぎに小沢氏に説明。「廃案」の表現について、国会法にあるものであり、野党がいるといえば応じてはよいのではないか、その場合二項目の協議会のスタートを担保したい等の議論をする。

午前十一時から、断続的に与野党国対。結局、午後九時から幹事長・書記長会談に持ち込むも物別れ。これは道筋のうちであったが、三回目の与野党国対で、自民が野党に廃案の気をもたせたために、野党が幹事長の説明を不満として決裂［三回目の会談で、自民党の渡部恒三国対副委員長が「売上税は廃案とする。総予算を通す。組み替え案はのめない。これを条件に幹事長・書記長会談に応じてもらいたい」と提示。午後九時から開かれた自・社・公・民幹事長・書記長会談で、自民党は「売上税の廃案について約束できない」と回答。野党は「渡部副委員長の話と違う」と怒り決裂］。

明二十一日の本会議のセットは、午前十一時過ぎの議運理事会で決めたが、議長が自民に話し合いを要請。

午後五時半、大久保書記長から電話。十八日（土）のメモに対する礼。予算［委員長］解任、大蔵［大臣］不信任の二本［の決議案］だけで、あとはやらない。話し合いの運営の精神は守るとのこと。竹下幹事長にメモ〔【別紙】〕で電話の趣旨を伝える。

【別紙】大久保書記長から電話　午後五時三十分

一八日(土)の意見、有難う…。

① 党内の突上げもあり、「予算委員長」と「大蔵大臣」については、本会議で決着つけないと、どうしようもない。

② とことん混乱させると野党もデメリットになること、よくわかっている。なんとか、最終的には話し合いで決着したい。

③ 売上税関係法案廃案を自民党は言えないと思う。中曽根総理が許さないだろう。竹下幹事長や藤波国対委員長が言っても、後でひっくり返される可能性がある。

④ 前尾〔繁三郎〕、保利〔茂〕、灘尾〔弘吉〕の歴代の議長がつくった、話し合いによる国会運営の大事さについては、よく心してやります。山口書記長と一緒に自分もつくりあげた一人だから…。

◆四月二十一日(火)

午前の幹事長・書記長会談で、話が後退し、本会議開会必至という状態になっていたが、原議長と多賀谷副議長が〔各党に〕話し合いを要請して、副議長中心に工作が始まった。結局午後五時頃になって、竹下幹事長が後藤田官房長官と会った後、〔売上税法案の〕「廃案」問題について、固くなり、不調に終わった。

午後八時過ぎの議運理事会で、本会議の開会について与野党の話し合いが決裂し、委員会で野党も出席し発言を行って自民の動議で、午後九時四十分、本鈴を決めた。

本会議は、社・公・民の牛歩戦術が意外と異常で、発言制限の動議可決できないまま延会。［二十二日午前］一時から開会され、副議長が議長席につき、発言制限の動議の記名投票で［議場］閉鎖の後、再び投票を許したのが無効とのさわぎが出て、休憩となり、事務総長が［議運］理事会で［副議長を補佐できなかったとして］辞意を表明。再開の本会議に出ず。［総長］室でいろいろ話し、一時［は］国対に挨拶するとまで言ったが、二十二日午前八時前、戦争が終わるまで続けることになった［松下秘書と説得するのに午前八時までかかった。弥富事務総長の辞意表明で、本会議再開の目途が立たないという議会史上異常事態が起こった］。

◆四月二十二日（水）

［午前九時、］木村氏（朝日）と相談して、竹下幹事長へ、事態の打開について決断をするようメモ【別紙】をつくり、午前十一時、早坂氏に会い調整の上、早坂氏から竹下幹事長に渡す。

本会議、午後一時から再開。事務総長が［辞意を撤回して、事務総長席に］入る。発言終局の動議を出さないかわりに、発言者の数を限定するとの紳士協定が［与野党に］でき、［議事は］スムースになる。その連絡を自民執行部にしていなかったために［反対されることなく］、時間は効率化する。

午後三時半から、幹事長室に金丸副総理、後藤田官房長官が入って会談。その後、楽観論と悲観論が両方流れる。

夕方の休憩時間、中曽根、竹下、藤波会談［話の内容不明］。金丸副総理が中曽根総理と電話［して、事態収拾を要請したと］の情報が入れ交る。

午後十時十分、本会議が延会になり、事務総長は竹下幹事長と会う。出なしなに、「信用ならんので、会うのがイヤ」とのこと。「人を騙せる男ならとっくに天下を取っている。人間は信用してやってほしい」とアドバイス。

午前零時、帰宅。木村(朝日)、浜本氏から電話。宮沢大蔵大臣が税制法案の強行論とのこと。何もわかっていない――。

【別紙】異常国会の事態収拾について[21]

総予算の衆院本会議通過をめぐって、混乱した異常な国会運営が続いている。野党は対応を硬化させており、このままの状態が続くならば、わが国の議会政治は未曽有の危機を迎えることになる。

政権政党の幹事長として、重大な責任がある。仮に、法規先例によりこのままの本会議運営を続けた場合、総予算の衆院通過は、中曽根総理の訪米に間に合うかどうか疑問である。また、しかるべき時期に日程変更等のウルトラCを行った場合、混乱は一段と高まり、野党の抵抗は一層厳しいものになろう。本会議の混乱による病人の続出、場合によっては死亡者すらでる可能性がある。

マスコミ論調は、議長工作の不調の原因を中曽根総理の「売上税に対するこだわり」としており、与党幹事長として、事態の打開に最後の努力を尽すべきである。

現時点で、竹下幹事長は、政治家として最大のピンチに立たされている。しかし、最大のピンチというのは、切りかえし、対応によっては最大のチャンスにもなる。要は、政治運営を国家・国民という原点でとらえることである。深刻になることはない。精神革命の絶妙の機会と考えればよい。この事態を打開すれば、ピンチであるがゆえに、一段と政権への展望が開けるものである。

《方策》

(1)自民党首脳会議〔四役程度か〕を招集して、国家・国民のため事態の打開を図ることが大事で、それが自民党・中曽根政権のためになると説明して、協力を求める。

(2)党首脳の協力を取りつけた後、中曽根総理に会う。

総理に対し、国会の事態を放置することは、自民党のためにも、中曽根政権のためにもならないばかりか、国家・国民にとって、議会政治に不信をつのらせることになると力説する。

従って、事態の打開を幹事長に一任するよう要請し、一任するなら、税制改革に対する中曽根総理の見識と情熱を中曽根総理の名において実現させると言う。事態の打開と税制改革の実現に政治生命を賭けると言う。…といった具合に、三十年に近い国会議員として国政に尽した全べてを、中曽根総理にぶっつけて、事態の打開に一任をもらってくる。

(3)総理が一任をしないなら、宣告して帰ってもよい。一任がとりつけ〔られ〕ればさらによいが……。党首脳に報告した後、原議長に、幹事長・書記長会談を呼びかけてもらうよう要請する。越智議運委員長に依頼する方法もある。

(4)原・多賀谷正副議長の呼びかけによる、幹事長・書記長会談において、いままでの経過を説明し、売上税を中心とする税制改革関係法案の取り扱いについて協議する。

その際、各党からなる税制改革協議機関で税制改革がもっとも重要課題であると認識させ、機関の発足について約束することを条件に、その機関で合意がない限り、会期終了とともに、税制改革関係法案を審議未了とする考え方であると伝える。

(5)なお、正・副議長は、幹事長・書記長会談の呼びかけ人とし、会談に立ち合っても話の内容には入らさないようにする。合意ができれば、正・副議長が保証するということになろう。あまり、文言にこだわらず、事態を打開させることが最優先であり、合意の内容は事態の展開によって変化するものであるので、心配することはない。

『死中に活を求めること』

◆四月二十三日(木)

午前十時、〔議運〕理事会の上、十時半本会議再開。途中で予算強行採決の噂を自民が流したため、牛歩は徹底され、四時間半かかって、大蔵大臣不信任決議案が否決され休憩となる。

午前中、小沢氏を軸に金丸・事務総長の会談で、〔議長斡旋による事態収拾の〕文章をつめ、正常化に望みを託す。結局、最初の案になり、税制問題の協議機関をつくることになった。金丸副総理が「これで竹下が中曽根を説得できなかったら、田中派では〔竹下を〕擁立しないと言え」と小沢氏に〔案文を〕渡す。

午前十一時五十分、第一〔議員会館の〕パン屋の前で、大久保書記長に会う。〔正常化の様子を聞かれたので、〕民権と国権の対立になっていると説明〔「日本古代から続く国津神（民権派）と天津神（官僚派）の対立となっていますよ」と話すと、大笑い。この話を図にして、午後、記者連中に渡すと、後藤田官房長官に届き騒ぎとなる〕[22]。

〔小沢氏は議長斡旋案を自民党に持ち帰り、〕官邸と院内〔幹事長室〕、議長公邸と〔走りまわり〕、めまぐるしく自民党内の裏の動きがあった後、社・公・民に示す案ができ、午後五時から、多賀谷副議長が社・公・民に個別に説明、持ち帰らせる。

自民は、午後七時から八者会談。会談に入る前に、佐藤健一氏から自民党はまとまったとの電話あり。七時四十五分から、副議長、社・公・民の書記長の会談がもたれ、〔議長斡旋による正常化が〕了承される。午後九時過ぎ、正・副議長が自・社・公・民幹事長・書記長を招き、〔正常化の〕斡旋案を示す。各党了承。午後十時、議運理事会、十時十分委員会が開かれ、十時四十分から本会議。十一時五十分、予算三件を議了し散会。

【別紙】議長斡旋(案)

売上税関連法案の取扱いについては現在の段階で各党の意見が一致していないので、議長がこれを預る。しかし、

一、税制改革問題は、今後の高齢化社会に対応する等、将来のわが国の財政需要を展望する時、現在における最重要課題の一つであることは、いうをまたない。従って、直間比率の見直し等、今後できるだけ早期にこれを実現できるよう各党協調し、最大限の努力をはらうこと。

二、このため六十二年度予算の本院通過をまって直ちに、本院に税制改革に関する協議機関を設置し、税制改正について検討を行うこと。

なお、その組織・運営については、各党において速やかに協議すること。

三、売上税関連法案の取扱いについては、協議機関の結論をまって処理する。今国会中に結論が得られない場合においては、その取扱いは各党の合意にもとづいて措置するよう一層の努力をすること。

Q、各党の合意ができないときはどうするか。

A、その時はまず合意を得るよう最大限の努力をすることは勿論であるが、どうしても不調のときは通常は審議未了か継続ということだ。だがこの場合は審議未了になる。

Q、審議未了ということは一般的にいえば廃案ということですね。
A、その通り、今国会廃案ということだよ。
なお、二項目の協議機関の設置は、必ずやってくれよ。
野党　承知しました。

◆四月二十四日（金）

午前十一時半、池田〔行彦〕大蔵委員長から、協議機関の設置が大蔵委の権限とかかわらないよう留意されたいとの話あり。事務総長に伝える。

予算も衆院を通過し、ほっとしているところに、小沢一郎氏が、事務総長のところに協議機関の設置について資料をもってくるようにとのことで、午後二時半過ぎ、党本部幹事長室に行く。ラウンドナンバーを中心に説明し、五時過ぎ再び会館で会い、〔「徹夜続きで疲れているので少し休もう」というと、〕検討事項を二十七日（月）につくることになった。連休中、休まないでほしいということで、行きがかり上やむをえない「小沢氏、「成功をさせるのが僕の責任だ」とのこと」。

◆四月二十五日（土）

新聞にウラ話出る。権藤氏より、税制改革の進め方について公明党の本音を聞かされる。賛成は出来ないが協力はできるとのこと……。

早坂氏から電話あり。慰労のため、幹事長と食事をしようとのこと……〔「愚痴を聞く会ならいやです」と断わる〕。

大蔵省浜本氏から再三電話［五回もある］。議長斡旋の内容について問合せあり。参院の予算委での質問事項の準備らしい。

◆四月二十六日（日）

午後三時半、自宅発。大崎君［事務局の部下］の結婚式の披露宴に東京［＝東急］キャピタルホテルに行く。藤波自民党国対委員長に会う。「こういう収めしかない。満足すべきだ」と言ったところ、不気嫌な顔をする。

乾杯の音頭で、「その起源は、古代［には］神々を祝福する宗教行事だったのが、人間を祝福するものに変った。それから世の中がおかしくなった。今夜は古代式の乾杯をやりたい。皆さんが信じている神仏を想念して、多目的にやりたい。①新郎新婦のご多幸のため、②両家の繁栄のため、③出席者の健康のため、④議長斡旋に提示された税制改革の実現のために乾杯」と言ったところ、藤波氏が食い入るように聞いていたとのこと……。

◆四月二十七日（月）

［午前十時、清水議運理事（社）に呼ばれ、税制改革のこれからについて懇談。堀昌雄議員らに理解者あり、社会党の腹がわかる。］

午前十一時半、小沢一郎氏と会う。税制改革協議会の設置についての検討事項をわたす［①設置経緯、②目的、③構成、④運営、⑤その他を各党間で協議して、要綱をつくる手順を説明。小沢氏「項目だけでなく中身を書いてくれ」とのこと。「中身は政治家が方針を示さないと書けない」と言うと、「そうだな。これから考えるよ」とのこと」。その前に社会党の清水議運理事と一時間ばかり雑談をしていたので、社会党側の腹がよくわかった。

午後二時過ぎ、事務総長に見せて、渡部恒三氏にわたす。事務総長は〔、機嫌が悪いので「どうしたのか」と問うと、〕今回の裏話が報道され、金丸の傘下で動いたことが明らかになったので、NHKの諸星氏が中曽根総理のキゲン悪しとの話をしたため、ごきげんなだめ……〔「議長の仕事を補佐して当然。気にすべきでない」と励ます〕。

◆四月二十八日(火)

昼食で外出中、事務総長から電話で、税制改革についての各党の話し合いが心配らしい。〔連休に入っていたので、早目に飲もうということになり、〕午後四時半スタートで浅草に行く。観音さんに国会正常化のお礼参りをした後、〝そば処〟で越後の名酒を飲みながら、税制改革や正常化の話をする。

◆四月三十日(木)

中島俊明氏〔朝日〕、午後二時来訪。「後藤田官房長官が、今回の国会収拾で、原議長や竹下幹事長に〔国会議員の〕バッチ《ママ》をつけていない人間が影響を与えたのは議会主義に反する、と怒っているので気をつけろ」とのこと〔「弥富とか平野と記者懇で実名を挙げているので、気をつけるように」とのこと〕。

午後六時、早坂氏と会食。田中家の事情を聴く。妹の〔風祭〕幸子氏の話によれば、真紀子がこの次立候補するため、完全治癒をめざさないとのこと。倒れた原因は創政会ではなく、直紀氏が木曜会会長になりたいと言ったとのこと…。いずれ〔にして〕も再起不能で、こうなれば、竹下氏を独立させる方が良策で、その中で田中政治の継承をやってもらうべきで、中間派の石井、二階〔堂〕が動いているとのこと。また、小学館の出版や中公の出版について、幸子氏自身も喜んでおり、本人に直接わたして読ますよう手紙をことづけたとのこと。そして本人が読んだとの連絡もあったとのこと。

◆五月四日（月）

中曽根総理のハワイ発言で高久（朝日）、共同から電話。

【解説】この日訪米中の中曽根首相が、大幅会期延長によって補正予算を成立させる方針を語った。

◆五月六日（水）

連休ボケか、衆院全体がおかしい。

午前十時過ぎ、竹下幹事長が事務総長のところに来る。税制改革協議会の相談。その席から電話あり。政倫協〔政治倫理協議会〕と定数協〔議員定数是正協議会〕を比較した資料をつくるようにとのこと。電話で一応の違いを説明。

午後一時過ぎ、議運委員長室に、渡部恒三、糸山、清水（社）、中野（民）氏ら〔国対副委員長クラス〕らが集まる。与野党国対の根まわし。社会党、〔「大幅会期延長で補正予算を成立させる」との〕総理のハワイ発言が撤回されない限り、税制改革協議会の話しにのらない、訪米報告なんかも聞くつもりないとのこと。渡部氏「中曽根総理には一日も一刻も早く辞めてもらいたい。八月までさせない」とのこと。こんなことを〔「子分が」〕しゃべるようでは……幹事長もやりにくかろう。社・公・民国対でキビシイ方針が出る。

早坂氏と電話。七日夕方、打合せることになる。帰り、久しぶりに安藤氏［宮沢蔵相秘書］と上本郷の〝うおかつ〟に行く。

◆五月七日（木）

午前九時半、越智議運委員長に政治状況について説明。報道されていることと、政府・自民党執行部の腹は違うので、事務総長から話を聞くようすすめる。越智委員長「それにしても官邸はシャベリすぎだ」とのこと。

午前十時半からの議運理事会は、中曽根総理のハワイ発言を明確に否定しない限り、税制改革協議会の話には入らないと硬化。会期延長をストップさせるため、法案の整理に野党入る。

午後一時半、公明大久保書記長と会う。前尾先生の七回忌の発起人のお願い。久しぶりに懇談。「売上税は少しやりすぎた。市川国対委員長が慣れないこともあって、内外から批判が多い」［とのこと］。原議長と公明執行部の会食をすすめる。午後三時半、山口書記長（社）に会い、前尾先生の会合［出席］をお願いする。売上税問題で「の成功は」野党の結束があったからだとの話。午後五時二十分、永末先生（民）に会う。同じ。

午後六時、早坂事務所で中公の打合せ。

大久保書記長から「今後常識に戻したい。中曽根さんの言う通りとはいかんが、竹下幹事長の政権とりには陰ながら応援する」とのことを話す。

午後十一時、早坂氏から電話。竹下幹事長、大変喜んでいた。今後、直接電話することもあるとのこと。

◆五月八日（金）

参院予算委が主役。衆院の動き表だってなし。中曽根総理も答弁で、会期延長むり、臨時会での意向を示し、野党も当然とのこと。金丸副総理も「国会の常識」と発言。大勢は五月二十七日で締めとの空気。裏の話も。法案の選択をはじめた資料が出まわる。

◆五月十一日（月）

午前十時半、事務総長から委員部長に電話、呼ばれる。税制改革協議会の要綱案をつくっておきたいとのこと。かねて構想中のものを文書にして、午後三時過ぎ協議、了承をとる。議運委に諮らず国対委員長間で合意する方針でいくことになる【別紙】。［小沢一郎氏に事務局方針を伝える。］

午後四時、越智委員長から電話。竹下幹事長と後藤田官房長官が会って、大幅会期延長を断念したとの情報を伝える。

午後六時、清原氏（朝日）来訪。会期末の問題を解説。

午後八時、浅草〝長屋〟に池内、木村（朝日）とそばを食いに行く。寒梅と白梅を飲む。さすがに甘し…。政局の転換について意見交換。

【別紙】「税制改革に関する協議会」設置要項（案）[23]

第一　設置

議長あっせんの趣旨に基づいて、税制改革問題を各会派において協議する機関として「税制改革に関する協議会」を置く。

第二　目的

税制改革に関する協議会は、今後の高齢化社会に対応する等将来の財政需要を展望し、現在における最重要課題の一つである税制改革問題について、直間比率の見直し等今後できるだけ早急に実現できるよう各会派協調して調査検討し、速やかに施策を提言することを目的とする。

第三　構成

（一）税制改革に関する協議会は、各会派から推薦する議員　名をもって構成する。

（二）税制改革に関する協議会を構成する議員の数は、各会派の議席数の比率によるものとする。

（三）税制改革に関する協議会の会長は、協議会において互選するものとする。

第四　運営

（一）税制改革に関する協議会の調査検討の対象は、議長あっせんで提示された税制改革問題とする。

（二）会長は、協議会の運営に関して必要がある場合には、協議会の各会派の代表者と協議することができるものとする。

（三）会長は、協議会の経過及び結果を議長に報告するものとする。

（四）協議会は、会期中であると閉会中であるとを問わず、いつでも協議を行うことができるものとする。

（五）協議会の運営については、この要綱に定めるもののほか、国会法による委員会の運営に準拠するものとする。

第五　その他
　協議会の事務は、事務局、調査室及び法制局の職員がこれを行うものとする。

◆五月十二日（火）

　与・野党国対は午後三時から開かれ、予定どおり会期延長なし。売上税法関係廃案、臨時会七月以降ということで、法案の審議促進をすることになった。税制改革協議会発足も会期中に行うことになり、国対委員長間で協議することになる。

　法案の整理の副国対の会談が不調で、一時中断したが、午後七時半過ぎ、話し合いがついた。

◆五月十三日（水）

　税制改革協議会の設置要綱の協議について、自民党の根まわしをしていたところ、藤波国対委員長、越智議運委員長、事務総長で相談することになった。午前十時、小沢一郎氏に状況を電話で説明したところ、今朝幹事長と会って、①［税制改革協議会に］社会党良識派を入れるため、多い員数にすること。②共は社・公・民の動きをみて決めること、について、メモを入れるようとのことで手配する［小沢氏の話を弥富事務総長に報告］。

　議運理事会は、法案係の整理を待って午後四時再開して、本会議の見通しを決める。

　正午すぎ、衆院［記者］クラブの昼食会に呼ばれ、福でんの弁当をごちそうになる［税制改革協議会の準備状況について説明］。

［午後三時、］中曽根派の総会で、原議長、竹下幹事長、藤波国対［委員長］、越智議運委員長の批判が続

出したとのこと。国会を知らないバカな連中の集まり。

◆五月十四日(木)

久しぶりの本会議は財確法案〔の審議〕。国会が野党ペース〔で動くこと〕に反発した中曽根派を中心に、公健法〔公害健康被害の補償等に関する法律〕改正案などについて、議運で付託の強行をやろうとの動きを越智委員長中心に用意する。そのため、議運を休憩にしておくことになる。

本会議中、木村氏(朝日)から電話。二階堂〔進〕氏が総裁選に出馬を表明したことが伝わり、さわぎとなる。早坂氏に西村〔英一〕氏の挨拶の礼で電話して、二階堂問題を話したところ、これから話し合いが始まるとのこと。

◆五月十五日(金)

法案の処理は順調に進むものの、税制改革協議会の設置は、自民党内の事情もあり、はかばかしくない。党内で加藤紘一氏あたりが、小さな理屈をいって、□□□運営についてこまかいことを入れるように主張しているとのこと。与・野党国対では、来週に話をもちこしたものの、共産党を除いて、七・二・二・二でまとまりそう。

二階堂問題は、田中派〔を〕分裂させない方向で努力しているとのことだが、参院に二階堂支持者が誰もいないこと、創政会側にしっかりした人物がいないこと、両方とも問題をかかえて、しばらくはガタガタしそう。

夕方、越智委員長と来週の運びについて相談。いろいろ党や派内で批判されているが、本国会の運営に自己満足している様子。

◆五月十八日（月）

月曜日というのに委員会が四つも開かれ、定例日問題も解消したようなもの…。十九日の本会議の議事日程を再びあらかじめ変更して、外務委員長の報告をトップにもって行くよう越智委員長から指示があり、各党［の］了承をとって編さんする。清水さんに院議継続の説明をする。

［正午、］東中先生と昼食を中央食堂で一緒になる。この国会の問題について話題となる。「［東中］先生が、三木さんの五十年表彰文で〝帝国議会〟［という文言］を削るように言ったが、帝国議会の方が今よりましな運営をしていましたよ」と言う。

◆五月十九日（火）

本会議は正午から公健法改正案の趣旨説明だけ。

午後二時から自・社・公・民と自・共の国対委員長会談が開かれ、税制改革協議会について協議。二十一日には決着できそう。

二十一日に本会議をセットすることについて、やらないと石井、清水両氏が話し合ったことが、与・野党国対で清水さんから出され、近江氏［公］大いに怒る。越智委員長がとりなして、やることになった。

自民、懲罰動議等の話をチラチラさせているが、来週の会期〆は、若干モメそうだ。

◆五月二十日（水）

正午半から本会議は一時間半かかった。園遊会〔が午後二時から始まり、その〕後、越智委員長から呼ばれ、会期末の問題について打合せ、法案の処理状況を整理するよう〔に〕との指示を受ける。「〔この国会はいろいろ紛糾したが、議運委員長としては〕一応本国会の運営には満足とのこと。

中島氏（朝日）来訪。本国会の特色について意見を聞かれる。日本議会政治の分岐点なり、良い面、悪い面両方ありと話す。

本会議中に、廊下で竹下幹事長と会う。「いろいろ心配をかけている。頑張っているのでよろしく」と言われる。

木村氏（朝日）と田中派内を分析。七月中を目途に派を割らないように一本化できようということで意見一致。

◆五月二十一日（木）

会期末のあわただしさが続く。

自・社・公・民国対で、税制改革協の話ができ、二十五日（月）には発足ができそう〔要綱はつくらず話し合いで運営することになった〕。

午後二時半、事務総長から電話。「〔協議会に〕共産党が入るべく、議長から他党に働きかけるよう〔に〕との厳しい要請があった〔〕とのこと。政倫協〔政治倫理協議会〕の時、設置に反対して、参加した例があると言われたとのこと。「それは政倫審〔政治倫理審査会〕で、政倫協の設置には賛成した〔共産党は政治倫理協議会に賛成したが、政治倫理審査会に反対し、その上で比例割当で入った〕」と資料で説明。どう対応するかということには、「〔共産党〕を入れないという話もおかしいが、院の機関でなく、各党の協議機関だから議長も事務局もこれ以上関われない。〕自・社・公・民が入れないということなら、自・共で協議会を作って、二つにすれば〔社・公・民も文句いえないでしょう〕…」と意見を具申する。

夜、竹下幹事長の励ます会に顔を出す。だんだんと気力が出て来たので、政権担当者としてふさわしい風格になった感じ…。

◆五月二十二日(金)

会期末処理の本会議は、午後五時予定通り進む。閉会中の〔議員の〕海外旅行の話が中心。議運側は、メンバーが一新したため、議員連中が感じがつかめないか。

夜、清水理事と非公式に会って説明。予定を大幅に変更して、午後四時過ぎ、打合せ。本会議散会後、日程を固める。総員二十三名ぐらいか。

◆五月二十五日(月)

木下君から、午前九時半に〔池田〕部長と総長室に来るよう連絡あり…。税制改革協議会の発足について、事務総長から、「幹事長と国対委員長に頼まれたので、議長の挨拶と発足の段取りをするように」とのこと。あわてて、自民国対星野氏と打合せ。午後三時半からの発足の準備をする。

【解説】午後三時半から第一回協議会が開会された。

(各党から提出されたメンバー)

自民党　伊東正義　奥野誠亮　山下元利　谷川和穂　野田毅　小泉純一郎　津島雄二

社会党　大出俊　伊藤茂

公明党　坂井弘一　坂口力
民社党　永末英一　米沢隆
まず、座長に自民党政調会長伊東正義氏が選ばれる。
（原議長の挨拶）
「先般の議長のあっせんに基づく税制改革に関する協議会がこのたび各党の御協力により発足することができたことに対し、深く敬意を表するものであります。この協議会における各党の代表者の皆様の熱心な御協議を通じて、税制改革問題に速やかに実り多い結果がもたらされるよう心から期待しております。なお、議長といたしましては、今後二ヵ月位たったところで協議状況を御報告頂ければ有難く存ずる次第であります。」

この議長挨拶文は、弥富事務総長や自民党国対と協議したとき、「なお書」はなかった。協議会開会直前原議長に挨拶文を渡す間際に、私が書き入れた。誰からの指示もなかった。

議長から「二ヶ月たったら協議状況を報告してもらえば有難い」と言わせたのがミソ。［社会党の］大出氏、「オー」と怒声を発したが、今後の運営については中々まとまらず。

税制改革協議会の準備で、予定していた早坂氏とは会えず。

◆五月二十六日（火）

会期終了前日にしては、めずらしく静かなり。売上税関係を除く閣法の閉中［閉会中審査］をめぐって、［国会議員の］JRの乗車パスとの裏取引が話がついて、全部、閉中―継続の見通しとなった。

海外旅行の打合せも、本散［本会議散会］後なんとなく出来、二十八日はブリーフィングだけになる見込。

◆五月二十七日（水）

会期最終日、［売上税関係法案廃案となる。］継続案件についてもＪＲのパス問題も結着し、正午からの議運も五分程度で終わる。

中曽根内閣が導入を目指した売上税は、野党の激しい抵抗にあって挫折を余儀なくされた。野党は、予算を「人質」に取り、審議拒否、牛歩を駆使して徹底的な抗戦を行い、売上税関連法案は、最終的には原衆議院議長の斡旋により、昭和六十二年度予算の成立、税制協議会の設置と引き替えに、審議未了・廃案となった。日本の憲政史上稀に見る与野党対立国会となった「売上税国会」は、こうして幕を閉じた。

　第百八回常会が幕を閉じる二日前の一九八七年五月二十五日、税制改革協議会が発足した。中曽根首相は、売上税法案に代わる新型間接税の導入を前提とする答申を、税制改革協議会に期待していた。そのために、中曽根内閣は五月二十九日に経済対策閣僚会議を開き、「一兆円を下らない規模の減税」を含む緊急経済対策を決定

第二章

マル優廃止をはじめとする税制改革の実現

するなど、野党に配慮する姿勢も示した。しかし、税制改革協議会の審議は、中曽根首相の期待通りには進まなかった。六月二日に開かれた第三回協議会では、自民党は、減税と共に恒久財源の検討も必要であるという考えを示したものの、「昭和六十二年度減税財源に新たな間接税の導入は困難である」とせざるを得なかった。これに対して野党は、二兆円規模の減税を先行し、減税と恒久財源の確保は切り離して議論すべきとするなど、攻勢を強めた。以後与野党は、約二ヶ月にわたって税制改革協議会を舞台に攻防を続け、その中で所得税減税やマル優廃止をはじめとする税制改革の方向性が打ち出されていくことになる。

一九八七（昭和六十二）年六月－九月

◆六月三日（水）

午後六時二十分、久しぶりに早坂氏と会う。ホテル・オークラでの竹下系集会に百十八名が出席したことで、今後の相談をする。『発掘田中政治』では、田中政治の反省、超えること、継承発展と、田中政治と田中個人の切り離しを行う目的として、十月一日出版記念会、その後総裁立候補との段取りとのこと。

◆六月十日（水）

早坂氏が、十四日（日）竹下幹事長に会う時、臨時国会の進め方についてメモが欲しい［海外旅行に出発するまでにとの竹下さんの要望］とのことで、［直ちに作成して］午後四時四十分、［早坂事務所の］江崎君に渡す［【別紙】］。

【別紙】第百九回臨時国会について

一、総論

秋の総裁任期満了をひかえ、召集の目的、時期、会期の幅等すべて政局がらみになる。自民党内各派閥の思惑が先行し、それが野党に反映して、神経を使う政治運営となろう。野党側は、公明、民社に先の第百八回常会で、売上税問題でつっこみ過ぎたという認識があり、社、公、民協調に微妙なすき間が見える。従って、国民の大勢が常識的だと理解する国会運営を行うなら、そんなに強い抵抗はないものと思われる。むしろ敵は自民党内にあると考えておくべきである。

最も心配されることは、例によって中曽根総理がマイペースで、これしかないと思いつめて、召集の時期や会期幅や日程で棒をのんだ政治運営をすることである。既に、そういう兆が出ている。

政府の権限で行うことと、国会の権限で行うことをよく分けて、国会の権限で決める会期幅や国会冒頭の日程等は与野党でよく相談したという形をとらなければ、いくら早く召集しても効果的な運営はできない。

次期臨時会で最重要事項は、性格をどういうものにするのか、即ち、召集の目的と審議する案件は何かという問題である。それによって召集時期、会期幅等がおのずから固ってこよう。

国際的公約である補正予算の審議は当然のこととして、税制改革をどの程度までやるのか、常会で継続となった閣法をどの程度までやるのか、といったことについて、政治的かけ引きは別にして、本音を野党の幹部に事前に示し、あらかじめきちんとした路線を伝え、途中で重要問題を恣意的に追加したり、不信を買うようなことをしないようにすることが大切である。臨時国会のすべてが政局がらみになる状態では、野党の不信感が与党内の不穏な動きと連動する可能性が強いので心すべきことである。

野党がどの程度協力するかは別にして、国民の大勢が「常識」として理解してくれる方針を堂々と慎重に進めていくことが良策である。

二、税制改革協議会について

さまざまな事情で、当初の構想と違った展開となっているが、途中で種々懸念された程でもない。もっとも注意しなければならないことは、官邸筋から流されている「税制改革協議会は、話し合いをつぶすためにやっているのだ」という言葉である。話し合いがつくにせよ、つかないにせよ、誠意をもって協議を行うという姿勢が大事であり、どんな展開になるにせよ、必ず一定の効用があるとの認識をしておくべきである。

原議長が「二ヵ月ぐらいしたら報告してもらうと有難い……」と挨拶で述べていることは大事なことであり、七月末には中間報告をするように展開させるべきである。

その際、どの程度のものにしておくかむずかしいことであるが、最低限度、減税の規模や方法等について、合意することが無理でも、問題の整理と国民にわかりやすい方向性は示す必要がある。意見がまとまらないのなら、各論併記でもよく、協議会から議長に報告、議長が幹事長、書記長を呼んで、「こういう報告があったので制度化（立法化）について各党間で話し合え」と伝え、立法化について、各党間の合意ができなければ、与党の責任において、政府提出の案を国会に提出するよう、各党に理解してもらえばよいことである。

「直間比率の見通〔し〕」を中心とする増税の問題については、七月末までにまとめることはとても不可能である。出来れば、各党の基本的な認識を提示し合って、意見の違いを国民に理解しやすくしておく作業等だけしておけば、今後、ずい分展望が明るくなる。少なくとも、七月末の中間報告の際、協議の段取りぐらいは報告できる状況にもっていくべきである。

税制改革協議会の運営で大事なことは、一つの制度を立法化するということよりも、誠実な協議を続けて抜本的税制改革を心理的に可能にする環境をつくるということであり、マスコミ対策も大事である。民社党の支持団体の中には既に「直間比率の見直し論」を主張し始めているし（自動車労連）、公明党も、増税を含む税制改革に賛成の態度はとれなくとも、EC型付加価値税の導入には理解を示しており、矢野委員長がいろいろ変った意見を述べているのは、その辺のことを含んだうえのことと聞いている。また、最近、減税の財源の一つに「マル優廃止もやむをえない」との論議が党内で出ていると聞いている。

抜本的な税制改革など、総理の個人的都合でできる性格のものではない。とにかく誠実な話し合いを一定期間続ければ、野党といえども胸の内を開いてくれるし、自民党の考えにそのまま賛成することはなくとも、理解してくれるはずである。

三、第百九回臨時国会の性格等について

出来るだけ常識的な運営を行うべきである。

トラブルの一つ一つが、政局がらみとなり、あることないことを誤解され、自民党の派閥次元の問題が野党がらみになると、中々めんどうな国会となる可能性がある。そのため、審議する案件も、補正予算を中心にできるだけしぼり、継続案件はいずれも対決案件なので、与野党間の話しがつかない限り審議を行わないよう配慮すること。

ただし、補正関係で減税措置については臨時国会中に立法化する必要がある。補正予算で減税措置も含めて審議することが望ましいが、税制改革協議会の中間報告の時期、内容によっては、技術的に可能なら、補正をまず審議、間を置いて税制改革のスタートとしての減税措置の立法化をやる

という方法も検討してしかるべきではないか。それが可能ならば、七月下旬から八月初旬に補正を成立させておき、八月の盆休みを自然休会として、盆すぎに税制改革関係法案について審議をするという二段方式もある。その場合、臨時会の召集日は七月六日〜十日ごろで、会期は二カ月ということで野党を説得することは、困難でないと思う。税制改革関係法案の審議が遅れた場合、会期延長の理由がつくれ、一月程度の延長も可能である。

補正と税制改革関係法案〔減税措置〕をどうしても切り離せる《ママ》ことができないならば、召集を遅らせて可能な限り十分な準備でのぞむべきではなかろうか。

◆六月二十五日（木）

〔議運委の海外調査の〕[24]帰国の翌日に〔議運〕理事会を開く癖がつくのも困ったものだが、臨時会の召集問題もあって、海外旅行の雰囲気をオフィシャルなものにするという越智委員長の狙いは、それなりに成功した。民社党の中野氏以外は、海外での労をいたんでくれたが、どうも一番たちの悪いのが中野氏だということで、越智委員長と意見が一致。要するに感謝の念がなく、当り前だと思っている。最近の民社はこの手が多く、党の体質か。

午後一時の部長会議で、〔平野氏の委員部〕副部長昇格が内定した。

◆六月二十六日（金）

昼食を高橋氏〔読売〕と食べる。高橋氏いわく「出発前に幹事長にメモを渡したろう…。次の週の〔自民党〕役員会で、コピーを竹下さんが全員に配布、外部の人の意見でもあるが、私の意見でもあると言ったので、ある人から見せてもらったが、字は違うが文章は貴方のものそのものだ…。クロウト筋では、誰が書いたかということで話題になって、大騒ぎした」とのこと。中でも税制協議会の機能を心理的なものと書いていたので、幹事長は税制改革に消極的だとのウワサが出たとのこと。政治の裏側はいろいろある。

◆六月二十九日（月）

越智委員長が登院して、政府演説と開会式の段取りについていろいろ相談をうける。開会式を演説の後にという考〔え〕をアキラメてもらう。

◆六月三十日（火）

朝出勤前に越智委員長から電話あり。開会式と政府演説の調整のこと〔また、「海外旅行は成功で、これからの税制改革に役立つだろう」と礼をいわれる〕。

夕方、事務総長室に呼ばれ、越智委員長が持参した〝梅錦〟の生を飲む。海外旅行の成功をうれしがっていた。その後、上野〝北畔〟に行く。自動車の中で、あと一年で辞めたいと事務総長が本音を言う。具体的には、人事院総裁の後任に宮内庁次長をまわし、長官としかるべき時期に交代したいとのこと。緒方事務次長に、弥富軍団をうまく使えばやれると言っておいたので、協力するようにとのこと…。

◆七月一日（水）

十一時から議運理事会。官房長官が出席して臨時会の召集を七月六日とすることを説明。休憩として、国対間の協議を待ったが、会期の設定とマル優問題をめぐって結論を持ちこした。

越智委員長、臨時会の協議に少なからず気負い気味。会期の協議もせず、日程の案を出したり、召集詔書の公布を考えすぎて遅らせようとしたり、四時過ぎに理事会を流そうとしたり。いよいよ秋を迎え、あせりもあるのか。

◆七月二日（木）

根っ子の話がついているにもかかわらず、社会党の大出国対委員長の面目で、会期の決着を明日に延期しようとのねらい…。公、民がしびれを切らして、午後四時からの自、社、公、民国対委員長会談で、五月十二日の売上税関係法案の取扱いでの合意を確認する形で、会期六十五日で自、社、公、民合意。同時に開かれた議運理事会で決定し、臨時会の段取りが固まった。

正午半、早坂氏と会い、海外旅行の土産を渡す。六月十日のメモはそのまま竹下幹事長に渡し、きわめて感謝していたとのこと。七月四日の竹下派旗上げで、何か気がついたことを言ってくれとのこと。

◆七月三日（金）

早坂氏から依頼されていた竹下派発足のメモをようやく午後五時過ぎ江崎氏にことづけた【別紙】。

農水委が六時四十分までやる中で、五時五十分、永田町〝花の家〟に行き、［自民党］幹事長室の連中、竹下［事務所の］スタッフと会食。事務総長も参加したので、当初の性格と違った。

午後七時前、竹下幹事長が顔を見せ約一時間いる。こういう会合が一番クツロゲるようだ。［私にそっと］「［明日の発表だが名は〝経世会〟とした。］自分なりに考えがあるが、君からもらうレポートが色々と役に立つ。自信をつけたりアイデアが出たりするので、本当に有難い。おれのような人間がここまでこれたのも、みんなのおかげだ……」とのこと。総長が午後八時に帰り、唄のあと銀座モンテカルロに行って、十二時頃帰宅。

【別紙】［竹下派発足にあたっての感想］

一、臨時会に入る前に、派内の抗争を最少限にして竹下派を結成できたことは、きわめて大事なことであった。これで、党内が一致して臨時会にのぞむことになるので、順調なすべり出しに成功したといえよう。

田中派の問題は、盲腸の手術で、悪性の癒着を始末するようなものであったが、ねばり強く、時間をかけたので、手術は成功した。ただし、手術の後遺症については十分気をつけておくべきで、量の問題というより質の問題があるので、竹下派に参加したくてできなかった人や将来味方になる人には十分な配慮をしておく必要があろう。

二、ポスト中曽根の問題については、根深いところで、中曽根、宮沢、二階堂連合による政権をねらう動きがある。

問題は、河本派の動向にかかることになろう。河本派をおさえることが重要となる。但し、この連合軍のウイーク・ポイントは憲法問題や経済政策で基本的スタンスが違う点である。この動きが表面化してくる傾向が出て来る時期になれば、マス・コミを活用して、このウイーク・ポイントを突くべきである。野合的政権であってはならないと……。少なくとも憲法問題では一つの方向を指さないと国民は不安であると……。中曽根派の改憲指向と、宮沢派の護憲指向の矛盾を指摘しておくべきである。

三、竹下派の政治運営については、既に柔軟な路線というイメージが定着しているので特に明示する必要はないが、政策については、

①「ゆとり」と「やすらぎ」を創る政策の実行、という思考を入れていただきたい。

敗戦以来、保守党を中心に復興、国土開発、経済の成長……と血と汗の努力により、豊かな社会をつくり上げてきたが、多くの国民は、現在の豊かさの中に「ゆとり」や「やすらぎ」を実感するに至っていない。

土地問題や所得の分配の公平感といったものが国民の大多数のコンセンサスになっていないこと、今までの開発がハード・ウェアーで、国民の心の中にしみわたるソフト・ウェアーがこれからの課題であること……。

豊かさを生活の実感として、国民の全てが分ち合うといった指向を政策の中に入れ、老人対策にしても暖いと感じる政策は必ずしも金額の多量を示すものでないという考えで、アイディアを探求してもらいたい。勿論、激動する国際経済戦争の中で、日本が現状を維持することは困難と思われるが、それに打ち勝っていくためには、従来のような、がむしゃらな働きすぎでは対応できない現実をよく認識し、人間の「幸せ」とは何か、国際協調の中でしか、日本の存在はないということを前提に、過激な競争の中でいら立った国民の気分をやすらげる政策を実行されたい。

②民衆の智恵と創意による文化国家の建設　という思考も入れていただきたい。

いまや、西洋の機械文明の模倣では発展は期待できない。官僚の押しつけ行政でも、国の発展は限界に来ている。長い日本人の歴史の中で、民衆が生活の智恵として育てた文化には貴重なも

のがある。芸術、宗教、技術……、これを開発、発展させることは、世界の平和や社会の進歩にも貢献できることである。

国際協調が必至の時代になればなるほど、独自の文化はより普遍性を持つものである。ただし、その文化が本物でなければならない。二十世紀が終ろうというのは、一千年の区切りが行われるということで、単なる世紀末（一〇〇年の終り）ではない。あらゆる価値観が変化し、人間のあり方が問われようとしているのである。そういうことを考えた時、本当に頼りになるのは、結局、自分達日本人の先祖が何をし、何を残したかということを知ることである。

われわれは、今、心を「故郷」に立ち帰らせ、日本の「故郷」の原点が何であったかを十分認識し、その中から新しい発展を見い出すことによって、二十一世紀が展望できるのではなかろうか。

◆七月四日（土）

週休であったが、午前十時から［事務総長のもとで］案件会議をやるということで出勤する。竹下派が百十三人を集めたという話。竹下氏の挨拶の中で「物心両面の豊かな社会を」「二十一世紀に向けての準備」と、二点メモが参考になっていた。

◆七月六日（月）

［第百九回］臨時会召集日。会期六十五日、社、公、民賛成とは異例なり。開会式、政府演説と順調に進む［政府演説で中曽根首相「議長あっせんの内容に沿って、実りある成果ができるだけ早期に得られることを期待

する」。宮沢大蔵大臣「一日も早く抜本的な税制改革案が得られることを期待し、税制改革協議会での審議の推移を注視してまいりたい」」。本会議に議場参事として初めて出る。緊張はしないが、若干疲れる。

大久保直彦氏の会館に行き、事務総長との会食の打合せをする。

◆七月七日(火)

午前中、山口鶴男氏の会館にバレン《ママ》タイン30を海外旅行の土産として届ける。夕方事務総長の使いで定数是正の資料を持って行ったところ、大変喜ばれる。

社会党の山花〔貞夫〕氏から政倫審について問合せがあり、訪ねる。土井委員長と交代したいので、佐藤孝行氏の申立ては出し直しをする。田中判決後、併合申立てはできないか検討してくれとのこと。「事務総長に確認して明日返事をするが、併合申立はできない」と答え、不遡及問題について懇談。

◆七月八日(水)

補正予算審議中に、一回本会議を聞いて、できればNTT二法案の趣旨説明という越智委員長の構想も、予算委で日程を固めたことでポシャル。それにしても、□□法案の審議の勢をつけるためには何か必要ということで、十六日精神衛生法、二十三日防衛二法、二十八日NTTという段取りとなる。

〔衆院代表質問
○社会党　売上税、マル優廃止などで総理の政治責任を迫れ。
○自民党　国民の立場に立った整合性ある改革案の作成に努力。
○公明党　所得減税を二兆円規模で行うべきだ。

○民社党　二兆円規模の減税をすべし。
○共産党　共産党排除の協議会は不当。直間比率是正は大型間接税だ。〕
代表質問は岡田利春氏（社）力なし…。答弁が長すぎて、三時間近くかかる。

夕方、近江先生から電話あり、会食。

上村《うえむら》〔千一郎〕政倫審会長と会い、山花さんの件について説明。その前、事務総長と会い、①土井→山花の〔政倫審〕交代をやり、佐藤氏の申し立ては出し直しする。②田中さんとの併合申立ては無理がある。との事務局見解を作る。

◆七月九日（木）

代表質問二日目は、攻守とも力不足。言葉尻をつかみ合うだけで…。さして大きな問題なし。

大久保書記長（公）からの連絡で、事務総長、次長、谷、平野の四人で十七日会食することに決まる。場所は浅草〝婦志多〟。

◆七月十日（金）

参院の代表質問の最終日なので、何もなかろうと思い、午前九時十五分頃出勤すると、田村〔元《げん》〕通産大臣の訪米のことでもめていた。昨夜早々決まったことで、両院の商工委員長も同行するとのことで、その点で佐藤（健）氏から事務総長に話が入ったもよう…。越智委員長に役員会直前に説明し、各党への連絡が始まったが、予算委理事懇を待つことになった。

夕方までごたごたしたが、予算委では十三日（月）正午からの理事会待ちとなった。結局、自民党内の争いが中心となり、田村通産相の目立ちすぎに対する反発が浜幸〔浜田幸一〕を中心に起こったものである。

◆七月十三日（月）

田村通産大臣の訪米問題は、浜幸氏が朝竹下幹事長と会って説得され、正午からの予算理事会で決着。質問もおりた。竹下派結成の際、金丸副総理と同格の顧問になったことや金が動いたことに対する反発があったらしい。

二時から六時四十二分まで社会党が質問をして終わった。

午前十一時、清水先生に呼ばれ、米《コメ》の決議案の草案を渡す。十六日に決議したいとの意向なので、自民も簡単にはのまないのでむずかしい…という。越智委員長に報告したところ、小沢民社国対委員長らが、全中〔全国農業協同組合中央会〕の会長が長野県出身なので、政治ベースで処理したいということだろうが、NTT二法案等のかけ引きに使えるな…とのこと。

◆七月十四日（火）

清水理事（社）に呼ばれ、越智委員長同席。米の決議について「いろいろな人の意見を聞き、全中にも見せたが、君の作ったものが中立的で良いということになった。題もそのままで、うまくできているので、ボクの案にすると抵抗もあるので、事務局の案として出したい」というので、「事務局の案というのは困る。事務総長にも誰にも了承を取っておらず、清水先生が持ちまわるというので作ったのだから…」ということで、田名部、清水で作った草案とすることにした。

越智委員長は、防衛二法案とNTT二法案の趣旨説明とかけ引きにするつもりだが、中々厳しそう。

◆七月十五日（水）

「前尾先生を語る会」の打合せで、午後七時〝おもん〟で瓦〔力《つとむ》〕先生、安藤氏と会食。秋の政局の話ばかり。

◆七月十六日（木）

NTT二法案の趣旨説明を何時やるか、越智委員長いろいろな思惑で強い要請。本会議散会後呼ばれて、作戦に智恵を出せとのこと。「法案の内容からいって、いつまでもつるしておくべきでない。補正予算と一体のもので、地方公共団体の事業の基になるもので、減税財源を妨げるものでない…と内容をよく説明し、ここら辺で公の席で、野党は減税財源の主張をする時期ではないかと説得したら」とアドバイス。

◆七月十七日（金）

補正予算も順調に午後二時四十分過ぎに議了し、本会議も四時三十二分には終わった。次回二十三日の本会議をセットしてNTT二法案の趣旨説明を狙う自民党は、本散後〔本会議散会後〕、理事会を再開して野党側に強い姿勢で出るも、社会党の態度が固く、二十一日の理事会・委員会セットが焦点となった。十一時四十分から、大蔵省小川〔是《ただし》〕文書課長と会う。

夜、浅草〝婦志多〟で大久保公明書記長らとの会食。事務総長は八時十五分に帰り、残った次長、谷、平野でドンチャン騒ぎ。十時過ぎになる。市川氏、減税を優先させるとのこと。法案の提出時期を気にする。

◆七月十八日（土）

午後九時に二宮参事官（大蔵）から電話。公明との話を知りたいとのこと。越智委員長にも連絡を取ってもらい、状況を報告。「今まで強すぎたので、慎重に行く」とのこと。

◆七月二十日（月）

越智委員長の柔軟路線について、糸山氏が不満を示す。政府・与党連絡会の中でも、税制協については論議ならず。

佐藤健一氏と中間報告のやり方について懇談。筋としては、報告があれば、幹事長・書記長会談でやるべきだが…。

◆七月二十一日（火）

議運理事会二度開いて、次回二十三日は同意人事だけ。二十八日NTT、三十日防衛を決める。

佐藤健一氏から、幹事長から言われているが、税制協の中間報告について、議長が一歩踏み出してもらえまいかとの意向とのこと。事務総長とも相談して、無理だと断る。社、公の情報が入るが、ズレがある。

結局、伊東会長単独《ママ》で報告に来た場合には、各党には議運委員長〔を〕通じ内容を伝え、また、官房長官に来てもらって内容を伝えたことも各党にいう方法をとることになった。

◆七月二十二日（水）

税制改革協議会の中間報告の取扱いをめぐって、段取りの研究を事務総長のもとで行う。竹下幹事長側の希望は説得することになったが、二十三日朝食会を幹事長、国対委員長、議運委員長に事務総長が入って行うことになった。

事務局側の考えを、議長、副議長、議運委員長に相談した上で、出すことになる。

夕方、早坂氏に電話して、幹事長に税制法案の成立を考えれば、初めから議長を野党のターゲットにさせないよう、事務局の考えをよく理解してほしいと言うよう依頼。

午後十時過ぎ、早坂氏から電話。「弥富さんや平野君の言うこと分かった…」とのこと。

◆七月二十三日（木）

本会議は、午後零時十分から五分間。同意人事と議員請暇《せいか》のみ。次回二十八日はNTT二法案の趣旨説明は決まった。まあ、こんなところだ。

越智委員長に、税制協の中間報告について、幹事長サイドからいろいろ注文が出ており、事務総長に報告してあるが、議長サイドの主体性をおかしくしそうな話があるので、注意しておいてほしいと伝える。

午後四時過ぎ、憲政記念館へ。五時、前尾先生を語る会スタート。約二〇〇名、出席してくれる。池田総理のテープ、前尾先生のテープ、福田［元］総理の発起人代表挨拶、山口書記長の話、大久保書記長の話、中曽根首相の話、それぞれ意味あり。宮沢先生も最後の挨拶を淡々とする。成功。

憲政記念館に早めに来て、竹下幹事長から《ママ》早坂氏から電話あり。心配をかけているとの話あり…。

◆七月二十四日（金）

税制協伊東座長の中間報告に対応する議長側のQ&Aをどうしても自民ペースで作れとのこと。午前十一時から午後三時まで、事務総長室に缶詰で作る。中曽根首相サイドから、自民「実は大蔵省」で作ったものをそのまま議長に読ませるよう、事務総長に圧力かかる。それをやると議長は越権行為となり、恐らく辞職に追い込まれよう。事務総長やや興奮気味で一旦乗ろうとしたが、引き留まる。結果は、越智議運委員長が自民党執行部を説得してくれたもの…。

午後四時半に「税制改革協議会伊東座長から原議長に」中間報告あり。[25] 予想通りの運びだ。六時過ぎには全部終わる。

◆七月二十五日（土）

午前十時半、越智委員長より電話。税制協の中間報告の反応について、「二十八日の本会議がストップするようなことはないが、大蔵委は影響を受けよう…」と説明。

◆七月二十七日（月）

税制改革協議会の中間報告の反響が出るのが、大蔵委の理事懇から。同時に、社、公、民の国対も行われる。社、公、民は完全に足並み揃わず。別紙の申し合せをし、二十八日の大蔵委のＮＴＴ法案の審議に入らない方針を決めたが、現場の大蔵委の社、公、民理事が、それなら本会議の趣旨説明をやるべきでないとし、既に大蔵委の審議入りを合意していると主張。社会党が一人、二十八日の本会議後、質疑をすることになった。要するに、税制論議をほとんど大蔵委でやっていないので、だいぶストレスがたまっているようだ。

【別紙】社、公、民国対　十三時半〜十四時二十五分（社会党国対）

一、税制改革協議会は六十二年度減税先行を合意している。従って政府は、国際公約であり、内需拡大のための二兆円規模の減税を、一本で国会に提出すべきである。
二、恒久減税については、税制改革協議会を継続して不公平税制について協議すべきである。
三、これらが受け入れられない場合は、重大な決意をもってのぞむ。

◆七月二十八日（火）

久しぶりの議運理事会であったが、中間報告については野党側から何の意見も出ず。本会議も予定どおりやる。

本会議散会後、事務総長、事務次長、委員部長、平野の四人で、明日、田中判決に向け、政倫審、辞職勧告決議案等の対応について勉強会。社会党から政倫審の委員変更の話が出る。政倫審の方針を大出国対委員長が出す。

本会議中、佐藤健一氏から、「幹事長が税法と外為法とどっちを先に出すべきか、迷っているので…」と意見を聴きに来る。「筋から言って税法が先。税制国会ではないか」と答える。

◆七月二十九日（水）

午前十時のロッキード事件第二審判決は、田中角栄氏等については、第一審どおり、変わらず。共産党は、十時十分に議員辞職勧告決議案を提出。社、公、民はいろいろ調査の結果、政倫審への申し立てを午後二時半行った。午後一時、社が辞職勧告決議案と両方を出すということで、事務総長のところに相談に来たが、事前に意思の分裂は適当でないとチェックしていたので、問題とならなかった。

上村会長と打合せの結果、八月六日頃、打合《ママ》会を開くべく調査することになった。

夕方、社会党大出国対委員長が入院したとの情報あり。重病なら臨時会に影響大なり。

葬式のため松山に行っていた越智委員長から、国会状況について三回電話あり。

［この日、伊東税制改革協議会座長と山中〔貞則〕自民税制調査会長の会談あり。[26]］

◆七月三十日（木）

糸山氏が興奮気味で自民国対の強気の方針を持ってまわる。越智委員長にも「今度はだまされないでくれ」と柔軟路線を牽制。

本会議は、午後二時四十分、防衛二法案の趣旨説明を中心にやったが、それにしても退屈なり。

本会議散会後、議運理事会が再開され、官房長官が出席して、税制改革関連法案と外為法改正案の提出を説明。朝刊で中身が報道されていたので、野党も攻めようとしたが、世論的には政府側が勝っている様子。減税だけにして提出するよう要請。そうでなければ国会審議に覚悟があるとのこと…。

三十一日の本会議のセットは、結局、議運委員長の判断ということで公報にのせた。その後、社会党、民社党の理事に越智委員長挨拶。その前に「公明は減税をいくら上乗せしたらのるのか」との質問。「権藤さんからの話だと、二千億上乗せして一兆五千億なら」との話を越智委員長にする。[27]

◆七月三十一日（金）

税制改正法案の閣議決定提出で、社、公、民、審議拒否。朝、越智委員長と懇談した時、八月三日（月）の理事会程度はセットした方がとすすめるも、消極的。結局、党からの指示もあって、三日（月）一時公報で午後五時に開くことになった。

◆八月一日（土）

午後一時半頃、佐藤健一氏から電話で「幹事長が、これから事務総長と平野君でメシを食って、これからのことを相談しておけ」とのこと。土曜日の休日だし、月曜夕までにシミュレーションを考えておくからということで、出ず…。

◆八月三日（月）

午前十時、竹下幹事長の使いの佐藤氏と会う。事態収拾のメモを書く（【別紙】）。多少のイレギュラーを含んでいるので、事務総長に説明する。事務総長、かけ引きに使っても、本当にやるとおかしなことになるとの意見。

正午から、政府与党首脳会議が開かれる。午後一時二十分、事務総長から電話で会いに行く。後藤田官房長官から電話あり、七日までに付託できるようなんとか変更を出してくれとのことと《ママ》のこと。公、民の情報等よくとってくれと言われる。

午後五時から議運理事会。四日のセットだけ決めて散会。

【別紙】所得税法等改正案をめぐる事態の収拾について[28]

（1）基本認識

A　提出された政府案は、国民からみて気くばりのあるものと一応評価されており、マス・コミも積極的に批判していない。

B　国会審議の中で、自民党が状況によっては、さらに政府に対して一汗かこうという姿勢があるなら、議会政治の原点からみて、自信をもって対処すべきものである。

C　ところが、野党側の対応がきわめて不解明である。

特に、民社、報道では柔軟な意見が出されているが、党内バラバラである。即ち、来年からの労組統一問題をひかえて、社会党との友好関係を強くしようという思考が表面化し、これが、臨時会での国会対策に影響を出している。

D　公明党は、裏で明確に、減税額の積み上げがあれば、審議に乗るといっているが、これとても、野党共同作戦の枠から飛び出せるか、疑問である。

（2）展開の予想と問題点

A　社・公・民一緒に審議入りをし、全党で結果を出す。通常の方法……。（問題点）きわめて時間がかゝり、盆前の付託はむずかしいと思われる。しかし、これが出来るよう最大の努力をすべきではなかろうか。そのためには、相当にメリハリのきいた国会対策を行わなければならない。

野党側の主張は『与野党国対委員長会談の合意に反する』ということなので、まず、国対ベースで問題の整理が行われることになろうが、簡単に話がつくとは思われない。合意の努力はしても、ある時点で、別の方法に切りかえざるをえなくなろう。多少のイレギュラーを経た後、幹事長・書記長会談で結着させるという展開が考えられる。

B　若干のイレギュラーな方法

まず、もっとも留意すべきことは、たいした話し合いもせず、議運委で強行付託をしたならば、大混乱となり、収拾できなくなり、臨時会全体をおかしくするので避けるべきである。

本会議における趣旨説明をやらせる機会は、数回つくっておかなければならない。そういった誠意にもかかわらず、野党が応じない場合、盆過ぎの十八日あたりに決断すべきことである。最大の努力を行い、八月七日（金）に、趣旨説明・質疑・付託が出来ればよいが、野党がこれにのらない場合、八月十八日（火）には行うことを合意させることが、限界であろう。

《方法として》

① 八月六日（木）の本会議をセットして、趣旨説明を行うよう要請する。恐らくのってこない。

② 八月七日（金）の本会議をセットして、野党側に趣旨説明を行うことを強く要請。どうしても応じない場合、

(a) 自民党だけで趣旨説明・質疑を行い、休憩しておく（六日の議運で、あらかじめこのことを伝えておく）。（単独になる）

(b) 議運で、本会議を再開して、野党側に質疑を行うことを要請する。野党の質疑が一八日になっても、やむをえない。きちんとした合意が出来るならば……。

(c)議運だけでは、この合意はむずかしいので、この与・野党合意をするために、幹事長・書記長会談が予想される。ここで、幹事長から抽象的な柔軟発言で審議入りを約束させるということも想定されよう。

この方法の場合、予め、与・野党で裏で合意をしておかなければならない。

(d)幹事長の柔軟発言の裏付けは、大蔵委員会の審議にまかせ、理事会で協議させることにする。

(e)自民党の方法に、公・民が了承して、社が拒否した場合、見切り発車するしかないが、間合を見てやる必要はあろう。

◆八月四日(火)

税制法改正案をめぐって、自・社・公・民国対は午後三時から開かれ、自民が減税上積みを示し、審議入りを要請。幹事長・書記長会談を求めたが、野党、応ぜず。「社会党が一八〇度、公明が九〇度、民がその間」とは、越智委員長の話。

五日改めて国対委員長会談で回答することになった。民社の内部が減税の規模で対立。小沢国対委員長が孤立した。同盟が、マル優原則廃止支持を表明。

「午後四時　小沢一郎氏から電話、「減税問題で公明を説得したい。権藤さんと二見さんに今夜会いたい」とのこと。」夜、向島で、小沢(一)・権藤・二見・平野で会食。公明の対応とこれからの展開について懇談(【別紙】)。幹事長が小沢氏を待っており、小沢氏報告に行く。

【解説】午後十時頃話がついて、ドンチャン騒ぎをしている午後十一時頃、竹下幹事長から私〔平野氏〕に電話あり。

○小沢　誰からの電話だ。
○平野　竹下幹事長からだ。
○小沢　誰がこゝにいることを教えたのか！
○平野　私が教えた。貴方からの報告を〝赤坂満がん〟で待っている。帰って報告すべきだ。
○小沢　そうだなあ……。これから行って報告するわ。
（最初は怒っていたが、素直に帰る。残った三人は宴会続行）

【別紙】公明党（権藤、二見副書記長）との懇談[29]　八月四日（火）午後七時〜十時半

(1)小沢一郎氏から……十分期待に沿える減税額（国税二兆円）の上積みを幹事長から言わせるので、七日までに結着させてほしい。
(2)公明から……表向きの結着は、盆前では困る。裏の話をまとめておくだけにして、表向きのものは盆あけ、八月十七日にしてほしい。十八日ぐらいから審議入り（本会議趣旨説明）ができればよいのではないか。
(3)小沢……出口も含めてきちんと話をつけてくれるなら、それでもよい。
(4)公明から……同盟だけでなくて、総評からも、減税を捨てるなとの要請を八月三日に受けているが、表では、まだマル優反対を言わざるを得ない。公明党内も、大久保書記長が山口（鶴）さんとの関係もあって、一歩出ることが、まだ、むずかしい。なんとか、智恵がないか。大蔵委の連中の顔もあるし。
種々懇談の結果

①減税の上積は幹事長・書記長会談で協議する。
②マル優問題は、大蔵委理事会で協議する。
③八月六日には、幹事長・書記長会談に応じ、七日には裏の話がつくよう、公明は社・民に働きかける。
④八月五日は、まず公明党内の意見をまとめるため、朝、二見副書記長が矢野委員長を説得し、矢野委員長から、大久保書記長、市川国対委員長に指示を出してもらう。
⑤国税二兆円の減税が実現できるなら、公明は八月七日に幹事長・書記長会談で結着させ、十八日から審議入り出来るよう社・民に働きかける。その際、出口も見通しをつける。

ということであった。

◆八月五日（水）

午前九時過ぎ、事務総長に昨夜の向島での小沢氏と公明の話を説明。要旨をメモにして佐藤健一氏を通じて竹下幹事長に渡す。同時にその要点を、越智委員長にも説明。越智委員長は、矢野氏が自分で説得できないので、自民で少し強く出てくれとの話があったとのこと。

午後、公明側は意見がまとまったとの情報があったが［権藤議員から野党の情報が電話で入った］、民社は小沢（貞孝）国対委員長が「大内書記長が［落選中で］議員でないのに、幹事長・書記長会談に私をさしおいて応じることはできない」と感情的になったとのこと。社会党は大出国対委員長が抵抗を示し、六日の幹事長・書記長会談の見通しは立たない。

◆八月六日（木）

幹事長・書記長会談は開けなかったが、竹下幹事長が社・公・民をまわり、意向を伝えたので、事実上はやったと同じ。

朝日木村氏から、正午頃、金丸副総理が民社の小沢〔貞孝・国対委員長〕、吉田〔元之・副委員長〕両氏を呼び説得したとのこと。あとは時期の問題。十八日から審議始めはなんとかなりそうだ。自民党内も、七日単独でも質疑を行う姿勢で落着いている。

政倫審打合会は、社、公、民対共の意見が対立。また、社・公の意見の食い違いも見える。盆明けの打合わせ会で段取を相談することになる。

二兆円国税減税の話がボツボツ出始める。全体的には話し合いムードが出るも、まだ油断はできず。

◆八月七日（金）

午前中、幹事長・書記長会談を二度開き、盆明けの正常化を決着させ、十八日の税法関係の趣旨説明質疑の日程も固めた。これで竹下幹事長は、第二のハードルを越えたと言えよう。それにしても、経世会を臨時会前に結成させておいて良かった。減税積上げで、宮沢、安倍派の政局がらみの動きは厳しかった。

夜、〝赤坂満がん〟で非公式なご苦労会をやり、唄などを唄ったものの、歯槽膿漏の関係でアルコールを一滴も含まない宴会であった。

特別に竹下幹事長に力を入れるわけではないが、官僚政治から早く脱皮するためには、東大を出ない人を総理にすること。それに、意見を聞かれれば、日本の議会政治を健全に発展させるという立場から応えるのが人間の役目だと思っている。

【別紙】書記長・幹事長会談合意メモ（六二・八・七）

一、減税額については、一兆三千億円に二千億円を上積みし、六十三年度において、地方税を含め二兆円を超える額とする。
二、利子課税制度の改組の実施時期については、六十三年四月一日とする。
三、財形貯蓄（年金・住宅）の利子は非課税とする。
四、利子課税制度のあり方については、総合課税への移行問題を含め、五年後に見直しを検討する。

◆八月八日（土）

松下氏（事務総長秘書）と振り返って、今日の収拾に、事務総長の構想になかった形で展開したことについて、結果的には良かったが、本人はそれとなく自分の限界について感ずるところあったらしいとのこと。

歯医者に行き、正午、早坂事務所で昼食をしながら打合せ。七日夜吉兆で〔竹下幹事長と〕会食した際、二度ならず三度も世話になったとのこと。

◆八月十七日（月）

午後、参院の嶋崎〔均〕議運委員長が来訪して、休明けの参院の様子を聴かれる。午後四時過ぎ、越智委員長上京、休み中の動きについて説明。

夕方、弘前商工会議所の研修旅行十三名と事務総長公邸で食事。事務次長、池内、真嶋氏らが参加してくれる。（事務総長公邸に、総長の車で同行。これからの国会について、竹下幹事長がらみの動きの弱さについて話が出る。先の収拾も、別のところでセットし、党首会談での決着になるのではないかと意見を言う。）

◆八月十八日（火）

久しぶりで本会議が開かれ、税制四法案について趣旨説明と質議。四時間近くかかった。社会党の堀昌雄氏の演説はさすがに聴かせた。自民党の心ないヤジで何回か中断したが、狙いは社会党執行部への不満である。

国会審議もやっと本格化したが、いつまで続くのやら。午後八時半まで環境委が審議したのは立派なり。

朝日の木村氏、公明市川氏の話をしてくれる。矢野委員長と平野の関係を気にしているらしい。向島会談も、誤解したウワサとして耳に入っているらしい。

◆八月十九日（水）

各委員会が一斉に開かれ、六委員会から法案が上ってくる。

税制法案の取扱い、減税上積みの野党要求はたいした進展なし。

午前十時、民社控室に行き、社民連が独立した時の問題点を説明。理事の配分で論議が発生することを認識してもらう。

◆八月二十日（木）

文教委の学校教育法改正案が昨日、社、共が採決に反対のまま採決したことを、社、共が議運で取り上げ、延期するよう要求。議運委で委員長が一言いうことで決着した。

減税上積みをめぐる与・野党のかけ引は、公明が二十五日まで委員会での質疑一巡までに幹事長・書記長会談に応じないなら、審議を止めても良いがという提案で、二十五日までは正常に動くことになった。

本会議中に、二十一日労基法改正案の趣旨説明をやることが決まった。

◆八月二十一日（金）

昨日越智委員長に頼まれていた趣旨説明の状況調べについて、新記録ばかりだと説明。一週間三回やったのは珍しく、一巡十六人を質疑させたのは前代未聞と言う。

早坂氏、午前七時半竹下幹事長に電話。「なんとか積み上げで話ができそう」とのこと。佐藤［健二］氏から、本散後、幹事長から早坂氏の話の中で、五〇〇〇億のもどし税で中曽根総理の顔を立てることの話について、真意をたずねてくる。八月十六日頃の話で、最悪の場合ということだったと誤解を解くよう説明。

大蔵省二宮氏の話によると、五〇〇〇億の上積みで、かくし味はあるとのこと。うまく展開させないとかえっておかしくなる。大蔵委は夜八時半までやる。

十月中に、首相指名の臨時会の可能性あると佐藤氏の話。沖縄国体にも行かして《ママ》、十一月に国会を開き、大勲位に首かざりをつけるよう配慮するよう説明。

◆八月二十二日（土）

環境委員会が午後一時半まで参考人から意見を聴取。土曜日審議、きわめて異例。

◆八月二十四日（月）

月曜日には珍しく、午後五時過ぎまで安保委が審議をする。

午後三時過ぎ、中島俊明氏（朝日）が来る。政局の展望について懇談。①竹下政権は、日本における政権交代構造を促進させるものになる、②安竹誰がポスト中曽根に就こうと、宮沢さんは次には必ず政権につけない様子。午後三時半、二見公明副書記長から電話。地方交付税関係について心配とのこと。大蔵委のみと《ママ》戦線を限定すべしとアドバイス。午後五時過ぎ、越智委員長に状況説明。

◆八月二十五日（火）

国会審議は順調なるも、政局がらみのいやらしさは晴れず。しかたないか。

自民役員会で、減税積み上げで四役一任をとる。

本会議は議了案件だけで十分間。本散後、瓦先生が政局の情報〔を〕探りに来る。続いて熊谷〔弘〕国対副委員長も、近藤元治氏の訪米要請の動きについて説明を求めに来る。

越智委員長、夕方、審議状況を説明。税法は残ってもらった方が会期延長しやすくなるとの意向。

午後九時過ぎまで大蔵委質疑。立法過程論の本を読む。

◆八月二十六日（水）

幹事長・書記長会談は午前十一時過ぎから開かれる。昼食をとり、十二時半頃まで続く。結論は、自民四〇〇億の上積みに対して、野党側は強い不満を示すも、慎重審議で審議拒否はしないということになり、事実上の決着となる。ただ、問題が地方行政委員会に波及して、結局、地方税法改正案と交付税法改正案を分離して、交付税法改正案のみを午後七時半前可決。自治省が猛反発したが、所得税法改正案を押し上げる形で政治判断として残された。これで、十日程度の会期延長が必要となった。

◆八月二十七日（木）

税制改正関係の法案の審議日程もほぼ固まり、九月三日には衆院通過の見通しとなる。残るは会期延長。重要法案も多少こぼれがあっても、さして問題なし。九時半過ぎ、防衛二法案も委員会を議了する。地方税法改正案が国税と同時となるについては、自民国対の情熱の問題。税制協座長と議長とのQ&Aには、〝地方財政計画〟と含みをもたせたはず。

越智委員長、社労委の熱意のなさを嘆く。

◆八月二十八日（金）

本会議も防衛二法改正案の討論、地方自治法改正案の趣旨説明質疑と順調なり。会期延長の幅が十日で足りないと糸山氏の話なれど、十日で収めないとかえっておかしくなろう。国会の方はひとまず落ち着いているものの、九月一日に議会制度協議会をやることになった。航空パスと宿舎、会館の建て替え、決算の問題、運輸・建設の増員問題をやるとのこと。社労委の週三日質疑日とすることについて、つめが出来ていないので、メモをつくって議運委員長と社労委員長に確認してもらう。

◆八月三十一日（月）

社労委珍しく月曜日開会して、参考人からの意見を聴取。

高知新聞八月二十八日夕刊〝ふるさと〔マイ〕レター〟井上泉先生のところより届く。県選出の国会議員のことをほめているので、喜んでくれる。内容はよく書けているが、東京では少し刺激が強い、ねたまれたりするので、他人には見せない方が良いとのアドバイスあり。

午後六時半過ぎ、朝日菅原、木村両氏に招かれ、四谷二丁目〝酒楽〟に行く。宿毛出身者の経営。中曽根政権五年の国会運営について企画をするので、意見を聞かせろとのこと。①中曽根手法と言われる議会の形骸化方法が、果して中曽根さん自身の考え方であったかどうかを□□すること、②定数是正と売上税問題をセットで見た場合、日本のデモクラシーの健全さを認めること、③売上税問題に日本の議会政治の長所と短所が表われていること、等を話す。

◆九月一日（火）

議会制度協議会の打合せで、越智委員長と社労委の審議日週三日の経過と運輸・建設の増員について理論武装。事務総長にも説明して、この国会で結論を出すことになる。

久しぶりの協議会は一時〔間〕二十分にわたり熱心な論議。トラブルもなかった。会館・宿舎の建て替えの話が中心となる。

午後三時半、清水理事（社）に呼ばれ、法務委で強行採決が行われるとの情報の確認。「そんなことはない。自民党が今日の採決をとりやめたことを伝えてないだけだ」と説明。

会期延長で牛歩をやるとのウワサについて確かめたところ、清水理事「一時は考えたがやめた」とのこと。

◆九月二日（水）

午前十一時の理事会は、三日の討論を八人やることで話をつけて、シャンシャン。問題は、会期延長問題に入る。自社の非公式折衝で、十日間程度で法案の選択という動きになる。防衛二法改正案あたりが問題になろう。

財形法改正案の緊急上程を社会党が断って来る。いろいろの動きの中で、抵当証券法改正案の提出とひきかえに、自民、社会党の要求を聴くことになる。

◆九月三日（木）

一日で討論を八人やった本会議は恐らく新記録であろう。国会は討議の場であり、ケッコウなことだ。

◆九月四日（金）

故岸首相の弔詞の取扱いをめぐって、議運理事会では、共産党東中氏が反対意見と挙手採決を要求。一旦委員長が了解したがウヤムヤとなる。事務総長が、異議なし採決をすることで東中さんに話をつけ、話がヤヤコシクなる。結局、委員会開会直前というより、開会を待たして事務総長と平野で調整、異議なしで採った後、発言させることにしたが、越智委員長が田名部氏にいわれて発言させないと言いだし、「だめです!!」といってそのまま押しとおす。

事実上、今日の本会議で法案はほとんど参院に送り、あとは、会期延長後、議員立法と精神衛生法改正案ぐらいとなる。

社会党で、政倫審が動かないなら辞職勧告決議案を出すと大出氏がいい出した。

◆九月五日（土）

越智委員長から電話あり。延長後の処理案件について説明。

◆九月七日（月）

TBS田中氏から電話あり。「今朝、金丸副総理に会ったら、九月末まで延長したら…」との話があったとのこと。「それなら十月七日までやった方がましで、税制改革法は成立しない」と言ったところ、「その辺が中曽根総理がよくわかっていないとこ《ママ》で、頼まれているらしい」とのこと。

正午からの政府与党連絡会議で、四役一任となり、四時から四役が参院と協議した上で、十一日間、九月十九日（土）までの延長を五時十八分議長に申し入れ、直ちに議運理事会を開いて各党持ち帰った。最悪の状況は心配ない。議運での発言、本会議での討論をどうするかといった程度のことになった。

◆九月八日（火）

会期延長の協議はトントンと進みすぎ。午後二時頃本会議との話が越智・清水でついていたが、一時半に開かれるというスピードぶり。そのかわり、議運理事会の協議が中途半端になって、委員会で発言させるのか、討論のケジメをどうするのかウヤムヤになる。理事会休憩後、野党の理事からつかまって一斉に問われたので、越智委員長に説明して、各党意見を述べ、民・共の討論については理事会の協議でご遠慮願うことでご了承願うと委員長に宣告させる方法を事務総長に進言して、それでおさまる。東中〔共〕氏も不満の模様だった。

自民高村〔正彦〕氏の賛成討論を準備していたものの、クレームがついて書き直し、あわてて三分程度のものを本会議直前に完了。

夜、越智委員長が記者クラブを招待したのに同席。糸山氏から家庭教師〔的〕でこわいと言われる。

【解説】事務局職員が政治家の発言用原稿メモを作成することの実際について、平野氏に確認したところ、次のような趣旨の回答を得た。すなわち第一に、職務として行う場合がある。議長や委員長の公式発言、議員や委員が〔個人としてではなく〕国会の機関を代表して発言する場合〔派遣報告、調査報告など〕がこれに該当し、国会開会中は毎日のようにある。具体的な態様は様々であるが、会議運営職はこのようなメモを作成することが、主要な仕事の一つである。

第二に、職務に準じて行われる場合がある。議員が公的立場を離れた後、その当時のことについて要請されるケースが多い。第三に、個人的に要請される場合がある。すなわち事務総長などが個人的に頼まれた挨拶文や小論文などを、特別に才能のある職員に非公式に書かせるケースがこれにあたる。最後に、特別に親しくなった議員から、全く非公式に、政治や政策について分析や見通しのメモを依頼される場合がある。与野党の双方から要請されるケースもある。こういったメモは、状況によっては国会運営に役立つ場合もあるが、執筆要請を受けるのは特殊な立場の職員に限られる。

◆九月九日（水）

社労委の精神衛生法改正案の自民修正案反対、〔修正案を〕除く原案賛成の態度を社、公、民、共がとることになり、先例を調べるも、表決権を拘束できないことで、委員会でも本会議でも賛成を認める。

【解説】本会議では、委員長報告を受けた「委員会修正法案」について議長が賛否を諮るのが先例である。委員会で社・公・民・共が反対した修正が含まれている委員会修正法案に、本会議で社・公・民が賛成するのは論理的におかしい。そこで、本会議でも、修正を除く原案を分離して採決するよう、自民党が要求した。しかし、先例の変更を回避したい事務局が、自民党を説得するために、「表決権を拘束できない」と述べたのである。

◆九月十一日（金）

衆院では事実上の審議は終わったので、院内は静か。

夜は竹下幹事長が佐藤健一氏に指示して、〝赤坂満がん〟で労をねぎらってくれる。

◆九月十四日（月）

早坂氏が朝日の国正氏のインタビューを受けるとのことで、政治資金のあり方について意見を聞かれる。

正午過ぎ、越智委員長から電話あり、参院の様子をきかれる。

◆九月十六日（月）

午後一時の議運理事会を一時半に延ばす。次回を十八日十一時〔理事会〕、十二時〔委員会〕、十三時〔本会議〕と決めただけ。参院待ち。午後三時過ぎ、朝日高久氏と三十分懇談。竹下幹事長について批判的。その後、池内氏（朝日）と三十分話す。八〇％は安竹河連合で決まり、中曽根総理の出番はないだろうとのこと。本選挙もギリギリで、安倍派が回避させるだろうとの見方で一致。

夜七時から芝神明で、竹下幹事長が事務総長を呼んだ席で同席。午後十時半、唄ってさわぐ。

◆九月十七日（火）

参院で税制改正の修正要求で、所得税法改正案が十七日中に議了しなかったため、十八日、正常に国会終了しなくなった。

岸元首相の葬儀前にその情報が入り、議運委員長、事務総長に伝える。その後、社会大出、公明市川が、総理訪米を遅らせて、ヒヤヒヤさせるのがねらいのようだ、とのこと。

午後五時過ぎからの参院議運理事会で、本会議を二回に分け、一回目を七時頃からやり、参院がらみの回付案をやるとのこと。所得税法改正案の成立は十九日になるか。

議運委員長、事務総長協議して、衆院は参院の議了まで看板を出しておくとのこと。

◆九月十八日（金）

参院で、所得税法改正案が土壇場で社、公、民の修正要求がこじれて、深夜の大蔵委員会で協議し、残りを十九日の午前にまわすことになった。衆院本会議は、午後十一時過ぎ参院の本会議が十九日セットされたのを待って、休憩のまま散会した。

午後二時、竹下幹事長から電話あり。大西正男先生〔衆議院議員高知県全県区選出・河本派〕が亡くなったとのこと。女子医大に弔問に行く自動車の途中で、在職年数を知りたいとのこと。党葬にしたいが……と配慮してくれていたが、総裁選がらみで、一人減ということになった。二十四年九月で、三ヶ月永年表彰に足りないところ。

◆九月十九日（土）

会期最終日、参院はとうとう大蔵委を始め、税制改正案件の審議を午前十一時半近くまで引き延ばした。正午、本会議が開かれ、所得税法改正案が成立したのは午後一時丁度。その間、衆院本会議を何時に流会させるかということで、自民国対と事務総長サイドでモメ、藤波国対委員長が調整するという一幕あり。結局、所得税法改正案の成立を確認して、流会した。

その後、事務総長、松下氏と浅草に行く。観音様に臨時会が無事終ったお礼を言い、〝長屋〟で寒桜を飲む。美味そうなドブロクがあったので一杯だけ飲んだところ、ズシンとした。話は人事のこと。

七月六日に開会した第百九回臨時国会は、九月十九日の会期最終日に、参議院本会議で最大の焦点だった「所得税法等改正案」やその他の税制改革関連法案が可決成立し、全ての日程を終了した。十月の自民党総裁選を前に「最後の国会」を乗り切った中曽根首相は、同日に国連総会出席と日米首脳会談のため訪米の途についた。この国会での税制改革は、中堅所得者層を中心に一九八七年度で一兆五四〇〇億円の所得税減税を実施し、住民税減税が実施される一九八八年度には合わせて二兆円余

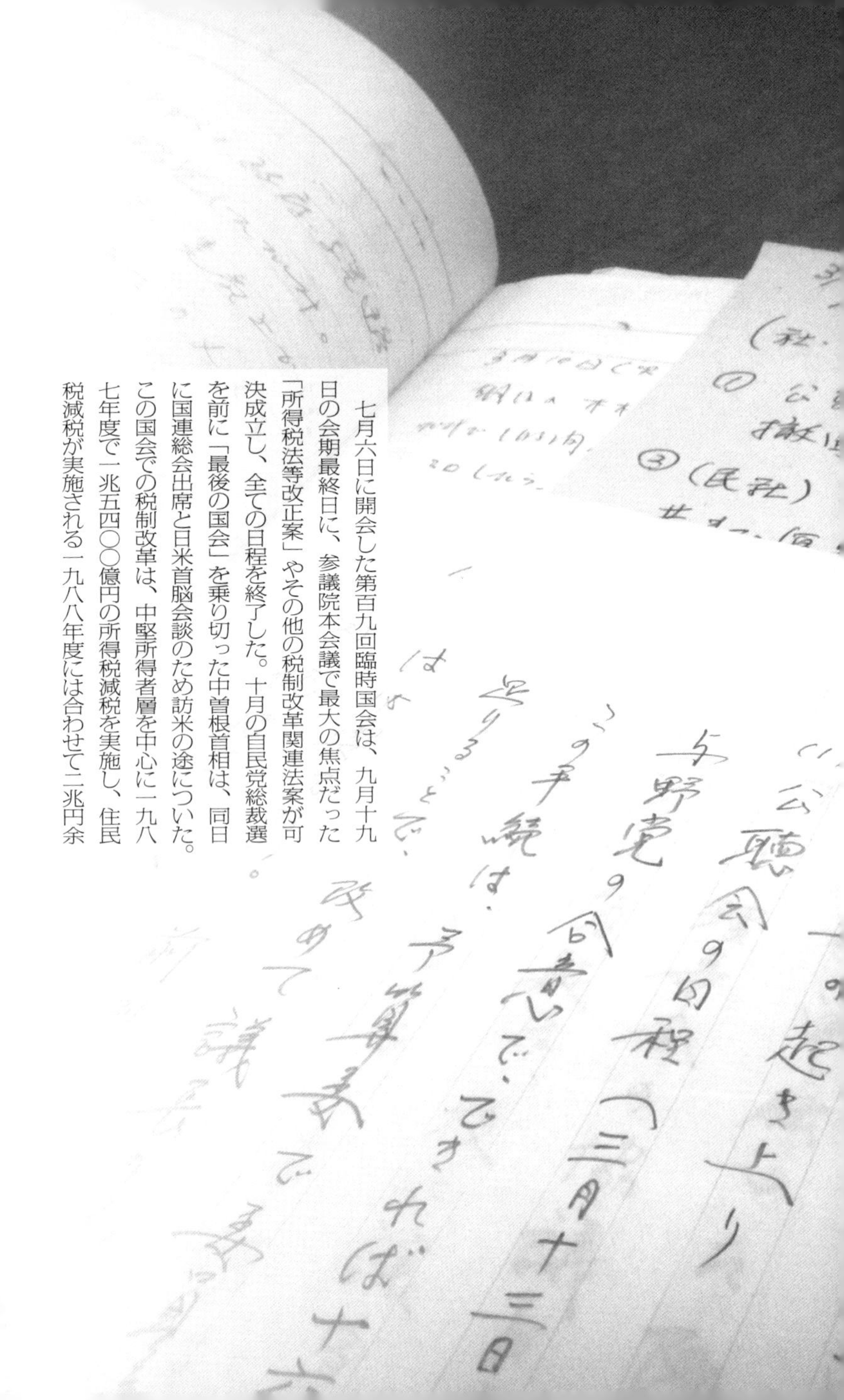

第三章

中曽根内閣から竹下内閣へ

の減税となるものであった。その恒久財源の一環として、マル優の廃止などによる増税も盛り込まれていた。中曽根政権にとっては、「売上税国会」の失地を回復し、「抜本的税制改革の道筋」をつけたことになる。こうして国内政治は、自民党総裁選一色となった。

自民党の総裁候補として立候補したのは、宮沢喜一蔵相、安倍晋太郎総務会長、竹下登幹事長の三人であった。九月二十七日に安倍が、次いで十月三日に宮沢が、五日には竹下が政権構想を発表したが、三人はいずれも間接税の導入を含む抜本的税制改革に前向きな姿勢を示した。この後、三候補者はいずれが総裁としてふさわしいか話し合いを続けたが調整は不調に終わり、最終的には中曽根首相に一任されることになる。

一九八七（昭和六十二）年九月－十二月

◆九月二十五日（金）

越智委員長が午後登院。十月一日に理事会を開きたいとのこと。特別理事会を開く原因はなく、持ち廻りで済む用件ばかりだが、訪米の効果も薄いとみえて、与野党の理事を集めてウサはらしをやりたい様子。夜は、事務総長の歓送会ということ。

高久氏（朝日）来訪。天皇陛下の病状について、科学部で検討したところ、今年の正月は大丈夫だが、来年の正月は元号が変わるかもしれないということで、元号についての取材を始めたとのこと。小生の予想とピッタリ。松下氏（事務総長秘書）にメモを渡して、来年七月摂政制となるかも知れず、その時事務総長の〔宮内庁長官への〕起用があり得るとの前提で物を考えるように伝える。

◆九月二十八日（月）

午前中、開会式の朝日の記事が問題となり、帝国議会の開院式の調査を行う。天皇が出席できない場合の対応——。高戸文書課長が記者に対応したようで、理屈が多すぎ、問題を大きくした。

◆九月三十日（水）

久しぶりに池内氏（朝日）と会う。天皇陛下の様態《ママ》は相当悪いとのこと。一〜三月が山との情報。

◆十月二日（金）

議運理事会。二十日十一時の連絡を近江先生に午前七時半にしたところ、中執があって調整してほしいとのこと。

自民党総裁本選挙も二十日に繰り上げられるとの情報あり。越智委員長に伝える。二十日〔午後〕四時ということで、中野寛成氏に話したところ、六時に大阪で講演会をセットしているとのこと。全て来週に持ちこす。

夕方、事務総長室で周辺の人と送別会。後《ママ》れて、赤坂〝楼外楼〟に行く。池内（朝日）、岡部（毎日）も参加。

◆十月三日（土）

事務総長に秋の人事について意見を聞かれる。事務総長自身の問題について、来年常会の後は、いないという前提でがんばるしかないと進言。

◆十月六日（火）

午後四時過ぎ、越智委員長登院。二十日の議運理事会の時間調整について相談。夜、早坂事務所に寄り、中公の打上げを〝津やま〟でやる。佐藤氏を入れ三人で。いろいろな反響が出ており、渡辺美智雄、赤城〔宗徳《むねのり》〕議員、江田五月氏らの手紙に心がこもっていた。毛呂山の書店で百五十冊売れたとのこと。

自民総裁選に関して、天皇の病状では、来年大赦の可能性あり。田中元首相を対象にする配慮を出来る人を首相にすべき、またその世論つくりに今度の事が役立つといったところか。

土か日に早坂氏が後藤田官房長官に会うとのこと。

◆十月十二日（月）

政局のコースは、高久氏（朝日）が来て、「やっぱり貴方の見通しどおり」という。中曽根派が選挙を避けるべく必死。安竹で話をつけ、竹下で決まれば、中曽根総理が宮沢を説得という段取りのようだ。竹下は各県連を抑えており、若手の各派は竹下との線が強いとのこと。

◆十月十四日（水）

午後一時半、TBS田中氏来訪。十時からの新ニュース番組の苦労話を聞く。竹下総裁が決ったところで特別企画をしたいが、基本的考え方についてアドバイスを求めたので、「民衆の生んだ総裁であり、田中さんと同じ線の地霊・縄文の神が生む政権だ。田中さんの場合失敗したが、二の舞を踏まないようにするためどうするか…が問題」といっておいた。

午後三時半に読売三山氏来訪。元号問題で知恵を貸せとのこと。前尾議長時代準備したらしい話を聞いたと伝え、阿部氏を通して、宮内庁から出向した人を紹介する。

◆十月十五日（木）

越智委員長から電話で総裁選の情報を聞かれる。安倍氏意外に固い、読めずと報告。

◆十月十九日（月）

午前十時過ぎ、木村氏（朝日）から電話。「八〇％竹下幹事長が総裁に指名されることになった。金丸副総理も自信をもっており、一度安竹を決裂寸前までもっていき、中曽根総理に白紙一任で竹下へ」との情報。事務総長、早坂、権藤各氏に伝える。十一時、糸山先生と会い情報交換。同じ見方。

午後一時すぎ、土田から「時事ファックスで安倍で確定と流れ、佐藤健一氏もがっくり来ている」との電話あり。二時、池内（朝日）から、竹下確実と早坂氏に伝えたことについて、「まったく読めないぞ」とのこと。

午後四時、権藤先生から、内調情報として、「中曽根が安倍を指名することを竹下が了承した。後藤田は竹下を押したがだめだった」との電話が入る。事務総長に伝える。

午後五時、糸山氏から電話。「午前中の話がだいぶおかしくなっているが」と見方を聞かれる。「不利な情報が多いが、私は竹下指名に賭ける」と話す。

午後五時半、次室に岡部（毎日）が来ていて、「安倍で決まっている」とのこと。テレビの情報も、安倍確実で流れる。

午後六時五十分、〝楼外楼〟に行く。事務総長とで、安倍になれば政局は安定せず、選挙も近く、自民党分裂状態になると話す。「竹下さん二〇％ぐらいの可能性か」と…。帰り、松下、土田と「安倍指名は考えられない」と話しながら…。

帰宅、東京放送のニュースは安倍確実とのこと。

〔翌〕朝六時のNHKのニュースで、竹下幹事長が指名されたとのこと。朝刊をみると、朝日が竹下、日経が安倍指名と、経過の難しさがわかる。

◆十月二十日（火）

竹下新総裁の指名は、ニューヨークの株史上最大の暴落のニュースと一緒になり、報道少なし。

午前十一時半、早坂氏から電話。明日の夜竹下幹事長に会うので、昼、話を聞きたいとのこと。また、「平野君は、朝から竹下指名を一貫して主張、いろいろな情報にもビクともしなかった」旨話したところ、有難がっていたとのこと。

正午半から議運理事会。社会党から土地問題の特別委員会の提案があった。当面、野党の要求はこの程度のことか。

夕方、首班指名の練習は中止。十一月六日召集日に開会式も全て終わりたいとの意向が、事務総長のところに竹下幹事長の挨拶に来て伝えたとのこと。

◆十月二十一日（水）

正午過ぎから早坂事務所で昼食をとりながら、竹下政権発足にあたってのアドバイスのメモを検討する。今夜八時に本人に会うとのこと。手渡したメモは別紙のとおり。[30]

早坂氏からの電話で「急に中公十二月号で『竹下だから出来る』を四百字で十枚書くことになった」

ということで協力依頼。二十三日夜、メモを渡すことになった。
四時からの投票点検練習は六回やって全部成功。事務総長も見物に来る。

【別紙】政権発足に際して留意すること[31]

一．自派の側近に政権保持について理解を求めること。

佐藤政権が長く続いた要因は、自派の側近に自己犠牲の精神を徹底させたことにある。例えば、入閣についても、木村武雄氏とか久野忠治氏等には、本人がいらいらする程待たし、その間他派を優遇し、最後には、十分に、当人達の労苦に応えた。

なんとしても、政権は核となる派閥の団結が大前提であり、団結さえあれば、簡単に崩壊するものではない。政権の崩壊は常に自己崩壊であり、自己犠牲を実行しながら自己崩壊しないという体制をつくれば万全である。

そのためには、経世会の運営・管理について十分な配慮をなしておくべきである。

二．政治家、役人、ジャーナリスト等の個人情報を集めて、上手に活用すること。

政治は集団行為であり、集団の名において展開されるが、行為に当るのは個人である。従って、個人的な情報を可能な限り集め、挨拶に来た時とか、会合で会った時とか、国会の廊下等で会った時、上手に活用することが大事である。

例えば、野党の幹部の家族の慶弔などを予め承知しておき、本人が驚くくらい、話題としたりして、意外性を出しながら活用すると、心のつながりが出来て、必ず、良い影響を期待できるものである。

特に、家族の病気などに声をかけてやるとぐっと来るものである。また、子供の入学とか祝事に電報を打ってやるとか、日頃のつき合いの中で、気持のつながりを十分につけておくことが必要である。

そのために、スタッフの中に担当者をつくり、主要な人物の簡単な経歴とか家族の様子などは、パソコンに入れて、いつでもとり出せるような用意ぐらいはしておくべきではなかろうか。

諸情報は、警察情報も必要だろうが、それだけではかたよりがあるので、各方面にネットをはって、自然に個人情報が入ってくるようなシステムをつくっておく必要がある。

三. 総理・総裁としての発言は〝言霊《ことだま》〟そのものである。

最近の言動には重さと慎重〔さ〕が出てきて、一般国民からも好評であるので、その姿勢を続けていくことは当然である。

発言において留意すべきことは、「自分の言葉」で「自分の心」を語ることが大事で、幹事長時代よりはるかに公式の場での発言が多くなり、国民も勿論のこと、国際的にも注目されるので、「自分の言葉」のボキャブラリーを常に貯え、新鮮なものにし、理解して、研究しておくべきである。そのため、できればあまり知られていない至言集や古い人の智恵のある言葉をスタッフに集録させ、自己の信条にフィットする用語をあらかじめ準備するような配慮が必要である。

四. 野党が要求する当面の政策課題は、土地問題である。これにどう対応するか。

昨二十日の衆院議運理事会で、社・公・民から地価対策をねらいとした土地問題特別委員会の設置について提案があった。次の臨時会即ち首班指名の国会でということである。

自民党内での慎重な協議が必要であるが、土地問題は総裁公選の公約でもあり、放置することもできない。

考え方として、地価問題に限定して特別委員会をつくっても意味はない。根本問題である大都市の機能分散、国土の有効活用、遷都論等々といった基本問題についてナショナル・コンセンサスをつくる必要がある。

こういった事項を踏えて国会の場で各界から意見を聴き、各党が案を提示し、基本構想をまとめるため、特別委員会を設置することは必要なことと思われる。

かねてからの政権公約でもある『列島ふるさと論』の着手にもなる。

中曽根政治は、私的諮問機関を活用して、政府側で世論づくりをして案を国会にぶつけてきたので、与党内からも反発があったが、重要な国策特に内政の骨格となる問題は、国会側で世論づくりをして、国民的合意につなげる方法が適切であり、早道でもある。異常な経済展開の一時的土地問題のいやらしい部分を取り上げるという後向きのものでなくて、野党も主張する内需拡大策の柱にもなる、抜本的国土改造政策をまとめる努力をする方向にもっていったらどうであろうか。

五．田中元首相のことについて

複雑な思いであろうが、事実上田中政治を継承することになるので、短所を改善し、長所を生かすという姿勢をとるべきと思われる。基本的スタンスは『政治家田中角栄』のプロローグとあとがきが参考となろう。

竹下政権は、形の上で中曽根総裁の指名ということで決まったが、深層・真相の部分は、即ち、中曽根総裁が指名せざるを得なかった背後には、わが国の保守体制支持の大衆が政治に参加して、主権を行使できるようになったことであり、大衆デモクラシーの勝利であると言えよう。

田中政権の出現も同様な背景があったが、時期的に問題があり、旧勢力が強く、最後は政治的暗殺であるロッキード事件となったのである。従って、田中政権をつくり上げた神々と、竹下政権をおし上げた神々は同じであり、田中政治をどう改革して、日本の土着民主政治を発展させるかという課題を持っているといえよう。

田中元首相の大赦問題が、しかるべき時期に政治問題となろうが、国民の大部分の心の中、深層心理では、大赦してしかるべきであるという気持があることは事実である。

政党レベルでも、公・民はそんなに抵抗しないものと推測する。

問題は、建前で食っているマスコミである。マスコミの反応次第で、体制＝官僚は変るので、マスコミ次第といえよう。

そのためには、田中政治の見直し、今まで一方的に批判の側に立たされていたことを、まず正常にすべきであり、竹下政権側でふれるべきではないが、派閥次元では、真実の田中政治は何であったかということについて、地味な勉強会などを通して、一方的マスコミに反証できる力をつけておくべきではなかろうか。

◆十月二十二日（木）

首班指名の臨時会の段取りについて、あわただしい動きがある。十一月六日に首班指名も開会式も一緒にやろうということ。竹下幹事長、中曽根さんへの気配りか、越智委員長の気配り、宮内庁も巻き込んで、見通しとして六日になろう。

早坂氏に依頼された中公について、佐藤健一に〔竹下の実家、竹下酒造の清酒〕「出雲大衆」の名銘〔＝命名」の話を聞く。
投票点検は六回やって全部パス。

◆十月二十三日（金）

午前中、早坂氏から依頼の「中公」竹下総裁のメモをつくる。午後六時過ぎ出来上り、六時半に早坂事務所に行く。メモは少し神秘的につくっていたので、早坂氏にとっては、半分理解したか。このメモは、竹下総裁内定の小生の印象記でもある。議論を八時近くまでする（【別紙】）。帰り、〝土佐〟のおせいさんの通夜に行く。ガンで手術後すぐ死去とのこと。

【別紙】中公（竹下だから出来る）一二月号　早坂

○中曽根裁定の深層心理

中曽根総理は、裁定の前日、ユングの深層心理学を勉強したという（日経十月十九日朝刊）。ユングの方法論で「日本の政治」とりわけ今回の総裁選びを分析すると、日頃、見えないものが見えてくるから面白い。

ユング流に言えば、「政治」は本質的に「集団浮霊現象」である。国会議員は、国民の代表者として、自己の見識、判断によって行動することになっているが、深層心理学的にいうと、諸々の因縁や怨念にからまれて活動しており、自己の言動や判断の全てを自分で規制できない宿命を持っている。

そういう意味で、「政界」というところは、「現界」と「霊界」にまたがって存在しているともいえる。形式論理だけでは通用しない異常心理の世界でもある。

〝挙党態勢の確立〟という大義名分を掲げた名文の裁定をもって、中曽根総理は竹下氏を後継総裁に指名した。

マスコミは、予想が外れた腹いせもあってか、「中曽根院政」とか「中曽根政治の継承を約束させた」とか「再登板の可能性を残した」等々書き立てた。中曽根総理自身も、事態の望外な展開と自分の主導権で指名できたことに満足し、これからの影響力についてシナリオを構築したに違いない。

ユング流に分析するならば、今回の中曽根裁定は、「日本人の集団的無意識」が中曽根総理という個人を使って、竹下氏を政権政党の総裁＝総理に指名したということになる。「日本人の集団的無意識」とは、個人の意識や無意識を超えて民族の遺産として普遍的に存在する、いわば「地霊」とでも言えるものである。

わが国の政治は、古来から、こつこつと働く「民」を管理ノーハウを持つ「官」が支配する形で営まれてきた。明治以来の近代化は、東大出身者を中心とする官僚機構が国家体制を、新しく装って支配することであった。「民」が解放されたのは、敗戦後であって、現憲法によって制度的に保障されたのである。

それでも「民」が政治の主人公になるには時間がかかった。官僚、財界などのエリート達は、政治的実権を「民」にわたそうとせず、支配と妥協を続けてきた。

政治でその壁を突き破ったのが、田中角栄であった。しかし、田中は発想の異能さと行動力の激越さのゆえ、既成の体制から疎んじられ、排除されていった。

しかし、高度経済成長を遂げたわが国は、大衆消費社会へと進むにつれ、大衆デモクラシーも定着し、学歴や資格だけでは「民」を治めることが不可能となったのである。

自民党＝保守政権体制を支えているのは、いまや学歴エリートではなくて、地方地方で土着して懸命に働いてきた「保守大衆」なのである。田中が政治の表から姿を消した後も、影響力を行使し得たのは、体制を実際に支えているこの政治勢力を掌握していたからである。

「挙党態勢」という以上、この政治勢力を無視しえない。当然、この勢力に支えられた上部組織を政権の核としないことには「挙党態勢」をとることはできないのである。

わが国の政治構造の重心は、エリート達の予想をはるかに超えて、大衆の中に入りこんでいる。中曽根総理はこのことをどれだけ実感として承知していたか。承知していなかったと思う。五年間に及ぶ中曽根政権で、何度か憲法の枠を超えようとした。また、既成の政治運営の手法を壊そうとしたが、この「保守大衆」勢力にはばまれたのである。売上税導入の失敗はその例証である。

竹下氏が次期総裁＝総理に指名されることは、深層心理学からみても、歴史的必然であった。三人の中でこの「保守大衆」勢力に最っとも近く、むしろこの勢力から押し出され、かつぎ上げられた政治家であるからである。

竹下総裁＝総理の出現は、わが国における大衆デモクラシーの勝利であり、その実現がもっとも日本的デモクラシーと遠い中曽根総理によって行われたことに、歴史の皮肉を感じる。

○中曽根パフォーマンスの正体

竹下新政権がまずなさねばならないことは、中曽根政治の後始末である。中曽根政治の評価をするのはまだ早いかもしれないが、中曽根総理が主体的にやろうとしたことは、何も完成していない。

これは、国民にとって幸せなことであった。

国鉄、電々等の民営化をやったといっても鈴木〔善幸〕政権の行財政改革を引き継いだにすぎない。持前のカッコウ良さで国際的評判を高めた反面、円高等はねっ返りも多かった。性格不明の審議会をつくり、世論づくりをしながら国会に押しつけ、政策決定の責任を避けながら議会政治の根底に穴をあけようとした。

戦後政治の総決算という名目で、憲法の実質改正を目くろんだが、成功したのは衆参同日選挙のためだけの解散であった。

昭和四十年代の終り、米国、日本、韓国で最高権力になりたがっていた男が三人いた。レーガン、中曽根、全斗煥で、彼等が大統領や総理になることは、当時では「ブラック・ユーモア」であった。しかし、運命とは皮肉なもので彼等は望みどおりの権力に就いた。世の常識人は軍事的対決の可能性を心配したが、それほどでもなかった。そして、時が過ぎて順番に地位を下りることになる。要するに、いくら強い権力を持っても、一人では何もできない時代になっているのだ。

中曽根総理の場合、当初揶揄された風見鶏性は、日本の政治にとってプラスに機能した。本音でやりたか〔った〕ことがあっても、国民の抵抗にあうと責任を巧に避けながら、風向きに対応した政治性によるものである。

定数是正や教育改革や土地対策等々重要政策は放置されたままだ。それでも「仕事師内閣」と言われているから、政治は演出次第である。その意味で、政治に演出効果を導入した最初の日本人政治家といえる。

政治的演技が過剰になり、自分だけが目立つことばかりに気をとられると、「一将功成りて、万骨枯る」ことになる。中曽根総理のパフォーマンスの正体は、まさにこれであった。

○住む世界を間違えた宮沢

宮沢氏の潜在意識には「オレの見識と能力に政権がついてくるべきだ」という考えがあったと思う。大衆デモクラシー化した日本の政治社会の実相を知らないからである。もっとも秀れた政治家が政権に就く時代は、とっくに過ぎているのだ。

宮沢氏にとって気の毒だったのは、戦略戦術に長じた策士がいなかったことである。政務も閥務も天下取りも肝心なことは全部自分でやらないといけないようなことでは、政権を取ることはむづかしい。昨年の定数是正問題で、中曽根に反抗し、政策的妥協で同時選挙に乗り、選挙後中曽根の軍門に下り、大蔵大臣として協力、今回の総裁選で、これだけの盛り上げを実質一人でこなしたことは、むしろ立派といえよう。

それにしても、売上税はいただけない。大蔵官僚が中曽根総理の食言を、形式論理の机上思考ででっち上げた売上税をそのまま認めたことは政治音痴といわれても、しかたなかろう。

宮沢氏には、「現界」と「霊界」にまたがった「政界」を理解できまい。丁度、路地からは大通りの様子がよくわかるが、大通りからは路地の様子がわからないように、「政界」に住むには「霊界の異常心理」をわからなければ、異邦人にすぎない。政治を政策論理中心に考え、心理的要因に気がつかねば、勝負は最初からわかっている。「言語的論理」以外の「心理的論理」が政治にはあることを、いつまでたっても理解しようとしないなら、どうやら、住む世界を間違えたのではなかろうか。

○トッチャン坊やの安倍

毛並みが良くて、学歴があって、金が集まって、床の間の座り〔据わり〕が良くても、それだけでは、政権に就けるものではない。

安倍氏には、政治判断の振り子幅が大きすぎることが問題であった。長老や先輩の言うことを聴くことは結構だが、判断は自分でしないと、テープレコーダーと同じである。

党や政府で、数々の要職に就いているにもかかわらず、すえ膳、あげ膳の政治生活だから、かっこうだけはつくものの、いざ鎌倉という時、確信をもった判断ができず、付和雷同する。人の良さだけでは「政界」の濁流を泳ぐことはできない。「トッチャン坊や」を早く脱皮することが課題である。

○竹下総理の守護霊は大国主命か

ユングによれば、人間の深層心理を支配する基層は、その人間が生れ育った故郷の「地霊」と、母親からの影響でつくられるとのこと。

竹下氏は、いわずと知れた島根県、出雲の生まれである。出雲は日本神話の故郷「大国主命」が活躍したところだ。

政界に入ってからの竹下氏の発想と行動は「おしん」と評されてきた。佐藤政権、田中政権のみならず、保守合同以降の政権の裏方としての彼の軌道は、神話の大国主命の軌道そのものである。まるで大国主命を手本にしたような苦労を重ねて、今日に至った人物であり、守護霊のような関係ではなかったか。

大国主命は古代の日本の乱れた政治を、自己犠牲と奉仕によって調整し、国ゆずりによって、平和をもたらした神である。また、農耕豊穣の神であり、国土経営の大神でもあった。そして何よりも、民衆の守護神である。

竹下氏にもっとも強い影響を与えたのは、佐藤栄作でも田中角栄でもない。母、唯子である。

唯子は、大正デモクラシーの最中、旧制松江女学校に学び、その後、福本イズムの福本和夫の感化を受けたという。実家の竹下酒造でつくっていた「日出正宗」を「出雲大衆」という名に改めさせ、並酒しか造らなかったとのことである。いまでも、竹下家の酒蔵の中には、「大衆」という大きな文字が書かれているのが残っているという。

母、唯子の精神は決して出雲の「地霊」大国主命と無関係ではない。母もまた、大国主命の精神の体現者であったのだ。そして今度は、長男、登が総理総裁となり、真秀《まほ》なる大和の国を治めることになったのである。

日本＝大和は、大国主命が国ゆずり、支配権をわたした国である。それは縄文人から弥生人への政権の交代であった。竹下政権の出現は、その意味で大国主命と縄文思考の復活といえよう。人知を超えた大きな力の仕組を感じる。

竹下氏に、大国主命と母唯子の精神を心にきざんで、国政を総理することを切望する。

○竹下だから出来る政策は何か

総裁選で盛んにかけ引が行われていた頃、安倍と宮沢は「この難局は、私か貴方でなければ乗切れないよ」と語り合ったシーンがあったと報道されている。本当だとすれば、こんな驕った心を持つ人間に神が味方するはずはない。さすがに後藤田は「難局だから、調整能力を持つ人が適切なんだ」と語ったという。

現代の管理社会で、一人の人間の力でどれほどの政治が出来るか。中曽根政治をふり返ればわかるはずだ。あれ程気負ったにもかかわらず、政治的演技者としてのパフォーマンスにすぎなかったのだ。

要するに、言論による形式論理だけでは人は納得しない時代になっていることを承知しておくべきだ。社会が管理化すればするほど、人間は心を求め気持の理解を前面に押し出してくるのだ。「気配り」とは、心理的な気休めではない。具体的な心の実体なのである。丁度、縄文人が神を具体的な実在と感じていたように、現代人は、「心」や「気持」を観念としてではなく、具体的実在として感じようとしているのだ。そうでなくては、この機械文明を生きては行けないのである。

竹下氏の「気配り」は、無意識のうちにこれを実行しているのだ。政治運営をこの精神でやれば、国を危うくすることはない。野党と雖も同じ日本人、米国人やソ連人と雖も同じ地球人、真心を持って話せば必ず心は通じよう。

今や、国政に内政とか外交の区別はない。現在、日本がかかえている難問もつきつめれば一つだ。即ち、日本国の産業、社会構造の改革である。

具体的には、国土改造政策の実行と税制改革と教育改革である。

国土改造政策とは、地価とか土地対策といった部分の問題ではない。その根本原因に対する治療である。かつて自民党は「都市政策大綱」なる政策を党議とした。そして、日本列島改造論として具体化しようとした。しかし、政策に対する誤解とオイルショックにより、本来の目的が生かされていない。

竹下氏には、「ふるさと創生論」という政権公約がある。日本中の智恵をかき集めて、これを国土改造政策として生かすべきだ。幸い、竹下氏は功績を自分の手柄にするタイプの人間ではない。

野党からも、労働組合からも意見を持つ人に耳を傾ければよい。ナショナル・コンセンサスをつくるため、国会に特別委員会を設けて、そこで意見や智恵を集約すればよい。国会とは本来そういう役割をする場所なのだ。

税制改革は、売上税の悪夢を超えて、ようやく着手できたのだ。竹下氏は「反売上税」で岩手県参院補欠選で大敗を喫した直後「自民党内で、売上税法案を本気で成立させる気のある者は一人もいない状態で、成立を看板にして国会運営や地方選挙をどうしてやれるのか」と、中曽根総理の強引なやり方を批判していたが、総理にも大蔵省にも傷をつけない収拾方法をこの時点で考えていたのである。

「売上税法案などを凍結して、各党協議の場で基本問題をスリ合わせ、国民的合意のできるものから実行していく…」というものであった。

国会運営の心髄を知らない中曽根総理は、竹下幹事長を無能呼ばわりしたが、よく堪えた。思えば予算委員会で強行採決以後の毎日は、カミソリの刃の上を歩くようなものであったに違いない。竹下の長期構想は見事に成功した。第百九回臨時国会では、見事にマル優等原則廃止とセットの減税を実現させるだけではなくて、抜本的税制改革への展望を実現させたのである。

これからは、直間比率の見直しなど国民的合意はできつつあるので、慎重に野党に理解を求めることである。竹下の頭の中にはそのためのシナリオはすでに出来上っている。税制改革は竹下でなくては実現できない。

中曽根が実現できなかった改革で、残念なものが一つだけある。それは教育改革だ。失敗の原因は、憲法の精神を超えた制度改革をしようとしたからである。

現役の東大教授が、娘を持つ父親に「お嬢さんが東大法学部出身の男と結婚すると言い出したら、よく調べてからにしなさい」という時代である。有名大学に詰込方式で入学した人物のほとんどはノイローゼか社会不適応シンドロームにかかっているといわれている。

たしかに、太平洋戦争が始まる前ごろまでに東大を出た人達は、全能の秀才が多かった。戦争は秀れた人物に軍人の道を選ばせ、さらに敗戦の混乱と戦後の教育改革は、秀れた人物を必ずしも東大等に入らなくした。高度成長の結果は、幼稚園児からの受験教育により、技術として東大入学者をつくることになった。内容に問題が多くなればなる程、権威にすがろうとする。そして、受験戦争は青少年の心を傷つけ、社会の荒廃の原因となった。

現在の学歴社会は、有名大学を出て有名企業や官庁に就職して、他人より働かず、楽に仕事をして早く出世し、収入を得ることを目標にしている。彼らは学歴の低い智恵のある人間の知能を搾取しているにすぎない。有名大学を出て、資格があるということだけでそれを許している社会だ。資本家が労働者を搾取するのとどこが違うのであろうか。

現在では、資本家だって、そう露骨な搾取しないが、学歴社会の知能搾取は目に余るものがある。これは教育の問題だ。

竹下総理が東大を出ていないというだけで日本の学歴社会に風穴をあけたといえる。真面目に、こつこつと勉強して能力をつけ、地味に社会に尽している学歴の少ない人間が評価される社会をつくるべきだ。竹下総理でなくては、本当の教育改革はできないのである。

◆十月二十八日(水)

臨時会の日程について、越智委員長がよく話を理解してくれて、委員部としても十分な態勢をできる日程が固った。越智委員長から事務総長に、大坪、土田両氏について話をしてもらう。越智委員長、事務総長自身のことについても、「原議長は、来年常会まで中曽根派からいろんなことが出ても辞めさせない。それまで特段のことがない限り、事務総長も辞めるな、〔辞め〕させない」と伝えたとのこと。

◆十月二十九日（木）

議運理事会。昨日作成した臨時会の日程について、休憩をはさんで了承。土地特別委を十日に設置。第二弾の臨時会をやることを含んで……。ただし、皇太子の開会式代理出席については、決まってから協議することになった。

◆十月三十一日（土）

午前中、松下氏（総長秘書）に事務総長との人事の話をする。これで、中期的な事務局の構想が出来、小生が他界するようなことがあっても、みんなが努力すればなんとかなる。やれるうちに若い職員の教育をしておけば……。

薬師〔寺〕氏（朝日）が来訪。開会式の論文に続いて、天皇崩御の場合の法律問題を書きたいとのこと。冗談でない。開会式のことでどれだけ迷惑したか、と追っぱらう。

◆十一月三日（火）

〔午前十時からの自民党臨時党大会で、第十二代総裁に竹下登氏が選ばれた。〕新聞論調がいつもの政変と違って、好意的で具体的なアドバイスを心をこめて書いてあるのが気をひいた。これをまとめる。

◆十一月四日(水)

午前九時四十分に早坂事務所の江崎さんに来てもらって、コピーが出来たてのメモをわたす(【別紙】)。正午すぎ、早坂氏と電話したところ、大変喜ばれる。税制改革の下り《ママ》に留意してもらったが、伊東総務会長、渡辺政調会長らから、福祉目的税にこだわらないとか、時間をかけるとの意見が出はじめる。

【別紙一】新総裁就任に対する印象[32]

一、竹下イメージの定着

「文化経済国家」とか「豊かさを実感する国づくり」などといったキャッチ・フレーズがすっかり、マス・コミで有名となり、竹下新総裁のイメージとして定着しました。

国民は、中曽根政治のあわただしさから解放されるものと、テレビ等の竹下新総裁の柔らかな物腰に静かな期待を潜めていることがよくわかります。驕らず、昂らず、現在の姿勢を続けていけば、政権の維持と成功は間違いなく、日本の政治的安定を確かなものにしていくでしょう。

言葉使いも、わかりやすく、国民にかんでふくめる方法は好評です。しかし、難しい政治や経済問題を国民にわかりやすく伝えることは、もっとも困難な作業であり、今後とも、十分配慮して努めるべきでしょう。

ただ、テレビでの対談等で意見を申し上げるならば、なるべく、手を使って話をしないように、出来れば、「眼力」をもって話が出来るようになれば、申すことはありません。俗に、手を使って話す人は、言葉の内容を消化していない人といわれていますので、ご研究を願いたいものです。

マス・コミ論調を詳細に分析しますと、いつもの政権交代と違って、建前を売りものにしている論説委員諸氏も、今回は、多少の皮肉はあっても、実に好意的に具体的なことにわたってアドバイスしてくれていますので、珍しく、有難いことです。これも新総裁の人徳でしょう。別紙に、これら論調を整理しておきましたので、ご一読いただければ、ご参考になりましょう。

十一月二日、午後十時放映の朝日TV、ニュース・ステイションで、久米宏のインタービューに対して『政治家である前に人間であらねばならない。』という言葉には、久しぶりに感動しました。この言葉は故前尾繁三郎氏が好んだもので、追悼演説でも前尾の言葉として紹介したものです。

こういう言葉を自然に発言して、マス・コミが国民に伝えることで、政治に信頼感が生じるものだと確信します。

最近、テレビの暖房器のコマールヤル〔コマーシャル〕で、『〝温度〟より〝温感〟が大事だ』という趣旨のものがありますが、これからの政治も、「温度」といった数的な基準だけで判断するのではなくて、「温感」といった心理的な雰囲気というか、総合的な政策の「味合い」を大事にすべきではないでしょうか。「豊かさの実感」という発想は、このことだと思います。

二、税制改革問題について

竹下政権がどうしても取り組み、実現しなければならない問題は税制改革です。そのためには、慎重な対処が必要であります。

新総裁の新聞、テレビとのインタービューから、マス・コミは、新総裁の考え方を次の三点に整理して国民に伝えています。

①昭和五十四年十二月(第九十一回国会)の一般消費税導入断念の際の国会決議が原点である、との考え方である。
②新型間接税に意欲的である。
③福祉目的税を示唆している。
税制改革についての見識を国民に示し、世論づくりをするために、これからも国会をはじめマス・コミからいろいろと質問を受け、考え方を述べなければならない機会が多くあると思いますが、余程慎重に対処しなければ、総理・総裁という立場から、自分の発言が自分の足をしばることにもなりかねません。

野党は、税制改革問題で竹下政権に勝負をかけようという姿勢になっており、税制改革協議会の再開も含め、一筋縄ではいかない状況と思います。新総裁の税制改革についての報道が少し大きく扱われるたびに、野党側は、対決姿勢を強くしています。

現在、野党側のバランス役でイニシャチブを持つ、公明党の戦略は、もう一度、与野党伯仲状況をつくるため、社会党の左・右を一括してかかえこむ形で社・公・民路線を再現し、伯仲状況となれば、振り子を逆にして自民政権に参加するというものです。そのため、「新型間接税」なるものを徹底的に利用するというのが、矢野戦略のようです。

売上税でもめていた頃、創価学会の幹部は「一般消費税的なものでも福祉に使われるものなら、財政の限界からいってやむをえないのではないか」と理解を示していました。今でも変らないと思いますが、この点について、公明党現執行部とは考えに差があるようですし、本年八月の幹事長・書記長会談で示した、公明党の姿勢も、現段階ではかなりスタンスを変えています。振り子の幅が、きわめて大きいのが難点の党ですので、十分注意しておくべきです。

対応策として考えられますことは、

(1) 総理・総裁が、これからの税制改革の構想について、具体的な制度改革について、なるべくふれないこと。

(2) 自民党内で、方法論も含め、いろいろ意見を出させて世論の反応をみること。

(3) 税制改革の原点を、昭和五十四年十二月の国会決議だけに置かないこと。

本年四月二十三日、売上税法案を処理した原議長の斡旋案の第一項の基本認識も併せて、原点としておくこと。これも、社・公・民が了承した考え方ですので……。

理由は、展開によって、実質、一般消費税的なものになる可能性もありますから……。

なお、マス・コミ報道は不思議なものでして、小さなニュースでしたが、NHKで新総裁がインタービューに答えた同じ話が、新聞の記事になるとかくも印象が違うことを別紙で、ご覧いただきたいと思います。

野党も国民も、マス・コミも、税制改革問題、わけても新型間接税については異常に敏感になっており、スキがあれば、大型間接税だとさわぎ立てようとしています。

三、竹下式政治運営と日本の議会政治

京極〔純一・東大名誉〕教授が、世界に政治的貢献できる日本のあり方として「日本の政治を民主政治の生きた見本として、全人類の前に差し出せばよい。」と述べていることは、竹下政治の展開にあたって示唆に富むものです（「竹下新総裁に思う」朝日）。

日本の議会政治は、問題をかかえているものの世界に誇りうるものでして、それは、調整型、協

調型であり、決して対決型のものではありません。現に、英国が議会改革で委員会制度を改革した時（一九七〇年代）、日本の委員会制度を参考にしており、米国のそれを日本に定着させたやり方は、関係者には、高く評価されているところです。

「〇年代別衆議院通過法律案に対する態度の推移調」〔省略〕をみていただきたい。

昭和二十二年、新憲法下、国会となって、昭和五十九年までの閣法〔内閣提出法律案〕について、衆院を通過する際の各派の態度を調べると、平均で、全会一致が四九・四%、一部野党反対が四二・五%、全野党反対が一〇・七%です。

先進国では珍しくイデオロギー性を残しているわが国の社会党、共産党ですが、戦後の大部分、保守党の政府提案の法律案で、半数が全会一致で、全野党が反対するのは約一割だという数字をどう読めばよいのでしょうか。

要するに、わが国の議会政治は、徹底した話し合い、調整、協調という方法で基本的に機能していることを証明するものです。

話し合い、調整という全会一致思考の政治運営に対して、かつては、先進諸国からうさんくさい眼で見られていましたが、最近では、政治的合意の新しい方法として見直されています。

管理社会の密度が限界にくると、人間は気持ちの相互理解を押し出してくるようになります。それが協調、全会一致による政治運営へと方向づけられているのが、最近の西欧の傾向といわれております。

竹下新総裁の政治手法の中には、これから世界の政治運営のモデルになる要素があると思います。京極教授は、このことに気づかれて、抽象的な表現であのように言っているものと思われます。ただし、日本の現在の政治運営や新総裁の政治手法そのままで、世界の見本にはなりません。改革や改善が必要です。

問題点を一つだけ申し上げますと、現在の対外経済摩擦の原因の一つに、文化摩擦（カルチャー・ギャップ）があります。欧米の経営者や学者から直接・間接に聴きますことは、「日本の政策決定過程、即ち政治的合意の過程が、まったく理解できない」ということです。即ち、国会の会議録を読んでも、政治的合意の過程が論理的に明確にならず、何か意図的に日本人は、その過程をかくしているのではないかという誤解があります。フェアーでないとのことです。例えば、第百八回常会で、売上税問題を論議した予算委員会は約十三時間の審議でしたが、その問題を処理するための各党間の話し合い、幹事長・書記長会談や国対委員長会談等の院内委員長室などで行われた総時間が約一五時間です。

また、第百九回臨時会で、衆院大蔵委員会で所得税法改正案の総審査時間が約三十四時間、それを動かすための各党の協議にかけた総時間が約十時間です。

各党の話し合いは、院外でも行われていますし、要するに非公開ですので、論議の内容が公表されません。公式な国会の機関での質疑は、結論が出された後、野党の心理的納得と合意の確認のためということになります。

一挙にこれらのことを改革することは無理ですが、少しずつでも、公式機関でもボトム・アップ方式で竹下式政治運営ができるように改善しないと、欧米からの誤解は解けないと思います。こういった政治運営の改善を通して、日本の民主政治は、世界のモデルにできるものと考えます。

【別紙】新聞論調にみる『竹下新総裁への期待』33

十月二十日未明、中曽根裁定によって、竹下総裁が内定して、同月三十一日、自民党大会で正式就任する間、各紙は、竹下新総裁像を論説等でとり上げ、いろいろな注文をつけた。

概観すれば、悪意のある論調が無いかわりに、派手に提灯を持った論調もない。しかし、地味ながら、こうしてほしいという注文やアドバイスを心をこめて書いている。新聞論調というものは、新政権に対しては何時も挑発的に臨むものだが、竹下政権に対しては、少し対応が違うものを感じる。それは、竹下総裁の姿勢が、「皆さんの智恵を聞きたい」ということからきていると思う。こういう感じを継続させることが大事である。

これら、新聞論調の中から、参考となるものを整理すると次のとおりである。

① 極めて難しい政治運営になることが予想される。二十一世紀に向かって、日本のかじ取りを誤らないよう清新な政治を期待する（朝日、十月二十日、社説）。

② 自民党に対してではなく、国民に対して責任を持つ政治が求められておる。総理・総裁が代れば、外交、内政ともに政治のスタイル、政策遂行の優先順位などが変わるのが当然であり、新内閣発足までに、国民に強い決意と明確な所信を訴える必要がある（同）。

③ 政権交代、世代交代に伴う新風を吹き込むことができるか。これも新総裁に期待されていることの一つである（毎日、十月二十一日、社説）。

④ 新総裁は自民党内だけでなく、野党にも幅広い人脈を持っている。それもまた、難局を乗り切るうえでは、大いに生かされるべきだ。（同）

⑤ 野党が政治に現実的に対応しようとしており、党派を超えて、イデオロギーにこだわること

なく、国民のためなら、互いに協力して政策を実行していく流れも強まっている。新総裁は、この流れを活用して、一致して内外の施策を進める努力をしてもらいたいし、それを推進できる基盤を持っているように思う（同）。

⑥竹下氏は「中曽根政治の継承」を唱えた。もちろん継承すべきものもある。見直さねばならない分野もある。その仕分けをせず、リモートコントロールされるのであれば、政権交代の意義は薄らぐ。竹下氏が政治に新風をもたらすためには、独自の持ち味を発揮することが、「賢明な継承」である（朝日、十月二十一日、社説）。

⑦中曽根政治の課題を「継承」しても、中曽根手法を「継承」するわけにはいきますまい。また、新たな課題に立ち向かっての「発展」や、目標のコースを変える「転進」も必要でしょう。着実でバランスのとれた竹下さんの新しい手法、新しいリーダーシップに期待するゆえんです（東京、十一月一日、社説）。

⑧経済、農業、防衛など最近では内政即外交、外交即内政という難問がふえてきた。竹下氏は、外相経験がないことを気にしすぎることはない。時代にあった新しい外交の創造に努めればいい（朝日、十一月一日、社説）。

⑨《若槻礼次郎氏（ロンドン軍縮会議首席全権）は、「外に向かって戦うことは、同時に内に向かっても戦うことであり、それがなければ、事はまとまらんものである」と語っている。》心配はむしろ、竹下氏が得意とする内政、それも内部調整型の政治にあるのではないか。その能力をあまりに過信すると、若月の言う内外両面との戦いが不可能になる（同）。

⑩すでに「戦後」などという言葉が死後に近い。「総決算」ではなくて「発展させるための改

革」でなければならない。ようやく時代にマッチした指導者が、政界にも登場したといえよう（毎日、十一月二日、社説）。

⑪調整能力や挙党態勢は、あくまで国民のための政策を遂行する手段であって目的ではない。新総裁は、何を、どう進めるか、をまず具体的に明らかにし、それを円滑に実現するために、得意の調整能力を発揮すべきなのである。まず、国民にもわかりやすく政策を提示することから始めてもらいたい（同）。

⑫竹下総裁は、党内各派や官財界だけでなく、野党や労働界にまでおよぶ豊かな人脈を持っている。これらを駆使して、中曽根首相の諮問行政とはまた違った新たな国民合意づくりのやり方もできるのではないか。国会機能とのたくみな調整を含めた新しい手法を期待したい（同）。

⑬ジェラルド・L・カーチス米コロンビア大学教授

（イ）「アメリカ人の感覚から言えば、今日、日本の指導者に最も必要なのは、日本の立場を世界にうまく説明する能力ではない。むしろ、米国その他の国々との関係を強化し、経済大国の地位にふさわしく国際舞台で新しい役割を果たせるような政策の転換の必要性を日本の国民に納得させる能力である。」

（ロ）「もし、竹下氏が、いたずらにコンセンサスの到来を待っているだけなら、政府は無策で、しかも対応が遅すぎる、と受け取られてしまう。しかし、もし攻めの姿勢でコンセンサスづくりに乗り出せば、彼は比較的早く〝行動が言葉より物を言う首相〟として新しいイメージづくりに成功するだろう」（東京、十一月一日、時評）。

⑭京極純一東大名誉教授

(イ)「いまや経済大国となった日本の政治と首相の行動は、世界の人びとの遠慮のない観察と評価の対象である。日本の政治は世界から見られる政治、つまり、世界に見せる政治になっている」。
(ロ)「このごろ経済大国日本の政治的貢献が論議されている。もともと、軍事力を背景に世界秩序を作り出すのは超大国の仕事であって、日本の役割ではない。しかし、日本に政治的貢献ができないわけではない。それには、日本の政治を民主政治の生きた見本として、全人類の前に差し出せばよい。日本の政治が『自由と正義を平和のなかで一歩一歩着実に実現していく』生きた見本となれば、これは全人類に対する大きな政治的貢献である」。
(ハ)「いまの日本の実情は自由と正義の理想にほど遠い。多く人びとが規則と画一という超低温倉庫のなかに閉じこめられている。人類の生活が固定していれば、規則と画一は確実と安全の道である。しかし、毎日が変化である今日、超低温を解凍して、のびのび、いきいきの自由な生活を一日も早く実現しないと、国民の生存も危うい。竹下新総裁に『自由と正義の旗手』を期待する国民の数は決して少なくない」(朝日、十月三十一日、「竹下新総裁に思う」)。

◆十一月五日(木)

午前九時五十分、事務総長に糸山先生の話をする。記者情報によれば、次々と閣僚ポストが決まっているとのこと。瓦氏は防衛庁長官とか。越智委員長、建設大臣内定でニコニコ顔。そばを一緒に食べる。建設省の野呂山君が来訪。秘書官の内示を受けたとのこと。これも人の縁なり。

午後六時半、佐藤健一氏から、土地特別委員会の設置目的について智恵を出せとのこと。午後八時までかかる。近藤課長を呼び、訓練する。

「土地問題及び国土の利用に関する対策を樹立するため」というアイディアを考える。

◆十一月六日（金）

午前十一時二十分、佐藤健一氏に土地特の第一案・第二案をわたし説明する。

第百十回臨時会の召集日。中曽〔根〕内閣総辞職と〔竹下〕首班指名。予め越智議運委員長がよく相談してくれていたスケジュールが徹底していたのでスムースに運ぶ。

越智委員長は予定どおり建設大臣として入閣、野呂山秘書官に父親だと思って尽せと紹介する。

一日目の本会議で竹下さんと目が合い、感謝の気持がわかる。

◆十一月七日（土）

二時半からの竹下新首相の記者会見を見る。まあまあの出来。そんなに新味はないが、出す必要なし。質問が特別に良いものがなかっただけだ。

◆十一月九日（月）

午後二時半、自民理事打合せ。土地特別委は第二案で、四十人で与野党非公式話がついたとのこと。

三時からの理事会で、石井委員長代理が「土地問題及び国土の利用に関する対策を樹立するための委員四〇人よりなる土地問題等に関する特別委員会」を提案。休憩をはさんで、各党了承した。社会党から理事を二人ほしいとの要望があり、公・民も了承したが、自民が次の委員長□□□にしたため持ち越し。

◆十一月十日（火）

常任委員長を一斉に変え、特別委員長も自民の分四つを変え、土地特をつくり、全委員会閉中〔閉会中審査〕を申出るというあわただしさ。なんとか切りぬける。

三塚〔博〕新議運委員長は、中々なもので、馴れるに時間がかかろう。世間で言われるような悪ではない。ま、山より大きな猪はいないので、問題が大きければ大きい程、やりがいがあるというもの。本会議散会後の議運委で挨拶をするというのに、安倍幹事長の方に先に行き、委員を□せる。議運進行役に自見氏が予定されていたが、横やりが出たようだ。もっとも越智前委員長のやり方にも問題があった。ただ、事務総長に「よう、またきたから…」だけの挨拶はない。

◆十一月十一日（水）

会期最終日にしては、めずらしくごたごたしない一日。予定どおり終了。

午前十時半、三塚委員長から趣旨説明要求に継続付託した案件が対象となっていることについて、説明を求められる。部分的な問題でなくて、趣旨説明要求の制度と運用について根本的に検討すべきだと説明。

本会議終了後ノンビリしているところに、小沢副長官から、次期臨時会のころがし方について資料の作成を依頼され、午後四時過ぎ、土田君に届けてもらう。防衛二法を成立させるためには、召集日を十一月二十七日なら、会期は十二月十五日ごろまでかかるとのメモを一緒に、予算委を開いた背景などの資料をわたす［別紙］。

【別紙】第百十一回臨時会の日程についての問題点

①十一月二十七日（金）召集として、十二月二日の両院での代表質問終了までは、日程として当然のこと。

②仮に、予算委を両院で一日ずつとして、十二月四日までの日程がつまることになる。

③土地特別委を両院二日間ずつ集中してやるとして、十二月十日までかかる。

④参院での防衛二法案の審議と衆院での給与法案を十二月十一日に審議し、

⑤参院での給与法、衆院での防衛二法を十二月十四日に審議し、緊急上程すると、会期終了日は十二月十四日まではかかる。緊急上程ができないことになれば、十二月十五日まで会期が必要となる。

⑥従って、予算委員会の開会に応ずるならば、会期の締めと、防衛二法の成立の合意がどれだけとりつけられるか、十二月十二日までに会期を終了させることは、少し、むずかしい感じがする。

◆十一月十三日（金）

夜、小沢副長官と事務総長らと食事、於〝きしや〟。午後九時半まで放談会となったが、事務総長が飲みすぎて少しはめをはずしたが、これからは慎重にやってもらわないと。

防衛二法の成立は、新政権のメンツにかかわるので、なんとかしたいとのこと。日程案を次週につくることになる。

◆十一月十六日（月）

午前中、臨時会のシミュレーションを二案つくり（【別紙】）、事務総長に見せた後、小沢副長官案として土田君を使いに出す。政府・与党連絡会の後、小沢副長官から電話あり〔文句をいわれる〕。全体に野党ペースの案だということなので、落し所としてこんなところ。予算委一日、土地特二日で、防衛二法成立というのが常識ではないか。問題は野党との交渉だが、その前に自民党内、〔渡部〕国対と〔三塚〕議運の呼吸が合っておらず、三塚議運委員長が不満をもらしていることを伝える。小沢氏に礼をいわれる。権藤氏からの伝言「参院田代〔富士男〕議員の件。税制改革と池田名誉会長の意見案」も伝える。

【別紙】〔タイプ打ち用紙に鉛筆書き、二枚〕

(1) 小沢私案（その一）

(2) 小沢私案（その二）

小沢私案(その一)

召集日11月27日(金)のケース
会期12月12日まで16日間

日程		衆院	参院
11月27日	金	本会議(召集日に必要な事項)、開会式、本会議(所信表明)	本会議(召集日に必要な事項)、開会式、本会議(所信表明)
28日	土		
29日	日		
30日	月	代表質問(1日目)	
12月1日	火	代表質問(2日目)	代表質問(1日目)
2日	水		代表質問(2日目)
3日	木	予算委	
4日	金		予算委
5日	土		
6日	日		
7日	月	土地特委(午前中、総理出席)	
8日	火	土地特委	内閣委(総理出席、防衛二法を採択)
9日	水	外務委(日米漁業協定を採決)	本会議(防衛二法を議決) 土地特委(総理出席)
10日	木	本会議(日米漁業協定を承認) 内閣委(防衛二法を採決) 給与法を関係委で採決	土地特委 外務委(日米漁業協定を採決)
11日	金	本会議(防衛二法を成立、給与法を議決、その他)	給与法を関係委で採決 本会議(日米漁業協定、給与法を成立、その他)
12日	土		
13日	日		

衆院の内閣委の定例日、火、木。参院の内閣委の定例日、火、木

小沢私案(その二)

召集日11月24日(火) のケース
会期12月9日まで16日間

日程		衆院	参院
11月24日	火	本会議(召集日に必要な事項)、開会式、本会議(所信表明)	本会議(召集日に必要な事項)、開会式、本会議(所信表明)
25日	水		
26日	木	代表質問(1日目)	
27日	金	代表質問(2日目)	代表質問(1日目)
28日	土		代表質問(2日目)
29日	日		
30日	月	予算委	
12月 1 日	火		予算委
2 日	水	土地特委(総理出席)	
3 日	木	土地特委	内閣委(総理出席、防衛二法を採択)
4 日	金	外務委(日米漁業協定を採決)	本会議(防衛二法を議決) 土地特(総理出席)
5 日	土		
6 日	日		
7 日	月		土地特委
8 日	火	本会議(日米漁業協定を承認) 内閣委(防衛二法を採決) 給与法を関係委で採決	外務委(日米漁業協定を採決)
9 日	水	本会議(防衛二法を成立、給与法を議決など)	給与法を関係委で採決 本会議(給与法、日米漁業協定を成立)
10日	木		

衆院の内閣委の定例日、火、木。参院の内閣委の定例日、火、木

◆十一月十七日（火）

臨時会の召集日は十一月二十七日と固まる。第一案を前提に、政府・与党八者会談が今夜開かれ、日程が内定する。

午後一時過ぎ、民社・中野〔寛成〕先生と会う。防衛二法案の成立について、自民党国対にハッパをかけてくるとのこと。

午後三時、大島〔理森《ただもり》〕理事に約一時間、議運委の権能について説明。少し理屈ぽいがセンスは良い。

午後七時から山王飯店で越智建設大臣の会食。内輪のもので、池内、木村〔朝日〕、NHKの清重、影山、平野、大坪、土田と秘書官二人、うれしそうだった。〝四国の夜明け〟とのこと。池内氏から山崎尚見氏〔創価学会副会長〕と会った話を聞く。

◆十一月十八日（水）

午前十一時過ぎ、権藤氏と会う。池内氏が山崎尚見氏に会った話。小沢副長官との話をする。権藤氏から税制改革については労組も熱心とのこと。いろいろ話を聞き、小沢氏に伝言をたのまれる。

小沢氏にメモを渡す。〔要点〕①池内氏の話として、学会が竹下側近にアプローチする方法を探しているので、権藤→小沢が適切であるといっておいた。②権藤氏の話として、「春秋会」という労組幹部と会食することを推める。直間比率の見直しに積極的である。

◆十一月十九日（木）

議運理事会で第百十一回臨時会の召集についての協議が始まる。会期十六日という自民の提案を持ち帰った野党は、予算委の開会を要求している。自民は防衛二法案の成立をねらい、そこらが交渉のポイント。小沢副長官へのメモがよく効果を出している。

◆十一月二十日(金)

午前十時半、桜井〔新《しん》〕議運理事に、議運の役割についてレクチャー。午後一時、村岡〔兼造〕理事に同じくレクチャー。

午後六時、神明の〝蘭家〟で竹下総理の手配の会合を開く。これからの問題として、国会議員まわりの情報の伝えかたについて、波多野〔誠〕秘書官と相談する。

事務の秘書官が小まわりがきかず、きめのこまかな話が入らないとのこと。波多野氏の動きを良くするため、佐藤(健)氏を中心にシステムを検討することになった。

◆十一月二十四日(火)

午前十一時からの自社公民国対委員長会談では、野党が自民に予算委の開会を要求、自民が持ち帰っただけ。

夕方、西村春水親子と早坂氏の出版記念会へ。一五〇〇人も人が集り、国会議員も旧田中派を中心に五十名ぐらい見える。竹下総理が個人の会では初めての挨拶。まゝ《ママ》常識の線。

◆十一月二十五日（水）

朝刊各紙は、早坂氏の出版記念会について好意的な報道あり。早坂氏自身の挨拶で、新しい次元で活動することを世間に宣言したのが良かった。午前十時半電話で感想を本人に述べておいた。早坂氏感激。午後二時半、村岡先生に会う。通常会の召集日の予想について、十二月二十五日を固定的に考えないようにと伝える。その場合、五月二十二日の百五十日目が日曜日になるのでと…。全体的な国会の動きの話を聞いたが、小沢私案の線で展開している。

◆十一月二十六日（木）

午前十一時からの与野党国対で予算委の開会に自民が応ずると回答して、国会日程は決まっていったが、問題の中心は税制改革で、中曽根見解を白紙にする報道が野党を刺激して、土地国会が税制国会になる様相となった。

社会党が十二月四日と決っていた予算委を変更する意向を表明し、予算委の日程が決らず。午後二時過ぎ、事務総長を通じて山口（社）書記長から六十、二、六の中曽根総理の発言の経緯について説明を求められる。二度行く。

小沢副長官と午後四時過ぎ電話。予算委の運び、税制改革問題での情報を交換。報道の竹下総理の「中曽根発言は政府見解ではない」との話は、報道の言葉足らずとのこと。ソフト・ランヂングが出来ないことを悩んでいた。

◆十一月二十七日（金）

百十一回臨時会の召集日。予算委の日程は、社会党の党内事情で三十日に決定持ちこし。四日と決まっていたものが十日になる可能性あり。原因は、税制問題で中曽根発言の白紙化に抵抗して、四日にやれば審議ストップで、給与法や土地国会が出来なくなる可能性があるため。いつもながらの社会党の体質なり。

竹下首相の初めての所信表明は中々良かった。地味な言葉の中に信念が感じられた。驚いたのは、七月三日に渡した、政権をめざすための政策構想というメモに書いた「真の豊かさを実感する社会づくり」を演説の基調にしていたことだ。役に立ったようだ。

それにしても、新聞論調は、社説では理解を示して［示しながら］批判をしているが、解説はいうことがないからいったという質の低さ。野党の評価は、まったく政治がわかっていないおそまつさ。ま、《ママ》、順調なすべり出しというところか。

【解説】竹下首相の税制改革についての発言は「開かれた議論を通じ、税制改革についての国民的合意を形成していくことであります。先の国会で税制改革の第一歩が踏み出されたところだが、さらに広範囲な議論を通じ、所得、消費、資産等の間で均衡のとれた安定的な税体系の構築に努めていく」という地味なものであった。

◆十一月二十八日（土）

事務次長に税制改革問題の底の動きや土地特別委の円卓式会議について説明。

◆十一月三十日（月）

予算委の日程は、社会党がスッタモンダしたあげく、十日で決定。引きつづき土地特委の日程も決った。

所信表明に対する代表質問は、金子みつ氏（社）が迫力なし。オッカサンの演説という感じ。矢野公明党委員長もいまひとつというところ。結局、大型間接税についての〔昭和〕六十年二月の政府統一見解について、竹下総理が改めて見解を述べたことがとりえで、意外なところでひろいものという感じ。マス・コミも撤回発言について批判なし。与・野党の主張を見守っている感じ。ただし、答弁要旨の作成方法が各省に縦わりになっており、内閣でもう少しまとめて、一括的答弁にすれば時間は三分の一節約できる。

◆十二月一日（火）

満五十二才。定年まであと八年。ひたすら自然にやるしかない。

代表質問二日目。新味としては、共産党の答弁にもていねいに答えていたのが印象に残った。

本会議直前に小沢副長官と立話。防衛二法については、社会党にひっかけられて予算委を後まわしにしたので、不安定になった。税制改革は、新聞論調が、統一見解に対する新内閣の意見を批判していない。野党も腹はわかっているのでやれそう。朝日が友好的なので大事にしたい。権藤氏とは早い機会に食事をしようと伝えてくれ…等と話をした（事務総長には、税制がかたづくまでいてもらいたい）。

議運委員長もやっと周辺の人間に慣れ、やっと軌道にのった感じがする。

◆十二月二日（水）

防衛二法案が、八日参院内閣委、九日参院本会議で送付されることが決まった。衆院で九日内閣委、十日本会議で話がつくかどうか。今国会のポイントになった。このことを心配して事務総長から電話かかるが、三日の内閣理事懇まで読めず。

◆十二月三日（木）

内閣委理事懇で防衛二法案、給与法案等の審議日程が決まり、これでこの国会の懸案事項は全て見通しがついた。

◆十二月四日（金）

議運理事会で、臨時会の最終日までの段取りが固まる。議会制度協議会の準備が中心となる。

近江先生から会いたいとの電話。午後四時半過ぎ、会館で会う。議運理事を辞めて交通特の委員長になるとのこと。九日に委員長に就くので八日には議運を鳥居先生と交代しておきたいので、手順を考えてくれとのこと。

土地特は午後六時半過ぎまで、総理大臣も出席して審議。一応、竹下政権の初回の国会は成功したといえる。

議運理事会に出た小沢副長官に、来年再開後、一月二十二日に総予算が国会に提出できるよう大蔵省にハッパをかけるようという。

◆十二月五日（土）

土地特別委の二日目の審議。午後三時過ぎ、委員長発言で収める。

事務総長から、宴会の時飲んで、知野〔虎雄〕元事務総長から人事について文句をいわれたとのグチ話を聞く。「おれが辞める時、思い切ったことをやる」とのこと。

◆十二月八日（火）

社労委理事懇で、定例日増の話が民社からむしかえされる。土地特をつくったうえに、建設、運輸と二十名委員を増やされると、事務的にも問題が生じるので、明朝、民社中野氏に説明に行くことになる。

◆十二月九日（水）

今回予定されていた法案審議は全て衆院の委員会で議了した。社会党が予算委を後にまわした作戦は、結局自民を有利にした。

◆十二月十日（木）

防衛二法改正案、給与法改正案等、衆院では全成立予定議案が議了した。

議会制度協議会もトントンと進み、事務総長説明で、今までの整理を事実上済ませたので、今後やりやすくなった。定数是正問題について原議長から積極的な発言があり、議員の待遇改善問題も、マス・コミを気にすることなく主張する雰囲気である。

予算委は浜幸委員長の采配ぶりが目立つとともに、税制改革論議では政府の意気込〔み〕が強く出せたので、まずは成功。世論づくりには良い舞台だった。

浜幸氏から〝歳暮〟にのりをもらい、会館に礼に行く。

【解説】浜田幸一は当選六回を数え、自民党のキャリアパスの通例からいえば入閣の時期であったが、過去の奔放な言動や無派閥であったことが災いし、入閣を逃していた。しかし、個人的に親交があった金丸信・前副総理の尽力によって、竹下内閣の成立とともに衆院内の有力ポストである予算委員長に就任した（浜田幸一『永田町、あのときの話――ハマコーの直情と涙の政界史』講談社、一九九四年、二五一～二五三頁）。

◆十二月十一日（金）

正午からの本会議で、閉中〔閉会中審査〕等を処理して一日早く臨時会を終えた。

◆十二月十六日（水）

夜、新宿〝銀竜閣〟で公明党大久保書記長、鳥居議運理事、森本議員と会食。韓国料理屋で、きわめてめずらしい【別紙】（早坂氏を通して竹下総理へ）」。

話は、来年の国会運営、わけても、税制改革への対応について意見を聞かれる。先の国会の竹下首相の政府見解白紙化発言について意見を聞かれたので、「マスコミ論調が批判していないこと。重心が財源確保から不公平是正に移りはじめたので、単純な粉砕作戦で社会党とオダを上げていたら、民社においしい部分をもっていかれる」と言ったところ、大久保書記長「個人的には、いっそのこと民社の先をこして条件闘争にきりかえ、間接税の是正にもっていこうかと考えているので、年が明けたら、知恵を出してくれ…」とのこと。

【別紙】税制改革についての大久保（公）書記長との話[34]

税制改革問題に関する野党の対応は、複雑になってきましたことはご承知のとおりです。社会党は、内容の議論よりも、総選挙で問えと政争の手段としており、強引な国会闘争を展開しようとしています。民社党は「連合」との関係で条件戦術に変わりましたが、問題は公明党です。表むきは、社会党に引っぱられていますが、悩〔み〕は大きく、十二月十六日大久保書記長に呼び出され、食事をしましたが、その時の話を要旨としてメモしておきましたので、何かのご参考に…

○大久保書記長　税制改革についての竹下総理の中曽根見解白紙化の発言をどうみますか。社会党はGNP一%問題と同じとして常会でもめさせる種にすると言っているし、公明もその線でいかざるを得ないが……。

○平野　売上税関連法案が廃案になれば、議長あっせんにあるように、直間比率の見直しを前提とした抜本的税制改革を各党で協議しようということですから、私に言わせれば、その時点で中曽根見解は事実上白紙となっていると思いますよ。

これから、いろいろな機関で抜本的な改革論をやろうということで、いかなる条件もつけないという竹下総理の考え方は、当然のことで、筋は通っていますよ。

○大久保　国民世論は竹下発言を批判しているし、君のいうような理屈だけでは通らないよ。

○平野　大事なところで見当違いをしていますよ。中曽根見解を白紙にするという竹下総理の発言を国民やマスコミ論調は少しも批判していませんよ。

ただ、税制改革について具体的な方向を示めせ《ママ》という指摘は強いようですが、社説を読んでも論議をするなとは、どの社も書いていませんよ。

○大久保　なる程、そう言われれば、その通りだ。民社は、条件斗争に切りかえたし、山鶴さんからは野党が協力して突っぱっていこうというし、公明にとっては、やりにくい常会になる。

○平野　公明党の政局に対する基本路線はどういうことなんですか。

○大久保　社・公・民が協力し、まず伯仲状況を再現し、そのうえで自民と連合するなり、中道が中心となる政権をつくろうということだ。

○平野　重要問題で、社・公・民一致してやってゆけますか。

○大久保　そこを公明がなんとか調整して……。

○平野　国政の基本問題では、社・公・民より、自・公・民の方が一致している部分が多いじゃないですか。現実的な話にはなりませんよ。
税制改革で、何時までも社会党につき合っていると、とんでもないことになりますよ。

○大久保　どういう意味で……。

○平野　竹下政権は、中曽根さんのように野党が攻めやすい状況をつくりませんし、国民をダマスような手法もとりませんよ。税制改革に失敗すれば、政権を持続できませんから……。業界等も十分根まわしをして、国民の大勢がやむを得ないという状況は徐々に出来上っていますよ。
それに、論点も、財政確保のためから、不公平是正というポイントに移行していると私は見えます。そうなれば、何時までも絶対反対では済まされませんよ。

○大久保　私も、そんな予感がしているんで、話を聞きたかったんですよ。正直にいって、腹の中ではこのままで良いのかと悩んでいる。

○平野　昭和四十年代の後半から日本も大衆消費社会となり、消費活動が社会の中心的なものになったんですよ。その人間の活動を課税対象にすることは、世界的な常識ですよ。

それによって、国民の税負担が公平化し、福祉や内需拡大、途上国の援助に使うことになれば、国際的にも国内的にも不均衡が是正されます。野党も目をさまさないと大変なことになりますよ。フランスでは、社会党の大統領と保守党の首相で政治をやっており、他の国も与野党一致して大連合でやるというのが、最近の傾向ですし、今の日本で、実のりのない政争をやっている時ではないと思いますが……。

○大久保　その話は理解できる。

まったく個人的な考えなんだが、実は、どうせ民社が妥協するなら、いっそのこと、その先を行って、自民と妥協できないかとも思うこともあり、何か智恵はないかと……。

○平野　党内を責任もって、まとめる自信はありますか。

○大久保　それが問題で、矢野委員長も中曽根見解を出させた本人だから、こだわりがあるし、市川国対委員長もこまかな理屈ばかり言っているし……。今までのやり方を急変させることになると、党内で説得するにむずかしいし、国民世論がどういうか心配だし……。

○平野　総予算の審議中、その線を出していくことはむづかし〔い〕でしょう。

ただ、内容についての妥協と、運び方についての妥協ということなどいろいろな展開がありますので、党として本気になるなら無理のない転換の方法はありますよ。
○大久保　年が明けたら、その点についてもう一度、話を聞かせてほしい。

◆十二月十七日（木）

夜六時半、権藤、国正、池内氏らと〝以津み〟でふぐを八人前食す。途中、二見先生夫妻が顔をみせる。四人の話は来年の国会のこと。池内氏「税制改革をやらないと竹下政権は続かない」とのこと。問題は、公明がどういう対応をするかだ。創価学会に直接説明して党を動かすしかないと、権藤氏。党の執行部も柔軟対応を模索中ではないかと説明しておいた。

◆十二月二十四日（木）

正午から議運理事懇が開かれ、新部長とともに総務課長がはずれたことを事務総長から紹介される。[35]早坂氏から竹下総理にわたすメモ（【別紙】）を午後三時に事務所で説明してわたす。［その時十六日の大久保書記長（公）との懇談メモを竹下首相に一緒に届けるよう依頼。］

【別紙】第百十二回通常国会の開幕にあたって[36]

一、一月訪米に対する基本姿勢について

首脳会談は、一国を代表する責任者同士の会談ですので、基本認識と方針を示せば良く、個別の問題を日本側から持ち出す必要はないと思います。大切なことは、日米関係の基本認識と方針をレーガン大統領とどれだけ共通したものにすることができるかということであり、そのためには、日米友好の原点は何か、どこにあるのかといったことについて、総理自身が、腹の中に十分入れておくことだと思います。

軍縮問題や通貨問題等重要政策については、関係者や専門家から説明を受けられることでしょうから、素人が云々しませんが、二つのポイントについて、ご参考のため申し上げます。

第一点は、日米友好の原点についてですが、戦後歴代の総理が訪米して友好親善を語るスタンスは、いずれも敗戦後からの問題意識でした。そこで、総理には、日本の開国から始まる歴史的視点に立って、友好関係の原点をふりかえっていただきたい。

日米友好の原点は、中浜万次郎の生涯を抜きにして考えられません。一介の漁船の飯炊であった少年万次郎は、漂流中に米国の捕鯨船に助けられ、日本人で初めて米国大陸に上陸し、米国の人々の自由で平等で独立の精神にもとづく善意と友情によって教育を受け、帰国後、通訳として幕府直参となり、日本の指導的な人々に米国を理解させ、鎖国日本が開国する礎となった人物である。万次郎の生涯については、簡単な資料を添付しておきますので、ぜひご一読下さい〔添付資料略〕。

万次郎の生き方と功績に関心を持たれたならば、豊島区の雑司ヶ谷に万次郎の墓所がありますので、訪米前に墓参されることをお推めします。米国側は高い関心を払いましょう。国民も総理のほのぼのとした心に好感を持ちましょう。そして、何よりも、万次郎の魂が総理訪米を成功に導き、これからの日米関係に新しい展開をもたらすものと信じます。

第二点は、今回の訪米の真のねらいは、どこにあるのかということです。

米国側に日本の実情を説明するといった単純なことではないと思います。これから、日本が国際的孤立を避けるために、国民こぞって何をなさなければならないか、日本の国民・世論を説得させるための訪米であると思います。まさに、外交と内政一元化の姿であります。

過日来日したボルカー前米FRB議長は、「米国の貿易赤字が大きくなったことは、国内の構造的不均衡を反映したものであるが、同時に、黒字が極端に大きくなった国も同様に国内の構造的不均衡を反映したものである」と語っていますが、まさにそのとおりです。

深刻さは、むしろ、赤字国より黒字国の方にあると思います。それは、赤字国は現実に痛みがありますので、改善について国民は納得しやすいのです。現に米国では、財政赤字の削減措置を断行しました。黒字国は、現実の痛みが少なく将来の問題をかかえているわけで、改善策は楽を抑えるものであり、国民には心理的に抵抗があり納得しにくいからであります。わが国の税制改革等典型例です。わが国の政治のむずかしさの一つはここにあると思います。

ボルカー夫人は、日本のデパートで「一万円の梨」を売っていることを知って、「米国では消費者が怒って、許さないでしょう」と語ったといわれますが、「一万円の梨」の存在は、現在の日本の社会、経済の構造的不均衡、不健全さの象徴です。こういうものは、社会的に淘汰されるのがノーマルな社会ですが、逆に、現在の日本人にとっては一つの価値と考えられています。これでは、どんなにGNPが増えても国民は「豊かさを実感」することは不可能です。東京都心の地価問題も同じことです。こんなことをいつまでも続けておりますと、わが国は大きな天罰をうけることになりましょう。

このような日本のあり方について、訪米を機会として、率直に国民に反省を求め、あるべき姿を提示すべきではないでしょうか。

二、国会運営責任者のコミュニケイション不足について

先の第百十一回臨時会では、社会党の判断ミスと新政権へのご祝儀もあって、大成功でしたが、次の常会は簡単には参らんと思います。政府与党の国会運営責任者である小渕〔恵三〕官房長官と小沢副長官、渡部国対委員長と小泉〔純一郎〕筆頭副委員長、三塚議運委員長と村岡筆頭理事の六人の呼吸がピッタリと合うことが非常に大事なことは論をまちません。

足元から観察しますと、渡部氏と三塚氏は相互に牽制し合って、そりが合わないようですし、小沢副長官は三塚氏が苦手だと言っておりますし、小泉氏と村岡氏は国会運営を一次方程式程度にしか考えておりません。常会の長丁場では、いろいろな問題が発生しますので、余程、注意して観察しておかなければなりません。

国会運営の技術的ノーハウは、専門家からその都度説明をうければ足りますが、コミュニケイション不足はどうにもなりませんので、再開後、総理が六人を招き呼吸を合わせるべく、意思統一を計られることをお推めします。

三、浜幸予算委員長について

昭和六十三年度総予算の審議が、どのような展開をしていくか、一口で言えば、浜幸予算委員長次第といえましょう。本人は、ずい分と自重され、慎重になっていますが、先の臨時会でも二点について問題がありました。

一つは、共産党の松本善明氏の質疑の際、「相手は共産党ですから、的確に答弁してください」と発言したことです。

一つは、田村通産大臣が答弁しようとしたところを、わざと局長を指名したことです。

前者は、その後、野党の一部で問題としましたが、短い臨時会でしたので、ウヤムヤになりましたが、総予算の審議中だったら、紛糾の種となったと思います。

長時間の審議で、委員長がユーモアーを混《ママ》えて雰囲気をなごませることは大事なことですが、政党や議員、あるいは政府の基本的権限に立ち入るような言動は慎まないと、委員長の身分にかかわる場合があります。政策論争で派手な種が少ない時には、運営でトラブルことがしばしばありましたので、一層の留意が必要と思います。

四、本会議等における総理の答弁について

先の臨時会での本会議における総理の答弁は、実に誠実で真面目な姿勢でした。特に、繰り返し質問に対して「先程答弁した通りですが…」という言葉がなかったことには好感を持てましたが、今後、竹下カラーを出すうえで、若干の工夫も必要かと思います。

前国会の本会議答弁は、各省庁がまとめたものを誠実に尊重することを主眼としたため、内閣官房による調整が少なく、縦割り答弁と申しますか、各省庁のいいわけ（エクスキューズ）が目立ち、「どうするのか」という総理の主張が印象に残りませんでした。

担当省庁の意見は勿論尊重すべきですが、本会議では答弁の理由説明をなるべく簡約にする場合とか、あるいは、まとめることができるものがあれば、質問とはいいましてもほとんど意見の主張ですので、

①意見を尊重して実行に移す
②意見を参考にして施策に反映させる
③もっともな意見なので検討してみる
④意見は理解するが実現は困難だと思う

⑤意見に同調できない

といったように、まとめて答弁したり、いろいろと変化をつけることを検討されたらいかがかと思います。

なお、予算委員会での答弁は、ほとんどの国民が、丁重さの中に、ここはという問題では力強いぞといった印象を受けたようでして、成功だったと思います。

◆十二月二十五日(金)

佐藤健一氏が竹下総理の使いで、二十五年銀婚式の香港行きの餞別をもってくる。波多野氏に礼の電話。

◆十二月二十六日(土)

国会予算のトップ会談も、午後一時前には終わり。

◆十二月二十八日(月)

御用納めの日なれど、第百十二常会の召集日。予定どおりの日程をこなす。

早坂氏から電話あり。二十六日夜竹下総理と会いメモをわたしたとのこと。中浜万次郎については、いたく感心して、全部読んだとのこと。雑司ヶ谷は早稲田時代の下宿先で土地勘もあり、なつかしいところとのこと。大久保(直)氏とのやりとりについては「しっかりしている」とホメていたとのこと。

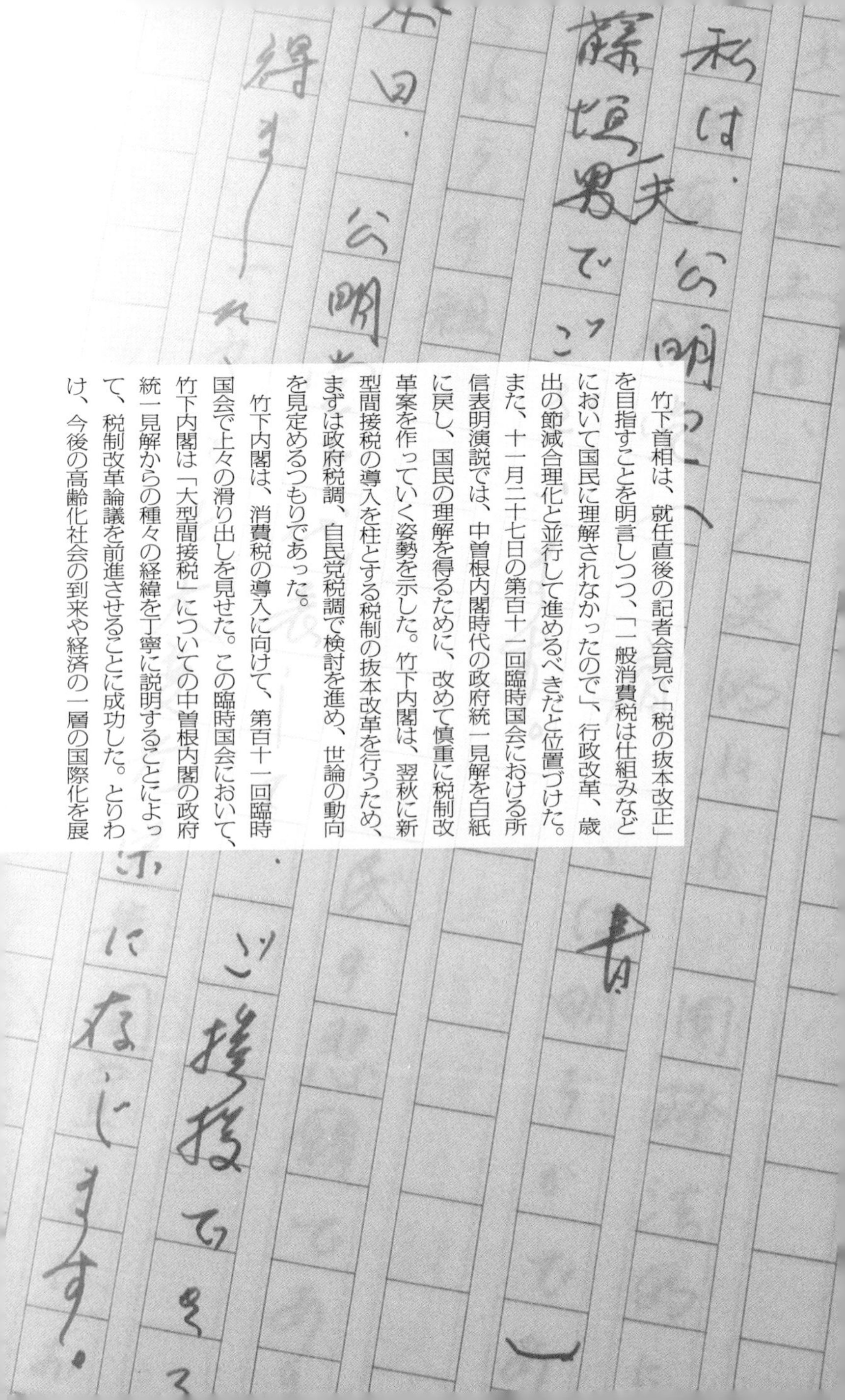

竹下首相は、就任直後の記者会見で「税の抜本改正」を目指すことを明言しつつ、「一般消費税は仕組みなどにおいて国民に理解されなかったので」、行政改革、歳出の節減合理化と並行して進めるべきだと位置づけた。また、十一月二十七日の第百十一回臨時国会における所信表明演説では、中曽根内閣時代の政府統一見解を白紙に戻し、国民の理解を得るために、改めて慎重に税制改革案を作っていく姿勢を示した。竹下内閣は、翌秋に新型間接税の導入を柱とする税制の抜本改革を行うため、まずは政府税調、自民党税調で検討を進め、世論の動向を見定めるつもりであった。

竹下内閣は、消費税の導入に向けて、第百十一回臨時国会で上々の滑り出しを見せた。この臨時国会において、竹下内閣は「大型間接税」についての中曽根内閣の政府統一見解からの種々の経緯を丁寧に説明することによって、税制改革論議を前進させることに成功した。とりわけ、今後の高齢化社会の到来や経済の一層の国際化を展

第四章

消費税導入に向けた準備

望した時、抜本的税制改革は不可避であることを野党や国民に強く印象づけたことは大きな成果であった。十二月二十八日には、自民党の税制調査会が昭和六十三年度税制改革大綱を決定し、政府の税調もほぼ同じ内容の答申を竹下首相に提出した。柱となったのは、地価高騰への対応など緊急の対策で、新型間接税の導入など大きな問題は翌年秋以降に先送りされることになったが、これらの発表によって、税制改革論議は一層活発化した。

一九八七年十二月二十八日、竹下内閣にとって初めての通常国会である第百十二国会が開会した。この国会は、税制の抜本改革を目指す竹下内閣が野党の正面からの論戦に立ち向かい、新型間接税導入の前哨戦となるものであった。

一九八八（昭和六十三）年一月―七月

◆一月四日（月）

午前九時二十分過ぎ登院。十時に指定職の辞令を事務総長からもらう。十時五十分過ぎ、委員部管理職が部長室に集合して挨拶。十一時から議長サロンで事務総長の新年の挨拶。「世界の中の日本。激しい政治の動き、多忙になる」との話あり。珍しく、高揚していた。

◆一月七日（木）

正午、大久保（公）書記長から電話あり。「税制改革関係の中曽根内閣見解を白紙化した問題点について意見をいえ」とのこと。「メモにして明日届ける」と回答。

◆一月九日（土）

午後一時までかけて大久保（公）書記長依頼のメモを書き上げる（【別紙】）。午後一時に会館に持参。

【別紙】税制改革に関する「中曽根見解」の白紙化問題について

一般論として、政府の見解がその後の「事情の変更」によって、変わったり、撤回されたり、白紙化することは、珍しいことではない。政府独自の判断で行うか、野党の要求で行うか等態様もさまざまであるが、国民の間に論議があり、与野党間で攻防の対象となっている問題であれば、変更のし方によっては、政治問題化することは当然なことである。この場合、「事情変更」の妥当性をめぐって論争となろうが、法律論としては、違法、不法といった問題は発生せず、もっぱら政治的判断の問題として究極には国民世論の動向にまかせるしかなかろう。

昨年暮の臨時会で論議となった、所謂「中曽根見解」の白紙化問題について、単純な結論を出すことは避けるべきで、ことの経過を検証し、問題点の整理をしたうえで判断すべきことではなかろうか。

一、「中曽根見解」について

昭和六十年二月という時点は、税制改革論議が本格化し、わけても、大型間接税の導入をめぐって野党が厳しく政府を監視するという時期であった。政府税調には前年の五十九年六月に諮問を行っており、野党側は、答申が出る前に国会でさまざまな条件を政治的に約束させておこうというねらいであった。

政府は、世論の動向を眺めつゝ、野党の主張に顔を立てながら、新型間接税の導入に際して言質をとられないように神経を使った対応をしていた。

ところが、中曽根首相は税制に精通していないせいもあって大まかな答弁をくり返し、竹下蔵相は、首相答弁が将来の足かせとならないよう懸命にフォローする答弁をしていた。そのさ中、EC型の付加価値税の態様をめぐって、矢野議員が首相と蔵相の答弁に食い違いがあると追及し、二月五日の予算委員会総括質疑が中断した。

理事会で話し合いが行われ、「中曽根見解」によって事態を収拾することになり、翌六日、自民党から見解文が提示され、野党側も了承し、審議再開の冒頭、中曽根首相が見解を表明した。

見解のポイントは、「多段階、包括的、網羅的、普遍的で大規模な消費税を投網をかけるようなやり方はとらないという立場でございます」というものであった。

この見解を、火つけ役の矢野議員は次のように評価した。「今、総理の御発言を承りまして、まず、かねてからの多段階の課税はしないという御発言については、EC型付加価値税あるいは取引高税、こういったものは多段階であるので今後の検討の対象としては否定される」。「万が一そのような答申が税調から出ましても、中曽根内閣としてはそれに該当することはやりたくない、こういう意味の御発言であると理解をいたしております」〔と〕。

この時点での問題点を整理すれば、次のとおりとなる。

①中曽根首相が「税調の答申に現段階で予見を持つべきでないが、多段階、包括的、網羅的、普遍的で大規模な消費税を投網をかけるやり方は、中曽根内閣としてはとりたくない」という認識なのに対して、矢野議員は「EC型付加価値税等は多段階であるので、今後の検討の対象としては否定される。万が一税調からそのような答申が出ても、中曽根内閣としてはそれに該当することはやりたくない、という意味の発言だ……」との認識であり、この時点ですでに若干の食い違いがあることがわかる。

②この見解は、税調が答申を審議中のものであり、答申がなされた場合、中曽根内閣としてどう対処するのかということについて行われたものであることでは、両者共通の認識をしている。

二、「中曽根見解」と選挙公約違反について

昭和六十一年六月二日、衆院が解散となり、衆・参同時選挙となった。同月六日、自民党の藤尾〔正行〕政調会長がテレビの録画撮りで、大型間接税導入を示唆して問題となった。中曽根首相は、藤尾発言が選挙に不利と判断、同月三十日、札幌市での記者会見で「政府税調が大型間接税を秋に答申しても私は採用しない。国民や自民党が反対している大型間接税は反対だ。そういう性格のものはいっさいやらない」と発言し、これが、「大型間接税を導入しない」という選挙公約となり、七月六日の衆・参同時選挙で、自民党は大勝した。

同年十月、政府税調は、所得税・住民税の減税と法人税、相続税の引き下げ、その財源として新型間接税を導入するとともに、マル優と郵貯の非課税制度廃止をもりこんだ答申を中曽根首相に提出した。

この答申にもとづいて、政府・自民党で協議して、売上税（税率五％、免税点一億円未満等とする日本型付加価値税）を導入することとし、第百八回常会に政府案として提出することを決めた。

野党側は、この売上税を「中曽根見解」に反し、しかも、選挙で公約した大型間接税はやらないという約束違反であるとし、翌六十二年一月六日、政府が税制改正要綱を閣議決定すると同時に、社・公・民・社民連四党で「売上税等粉砕斗争協議会」を発足させた。

政府は、二月四日に売上税法案を提出したものの、与党内にも反対意見が強く、第百八回国会の審議は自然休会明け冒頭から紛糾した。

この時点での問題点は、次のとおりである。

① 売上税が選挙公約違反かどうかについてであるが、野党はもちろんのこと国民の大勢は、大

型間接税であり「ダマサレタ」という受けとめ方をした。
政府は、大型間接税ではないと反論したが、説明は形式論でしかなかった。
②売上税が「中曽根見解」に抵触しているかどうかについてであるが、野党側は、「中曽根見解」に反していると主張したが、政府側は、「中曽根見解」が存在していたから、苦労して、抵触しないように配慮して出来上ったのが、売上税であるとの意見であった。
この点については、論理的には、政府の意見は理解できる。「中曽根見解」が公正な税制改革論議の壁になっていたことは事実であり、政府税調においても「中曽根見解」を批判する意見があった。

要するに、大蔵省は、理屈の上だけで「中曽根見解」をクリヤーさせることだけに頭を使い、税制改革の心理的な側面を配慮しなかったために、かえって、わかりにくさと、不公平さを露呈した売上税となり、国民から批判を受けたと見るべきではなかろうか。
③選挙公約の中に「中曽根見解」が含まれるかどうかという問題があるが、野党側は大型間接税をやらないという前提なので、当然、公約に含まれると主張している。政府は「中曽根見解」は、政府税調からの答申を中曽根内閣として判断する基準となるものであって、選挙公約として直接かかわるものではないとの意見であるが、この点は、水かけ論といえよう。

三、売上税法案等の廃案と「中曽根見解」

第百八回国会は、四月十五日、総予算がわずか二十時間の審議という異常な状態の中で強行採決され、十年ぶりの徹夜牛歩国会がくりひろげられた。これより先に行われた岩手県の参院補欠選挙、統一地方選挙で、自民党は惨敗した。全ての原因は売上税であった。事態は、原議長のあっせんで収拾した。

その内容は次のとおりであった。

売上税についての原衆議院議長による調停は次の通り。

売上税関連法案の取り扱いについては現在の段階で各党の意見が一致していないので議長がこれを預かる。

しかし、

一、税制改革問題は、今後の高齢化社会に対応する等、将来のわが国の財政需要を展望するとき、現在における最重要課題の一つであることは、言をまたない。従って直間比率の見直し等今後できるだけ早期にこれを実現できるよう各党協調し、最大限の努力をはらうこと。

二、このため六十二年度予算の本院通過を待って直ちに、本院に税制改革に関する協議機関を設置し税制改革について検討を行うこと。なお、その組織、運営については各党において速やかに協議すること。

三、売上税関連法案の取り扱いについては協議機関の結論をまって処理する。今国会中に結論が得られない場合においては、その取り扱いは各党の合意に基づいて措置するよう一層の努力をすること。

五月二十七日、第百八回国会は閉会となり、売上税法案等は廃案となった。それにより、税制改革問題は、議長あっせんで示された方向で、各党間で協議することになった。議長が示した方向と

は、

① 将来の高齢化社会に対応するための財源確保のため

② 直間比率の見直等という不公平税制の是正

という二つのものであった。

この二つの共通した認識をもって、早期に各党協議しろというのが、議長あっせんの趣旨であり、当然のことながら、議長あっせんを受諾した自・社・公・民の四党は、その趣旨に沿って税制改革にあたらなければならない義務を負うことになる。売上税法案等が廃案になった時点で、これまでの中曽根首相主導の税制改革路線は自然消滅したと考えるべきであろう。

ところが、第百九回国会での税制改革協議会の運営にかかる野党の不信感、引き続く、マル優等の廃止の立法化によって、各党間での協議は中断することになった。

この時点での問題点は、「中曽根見解」は、売上税法案の廃案によって、どうなったのかということである。第百九回国会で、与野党が税制改革について協議を続けている時点では、誰れもが「中曽根見解」が生きているとか〔い〕ないという論議はしなかった。理由は、議長あっせんに示めされた路線の協議を前提としており、言葉には出さないものの、「当然に自然消滅したもの」というのが、共通した認識であったといえよう。

ところが、第百十回国会で竹下新政権が誕生し、「中曽根政権の諸政策を継承する」という方針を出し、一方で税制改革協議会が与野党の不信からデット・ロックにのり上げたとたんに、野党側は「中曽根見解」も当然に継承されたという理解をするようになった。

四、第百十一回国会における竹下首相の方針と「中曽根見解」

竹下首相は、政権発足直後、政府税調に対して、「所得、法人、資産及び消費課税等について望ましい税制のあり方」について諮問を行った。

そして、両院本会議で行われた所信表明演説において税制改革に対する基本認識を次のように述べた。「税制改革については、国会における税制改革法案審議の際の議論等を通じ、国民の間にも税制改革についての意識が高まってきていると考えます。急速な経済社会の変化に対応していくため、視点を新たにして国際国家にふさわしい、日本経済の活性を高める税制、国民が納得して負担できるような簡素で公平な税制、本格的高齢化社会の到来を控えて、安定した歳入基盤を提供し得る税制、これを追求しなければならないと考えております。（拍手）

その際重要なことは、開かれた議論を通じ、税制改革についての国民的合意を形成していくことであります。（拍手）さきの国会で税制改正法案が成立し、税制改革の第一歩が踏み出されたところでありますが、さらに、広範な議論を通じ、所得、消費、資産等の間で均衡がとれた安定的な税体系の構築に努めてまいるつもりであります。（拍手）」（国会議事録のコピーを貼付）。

この発言に対して野党側は厳しい批判の質問を行った。その代表的な主張を、矢野議員の発言でみると、「総理、あなたが大蔵大臣であられたときの昭和六十年二月五日でした、予算委員会で、私は、大型間接税の政府答弁の不一致をただしました。残念ながら、予算委員会は政府答弁の食い違いにより空転をいたしました。事態打開のため、当時の竹下大蔵大臣は、「多段階、包括的、網羅的、普遍的で大規模な消費税を投網にかけるようなやり方でやることはしない」との御見解をその晩私に示されたのであります。結局、それが翌日、政府統一見解となったわけであります。

総理、あの見解は、中曽根総理のお約束であるとともに竹下大蔵大臣のお約束でもありました。

この政府統一見解が白紙撤回されるならば、生活必需品など消費や福祉、医療にまで税課《ママ》され、中小零細企業も一網打尽、縦横十文字に課税されることに道を開くことになってしまいます。弱い者いじめそのものではありませんか。このような大事な政府統一見解を簡単に白紙撤回、これは絶対に容認することはできません。真意を伺いたいのであります。（拍手）

さらに、昨年の衆参同日選挙における『大型間接税はやりません』の政府・与党の選挙公約の背景は、この政府統一見解がベースとなっておったのであります。内閣がかわったから白紙撤回では、あの選挙において主権者を欺いたことになるのではありませんか。内閣がかわってもこの責任は免除されるものではありません。どうあってもこのような大型間接税をおやりになるというのであれば、衆議院を解散し、選挙によって主権者である国民にその是非、よいか悪いかを判断していただく必要があると思いますが、総理の明確な御所見を伺いたいのでございます。（拍手）」（国会議事録のコピーを貼付）。

竹下首相は、これらの追及に対して、終始、次のような答弁をくりかえした。

「前内閣時代に、『多段階、包括的、網羅的、普遍的で大規模な消費税を投網をかけるようなやり方はとらないという立場でございますので、これに該当すると考えられるようなものは、中曽根内閣としてはとりたくない』、こういった発言がございます。私も当時大蔵大臣でございました。政府としても、これらの経緯をも踏まえ、したがって、これは重い意味を持つものであるということは、私は否定する考えは全くございません。そこで、そういう趣旨を踏まえまして、いわゆる売上税法案というものを提案したわけでございます。

しかしながら、この法律をめぐってはさまざまな御批判がございまして、結論から申しますと、私も幹事長として議長あっせんをお受けいたしました。その結果、審議未了のまま廃案、こういうことになったわけでございます。あの見解に基づいて種々工夫して出された案が、結果として審議未了、そして廃案となった。こうした経緯を踏まえて、新内閣としましては、国民の理解を得られるような税制の確立という観点に立って、間接税の問題に限らず、論議に先立って予見を与えることなく、広く各方面の意見を伺って成案を得てまいりたい、こういう考え方でございます。〔拍手〕その場合には、国会における各党各会派の御意見はもとより、税制調査会における論議その他、国民各界各層の意見に幅広く耳を傾け、国民の理解を得られるような税制の確立に努めてまいるというのはやはりお互い共通の使命ではなかろうか、このように考えておるところであります。」〔国会議事録のコピーを貼付〕

この時点での問題点は、次のとおりである。

①竹下政権が継承したものの中に「中曽根見解」は含まれているかどうか。ということである。

政治論としては、なんとでも言えよう。政治が、与野党の攻防で行われるものなら、含まれるとの理論づけはできる。

論理的に検証するならば、政府は、売上税制度を立案するプロセスで、「これなら、中曽根見解に抵触しない」と〔の〕判断で、提出したものであり、売上税法案が廃案となった後も、この見解にこだわるとするならば、新しい間接税は、再び、売上税的なものになる可能性もあるわけで、理論的に言えば、野党が「中曽根見解」の継承にこだわれば、こだわる程、売上税的なものを誘導するという矛盾が生ずることになる。

②政権の交代にともなう、政策の継承について選択ができるかどうかという問題もある。

継承するという限り、基本政策を否定したりすることは重大問題だが、事態の変化に応じて変更したり、よく趣旨を生かすための修正等はありうる。また、こまかな施策については、状況、状況に応じて選択ができることは論をまたない。

ただ、留意すべきことは、閣議決定等で施策が決まって、実行されているものを変更する場合、例えば、防衛費GNP一%問題のような性格のものと、特定の制度を立案するプロセスでの基準となるような見解を変更する場合とでは問題の質が異ることを認識しておかなければならない。

③果して、竹下首相は「中曽根見解」を白紙撤回しているのであろうか、これも問題点である。

竹下首相のこの件についての認識を知ることは、重要である。まず、国会答弁や記者会見などで、一回も「白紙撤回」するとは言っていないことを十分留意すべきである。

むしろ、あの見解は重大なものであったという認識をしばしば示しているぐらいである。推測を許されるならば、「中曽根見解」は白紙・撤回といったものになじまない性格のものだと判断しているのではなかろうか。それは、売上税法案が廃案になるまでのプロセスを検証すれば、十分理解できる。「中曽根見解」は、五十九年から始った政府税調の答申の内容を、国会側からの要求で、中曽根首相が、あらかじめチェックするための考え方、基準であったというのが、真意ではなかろうか。そう考えると、売上税法案の廃案とともに消滅したと言えるからである。

五、総括的結論

いずれにせよ、第百十二回国会が再開されたならば、税制改革論議は中心的課題となり、与野党攻防の波に洗われよう。その際、「中曽根見解」白紙化問題は、紛糾の火種となろう。

そこで、政党的な立場でなくて、国民的立場から大所高所で総括的に結論をまとめるならば、次のようになろう。

第一は、「中曽根見解」は、売上税法案の廃案とともに、政治的には消滅していると見るべきである。理由は、売上税問題のプロセスから言っても、公正な税制論議を妨げるものであるし、野党がこれにこだわっても世論、論調は味方しない。マス・コミ論調は、白紙化を批判していないし、批判しているのは、税制改革の方向を提示しないことについてである。

野党側が求めるべきことは、白紙化に対する批判や責任追及ではなくて、新型間接税を導入することになるならば、新しい大型間接税とならないような基準、即ち、政府税調の審議などに影響を与えるような「新中曽根見解」を竹下首相に求めて行くべきではなかろうか。

売上税法案をデッチ上げるために、政府側が基準とした「中曽根見解」は過去のものとすべきである。

第二は、税制改革が必要なことは（明らかであるから）、原議長のあっせんを受諾した政党なら、国民に対して責任をもって、制度の立案に励むべきである。

しかし、各党それぞれに思惑があり、政局がらみできれいごとで済まされないことも十分理解できるが……。

既に世論は、「不公平税制の是正」を今回の改革の中心とすべきであるとの主張が大勢を占めつつある。昭和五十四年国会決議で否定した「一般消費税」でさえ、検討の対象とすべきだとの論調も出て来ている（別紙資料参照）[37]。

税制改革が、このまゝにされるならば、宗教法人に対する課税や学校法人に対するそれの見直しも、世論が指摘する状況になることは容易に想像できる。国家、国民のために、税制がいかにあるべきか、真剣に各党は考えるべきである。国民のためになる改革なら決して選挙で不利になることはないと思われる。

第三は、先の臨時会での税制論議の中で、野党の主張でもっともであったポイントが二つある。①は、総選挙に問うべきだとの主張である。憲政の常道からいっても当然の主張であるが、内外の激動する政治の中で、現在、三ヶ月の政治的空白をつくることの是非は十分検討すべきことである。また、野党が総選挙に問うというなら、税制改革に対する野党の考え方を示すべきである。

②は、福祉に使うといっても、他のものを防衛費にまわすことになれば、意味がないという主張である。もっともなポイントである。防衛費のあり方とわが国の財政のあり方は、税制改革論議でも十分なされるべきである。

国民は、税制のあり方について、各党の考え方が提示されることを待っているのであり、②の点については、新しい歯止め問題も含め具体的な政策を考えるべきではなかろうか。

第四は、税制が国会の権限の中心的課題であること、即ち、国会の歴史は税制改革の歴史であったことを考えるに、このまゝでは、大蔵官僚主導の国民大衆を無視したものになる可能性が十分にある。

税制改革協議会の再開に異議があるならば、予算委員会での総予算の審議の際、税制問題の集中審議を行い、そこに、各党の政策責任者を出席させ、各党の税制に関する基本認識について意見を提示させ、質疑を行うといった、新しい国会審議のやり方等を工夫することによって、国会の権威を向上させることにもなる。

ともかく、税制改革をこのまゝ放置はできないのである。放置することに協力する政党は、国民の批判をあびることは目に見えており、国民の要望を如何に効果的に国政に反映させるか、これが課題ではなかろうか。

◆一月二十一日(木)

常会の展開や税制改革についてのころがし方を事務総長と話す。「憲政の常道に沿って、税制改革をテーマに解散総選挙をするのがベスト」ということで意見は一致。

◆一月二十二日(金)

二十五日からの国会再開の準備をして、早めに帰宅。池内氏〔朝日〕から、二月一日に渡辺〔修〕総理秘書官とめしを食ってほしいとのこと。

◆一月二十五日(月)

竹下総理の施政方針演説はわかりやすく、肩をいからすものでなかったが、宇野〔宗佑〕外相の外交演説に力が入りすぎたために、なんとなく力弱さを感じた。内容は網羅的で、官僚の顔を立てたもので、ここらが限界か。税制改革についてのくだりもヤジがなく、農産物貿易のところで少しヤジがあった程度。総予算の審議入りでもめそうだが、税制改革についてはこの程度のものを元に展開すれば、ころがせるだろう。

夜、自民国対委員長の招待による事務局幹部との会食。〝赤坂満がん〟。熊谷〔弘〕、谷垣〔禎一〕両副委員長からいろいろ見通を聞かれ、渡部〔恒三〕委員長からも、昨年の国会の想い出話を聞かされる。「ここ一、二年、公明に借りがあるので」との話が印象に残った。

◆一月二十六日(火)

午前九時半、権藤先生に電話。渡部自民国対委員長の話をする。税制改革について「矢野委員長は挙げた拳を簡単に下せなくなっているが、大久保書記長は学会から売上税のようなことはやるなとクギがささっているので、下手なことにはならない。賛成はできないが、審議拒否はしない方針だ。中上氏と再度会って、状況を分析してやってくれ」とのこと。なお、新間接税導入の際、「防衛費のしばり」を条件にしたらどうかといったところ、「竹入先生に伝えて、ぜひそれでいこう」との反応あり。

社・公で代表質問で再質問要求の動きがあり…。税制改革で「中曽根見解」を認めない限り総予算の審議に入らないとの山口社会党書記長の話も入る。

午後六時過ぎ、キャピタル・東急のレストランで浜幸予算委員長と約二時間半懇談。①国会の権威を高めたい、②サラリーマン減税を実現させることで予算委を動かしたい、③自分を自分で抑〔え〕れない時があり、とにかくよろしく指導してくれ…等。

「予算委員長という役割は、天が配分したもの。これを見事にこなすことによって、新しい次元が開けよう。直言するのでよろしく…」と伝える。

深夜の10TV〔テレビ朝日〕で浜幸氏出演。いつになく慎重…。

◆一月二十七日(水)

代表質問第一日目。社・公・民三党が再質疑の構え。税制改革論議は野党も本腰を入れている。再質疑は社・公とやったが、評価は本会議論戦の活性化とみるべきだろう。何より、予算委の総括がスムーズに入れる見通しがついたことが良かった。

本会議散会後、浜幸予算委員長へのメモを書きはじめる。

◆一月二十八日(木)

代表質問二日目。井上〔泉〕先生を午前十時に議場に案内する。社会党執行部から、土井質問についての抗議をしておくようにとのことで、扱いに困っていた。

塚本質問は、税制改革協議会の再開を要請したことが目についた。議事そのものは、答弁もれ〔金大中問題─村上〕、発言削除問題〔過激派を泳がせた─村上〕等が議運理事会にもちこされた〔＝もちこまれた〕。

本会議散会後、浜田幸一予算委員長と会い、予算審議開始にあたってのアドバイスと役員会でのセリフをわたす〔【別紙】〕。「参考にさせていただく」と握手をして別れる。


【別紙】予算委員会の審議開始にあたって[38]

既に、浜田委員長には十分にご理解のことと存じますが、昭和六十三年度総予算の審議開始にあたって留意しておくべき基本的認識を整理しておきます。

一、総予算とは何か!

一言で申し上げると「国家」という生物《いきもの》の「血管」を流れる『血液』であると言えましょう。申すまでもなく適切な量と良質な「血液」がなければ、人間は生命の維持と健康な生活は営めません。これと同じように「総予算」による国家の財政支出がなければ、国家は生きられません。国民は生活を営むことができません。「総予算」は、国政にかかわる全ての栄養素を含んだ血液なのです。

政府が総予算を編成することは、この血液の量と質を、与党である自民党の方針に従ってまとめることです。しかし、この段階では、この血液はまだ活動できません。これを血管の中に入れて、活動させるために何が必要か、言うまでもなく、国会における審議であります。

二、予算委員会の真の役割は何か!!

国会は、国民の利害を調整するところです。その中でもっとも大事な調整は、国家財政のあり方、即ち、予算による国家支出の配分にほかなりません。

これを国民の代表者が、予算委員会で審議し、国会の意思即ち国家の意思を決定していくのです。この「審議」には、「形式的要素」と「心理的要素」があります。「形式的要素」とは、政府・与党がまとめた総予算を、野党が委員会の場で質疑という方法、論戦という表向のものです。「心理的要素」とは、形式的要素を通して、国民の代表者たる議員が、国家支出の配分にかかわったという心理的満足感を与えるもので、形には見えませんが、重要なものです。

何万票という票を集めて国会に出て来た議員が、国民に代って、国家の血液に「審議」という方法で情念、想念を注入するのであります。理屈がどうとか、どんな意見を言っても多数党には勝てないといった論理の世界ではありません。各党、各議員が全身・全霊をもって祈祷し、心理的に一体化することです。

その意味で、予算委員会というのは、国会の政(祭)事の最大の儀式の場なのです。

一定の時間的制約のなかで、しかるべき手順による儀式を行うことによって、総予算という「血液」は国家の血管の中に入り、生き生きと活動を開始するのです。

予算委員会の真の役割は、会計年度によって消滅する国家財政を再生させることにあるわけです。

三、予算委員長の役割

国家財政を再生させるという、国家にとっても国会にとっても最大の政事の儀式をとりしきる祭主が、予算委員長です。祭主である以上、儀式に参加する議員の立場を超えた指導者であり、まとめ役であり、代表者でありますので、祭に参加した人と一緒になって、祭酒に酔う立場ではありません。

大事なことは、政治家浜田幸一の立場と予算委員長の立場を明確に区別した言動をすることです。しかし、これを峻別することは現実として難しいので、第三の立場として、「予算委員長浜田、個人」としての立場というものがあります。特に、与党自民党とかけ合う場合、便利な方法です。

予算委員長の役割は、第一に、会計年度の制約をよく認識して、国家財政の再生をなし遂げ、一定の時期——衆院を三月初旬(四日頃)までに、審議を終了させることであります。第二は、予算審議という儀式に参加する人達の情念、想念を十分に満足させることです。第三は、予算審議を通じて、自己の政治信念や政策を生かすことです。

第三の点については、「国会の権威を高めること」「サラリーマン減税の実現」ということですから、立派なご見識ですので、この二つの柱を中心に、第一と第二のを展開させることになりましょう。

さて、委員長として予算審議をとりしきるために腹の中に入れておかなければならないことが二点あります。第一点は、「政治は集団行為である」ということです。これは、一人では政治はできないということです。それぞれに複雑にからみ合った糸をほぐすようなものですので、待ったり、走ったり、ゆるめたり、引っぱったりしながら人間の集団を一つの行動、考え方にまとめていくのが祭主たる委員長の役目ですので、自分が突出することは避けるべきです。それぞれの立場の司の顔を立て、うまく使いこなしながら、まとめれば、全部、委員長の功績となります。儀式の途中で祭主が必要以上に目立つことはありません。祭の最後は、全べて祭主の出番です。

第二点は、「政治は心理現象である」ということです。政治は、一見して財貨や物や地位の配分のように見えますが、実は、心、魂の納得なのです。人間は心さえ納得すれば金や地位など不必要になれる動物です。そういう意味で、決して論理・理屈の世界だけではありません。心理というか、霊というか、そういったものが支配する世界です。

政治の世界は、「この世＝論理」と「あの世＝心理・霊」の二つの構造をしています。あの世からこの世は見えますが、この世からあの世は見えません。政治の「あの世性」を知りつくしているのが、金丸先生です。浜田先生の感性なら必ずご理解していただけると思います。

これらの二点を、予算審議にあてはめますと、まず、自民党の理事と「心の一体化」をすることです。第二に、野党の理事に、意見は異なりましょうが、総予算の『血液』性を理解してもらい、国家、国民のために、党派意識を超越するような心理状況をつくり出すことだと思います。そうすることによって、予算委員会の権威、即ち、国会の権威が保もたれるのです。

四、予算審議の当面の展開

全体の審議がどう展開するか、現段階では具体的に見えてきませんが、税制改革問題が全てでありましょう。

さし当って、総括質疑をスムーズに進めていくことが、最大の使命でしょう。野党側は、税制改革の「中曽根見解」を事実上撤回することはけしからんとして、答弁によっては、審議中断戦術をとってくるものと思われます。その時点で、如何に正常な審議をさせるか、これが第一の関門ですが、総予算の重要性と、「考え方、意見、認識が異る」といって審議を拒否することが、いかに議会制民主主義に反するか、議会政治は「異った考え方や意見」があることを前提に存立しており、審議拒否は護憲政党のやることでないと説得すべきと思います。

審議拒否をさせないため、二十九日の自民党役員会に出席し、予算審議にあたっての所信と併せて、予算委員長浜田幸一個人として、サラリーマン減税について要請を行うことは得策と思います。別紙に役員会での要請を書いておきます。

【添付】役員会での要請案

本日から、昭和六十三年度総予算の審議に入ります。予算委員長として、国家・国民のため立派な審議を行う決意でございますので、与党・自民党執行部の諸先生のご指導、ご協力をお願い申し上げます。

ご承知のごとく、税制改革問題をはじめ、難問が山積しております。

この際、予算委員長浜田幸一として、ご要望いたしておきたいことがございます。

即ち、抜本的税制改革におきましては、大幅なサラリーマン減税を先行させるよう、この総予算審議中に、与党・自民党としてご決断いただくようご配慮いただきたいと存じます。

かつて行財政改革の最中、河本〔敏夫〕国務大臣は、三兆円の所得減税を主張されたことがあります。現在の状勢で実現不可能なことではありません。

私は、サラリーマン減税は、不公平税制是正の第一歩だと位置づけるべきだと思います。現在の中堅サラリーマンは、国家と社会との繁栄に身を犠牲にして働いてきました。これらの人々のため、ぜひ、実現するよう要望いたすものです。

よろしくお願い致します。

◆一月二十九日（金）

自民党役員会に浜幸委員長出席して、挨拶をかねて減税をブッかと思っていたが、目立つことをやめて出席せず。委員会散会後、党執行部、議長、議運委員長等に挨拶にまわったとのこと。

村上（共）委員長の代表質問での「自民が過激派を泳がせた」との発言をめぐって、自民が懲罰動議を出す動きがあったが、かえって宣伝の舞台をつくるという判断で、発言の削除、陳謝を求めることになった。それに応じない場合、議運理事会をはじめ、各委員会の理事会オブザーバーを取り消すとのこと。これらの戦術について、村岡理事からメモを依頼される。

予算委は、参院本会議終了後、提案理由説明を行う。その後、大蔵委が八時過ぎまで一般質疑。

午後六時から早坂事務所で、予算審議を開始〔する〕にあたってのメモ（【別紙】）。大久保書記長（公）、浜幸予算委員長へのメモも含めて、竹下総理へのアドバイスを議論する。

【別紙】抜本的税制改革問題と総予算の審議について[39]

一、野党側の動き

社会党は、解散を要求して硬直姿勢を続けていくと思われるので、公明、民社がどこまで引っぱられて行くかが問題でしょう。民社は、減税、不公平税制是正を先行させるなら、協議に入ってもよいと、塚本委員長は衆院本会議で発言したが、この方針が党で固まったわけではない。国会が混乱してくると、方針を左右させるのが持味の民社であるので、十分な注意を要する。

問題のポイントは、公明党である。

矢野委員長は、断固反対をくり返しており、上げた「こぶし」を下げるには、時間とそれなりの段取りが必要と思われる。

権藤議員の話によれば、税制改革については、学会最高幹部から公明党に、社会党と共斗して昨年のようなことはするなと、強い指示があり、大久保書記長がこの指示をきちんと受けており、なんとか柔軟路線に切りかえる方法はないかと思案中だが、田代議員問題もあり、急カーブが切れない事情がある。

さらに、矢野、大久保、市川国対の個人的確執があって、党内をまとめるに時間がかかろう。

創価学会内には、賛成はできなくても間接税導入について協力する意向があり、これが権藤議員を通じて、大蔵省の幹部の耳に入っており、大蔵省が強気になっている原因の一つだが、学会と党が、かつてのように一枚岩でなくて、いろいろの屈曲があるので、慎重な対応が必要と思われる。

大久保書記長から、所謂「中曽根見解」を分析してほしいとの依頼があり（一月七日）、別紙一にある資料を届けた（一月九日の条を参照）。その後、電話で「理屈はわかるが、感情的には収まらない…、機会を得て議論をしたい」との反応があった。

予算委員会の総括審議では、これが中心的問題になり、場合によっては、審議ストップが予測される。要するに総予算の審議は入口から出口まで、抜本的税制改革問題を軸として展開されよう。

両者をスライドさせて大まかなシミュレーションを試みてみる。

二、予算審議の中断にどう対応するか

野党側は、総括質疑で社会党を中心に『新型間接税を導入するなら「中曽根見解」を継承しろ』とせまってくることは必至である。政府は、これに応ずることはできないので、いろいろなころがしをやっても結局は、審議ストップとなろう。

減税をにおわしながら審議を進めても限界がある場合には、「抜本的税制改革にのぞむ基本姿勢」といったものを呈示しなければ、収拾できないかもしれない。

その場合、出来るだけ時期を引きのばし、その間予算審議を促進させることが得策と思われる。引きのばしの理由として、「各党の意見を聴きたいとして、税制改革に関して、各党の政策担当責任者が予算委員会に出席して、意見を述べ、予算委員会の各党代表者が質疑を行ってから」政府の基本姿勢を提示するという逆提案も一つの方策である。もし、これが可能なら、税制改革について、各党間協議が事実上、始まることになる。

税制改革関連法案の提出の時期も、一つの政治的かけ引きの種となろう。いろいろと気をもませた方が効果があると思われる。

自民党内に、提出時期について今国会に提出しないと秋の国会で成立がおぼつかないとの見方があるが、内容が正当で、どこかの野党が十分理解を示めすなら、あわてゝ、国会対策の技術的な理由で提出することはない。そもそも、一回出して、通らないものなら何国会出しても駄目である。そんなことより、じっくりと、国民的合意を熟成させた方が良く、「今国会提出を見送るなら総予算をスムーズに通す」という状況になるのなら、それに応じた方が、はるかに得策である。

「政府の基本姿勢」の提示も、一回で済まないかもわからない。動いたり、止ったりして、締めくくり総括質疑の最終段階で、与野党攻防の関ヶ原という場面が出現しよう。

その際、①給与所得減税を先行させる。②法案を今国会は見送る。③従前の国会における税制改革論議を踏え、政府税調の答申を参考にして、国民が理解できるものとする、等程度で収拾できれば、大成功であろう。

三、税制改革への中長期的見通しについて

見通しは決して甘くなく、「連合」も表向きは反対してくると思われる。そのため、民社は減税で協議に応じると推測されるが、減税そのものが、不公平税制是正の第一歩であるという認識をもっと強く政府自民党は持つべきではなかろうか。

来るべき、臨時国会で、いよいよ、抜本的税制改革を行うことになった時、公明を何で説得するかということが問題である。

公明が心配しているのは、新間接税を福祉などに使っても、他の税を防衛力の増加に使うようでは、なんにもならないということである。防衛費の歯止めについて何か智恵がないかということである。ここら辺に、事態打開の鍵があると思われる。

例えば、閣議で決定されるようになっている「中期防衛力整備計画」を国会に報告、審議（質疑のみ）するといったことで、公明を税制改革の審議に引っぱり込むことを検討したらどうであろうか。

四、予算委員会の運営について

浜田予算委員長と懇談し、総予算審議にのぞむ、委員長の心得についてメモを依頼されたので、

別紙二のとおりである〔一月二十八日の条を参照〕。

十分、委員長の役割を理解しているので、心配なことはないと思われるが、「サラリーマン減税の先行」を主張しこれに政治生命をかけるとのことなので、十分配慮すべきではなかろうか。

◆一月三十日(土)

〔午後〕十一時過ぎ、早坂氏から電話あり。「竹下総理と、午前十一時から一時間半話した。大変感謝していた。これからも節目節目にぜひ頼みたいとのこと。弥富事務総長のことは、人事院へ秋まで待ってもらって、税制改革が終ってから〔人事院総裁として〕行ってもらう。浜幸氏のこともよくわかった。税制改革も十分時間をかけてやる…。平野君のことも将来十分考える」とのこと。

◆一月三十一日(日)

久しぶりにNHKの国会討論会を見る。たいした迫力なし。「予算審議も混乱含み」かと、マスコミが報道するよう。落着いてきたので、大幅な中断はなかろう。

夕食で石狩鍋を食べすぎた。三塚委員長用の本の構想が出来上る。

◆二月一日(月)

午前十時定刻、予算委は開かれ、山鶴氏〔山口(社)書記長〕が質疑に立つ。十一時五十五分、TV中継が切れる頃、浜幸委員長が総理の答弁を抑えて休憩を宣言したことが直接の原因となって、社・公・民が一時からの再開に応じず。委員長の民主的運営と陳謝を要求。浜幸委員長が「不公平な運営はやっていない」とし、質疑は流れた。裏は、社が民に審議拒否に乗るよう説得するのに時間をかけたため、とばっちりが浜幸委員長にいったもの。

午後十時過ぎ、波多野氏から電話。竹下総理が立派な政治哲学だと感謝していたとのこと。本人が電話できないので、礼をいっておくようにとのこと。

夕方、〝たい家〟で渡辺総理秘書官と池内氏の紹介で食事。予算審議の見通し、国会のウラ等について雑談。定期的に会うことになった。

◆二月二日(火)

午前八時四十分、早坂事務所に行く。早坂氏から竹下総理が感謝していたと報告をうける。

予算委員会は、社会党の上田理事が民主的運営について発言して、山口氏の質疑に入る。安保条約の事前協議の問題で再び中断。外務省の頭の固さが原因。

予算委員会は午後一たん再開されたが、条約局長の答弁を不満として再々中断。浜幸委員長、それなりにとりしきっているが、安保でこうもめるとは、予想しなかった。日程もまだあるので、税制問題の論議がそがれるので良しとみるべし。

◆二月三日(水)

午前九時二十分、三塚議運委員長に本の著作について企画案を説明。了承を受く〔別紙略[40]〕。きわめて意欲的で、世間に出してはずかしくないものを時間をかけて出すことになった。後で、佐藤君〔議運委員長室〕に、小生の経歴や素顔をたずねたとのこと。

予算委は、社会党質疑再開をめぐって理事会をくり返す。事務総長から呼び出しがあり、浜幸委員長の突出を抑えるよう小沢副長官から要請があったので、事務総長室に呼ぶ方法はないかとのこと。「今回の件は、自民理事の方が強固。後の話を理事を通じて浜幸委員長にすれば納得する。それが筋で、今、事務総長が話すと逆になる」と説明。後で、浜幸委員長に読ませたメモをわたす。結局、公・民の説得をうけ、午後四時から社会党の質問を保留して自民の質疑に入った。

瓦防衛庁長官と二十分、国会情勢と防衛問題について話す。山口書記長（社）から事務総長を通して四次防関連で社会党が追及するかまえとの情報を伝える。

◆二月四日（木）

『日本の議会（政治の概観）』第一編の（二）まで出来る。予算委は大久保質問で再び止る。政府委員の答弁に一つ迫力がないためか。

佐藤健一氏と久しぶりに会う。国会情勢を説明。

◆二月五日（金）

午前九時二十分、大久保公明党書記長から電話。自民党渡辺（美智雄）政調会長の発言「五十四年の国会決議で一般消費税否定」を予算委で取り上げたいとのこと。意見を聞かれる。「国会決議の見直し――事実上――は状況の変化でありうる。法律だって改正する《ママ》。与野党意見が対立している時は論争が起ろう。しかし、本当のところは一般消費税がもっとも適当な制度だ」と説明すると、「そうだね」とのこと。その後鳥居議員からも五十四年の状況について聴いてくる。

山口〔社〕書記長から四次防問題の状況を教えろとのことで、経過と会議録をわたす。

議運理事会、相沢〔英之〕法務委員長の脱税問題、渡辺発言が問題になる。三塚委員長から、幹事長が議運理事会に出席した例があったので調べてくれとのこと。電話で「五十四、三、十三斎藤邦吉氏〔幹事長〕、解散発言」と伝える。相沢委員長辞表提出。予算委は税制協議に入る。竹下手法成功。大久保氏もストップせず。昨年暮からの説明やメモをよく消化して質疑してくれたので、効果があったと思う。これで予算委も軌道に乗ったといえる。

TBSの田中氏から電話あり。「今朝浜幸委員長から電話で、昨夜、六本木を散歩していたら、若者にガンバってくれといわれた…。今週中に共まで一巡できれば成功だ…」とキゲンが良かったとのこと。

【解説】 相沢法務委員長は、株の売買益の申告漏れで追徴課税を受けていたことが判明したため、辞任を余儀なくされた。また、渡辺政調会長は、二月四日の自民党本部中央政治学院の講演会において、昭和五十四年の一般消費税を否定する国会決議について、「あれから十年たち、世の中が変わった。国会決議は一度決めたら変えないというのはおかしい。政治が経済、財政の発展の邪魔をした例だ。もう一度考え直したらどうか」という趣旨の発言を行い、これが問題化した。

◆二月六日（土）

予算委は五年ぶりに、六日までに総括一巡を消化した。〔…〕ところまでは良かったが、浜幸委員長が正森〔共〕氏の質疑中、「〔共産党の〕宮本議長は殺人者…」の突然の発言に、浜幸委員長の元では審議できないと、社・公・民が硬化。共は辞任を要求して新しい問題となった。

午後二時過ぎから、事務総長公邸で寿司をとって、五時までごちそうになる〔酒盛り。浜幸委員長の暴言で予算委紛糾となるも、事務総長公邸で酔っぱらい、現場に行けず」。

【解説】総括質疑のラストバッターである正森議員（共産党）が質疑を終了する直前、浜田幸一予算委員長が、共産党の宮本顕治議長の一九三三（昭和八）年のリンチ事件に言及し、「人殺し」という発言を行ったため、予算委員会は紛糾した。野党側は、浜田委員長の言動は行き過ぎであるとし、予算委員長を辞任するまで国会審議に応じないとの態度を表明した。浜田は、発言の取り消しや自らの証人喚問による事態収拾を模索したが、十二日に辞任することになる（浜田幸一・前掲書、二五三〜二五六頁）。

◆二月七日（日）

夜、佐藤健一氏から浜幸委員長のことで電話あり。

◆二月八日（月）

浜幸委員長問題で一日中空転。午前九時過ぎから予算委の与野党理事が話し合いを続けるが、夕方「陳謝」で収拾を自民が野党に伝えたが、野党問題〔に〕ならんとケル。

午前中、木村氏（朝日）が金丸〔信〕氏と会った話によれば、日曜日浜幸氏から電話があるも、自分で考えろとつきはなしておいたとのこと…。

TBSの田中氏の電話によれば、「新聞で自民党内から批判が出たことに反発している」とのこと。事務総長の話によれば、社、公、民は「陳謝」の線で収拾という方向だったが、午後になって議員が上京してくると〔姿勢が〕だんだん強くなったとのこと。

夕方、佐々木氏〔朝日〕が、金丸氏がのり出さない理由は、道路公団の久保という人間が取り調べをうけており、いろいろ問題が起りそう〔だから〕とのこと。

◆二月九日（火）

午前九時過ぎ、波多野総理秘書官から電話あり。竹下〔登〕総理が心配しているので、様子を知りたいとのこと。予算委員長を辞任するしかないので、名誉な退却を考えるべしとの意見をいう。

奥田〔敬和〕理事が辞任を表明。浜幸委員長の辞意を引き出そうとしたが焼石に水。自民党内の足並の乱れをとゝのえるのに夕方までかかる。浜幸委員長と安倍〔晋太郎〕幹事長の会談が行われ、明十日再び会うことになる。社、公、民、文書で陳謝での収拾には応じられないと自民に回答。

渡辺総理秘書官より午後五時過ぎ、様子を聞きたいとの電話あり。

午後十時、早坂氏と電話で連絡。総理に朝日テレビの白戸氏をつかうことを検討〔するように進言。白戸氏は浜田氏の信頼する相談相手であった〕。

◆二月十日（水）

浜幸問題、予算委レベルで解決できず。安倍幹事長との昼間の会談も流れ。朝刊各紙が野党の予算委員に十万円の商品券を配ったことが報道され、それを浜幸氏が上田哲〔社〕が流した〔共同〕とし、東京〔新聞〕に百万を三名の野党委員に配ったと逆に流し、国会内は大さわぎとなる。

自民党内では浜幸氏を解任すべきだとの声が吹き上げ、執行部もその方向になり、安倍・浜幸会談が流れた原因となる。しかし、深夜、極秘に会ったとのこと。

NHKの中島デスクから再三電話あり。午後四時の電話で、平野の名で浜幸氏に伝言をたのむ。①浜田発言は政治信念を生かすため筋を通したものである。②一方予算委員長として円滑に運営するという筋もある。③両方の筋は共存できないので、①を選ぶべし、決して敗北ではない。④公聴会が浜田個人の理由で正常に開けなくなれば、問題は別の政治問題になる。⑤十二日が限度で、辞意を表明すべきである。⑥解任決議が可決されれば政治生命がなくなり、息子〔浜田靖一氏〕にも影響する〔といった〕ことを伝えてもらう。

午後五時半、中島氏より電話あり。浜幸氏いわく「平野氏もそういう意見ならそれが大勢だな……、ただ、辞表を書くことには一点だけひっかかりがある」とのこと。

午後七時半、土田と〝土佐〟に行く。午後十一時帰宅。池内氏〔朝日〕から電話あり。毎日〔新聞〕が議長裁定で〔浜幸氏を〕謹慎させる〔と報道した〕とのこと。全然、国会がわかっていない。

◆二月十一日(木)

午前九時、早坂氏に電話。中島氏の話を伝え、自分の意見は浜幸委員長に伝え〔て〕あることをいう。追っかけ、早坂氏から電話で、竹下総理に伝えたところ、「つかれたところ、いろいろ世話になっているので礼をいってくれ」とのこと。考え方も、その通りで、浜田発言を評価することゝ、情をからめるべきだ、との話だったとのこと。

午前十時、〔公明党の〕権藤〔恒夫〕氏から電話あり。竹入〔義勝〕元委員長が心配しているので、様子を教えてほしいとのこと。

午後八時五十分、権藤氏からの電話で、二見〔伸明〕議員のところに浜幸氏から電話あり、だいぶグチっていたとのこと。明日離党届を出すが、解任決議を自民が可決すれば、全部しゃべる。山口〔鶴男〕・大出〔俊〕は道づれだ、とのこと。

早坂氏を通して竹下総理に伝える。返事は、「だいぶまいってきたようだ。解任決議を可決する方向でなくて収拾したい。平野君の理論を金丸、渡部両氏に説明して、明日は自民が腰を入れて収拾にあたる。何か情報があれば、時間はいつでもよいが電話をたのむ」ということであったとのこと。

◆二月十二日（金）

午前九時五分に出勤すると、三塚〔博〕議運委員長が待っていて、あわてて委員長室に行く。公聴会の意義について説明を求められ、「国民が国会審議に参加できる唯一の制度で、総予算では院の義務である。公示された日に開会できなかった例が二例あるが、いずれも国民がなっとくできる理由があった。もし、浜田の個人的なことで流れるとすれば、予算委のみでなく、議長、議運はじめ国会全体の責任となる」との趣旨をいう。役員会でこれを演説、浜田委員長にもこれで説得。

波多野秘書官から電話、午前十一時半。見通し、今日か明日やめる、という。

午前十一時四十五分〜十二時二十分と、午後四時十分〜午後四時二十分、二回にわたって幹事長と浜田委員長との会談。三塚、渡部氏が同席。結論は辞職。

午後三時半頃、事務総長が自民党の提出の解任決議案の趣旨弁明を書けと〔指示したので〕準備する。

ＮＨＫの中島氏午後三時二十分来訪。浜幸、安倍幹事長にまかせる心理になったとのこと。

午後五時十五分、浜田委員長辞表提出。その直前に〔事務局の〕富成氏が委員長代理指定をとりにいって渡部恒三氏が勘ちがいして、問題となる〔委員部担当者が浜田予算委員長に委員長代理の指定文書を出して署名を求めたことに、渡部恒三自民国対委員長が、後任委員長の話と間違えて紛糾〕。〔自民国対の〕星野部長、事務総長のところに抗議に来る。

議運委〔理事会〕、午後五時三十五分再開に。本会議を十六日にセット。法務委員長、予算委員長の辞任許可を上程することになる。

午後八時半まで、指定代理のことで自民国対事務と交渉。午後九時前〝赤まん〟〔赤坂の〝満がん〟〕に行く。波多野秘書官、佐藤健一氏らと懇談。

午後二時に安倍幹事長から電話あり。午後四時五十分、早坂氏から電話。〔両方とも〕「良い知恵をだしてくれて有難う」とのこと。

◆二月十三日（土）

昨夜の自民国対と委員部とのトラブルの調整。事務総長が委員部長〔池田稔氏〕にまかせることで落着いた。

予算理事会は委員長代理をめぐって社会党から質問があっただけで、正常化し、公聴会の日程を決めた。

◆二月十五日（月）

予算公聴会は予定どおり進展する。予算委員長候補に筆頭理事の奥田敬和氏が決まる。

小沢一郎副長官から午前十一時五十分電話あり。十二日の事務総長と渡部国対委員長とのやりとりで挨拶が終っていないとのことで渡部委員長が腹に残っているので事実関係を知りたいとのこと。事務総長に電話して、午後二時半に委員部長〔を〕同行して会いに行く。原因は、予算委員長の後任を委員部が紙を出せといって来た、という事実はない、代理の指名をもらいにいったのが誤解されたもの。

◆二月十六日（火）

公聴会は順調。各公述人、税制改革について積極的に発言。

本会議で浜田予算委員長と相沢法務委員長の辞任を許可、後任を選任。奥田予算委員長選任の時は浜幸氏も拍手をしたが、戸沢〔政方〕法務委員長選任のとき相沢氏は拍手せず。印象的だった。

自民党国対事務局の連中とは、二十二日、〝穂づみ〟で会食することになった。

◆二月十七日（水）

補正予算の審議も順調に進む。特に税制改革論議をまともにやるようになったのはケッコウなこと。新型間接税の審議時期とか、政府税調の大勢としてEC型付加価値税だという論議は、今後の展開にプラスとなろう。

◆二月十九日（金）

補正予算が参院での審議。正午から予算理事会で総括審議の残りの日程について協議。午後二時過ぎから再開され、二十六日までやることになる。予算修正要求がぼつぼつ話題となり、社会が三月上旬、公・民が二月下旬とズレが生じ、公・民が審議ストップを前提に要求することは世論に反発を食うと、いつもと違う様子。

夕方、事務総長から〝楼外楼〟に来るようにとのこと。帰り一緒に車にのせられ、「税制改革までやることになったので、よろしく。税制改革の審議に努力しろ」とのこと。

◆二月二十二日（月）

予算委、池田〔克也〕氏（公）税制改革の中曽根見解を守れと主張。これに応じない竹下答弁を不満として三十分審議中断。税改論議はすっかり竹下ペースになり、統一見解問題を通りこして、五十四年の決議の線上に、抜本改革があると主張。理屈の上では、野党の負〔け〕だが、心理的納得をこれからどうつけるかが問題。

国会決議の性格をめぐって、村岡〔兼造〕理事にレクチャー、午後三時二十分〜三時四十分〔【別紙】参照〕。その直前、社会党の清水〔勇〕理事が総務課に顔を出す。

夜、〝穂づみ〟で自民党の国対、議運、予算担当者と懇談。問題は保科氏で、自・社時代の発想、「毎日、平野が国対に顔を見せればよい…」とはどういうことか。

【別紙】議運理事会での発言（村岡理事用）

先般来から、わが党の渡辺政調会長、山中税調会長の「財政再建に関する決議」についての発言に対しまして、議運から国対ベースの問題にしたいとの提案がございまして、持ち帰っておりましたが、自民党としまして検討いたしました結果を申し上げます。

国会決議は重いもので尊重されなければならないことは当然のことであります。

従来、国会決議をめぐって政府の答弁や行政措置等が問題となりまして、議運や国対ベースにもちこまれたことがありますが、政党幹部の発言で問題となった記憶はございません。

渡辺、山中両氏の発言を調べてみますに、渡辺氏は二月四日に「見直し」発言と誤解をうける発言をしておりますが、二月九日には修正しています。山中氏は、決議の「見直し」という趣旨の発言はしておらず、決議の解釈等について意見を述べたものであります。

従って、両氏の発言とも決して、国会決議を無視したり、国会の権威を踏みにじったものではありません。

国会の政策決議という性格上、事情の変更ということもありうると思います。与党であれ、野党であれ、客観性と妥当性のあることでしたら、決議の補強論とか、見直し論等、政策的論点として提起することは、政治活動の自由といいますか、言論・思想の自由という民主政治の原点から申しましても、通常の政治活動だと思います。

以上のことから、両氏の発言をめぐりまして、国対委員長会談に上げようというご提案には同意いたしかねます。

また、当理事会に、政党の幹部の政策についての発言をめぐって、喚問的に出席を求めることは、今後の悪例となりますので、避けることが良いと考えております。

◆二月二十三日（火）

議運理事会で村岡理事（自）が、国会決議について自民党の意見をのべる。渡辺〔美智雄〕、山中〔貞則〕発言について国対レベル・議運で追及する筋合のものでない旨、昨日のメモをそのまゝ読む。中野〔寛成〕理事は村岡氏に渡した資料のコピーを持っており、清水理事はニヤニヤしている。野党側も他の方法で追及するということで議運でのホコは収めたが、理事会が終わってから村岡政治哲学は立派とヒヤかされ、夕方村岡氏から丁寧な礼の挨拶があった。

◆二月二十四日（水）

午前中、社、公、民と総評・連合の話し合いが行われ、予算修正共同要求について注文をつけた。新型間接税反対より減税・不公平税制是正の声多し。午後からの予算理事会で三月三、四日の集中〔審議〕まで日程がスンナリ決まる。あと分科〔会〕二日、締めくゝり総括〔質疑〕一日とは言わずもがなのこと。これで予算の出口は読める。問題の中心は税制改革問題に移った。

午前十一時半、権藤氏から電話あり。三月四日に藤波、星野、榎本で夕食会をやるようになったとのこと。また三月二日に小沢副長官と会うことになったので、税制のこととの〔話〕なので、何か話をつくってほしいとのこと。

◆二月二十五日（木）

竹下総理訪韓。総括質疑中ということで国会は何の委員会も開かれず。

昼食後、中野理事（民）と懇談。税制改革の話が出る。公明矢野委員長が朝日に言った税制協再開について、民社としては歓迎だが、条件が問題。まず、協議事項を限定してスタートするのが良いのではないかとのこと。また、吉田之久氏が予算委総括で税制問題をやるとのことで「税」とはという根本問題をやるように進言したとのことなので、日本の国会開設運動も「地租改正」反対から始まったのだといって国会期成同盟の上願書のコピーをわたす。

◆二月二十六日（金）

議運理事会、共産党の村上発言問題。「泳がせ」は話題にならず。「凶器」を取り消すよう自民が要求するも、三塚委員長が「辞書を調べて…」とのことでしまらず。

民社・吉田之久氏から呼ばれ、税制問題で日本の国会が開設されたいきさつを説明。予算委でとりあげ、国会で根本問題を論議すべきであると主張。竹下総理ニヤニヤ。

社、公、民の予算共同修正要求がまとまる。内容的には問題ないが、税制改革の条件に自民がこだわれば、総予算の出口がおかしくなる可能性がある。

防衛問題で予算委総括がずれ、大蔵省幹部との懇談は延期。

◆二月二十九日（月）

午前中、早坂・平野レポートを書く（【別紙】）。午前十一時五十分、早坂事務所で昼食をとりながら協議、ワープロにして午後四時、竹下総理の手許へ。

予算委、一般質疑。順調な進行。三日から審議ストップというウワサはなんとか、ウワサだけにしたい。総予算の成立を優先させるべきだ。

午後四時から、自・社・公・民の政調・政審会長会議［野党側は総額二兆九千四百億円の減税を中心とする予算修正要求を行った］。渡辺政調会長が評価しながら、税制改革抜本論に入ることを主張したらしいが、収めは限定的に対応してもらいたいものだ。

【別紙】大詰めの総予算審議と税制改革問題について

一、社、公、民の状況等

(1) 社会党　常会再開以来、政府演説、代表質問、総予算の審議を通して、竹下流軟投型答弁に困りはてているようです。

清水勇氏(衆院議運理事)の話によれば、竹下政権発足当初、政策理論等で相当に追い込めるものと思っていたものが、どうしてどうして、軟投型ミラクルボールで目先をかわされ、あげくの果てには税制改革問題ではすっかりイニシャチブをとられ、世論づくりが着々と進んでおり、社会党は甘かった。これからは政策問題でも運営でも厳しく対処していかないと大変なことになると危機感を持ってやる方向になってきたよ……(二月二十五日、会館で二人だけの話)とのことです。

総予算の出口でも、税制改革問題でも社会党は厳しい対応をしてくると思いますので、今までのように人間関係中心のホンワカ・ムードだけでは乗り切れないと思います。

(2) 公明党　矢野委員長の条件付税制協再開に応ずるとの発言は、党内で学会側の意向が浸透してきたものと見て良いと思います。しかし、振り上げたコブシを下すのに、まわりを見廻しながらカッコウをつける必要がありますので、あの程度の条件をつけるのは、あたりまえのことだと思います。

それを自民党の首脳が、言葉どおりにとらえて、すぐにかみついたりすることは大人のすることではないと思います。状況の変化をもう少し見るべきです。現に矢野委員長は「与野党合意ができないものは立法化しないことを自民党が約束すること」(二月二十五日朝日、朝刊)といっていましたが、二月二十九日の朝日、〝ざっくばらんに、税制改革〟のインタビューでは「与野党の合意がなければ税制協として立法化はしないと約束すること……」と言い方を変えています。この言い方ですと、政府としての提案については、避けた発言だと思います。

また、社・公・民の要求を協議して一定の結論が出るようになれば、直間比率問題を論議せざるを得なくなろう、という趣旨の発言は、もっとも強固論の市川国対委員長さえ言っていますので、公明党の方向転換については、深い洞察をもってとらえるべきではないでしょうか。

二見副書記長の話によれば、「税制改革問題は理論の上では竹下総理の勝ちで、勝負ありだ。あとは、手順、段取りの問題なので、これをおかしくしないよう、よく注意してやれよ。」（二月二十四日、会館で二人だけの話）とのことですので、公明党常識派の中では、問題の中心をこれからの段取りに置いております。

(3)

民社党　旧同盟系の議員は、新型間接税に前向きのことはご承知のとおりですが、連合の方に顔を向けている人達は、社、公をにらみながら、かけ引きをやる姿勢のようです。
中野寛成氏（議運理事・国対副委員長）の話によれば、「サラリーマン減税、直間比率の見直しもやらなければならんが、野党もそれぞれに複雑なので自民党も上手に対応してほしい。社会党は新型間接税でますます意固地になっており、あんまり税制協にこだわらなくてもよいと思うが……。公明党の方向転換は民社としては歓迎だが、あそこは、宗教法人の問題もあるし、なにしろ、理屈抜きに急カーブを切って自民党と妥協できるところだから、実は、民社としても気を付けているところだ。自民党も公明党から税制協再開に条件をつけられたといって、反発するだけでなく、智恵を出すべきだ。例えば、税制協でも、政策担当責任者でも、大蔵委の小委員会でもよいから、テーマをしぼって、とりあえず協議に入ったらよいと思う。さし当っては、社・公・

民の予算修正要求の税制関係の事項についてスタートさせれば、自然と直間比率や間接税問題に論議が進むはずだよ……」（二月二十四日、二人だけの話）

(4) 連合の様子、親しい新聞記者で労働界特に連合にくわしい人の情報によりますと、

① 春斗が終わるまでは政府・自民党の方針に反対せざるを得ない。

② 春斗が終われば、成果は期待できないので、減税要求が組合から吹き出すだろう。

③ それを実現させるために、新型間接税について協議の場にのらざるをえなくなろう。その際、政府・自民党のペースの新間接税というわけにはいかないので、連合側の要求をできるだけのますため、政府・自民党とつめ合いをする期間は短い方が話がつきやすいと考えている。

④ 連合としては、初めからキッチリとした新間接税ではなくて、簡易な間接税で、ある程度、試行錯誤をして、徐々に、完全なものにしていけばよい。といったことを連合の政策担当者が個人的な意見として話していたとのことです。

民社の方向は、この線になると推測します。

二、今後の対応

(1) 大阪の参院補欠選挙の影響、客観的には影響は無いが、政治は心理現象であり、影響あると考えたり、そういう主張にのると影響が出る。

そのためには、理論的には抜本的税制改革について勝負はついているので、経過論や技術論で野党の術中にのらず、堂々と大所高所論を主張し続けておけば、補選の話は消えていくと思われます。

(2)　まず、総予算の出口、これを誠実に処理することが先だと思います。野党の要求に悪乗りして、せっかく盛り上った税制改革論議を無駄にしないようにすべきです。自民党の中に「野党の減税要求に応じるなら、税制協の無条件再開を」という主張がありますが、むしろ、項目をしぼった協議から入り、自然と直間比率への論議に入った方が得策と思います。「税制協無条件再開論」は、別の意味では先の日程方向を確定することになりますので、自民党がそれにこだわれば、展開によっては売上税と同じようなことになる可能性があります。

(3)　民社が公明の方向転換を警戒していることに、十分注意しておくべきです。これをこじらせますと、公明が社会の線にもどります。従って、慎重な対応が必要で、総予算の出口では、自民党が肩を張った国会対策をやらないよう。総予算の早期成立に現段階では重点をおくべきだと思います。

(4)　金丸先生の、「税制改革二、三年先」の発言は、実は、大阪参院補選の影響より大きいと思います。今後は、「与野党よく話し合ってやれ……」程度のものに抑えられたいものです。

(5)　今後の理論的展開として

①　不公平税制是正論を野党が強く主張してくると思われますが、間接税のあり方そのものが不公平であること、新型間接税の導入で不公平を是正できるといったことに論理を発展させては如何でしょうか。

②　日本の経済構造が、第三次産業で六〇%を超える構造変化の中で、消費活動が経済の中心となっているのに、「消費」にかゝわる税制が不備であることは、先進国の税制として致命的な問題であることを説明すべきだと思います。

③　社会党の土井委員長が提案した、公開討論に応ずべきだと思います。その際、各党個別にやる自対社、自対公、自対民、自対民社、自対共の方法が得策と思います。

◆三月一日（火）

野党の予算修正要求の回答を明日にひかえ自民党内で間接税の協議に入ることを保証させよとの主張が強く、回答に野党は不満で審議ストップの可能性強し。

ＴＢＳの田中氏の話によれば、自民党、わけても渡辺政調会長が固いのは、中曽根元首相の影響とのこと。

本会議散会後、竹下総理が事務総長のところに立ち寄る。「税制協にこだわらないが、自民党が固い」とのこと。午後八時まで農水委と大蔵委が審議。

◆三月二日（水）

自民の予算修正要求に対する回答が約束の時間に間〔に〕合わないとして、社、公が審議をストップさせた。無理なストップではあるが、自民の回答が拒否回答〔であること〕を見こしたもの。結局、午後一時半、別紙の回答をなし、社・公・民は回答になっていない逆提案だと反発、審議ストップ。経過を聞いてみると今度は渡部国対委員長、柔軟路線を考えていたが、渡辺政調会長、山中税調会長が、税制の抜本改革の一環として恒久財源について協議することが条件と、野党のもっともいやがる線をワザと出し、決裂してもよいとのこと。これでは秋の税制改革はできない。ブチコワシになるだけ。背後に中曽根元総理がいるせいだ。帝都物語の加藤のように怨霊となっている。

午後十時過ぎ、早坂氏から電話。一部始終を竹下総理に話したとのこと。中曽根は定数是正でも原議長にはっぱをかけ、事務総長が困りはてゝいる。

【別紙】自民党国対委員長回答　63.3.2

六十三年度予算については、事前に各党首の御意見も聞いてきたところであり、その意見も盛り込む努力をしてきました。

今の予算は内外の要請に応えた最善の予算である。従って予算修正には応じられない。所得、法人、相続税等の減税については、抜本的税制改革の一環として恒久財源を求めて実施する。

よって、その実現のため、与野党間で税制改革の協議を行う。この協議の場として、現在ある税制改革協議会を再開していただければありがたいが、皆様方にもそれぞれ御意見があるようですので、それが出来なければ、たとえば各党政調・政審会長会議、あるいは各党政策担当者レベルの会合、あるいは大蔵委員会の小委員会等各党間でこの問題を協議する場を作るための御意見をうかがいたい。

◆三月三日(木)

自民の強固姿勢変らず。午後の八者会談で、再回答しないとの方針を確認。

午後一時、権藤氏から電話。小沢・二見で会った話を説明してくれる。税制改革についての道すじが読めないのが自民強固の原因とのこと。明日、権藤氏に今後の段取りと理屈の事態収拾のメモを出し、公明党内で検討したものを小沢副長官に渡すことになった。

小沢副長官から土田君を通して食事をしたいとの話あり。

午後六時、早坂氏に電話、情況を説明。夕刊に鉄鋼労連委員長が新型間接税に前向きの発言あり。佐々木氏〔朝日〕来訪、昨夜連合の館山〔氏〕に会った。戦略は同日選挙回避、戦術は減税。で結局、間接税の導入とのこと。

午後七時から小川総理秘書官、石坂〔匡身〕文書課長らと会食。午後九時帰宅、早坂氏から電話。竹下総理も明日から本腰を入〔れ〕る。権藤、小沢の線、協力をよろしくとのこと。

◆三月四日（金）

予算委は、前日と同じセレモニーをやる。午前十一時、小川総理秘書官が来訪。朝、総理から服部のことを聞かれたとのこと、政府税調のテムポを聞く。

正午過ぎ、権藤氏の宿舎で、指定のメモ（【別紙1】）を説明、議論。同日選挙回避の条件にはびっくりしたようだ。これだと賛成にまわっても良いとのこと…。二見氏と相談して党内をまとめようとのこと。

早坂氏に状況説明。メモをわたすも総理にわたすのを〔平野氏が〕ストップさせる。

午後六時半、権藤氏から電話。「大久保氏に会ったところ、小沢氏との会合等、非常に良かったといわれた。礼をいわれた。竹＝矢、安＝大で良い線までいっている」とのこと。

自民八者会談、総理のり出す。三月五日午前十一時、与野党国対セット。

午後十時、早坂氏に電話。権藤氏の話を総理に伝えるようたのむ。おりかえし電話あり。竹下総理喜んで、「オレから絶対言えないが、同日選挙はヤラナイ。メモをくれ、水ください」とのこと。

【別紙1】税制改革について

(1) 税制改革に関する与野党の協議は、政策担当の実務者によるものとし、構成等については国対委員長間で協議して決める。

(2) 与野党協議の進め方

① 三月下旬から協議に入る。

まず、野党側から要求している事項について説明を受ける。次に、野党の説明に対して、自民党から問題点を個別に指摘し、議論を行う。

この協議を四月下旬、春斗終了日までかける。

(政府税調は、税制改革試案にもとづいた第二次公聴会をこの間に行い、春斗終了後答申をまとめる。連休前に税制関連法案を今国会提出しないことを決める。自民党税調は、総論的協議を連休まで行う。)

② 五月上旬、連休後を目途として、自民党の意見を提示する。(場合によっては中間的なものでもよい。)自民党の意見について議論を行う。

③ 国会閉会後、六月のしかるべき時期に、与野党の意見を調整して、合意できる事項、合意できない事項を整理する。

与野党の意見が合意できない場合、「政府・自民党の責任で税制改革の成案づくりをする」として事実上、協議を終結させる。

④ 法案を整備し、政治日程を勘案して、税制国会を召集する。

(3) 税制改革に側面協力する条件

① 別紙の趣旨の回答を自民党が行い、予算審議を再開し、国会を正常化すること。
② 新型間接税に賛成はできないが、とりあえず簡易な間接税で、大蔵省のペースでないものとすること。
③ 税制国会において審議に応じるため、「防衛問題についてシビリアン・コントロールを強化させる方策」を合意すること。
④ 衆・参同日選挙を行わないこと。

【別紙2】〔三月二日の項の【別紙】第三段落以降に対するコメント〕

所得、法人、相続税等の減税問題及び不公平税制の是正問題については、皆様方の意見の中に傾聴すべきものがあります。自民党としては、財源問題を含め抜本的税制改革の一環として検討いたしたいと考えていますが、これらの問題は、国民の切実な要望でありますので、与野党間で早急に協議をいたして参りたいと思います〔協議の機関等については口頭で説明〕。

◆三月五日(土)

午前十一時からの自、社、公、民国対も決着の見通しなし。正午過ぎ、七日(月)午前十一時を決めただけ。自民、軟らかい再回答するも、進展せず。民社小沢〔貞孝〕氏が、六十三年度減税財源に新間接税をつかわねばと発言。市川〔雄一〕公明党国対が話が違うと口論するシーンがあったとのこと。

正午前、権藤氏にわたしたメモを早坂氏がワープロ化して竹下総理にわたす。

◆三月七日(月)

結局、国対委員長会談で自民が第三次回答を出したが、三野党中、社、公がその場で拒否。民が検討ということで持ち帰りになったが、自民は最終回答とのこと。理屈をいえばいろいろあろうが、要するに信用の問題。腹は自民党から間接税問題を出さないことなので、拒否というのもおかしい。

池内氏が午後八時半、来訪。「市川氏の減税要求引っ込めるとの発言は危険だ…」とのこと。公明党内の問題と体質がこれからあら[わ]となって出てこよう。

◆三月八日(火)

公明党が最後まで拒否した。権藤氏から午前十一時、電話あり。国対で市川国対委員長が「間接税以外の財源…」を文書にしない限り応じないとのこと。公明党をはずしてやってくれと小沢副長官に伝えてくれとのこと。

正午近く、小沢副長官に電話すると、情報をとり合ってやっているので心配ないとのこと。結局、別紙のとおり、午後三時の自、社、公、民国対で合意。予算は三月十日に議了することになった。三月四日、清水勇氏の前で三月十日には議了してほしいといったとおりになった。税制改革のその後のことについて記者連中からいろいろ聞かれる。自民党が半歩前にいった[=出た]のではないかと答える。

早坂氏に午後五時半、電話。今回の出来事を分析して来週明けにこれからの展開についてレポートを用意することになった。分科会を三月九日一日[間]で行うことになり、日程づくりに夜遅くなる。

【別紙】合意事項（与野党国対委員長会談　六十三・三・八）

一、社公民三会派の要求する所得税、法人税、相続税等の減税は実施する。
一、その財源については、社公民三会派の要求する「不公平税制等の是正」及び「その他の項目を含め」各党政策担当者で協議する。予算成立までに結論を得るものとする。

（申し合せ）
1、政策担当者会議は各党二名とし、一人は与党は政調会長、野党は政審会長を入れる。各党でもう一人きめる。
2、［三月］十日に予算は上げる［＝採決する］。

◆三月九日（水）

予算委、分科会——夜に始まり、午後九時半過ぎには全部終了した。新人キャップもよくがんばった。午前中、事務総長と雑談。出番がなかったことでさびしそうな感じ。

減税要求について協議機関の設置合意の裏話が各派に出るも、いずれも本質をついていない。［午後、自民党の山中貞則税制会長が記者会見で「減税問題で与野党協議が行われることになったので、税制の抜本改革法案を今国会提出することを断念する」と述べる。］

◆三月十日（木）

午前十時過ぎから、社会党の上田［哲］氏［の質問に］に答える形で、新型間接税に対する竹下見解を出した、かねて大久保直彦氏にメモしていたもので、竹下総理も読んでもらっていたので、それがきっかけになっている。実に率直な六項目にわたるもので、上田氏も評価した［①逆進的な税体系となり、所得再配分機能を弱めるのではないか、②結局中堅所得者の税の不公平感を加重するのではないか、③所得税のかからない人たちに過重な負担を強いることになるのではないか、④いわゆる痛税感が少ないことから税率の引き上げが安易になされるのではないか。⑤新しい税の導入により事業者の事務負担が極端に重くなるのではないか、⑥物価を引き上げ、インフレが避けられないのではないか、の六項目の懸念のこと］。大蔵省も当初はオドロイテいたが、これで、間接税についての論議が深まることはまちがいない。

予算の審議は順調に進み、午後四時四十七分議了、四時五十分予鈴、午後五時本鈴で本会議が始まる。福永健司氏の代理投票を初めてやった［午後七時過ぎ、本会議で議了］。

◆三月十一日（金）

感冒の調子悪し。午前中、総予算の衆院通過にあたってのメモを書き、午後四時に早坂氏にわたす（【別紙】）。

参院での予算審議は、早速、税制改革論議が本格化。「六つの懸念」についての議論が始まる。

【別紙】総予算の審議における税制改革論の点検とこれからの展望

一、客観情勢の整理

総予算の衆院通過という時点で、税制改革についての客観情勢がどのように変化したのか、整理してみます。

① 間接税について論議することを明確にしていないにせよ、税制改革について与野党協議が行わ

れることになった。

② 税制改革のための臨時国会の召集等が確保された。与野党で協議をして成案を得て、国会審議をすることになるが、時間的にいっても、今国会には間に合わないと思われる。従って、そのための臨時国会がしかるべき時期に必要となろう。

従来、特定の重大問題で野党の反対を押し切って臨時国会を召集し、スムースに運営することはきわめて困難なことである。その意味では、理論的にいって野党は臨時国会の召集を拒否することはできない。もっとも心理的、感情的抵抗はあろうが、減税の額や方法、税制改革の内容によって、和らげることができよう。

③ 「税制改革の与野党協議」や三月十日の総理の「新型間接税についての六つの懸念（新見解）」の効果として、指摘できることは、国会決議の解釈、選挙公約違反、中曽根見解といったいままで税制改革論議の障害となっていた問題が一挙に解消したことである。

もっとも、この点については、新しい足かせと見る向きも一部にはあるが、新見解は中曽根見解と異なってデメリット解消のテーマであり、「こういったものは採用しない」という否定的わくではなく、「こういう問題を解決すれば、国民は納得してくれる」という肯定的な前向きなものなので、足かせとなるものではない。

④ マス・コミ論調、特に朝日新聞が抜本的税制改革論議に前向きの主張するようになったことは注目すべきである。三月十日（木）の同紙社説〝「減税」合意を生かすために〟のポイントを整理すると、次のようになる。

イ 今度の合意は税制改革論議を本格化するための一つのきっかけと位置づけた方がよい。

ロ　三党の要求自体、税制改革要求書といった方がいい内容だったが、大型減税を迫る一方で、財源論議にはできるだけ近寄らない逃げの姿勢だった。しかし、国民の多くは昨年来の税制論議のなかで、「減税」といってもその代償がどうなるか考えるようになっている。

ハ　自民党も何が何んでも大型間接税といった態度を改め、客観的なデータに基づいて財源論議を進めてほしい。

既に、読売新聞や日本経済新聞が新型間接税の導入に前向きの論調を行っているので、客観的データにもとづいた協議を通じて、マス・コミ論調は、これから、税制改革については、政府・自民党側に追い風となることが、推測される。

以上のことを総括しますと、総予算の衆院通過とともに、税制改革問題は「政府・自民党」と「野党」が、攻守の次元を変えたということができましょう。即ち、今までは、選挙公約違反とか中曽根見解を野党が攻め道具として、責任の追及や改革否定の要求をベースにしていた議論が、一挙に、改革のために何をなすべきかということになりました。従いまして、これからは、政府・自民党のイニシャチブで、適切にカードを切れる態勢になったわけでして、大変な情勢の変化だと思います。

この新しい変化をいかに上手に活用していくかがこれからの課題と思われます。

二、今後の展開について留意すべきと思われること

①　税制改革については、客観的なデータや方針にもとづいて、堂々と正面から取り組み、野党や国民を論理的に納得させる時期に来たと思います。

同時に、野党や国民の意見もこだわりなく聞き、できるだけ、施策にとり入れる姿勢を持つことは、当然ですが、野党というのは、論理的に負けだとわかると、心理的により一層複雑なからみ方をしますので、誠意は尽すが、信念は貫くという姿勢をとっていただきたい。

② しかるべき時期に、法案としてまとめられることになるが、法案のまとめに当っては、売上税法案の時のように食い逃げを避けるため施行を一本の法案にまとめるといった姑息な方法はとらないこと。内容に自信があるならば、堂々と直球を投げるべきで、姑息な方法をとることによって内容が疑われるようなことがないようにすること。

国会審議においても、堂々と王道を進むこと。国民は必ず、支持してくれると思います。

③ 年内の内政の課題を税制改革一つにしぼることが必要と思います。定数是正問題とか臨教審がらみで「中曽根政治の継承」といわれる与野党対立法案がありますが、野党を刺激せず、良好な国会審議の環境をつくるためにも、税制改革一つにしぼって精力を分散させない方が得策と思います。

④ 野党内あるいは野党間の税制改革についての対応は、これからますます複雑になると思います。特に、公明党の内部には、新型間接税絶対反対論者(市川国対委員長)とむしろ導入側面協力論者(権藤、二見)が感情的な対立をしています。側面協力論者は、今回の合意に至る経過で、党内論議がなかったことを不満としていっています。党内調整をこれからやるといっていますが、大きな期待はできません。結局、最後まで政治的にひきずっていくことになりましょうが、切り札的な頼りにはならないと思います。むしろ、決定的な妨害者とならないこと程度を前提としていた方がよろしいかと思います。

民社党も結局は、税制改革の内容で妥協してくるとは思いません。さまざまな政治的思惑をぶつけてかけ引きをしてくると思います。

要するに、腹の中では、野党に納得してもらうことよりも、国民の大勢に納得してもらうことを、入れておくべきで、国民の大勢の意向が野党を動かすという構造で展開するのではないかと推測します。

幸いなことに、税制改革を協議する政策担当者の社会党清水勇氏と公明党の平石磨作太郎《まさたろう》氏は竹下総理のファンでして、雑言の中でいつも好感あふれる話をしていますので、二人だけというわけにはいかないと思いますが、何かの機会に、敬意を表しておけば、気持が通じると思います。

⑤

自民党内の調整が、本格化すると思われます。現在、反主流派はいませんが、大きな政治課題が解決に向うと、何かとやっかみや、思惑で足を引っぱるのが、政治の世界です。党内調整にはくれぐれも留意して下さい。売上税も直接には自民党内の不統一が原因で紛糾したのです。

俗に「世の中無駄なことは一つもない」という言葉がありますが、今回の減税等をめぐる与野党の合意、そして、総予算の衆院通過、税制改革への展望が開けたこと、今年になって「浜幸問題」以後だけだって渡辺政調会長の放言、山中税調会長の硬直姿勢、野党間の牽制、公明党内のゴタゴタ等々、いろんなことがありましたが、考えてみれば、これらのことは何一つ無駄でなかったと思います。

全て、良くなるための過程でした。何故そういう結果となったのか、確実にいえますことは、竹下総理の謙虚であらゆる人に感謝する気持……、これが、現在の結果をもたらしたといえましょう。

これからの展開を左右する基本要素も同じことが言えましょう。国民と国家のため、自信と謙虚さを持ち、政治にかかわる人すべてに党派を超えて感謝の気持を持ち続ければ、必ず税制改革は成功しましょう。

◆三月十四日(月)

午前十時半、早坂氏から電話。十三日(日)午後三時から午後五時まで竹下総理と会ったとのこと。「政権につくまえからいろいろ世話になっていて、これからは王道をいくよ…」と話していたとのことで、とても、レポートを感謝していたとのこと。

◆三月十六日(水)

大蔵委員会は午後七時近くから午後十時過ぎまで質疑。午後九時頃帰宅する。

減税の協議は、自民がキャピタル課税等前向きの姿勢を出すも、例によって、社、公、民のクレージ国対委員長が、間接税[を]からませると日切れ法案もとめるとのこと。何と政治のわからない馬鹿どもだ。国会が誰のためにあるのかわからんのか。

◆三月二十二日(火)

午後一時二十分、小沢副長官から電話。重要法案の審議状況や会期延長、会期決定の問題について総合的な資料をつくっておいてほしいとのこと。税制改革国会用に勉強をしておきたいとのこと。

◆三月二十三日（水）

政府税調の新型間接税への提案等が新聞紙面に報道されるのに社、公、民三野〔党〕抵抗感を強める。四月一日までに実務者による減税問題を決着させるよう社、公、民〔は〕態勢かためる。場合によっては暫定予算か。自民も簡単に妥協はできない。自民税調も論議が本格化。四兆円規模の減税を構想、政府税調も所得減税について構想を発表。朝日、毎日、読売の三大新聞は社説でいずれも評価。野党も攻め方がむずかしくなった。

◆三月二十四日（木）

減税実務者会議で、財源をめぐって自民と社、公、民で話しがつかず、三野党国対も入って協議。二十五日に回答がなければ、日切れ法案の審議拒否と強い姿勢を決める。議会の本質を理解しない馬鹿なこと。

◆三月二十五日（金）

日切れ法案の一部と財確法案〔昭和六十三年度の財政運営に必要な財源の確保を図るための特別措置に関する法律案〕の趣旨説明が本会議で行われる。一時間遅れで三野党が税制協議をマイペースとするために、悪あがきをする。次回の本会議、二十九日セットできず、二十八日午後二時から理事会になる。

◆三月二十八日（月）

午後零時半、NHK島〔桂次〕専務理事に会いに行く。早坂氏のNHKに対する力強し。島理事、林譲治さんに大変世話になったとのこと。池田元首相との関係強かったようだ。『ジョン万次郎』については、昭〔和〕六十五年の大河ドラマとして最優先で検討する」といってくれる。よほどの問題がないかぎり、イケルと思う。国際性と裏方性に注目しているようだ。

議運理事会、午後二時と午後五時半、二回開かれ、結局、議運委員長の判断で、二十九日正午の本会議セット。三野党は日切れ法案を質に税協議を有利〔に〕しようとしているが、日切れ法案は政治休戦して成立させるのが慣例である。鳥居理事〔公〕より、三月三十一日、一日間で両院を上げた例等の調査依頼あり…。

◆三月二十九日（火）

税協議、午後一時、自民回答を三野党依然〔として〕不満。本会議開けず。

午前九時過ぎ、鳥居先生と会い、日切れ法案の取扱いについて説明。絶対日切れ法案を大事にするようになった経過を説明。その後、三塚委員長にも同様のレクチャー。「先人が歴史の中でつくった慣行を破りたくない」とのこと【別紙】。

三野党、自民回答をうけ協議するも、三兆円を減税することで一致したとたん、民社が自民にひっぱられる。足なみ乱れる。

議運サイドはなんとか処理しようとするが、渡辺政調会長が明日午前十時と打切り、国対、議運とトラブルおこす。結局、午後八時、本会議を明日議運委員長の意見でセットして終る。

午後九時前、早坂氏に電話。「財源問題改めて協議」で野党の顔を立てるよう、十分程電話。竹下総理に話したところ、安倍幹事長にいって妥協する礼をいっておいてくれ、とのこと。

【別紙】所謂絶対日切れ法案の取扱いについて

絶対日切れ法案、即ち、特定の日時が過ぎることによって、法律が失効したり、法律の中の特定の措置が失効もしくは原則に還ることによって、国民生活に著しい混乱を生じるもの、について、過去十五年間、年度末日の三月三十一日一日で、衆・参両院を通過させた事例は見当らない。

また、日切れ法案であっても修正等によって施行をずらすことをした事例はあるが、この場合、絶対日切れ法案とはいえない。

第六十一回国会、昭和四十四年の常会において、絶対日切れ〔法案〕の関税定率法改正案を、三月三十一日、一日で衆・参両院を通過させた事例がある〔資料〔不明〕を参照のこと〕。この場合、同法案の中に「暫定税率の適用期限が本年三月三十一日に到来する七十八品目につきまして、その適用期限を一年間延長する」というもの等があり、同法案が三月三十一日までに成立しないことによって、外国との貿易に著しく障害が出る可能性があったと思われる。

なお、第六十一回国会は、国鉄運賃法改正案、健康保険法改正案、大学運営法案などで紛糾して、衆議院で十五回、参議院で四回、強行採決等を行ない、大変にもめた国会であった。

この時、関税定率法改正案ととも〔に〕、日切れ法案であった租税特別法改正案が、三月三十一日までに成立せず、別紙新聞報道〔不明〕のように、会社の交際費が一時的に無税となる恐れがあった。こういったことなどを経験して、現在絶対日切れ法案は、政治休戦して成立させるようになった。

◆三月三十日（水）

午前十時半からの税協議実務者会談で、自民再々回答〔【別紙1】〕。それを午後一時からの自、社、公、民国対委員長会談で確認して〔【別紙2】〕、正常化。結論は、すべて四月五日に持ちこし、これで日切れ法案の処理はできる。昨夜の早坂→竹下→安倍の電話での決断であろう。

本会議は、午後三時から議了案件を処理。参院も委員会で日切れ法案を審議した。大蔵省が与野党合意に難色を示し、所得、相続減税先行説を警戒しているようだ。

農水委が午後六時半まで、日切れ法案をやる。

【別紙1】（会見用）回答（自民）（六十三・三・三十）

一、三月八日の与野党国対委員長会談の合意に基づく所得税、法人税、相続税等の減税は、平年度ベースのものとして実施する。

二、所得税減税については、中堅所得者及び低所得者の負担の軽減に配慮しつつ、税率の緩和、控除の引上げを行なう。住民税においてもこれに準ずる。

また、野党三会派要求の政策減税については、内職所得者の課税の改善を行なう。

三、有価証券の譲渡益に対する原則課税及び法人税における支払配当軽課、受取配当の益金不算入、国際課税のあり方について鋭意検討し適正化を図る。

また、納税環境の整備その他についても検討する。

四、六十三年度減税財源については、財政をこれ以上悪化させない範囲で措置する。

五、災害遺児育英対策について措置するよう努力する。

〔以下、手書きで書き込まれている〕

○自民党の回答について、野党三会派と合意した。

○第一項については平年度ベースであることを口頭で確認した。

○今後の税制改革については制約は受けない。

【別紙2】与野党国会対策委員長会談確認事項（六十三・三・三十）

一、野党三会派の要求する減税は実施する。

二、野党の要求した減税財源は担当者間で引き続き協議する。

三、六十三年度の減税の規模については予算成立までに結論を得る。

四、六十三年度減税のための法案は今会期中に処理する様に最大限努力をする。

◆三月三十一日（木）

日切れ法案の処理は税協議を引き延したために、かろうじて混乱を避けることができた。自民党内で、国対と政調で対立。実務者で決めたことを、さらに国対で確認してよけいなことをくっつけるのはおかしいとのこと。自民党内がごたごたすることが、これから一番よくない。

◆四月一日（金）

小沢副長官依頼の資料づくりに専念。

朝の自民党役員会で税協議の国対の姿勢が批判され、予算成立見込の四月五日までに減税額を明示できないので、暫定を組む方針を決める。これに対して参院が審議の意味がなくなるので、回避を主張、三野党も減税協議が宙にうくので、公、民が暫定回避を主張。鳥居氏が電話で暫定への考え方を聞いてくる。

午前十一時、午後二時緊急議運理事会との指示が出る。理事会は午後六時、午後六時四十五分と二度開かれ、その間、午後五時国対委会談、午後五時半自民八者会談が開かれた。

自、社、公、民国対委員長会談で話を決裂させて、暫定は各党も協力するが、それ以降については、国会運営に協力しないと通告。ただ、牛肉、オレンジの国会決議の要望をするぐらいだから、たかが知れている。四日(月)午後二時の本会議をセット。

◆四月二日(土)

暫定予算の閣議決定午前十時、提出午後一時。その間、参院予算理事会でもめる。当然のこと。四日(月)の予算委の段取りがついたところで帰る。午後二時五十分。

◆四月六日(水)

小沢副長官に資料を届ける。税制国会にどう対応するか、四十年代からの長期臨時会の運営状況について概説したもの。役に立つと思う。新聞報道に自民党税調の公聴会の様子が連日のるので、世論もかなりやわらいできた。

早坂氏に電話して、竹下総理のメモは八日の夕方届けることにした。七日の夕方、自民再回答して、本格的にストップする様子。

◆四月七日（木）

議運理事会。午前十一時と午後五時半、二度にわたり開き、総予算成立にともなう、減税要求の後始末となる。金額を明示することを要求する三野党に対して、自民は個別に事情を説明、野党は約束違反として、国会審議ストップを表明。十二日（火）の本会議だけはセット。

午前中権藤先生から電話。公明党内の事情をボヤく。午後、再び電話あり。小沢副長官に話し、積極的にまわっているので協力するようにとのこと。

午後、清水勇氏と十分ぐらい話す。来週後半はなんとかするとのこと。数字をいわなくても、野党の気持を理解する言葉で当面の正常化はできるとのこと。次の臨時会でどの程度あばれるのか、と聞いたところ、売上税のようにはいかない。姿次第だとのこと。

夜、三塚議運委員長との夕食会。三十分の予定が一時間以上いて、総裁選挙の話など。小沢副長官が野党をまわった話について、二元外交と批判。

◆四月八日（金）

早坂＝竹下総理用のメモ（【別紙】）を作成。午後四時、事務所に届ける。読売の高橋氏と出くわす。

【別紙】昭和六十三年度総予算成立後の政治展開について

一、総予算の成立、税制協議の総括

四月七日時点での国会運営を一言で総括すれば、政府・自民党・野党という三極構造の中で「三方一両損」といえましょう。即ち、政府は暫定予算を提出せざるを得なくなったこと、自民党は税制協議における党内の足並の乱れで国会を不正常化させたこと、野党は減税を実現できなかったこと、ということで、それぞれに損をしています。

もっとも損をした内容には差があり、政府の損は暫定予算という形式的なもので総予算は無傷で成立させていますので、軽かったと思います。自民党はこれからの正常化、終盤国会に向け党内を引き締め、野党との修復をはかっていくには、相当な苦労を要すると思われます。社、公、民三野党はそれぞれに党内に対立、亀裂を生じ背後の支持団体との間にも問題を生じ、相当に複雑で深刻な状況であることは、よくご承知のことと思います。

しかし、なんといっても、議院内閣制という仕組みですので、政党の関係がスムーズに動かないことには、政府にとって重大な問題ですので、損が軽かったと他人事のような顔は出来ません。総予算の審議、税制協議を通して、野党側の問題点を総点検し、今まで知らなかった情報や状況を分析して、来るべき、税制国会に向けての戦略を再構築する必要があります。

二、総予算成立時点の野党側の状況等

総予算が成立した四月七日、偶然、野党側の様子をかいま見る機会がありました。脚色をせず、生なまゝ話を再現してみます。

①午前十時三十分、権藤先生より電話

○権藤　久しぶりだが、これからどうなるのか。

○平野　これからどうなるか、公明党次第、こっちが聞きたい。

○権藤　だいぶ、矢野委員長も大久保書記長も困っていることよ。国対のやっていることようわからん。

○平野　そんな他人事みたいなことを言わないで、もっと党内をきちんとしないと、大変なことになりますよ。具体的にどんな話を党内でしているのか、教えて下さいよ。

○権藤　昨夜、大久保書記長と会ったところ、権ちゃんが国対やっていた頃はうまくやってくれたと言われたよ。

○平野　もっといろんな話したでしょう。

○権藤　本当のことを言うと、矢野さんも大久保さんも市川（国対委員長）のことを「[redacted]」と言っているよ。委員長と書記長の指示をまったくきかないのだから。大久保さんも国対委員長が政審会長の仕事にまで割りこんで来て、混乱させているといって怒っているよ。

○平野　党としてケジメがつかないんですか。

○権藤　正直いって、浜幸とのスキャンダル（週刊誌等で浜幸氏が直接市川氏に金銭を渡したウワサ）を表に出して、国対委員長を辞めなくてはだめだということにでもしないと…何か良い知恵はないか、考えてくれよ。

○平野　そんな話は私にしないでほしい。政治家一人を殺すことは大変なことですよ。党が組織として正常でないから、こんなことになるんですよ。市川さんの問題は、党の性格、運営という点から、検討すべきことですよ。

○権藤　竹入さんを追い込んだ無理が今、出ている［ん］だよ。

○平野　ところで「減税を棄てゝもよい」という市川発言は党内で問題にならんのですか。
○権藤　それ、それ、党内はみんな飛び上って驚いて労働局長（権藤氏）は何をしているのかと、叱られたよ。
○平野　矢野委員長が訪米中、正常化の話し合いになると思うが、大丈夫ですか。
○権藤　その点は、矢野委員長が市川を呼びつけて「留守中、大久保書記長の言うことを聞け」と指示したというから、なんとかなるよ。
○平野　大久保さんは、税制改革についての学会の方針をきちんとわかっていますか。
○権藤　それは大丈夫だ。これから市川をはずして、大久保さんを中心にやると税制改革についての公明党の対応もかわるよ。
○平野　小沢副長官にその辺の話はしておいて下さい。
○権藤　わかった。電話をかけるよ。
（午後一時三十分、再び権藤先生より電話）
○権藤　小沢さんに電話して、党内の様子を話しておいた。すぐ、大久保さんと連絡をとったといって、電話があった。喜んでいた。午後、各党をまわるといっていたし、見通しもあるようだよ。
○平野　今度は、数学でいうなら計算不能というものを出せといって、日切れ法案を犠牲〔に〕するとか、やらなくて良い暫定〔予算〕を出させたり、議会始まって初めての無茶を要求しているんですよ。はっきり言って、野党の国対責任者に「[redacted]が二人いる」ということがわかったことでも成功だと私は思いますよ。これから、「[redacted]二人」の存在を前提に、税制改革国会をどうするか、戦略の立て直しをしなくては…。近々小沢副長官と会うことになっていますので、動きが出て来たら、本腰を入れて小沢先生が動きやすいように、党内でもっと発言して下さいよ。
○権藤　よくわかったよ。
②午後二時、清水勇先生（社会党、議運理事、国対副委員長、税制協メンバー）と懇談
○清水　昨夜、飲みすぎた。この頃、つき合いが悪いな。
○平野　無政府主義者のようなことをする人達とは…。
○清水　おれは、みんなの中に立って、そんなことがないようにやっているよ。あんまり心配するな。
　来週、中頃、減税の額を言わなくても、野党の気持を察した表現で、とりあえず、正常化することを非公式に話しているから、…。
○平野　ところで、次の税制国会で社会党はどれだけ暴れるつもりですか。
○清水　いろいろ聞かれるけど、こう、ずばり切り出されたのは初めてだ。
○平野　私等でも、準備もあるし、腹を固める必要もありますよ。
○清水　まあ、まだ姿が見〔え〕んので、何とも言えんが、売上税のようなことはやれん。姿によるよ。
（大型間接税反対の請願デモの声が聞える）
○清水　あの請願デモに大工さんの組合で長野県からもバスで来てるんだよ。わしも顔を出さんといかん。

○平野　「姿によるよ」ということは、中味でなく形ということですか。
○清水　正直いって、田舎でもそんなに大きな反対は、今度はないよ。ただな、野党にも野党の立場がある。ミッチーが協議の形も中味も野党を小馬鹿にしてくるようでは、ややこしくなるよ。
○平野　仮に、野党のいう通りの昭和六十三年度の減税をとりあえず成立させて、改めて、新型間接税と昭和六十四年度以降の減税をセットで抜本改正ということで、臨時会に出して来た場合、強い抵抗をしますか。
○清水　一度、顔を立ててくれれば、抵抗は弱まるよ。しかし、それは、ミッチーが了解しないだろう。
○平野　政府の公式見解は抜本的税制改革の中の減税ですからね……。
○清水　それと、これからの仕上げ方にもよるよ。知事選なんかもあるしなあ。姿が見えてくると、われわれも強く出たり、静かになったりすることになるよ。

③午後六時三十分から、三塚議運委員長と会食
○三塚議運委員長の話の要旨

(1) 正常化は十二日(火)はむずかしいが、後半になると数字を出さない表現で、野党もとりあえず応じてこようが、勝負は、会期末になると思う。

(2) 今日、午後、小沢副長官が野党を廻って、政府の意向を伝えたが、党と二元外交になって、野党も困っていた。心配していることはわかるが、党ともよく連絡をとってくれないと、これからのこともあるし、正直言って良い気分ではない。

(3) 山口書記長(社)が、今日お茶のみに来て、いろいろ言っていたが、社会党も大出氏に困っていて、清水を育てたいので、清水を使ってくれといっていた。それと、一回だけ、野党の顔を立ててくれという腹のようだったよ。

(4) 税制改革の臨時会は夏だなあ…。

三、これからの展開

今後の展望を考察する前提として、現時点における政治状況を整理してみますと、

① 社会党大出、公明党市川、両国対委員長の性格がきわめて[redacted]であり、党内で孤立しているにもかゝわらず、党自体で処理できない状況が本年中継続するという現実をよく認識しておくこと(三月末、武藤山治、佐藤観樹両氏は、大出氏のことを、破壊主義者で、党の発展を妨害していると発言したのを聞いた)。

② 社、公、民がそれぞれにきわめて複雑な内部対立をし始めていること。現在の事態を「社、公、民六党体制」と呼べましょう。原因は、①にもありますが、基本的には税制改革問題自体に対する評価の違いにあると思います。さらに参院の三野党が、一筋縄でいきませんので、社、公、民九党とも言えましょう。

　こういうことは、私が承知している限り初めてです。仮に、強行突破で進もうとしても、その前提は与党の一体化とともに、野党の抵抗が一本化することが必要です。このまゝの状態ですと、税制改革問題について正常な協議もできず、かつ、強行突破もできずという、閉塞状況となることが懸念されます。

③自民党内で、ポスト竹下をめぐって、安倍幹事長と渡辺政調会長の配下の、冷やゝかな牽制とかけ引きが始まっていることです。

今回の一連の展開の中で、政調会長と国対委員長の間でいろいろあったようですが、状況の厳しさから勘案すれば、渡部国対委員長もよくがんばったと思います。あの二人の[redacted]を相手にしてよくここまでやれたと思います。党内のさざ波は、野党にとって最高の攻撃材料になりますので、十分注意が必要です。

④本国会における税制改革論議は成功していると評価してよいと思います。朝日新聞の世論調査の出し方が、くせのある出し方をしましたので、新型間接税に対する国民の理解度に少し、冷水がかかりましたが、自民党税調での公聴会の様子が報道されるようになって、回復したように感じます。

⑤六月、七月に行われる知事選挙がどう影響するか、特に埼玉県の畑《はた》〔和《やわら》〕知事が、大型間接税反対をすでに表明していますので、自民党が敗けた場合、かなりの影響があると見るべきでしょう。

以上の前提の外に、過去の長期臨時国会がどのような展開をしてきたか、について考察が必要と思われます。この点については、小沢副長官の指示で作成した資料を添付しておきますので、御拝読下さい。

【別紙資料】これからの展望についての試論

⑴特定の政策課題実行のため五十日以上の長期臨時会を過去二十年ぐらいから、分析してみま

すに、今回予定されている税制国会にあてはまるパターンは一つもないということです。言いかえれば、このまゝの状態で臨時会を開く場合、過去のものに参考になるものはないということです。

過去の事例は、直面した国家課題があるとか、強い反対でも取引材料があるとか、野党の一部が賛成あるいは審議に協力したというものばかりです。税制改革問題のように野党が建前と本音を混同させ、さらに責任者が個人的都合を優先させ、正常な常識を見失っている状況で、野党に顔を立てるものがなくて、しかも、国家的課題であっても直面した沖縄返還のような性格でもない…。こういう問題を処理した臨時会はいまだかつてなかったと言えます。

そこで、①野党の顔を立てるものは何か、②二人の[redacted]をかかえながら展開させる方法はいかなるものか、この二点がポイントであると思います。

①野党の顔を立てるものは、ずばり申せば、昭和六十三年度の減税を社、公、民の主張どおりに認めて、今国会中に法案を成立させることです。

これでは、自民党内が収まりませんので、次の国会で、昭和六十四年度以降の減税措置――これは当然三野党の要求を上まわる画期的なものでなくてはなりません――と、新型間接税の導入――施行は六十四年度でなくて一、二年ずらすことが必要でしょう――をセットにして、抜本的改革を行うことで、野党と話をすることができないでしょうか。

野党は、賛成はしないと思いますが、抵抗は少なくなると思います。勿論、野党と十分な協議・審議のうえ成立させるべきですが、野党が無体な抵抗をする場合、堂々と多数の力を行使すればよく、一回、野党の顔を立てることを検討されては、いかがかと思います。

②二人の[redacted]の扱い方ですが、今回のように二人の考えで全体が混乱しないように、大きなタガを入れる必要があります。

もっともわかりやすいのは、①の問題も含め、しかるべき時期――税制改革の姿が表れ始めた頃――個別に党首会談を開いて、税制改革について竹下総理が直接各党々首に説明して、意見を聞き、協力を求め、誠意を尽しておくということです。その時期は何時が適切かについては、むずかしい判断が必要ですが、早ければ、会期末、遅くともサミットから帰国してその報告もかねて、という方法もあると思います。

党首の間で、国会運営の基本方針について考え方を整理しておくことによって、二人の異常者の動きはかなり規制できると思います。

③臨時会召集の時期は、野党の意向も尊重すべきですが、六十三年度減税の法律だけ成立させても、補正予算が必要で、それは次の臨時会ということにすれば、税制国会と銘打っても、臨時会の召集に大きな抵抗を野党はできないと思います。それと、埼玉県知事選の結果も見る必要がありましょうし、こういう方針でやるということになれば、外交日程等もこなし、国政全般の環境を整えて、秋に召集という方法もあります。

これらの展開にあたって留意すべき二つのポイントがあります。野党側とのさまざまな交渉は、自民党内、政府部内にいろいろな誤解を生ぜしめます。最大の問題は、大蔵省が野党に先食させることを反対してくると思います。これをどう納得させるか、そして、与党内をどうまとめるかということです。

過去の長期臨時会の事例をみても、どこかで、何らかの妥協をしないことには、目的は達成できていません。ダイナミックな政治の展開は、柳生流でなければなりません。「肉を切らして骨を切る〔断つ〕」です。宮本武蔵のように鉢巻一つ切られることに抵抗があるようでは、税制改革の実現はおぼつかないと思います。

全ては、政府・自民党が柔軟思考ができるかどうかにかかっておりましょう。

最後に、本日、珍しく四月、花見時に雪が降りました。十センチ近く積ったのは、明治四十一年以来とのことです。

明治四十一年の、第二十四回議会で、わが国で初めて、大税制改革が行われた年です。それも直接税と間接税の大幅見直しでした〔別紙資料参照〔不明〕〕。なんと因縁を感じるではありませんか。この時は、半分成功、半分失敗をしています。

なんだかんだと人間いばっていても、結局、大自然の中で、総理大臣以下、生かされているのです。季節の異常さは、人間の異常さにつながります。「二人の[redacted]」も異常気象の反映かも知れません。

ちなみに、東京で四月に雪の降った年は、昭和四十二年〔と昭和四十七年〕。この年は、健保法で国会がもめて、社会党の佐々木〔更三〕委員長と成田〔知巳〕書記長が引責辞職をしました。失言も各地に発生しました。昭和四十七年は、ご存知のとおり、四次防問題で紛糾しました。そして田中〔角栄〕内閣が成立しましたが、大失言が多発しました。島根県で江川が氾濫した年です。

何が起こるかわからないというのが、大自然です。政治もこれから何が出てくるかもわかりません。部分の主張にとらわれることなく、税制の抜本改革という国家目的を柔らかく実現させるために、わが国全体の状況をくれぐれも総覧されんことをお願いします。

◆四月十一日（月）

午前十時、小沢副長官から電話。本日午後二時キャピタルホテル六二六号で税制改革対策の勉強会をしたいとのこと。大蔵省の文書課長、主計、主税の各総務課長が出て、重要問題処理の長期臨時会の過去の運営状況について〔平野氏が〕説明。結論は、野党の顔を何かで立てなければ成功しない、という。大蔵省側、頭堅し。減税分離先行は絶対だめだとのこと。竹下総理も同意見とのこと。野党の食い逃げ、新型間接税導入の国会を今年やる必要はないという理屈になる、との理由、「野党を信用できない」ということ。「野党が信義を守らないなら〔自民党が〕多数で押すべきだ」というと、それも〔期待〕できないとのこと。要するに、自民党も信用されていないし、政治自体を信用していない〔という〕ことだ。

臨時会の日程については、七月中旬召集、八月上旬〔税制改革〕特別委設置、八月下旬本会議趣旨説明〔及び質疑〕、総理訪中後委員会審議。ということで、十月中に成立させることを目標とすることを小沢副長官の頭の中に画けたようだ。

この勉強会の間に議運理事懇があったが出なかった。

早坂〔茂三〕氏からの電話で、竹下総理へのメモは、まだ渡していないとのこと。勉強会をふまえて今後の展開で書き直すこととなった。

◆四月十二日（火）

午前十時半からの自・社・公・民国対委員長会談が長びき、正常化が心配されたが、午前十一時半過ぎ、一応の決着をみた。午後零時半、議運理事会、午後一時、議運委員会。午後一時半、本会議が開かれ議了案件と多極分散法案〔多極分散型国土形成促進法案〕の趣旨説明・質疑が行われた。各委員会もセキを切ったように一斉に開かれ、法案の採決数もグント増えた。

早坂氏と連絡して、竹下総理へのメモ〔【別紙】〕のさしかえをやったが、早坂氏これからの展開を一本にまとめよとのことで、どんな展開か予想がつかない段階では、いくつかの可能性を提案する方法しかないと説明。その中で基本方針を生かせばよいと説得。

【別紙】税制改革臨時国会のシミュレーション

① 野党の顔を立てる方策

（A）減税分離先行 （イ）自民と三野党で合意した減税案について、次期臨時会の冒頭先行して成立させ、新型間接税等の法案については、後発で成立させる。増税案について野党が食い逃げすることが懸念されますが、政党間の信義が守れないなら堂々と多数の力で押し切っていく。

（ロ）昭和六十三年度のみの減税を三野党の主張どおり今国会に成立させておき、昭和六十四年度からの減税については、三野党の要求を上まわる画期的なものを、新型間接税とのセットで次期臨時会で成立させる。この場合、昭和六十三年度減税について財源の見通しが立たないならば、次期臨時会の冒頭、先行して成立させることになりましょう。

野党が食い逃げする可能性がありますが、昭和六十四年度以降の減税案が魅力的なもので国民が支持するものならば、野党の抵抗も少ないと思います。以上の減税分離先行論は、政府（大蔵省）が了承しないものと推察しますが、歴史的な税制の抜本改革ですので、この程度のダイナミックスがなければ、税制国会は展開していかないと思います。

（B）政府の基本方針に沿った案を提出し、国会での話し合いの中で修正していく方法があります。臨時会の召集や入口で相当に紛糾すると思いますが、修正を見込んで厳しい案にしますと、世論に影響が出て、売上税に似た現象となることが懸念されます。これなら政府（大蔵省）は理解しましょうが、余程思い切った妥協をしないことには、野党はのってこないと思います。

また妥協の内容によっては、自民党内のゴタゴタも起こしかねません。

また、現在の自・社・公・民国対委員長をベースとした話し合いにすると、まとめることは困難かと思います。

話し合いがつかない場合、自民党だけで衆参両院を中央突破していけるかどうか、問題がありましょう。もっとも、話し合いの中で、減税施行という措置をとることもできましょう。

（C）運営等について野党の顔を立てる方法もあると思われますが、税制改革のような問題では、内容にわたるものでないと効果が薄いと思います。なお、防衛費の抑制、シビリアン・コントロールの徹底といったことは、審議の出口では効果がありましょうが、入口では効果は少ないと思います。

② 税制改革の姿が出る段階で、総理が先頭で国民と各党に訴えるべきだと思います。

大出社会、市川公明の両国対委員長を相手に税制改革国会を動かしていくためには、誰が国対委員長になっても基本的には同じことだと思います。税制改革の基本方針が政府・与党としてまとまった段階で、タイミングをみて、党首会談を個別に開くことを検討されてはいかがでしょうか。きっかけとしては、サミットから帰国した時期に報告という名目が考えられます。

総理が自信をもって、堂々と政党や国民に訴えることができる内容の税制改革をやってもらいたいものです。野党はもちろんどんな内容でも反対しましょうが、誠実な訴えに心を動かし、運営をスムーズにさせる場合もあります。

また、野党への訴えはマスコミを通して国民に対する訴えとなり、総理が政治生命を賭けて国民のために決断しているという迫力をつくることが大切かと思います。その迫力が、大出・市川両氏の行動を規制する源となると思います。各党首、書記長が彼らに指導力を発揮できる契機となりましょう。残念ながら現在の野党には国民のために自力で政治を展開させようという智恵も力もありません。政党の良心を回復させるためには、政府与党の最高責任者が生命を賭けていると野党に思わせることです。沖縄返還の時の佐藤総理の迫力は印象的でした。

◆四月二十二日（金）

小沢一郎氏と創価学会幹部との話をきく。田代参院議員問題[41]で学会、公明党に誤解があり、それが元で公明が強い姿勢に出たらしい。本来なら矢野〔絢也〕、浅井までいくところを田代で押さえたことを理解していない。修復は学会とできたようだ。税制改革でいくつかの条件を出して協力するということだが、公明党がどの程度納得するか。かじ取りを急にやれないと、矢野、大久保、市川を信頼できない事情があり、二十五日、権藤氏と話すことになる。

◆四月二十五日（月）

権藤氏と午後五時に会う。学会からいずれ税制改革についてつき上げがあると思う。最終的に竹入さんに動いてもらうので、公明が主張してよいと思われるポイントをメモするようたのまれる。

【解説】 連休前の四月二十五日、権藤議員の会館に呼ばれ、次のような依頼を受けた。「参院の田代議員の問題以来、公明党内が混乱し、国会対策でも一貫性のない無理なことをしていた。原因は大久保書記長が、田代議員の名を出さずに収まると学会最高幹部に報告していたものだから、責任を問われることになり、苦しまぎれに竹下政権のせいにしていたようだ。四月後半になって真相がわかり、学会幹部も公明党上層部に波及しないために、田代議員までゆかざるを得なかったことをよく理解するようになった。

そこで、党の立直しについて矢野委員長が竹入前委員長に協力を求め、竹入さんもこのままでは、公明党がえらいことになるということで、真剣に取り組むことになった。その第一歩が税制改革にどう取り組むかということだが、これについて考え方をまとめて、メモを四月二十七日までに書いてくれないか。竹入さんに読ませて、賛成してくれるならば、党内の意見としてまとめてもらい、社会党や民社党と一味も二味も違う国会対策をやって党勢を回復したいと考えている」と。

◆四月二十六日(火)

権藤氏から依頼のメモの記載について、大蔵省石坂文書課長と相談の上〔、〕書き始めるが、なかなかむずかしい。帰宅して、風呂の中で「福祉基本法の制定」を〔公明党をして要求させることを〕思いつく。

【解説】 公明党は、従来から大型間接税の導入に警戒感を示していたが、同時に高齢化社会に対応する福祉政策の充実にも強い関心を持っていた。この点に注目した私(平野)は、以後、福祉政策の充実と引き替えに消費税に柔軟な姿勢を取るよう助言を続けた（例えば十月二十日の項を参照）。実際、福祉問題は公明党が柔軟姿勢に転じる梃子となり、消費税国会の際には、公明党は消費税法案の審議に応じる条件として「寝たきり老人対策総合プランの策定」を求めた。自民党がこれに応じて、寝たきり老人を抱える家庭の扶養控除額の引き上げなどを中心とする法案修正に応じたため、公明党は消費税法案の採決を行う本会議に出席することになる（平野貞夫『公明党・創価学会の野望』講談社、二〇〇八年、一六七～一七〇頁も参照）。その後も公明党は、福祉政策の充実を求めていった（平野貞夫『平成政治二〇年史』幻冬舎新書、二〇〇八年、一三～一四頁）。

◆四月二十七日（水）

権藤氏依頼のメモ出来る（【別紙】）。

午前十一時半、朝日池内氏から電話、竹下総理がオーストラリア行きを中止すると金丸さんの話が入ったとのこと。昨日、大蔵省石坂文書課長の話をする。七月前半召集を〔予想図として〕書くとのこと。

午後六時前、権藤氏に会う。公明党内にいろんな動きが出てきたとのこと。石田〔幸四郎[42]〕副委員長に呼ばれているのでということで、すぐわかれる。

【別紙】税制改革問題について

一、基本認識

政府税調は、四月二十八日に税制改革についての「中間とりまとめ」という形で、事実上答申の内容を公表することになる。この中には、新型間接税の導入を中心とした抜本的改革案が構想されており、これを受けて自民党税調が政治的判断を加味して、五月末には、改革の基本方針をまとめるものと思われる。

政府が税制改革の大綱をまとめるのは、六月になろうが、現段階で予想されるものは、画期的な抜本改革であり、国民・世論にも給与所得者を中心に、相当の説得力をもつ改革案であると思われる。

野党側は、現在のところ、絶対反対の姿勢をくずしていないが、微妙な変化も見えている。即ち、民社党は「何がなんでも審議に応じないのではない」と先の党大会で、塚本委員長が述べているとおり、支持団体「連合」の税制改革推進の影響を受けており、拙速を抑えるという方向に変りつつある。

社会党は、内容によっては税制改革のための臨時国会にも応じないという姿勢でもっとも強硬な反対論である。

公明党は、市川国対委員長を中心に、新型間接税導入絶対反対という、社会党の方針に同調して、硬直した国会対策をとっているが、今後のあり方を総合的に考察した場合、果して、社会党と同じ硬直した方針を続けてよいかどうか、よく検討する必要がある。

二、新型間接税は、国民のためにならないものか。

新税をつくることは、一般的に言って国民から歓迎されることではない。当然に強い反対があろう。しかし、今回の新型間接税＝新消費税？の導入については、冷静に考察してみなければならない問題が、いくつかある。

① わが国は、昭和四十年代から高度工業化社会となり、昭和五十年代から高度消費社会と

なった。世界でも米国に次ぐ消費社会である。昭和六十年現在、わが国の第三次産業（消費・サービス部門）は、全産業の約六〇%を占めている。経済構造が、本質的に変化したのである。

②　この第三次産業部門＝消費・サービスに対する税制が、きわめてアンバランス、例外的で、占領時代のシャープ《ママ》税制のまま放置されている。

③　従って、国の財源が直接税にかたより、給与所得者にとっては源泉徴収制度によって、所得が一〇〇%捕獲されるのに対して、事業者は申告制にかくれた不正が黙認されるという、不公平が生じることになっている。

④　このような状態は、今や限界にきており、直間比率の見直しは誰も否定しえない問題である。

　また、六〇%も占める消費・サービスの経済部門に対して税体系が整備されていないことは、先進国家としては税財制度の欠陥を持つといえるもので、放置されているのはわが国だけである。

以上のことを考察した場合、新型間接税については、国民大衆にとって不利益にならない方策を措置したうえで、導入することについて前向きに検討してみる必要がある。

とはいえ、その性格が大衆課税という面もあり、賛成の態度をとることについては、消極意見をとらざるを得ないかも知れない。しかし、審議に応じていくことを条件に、公明党として画期的な政策を政府・自民党に要求し、実現していく絶好の機会でもある。そして、新型間接税の持つ欠点を是正させ、国民大衆の福祉を一層充実させることができれば、党勢の拡大に役立つことになる。

三、税制改革に対する対応について

① 税制改革の範囲での要求

（イ）所得減税について財政の許す範囲で思い切った措置を行うべきである。例えば、年収七百万円以下については、所得税を無税とする程度のことを要求すべきではないか。

（ロ）教育減税、住宅減税等の政策減税も、新型間接税の欠点を補うため必要であり、きめこまかなものを十分に措置するよう要求すべきである。

（ハ）新間接税が実施された場合、税率が簡単に引き上げられるようでは、国民にとって迷惑がかかる。税率を低く抑えることと、将来の引き上げ問題は重要である。

これらをチェックするのが国会の役割であるが、さらに一層の監視を強めるため、政府税調の中に、特別な監視機関を設けるとともに、政府が新間接税の引き上げ法案を提出する場合には、政府税調の承認を必要とする制度をつくってはどうであろうか。

（ニ）新間接税が施行されると、今まで所得税等を払っていない低所得者層の消費に対しても課税されることになる。従って、これらの人々に対して生活保護基準等の引き上げを初め、十分な配慮が必要であり、この点については、こまかな検討を行ったうえで、施策に誤りなきよう要求すべきである。

（ホ）他にも類似の問題があろうと思われるので、専門の機関に検討させる必要がある。

② 税制改革の範囲外での要求

（イ）「福祉基本法」の制定を要求してはどうであろうか。公明党は、かつて福祉社会トータルプランという政策提言を行い、国民から期待され、福祉の公明党というイメージを強く国民に印象づけた。

その後、高齢者対策問題や行財政改革による福祉へのしわ寄せ問題が発生しており、改めて、国民福祉のあり方や福祉に対するナショナル・ミニマムについて国民の関心が高くなっている。特に、高齢者問題は重要な政策課題である。竹下総理は新間接税導入の理由に、二十一世紀に向けての高齢者対策を意識した発言をしているが、この問題は二十一世紀の問題ではない。現在、今日の問題である。

高齢者対策を中心に、現行の福祉政策を総点検して、国際化という波に洗われている、わが国の国民福祉のあり方について、基本法という形であるべき姿を国民の前に提示することは、きわめて重要なことではなかろうか。

（ロ）竹下総理は新間接税を福祉目的税的なものにすることについて発言したことがあるが、政府部内、自民党内で合意をみることは困難のようだ。

しかし、新間接税によって得る収入が、各種減税に使われることは勿論のこと、近い将来において福祉関係に多く使用されることも予想される。それを効果的に活用していくためには、将来にわたるしっかりとした福祉に関する哲学と計画が必要である。いわば、新間接税は、これからの国民福祉をどうしていくかという発想の線上で考えるべき問題でもある。大衆課税というデメリットは、福祉基本法の制定という形で十分にカバーできるし、また、現在の自民党政権に「真の福祉政策」を実行させるためには、絶好の機会ではないかと考える。

（ハ）新聞接税から得る財源の使われ方で、留意しておくべきものは、防衛費の拡大に対する注意である。

ＧＮＰ一％枠といった歯止めは問題が多いが、少なくとも、防衛費についてのシビリアン・コントロールはもう少し徹底させなければならない。

例えば、中期防衛計画決定の前に、国会の所管委員会で報告し、質疑をさせるとか、防衛費の年度予算を決定する前に、同じように、国会の所管委員会で質疑をして、野党側の意見も聴いておく、といった方法も考えられる。

四、税制改革臨時国会にのぞむ方法

竹下総理は、税制改革に政治生命を賭けているので、多少の無理をしても税制改革をなしとげるものと思われる。世論・マスコミも売上税の状況とは違い、かなりな理解を示している。突発的な出来事が発生しない限り、成功するであろう。

このような状況で、社会党と同じ戦略・戦術で硬直姿勢を取り続けていくならば、今後の公明党の党勢拡大は、おそらく期待できまい。

何故ならば、減税を期待しているサラリーマン層にいかにして食い込むかが、今後の課題であるからである。

従って、来るべき臨時国会では、時と場と機会をみて、攻撃するときと妥協するときをうまく使った国会対策が必要となる。

少なくても《ママ》、現在の硬直した姿勢を取り続けることは、妥協の際、急カーブを切らざるを得なくなり、さまざまな誤解が生じる。

自民党の改革案が姿を現し、政府の大綱がまとまる頃まで、硬いことを言っていてもよいが、改革案の姿によっては、しかるべき対応をしていかなければならない。

最終的には、税制改革法案の審議の入口で基本方針についての合意がなされるのが望ましい。また、「福祉基本法の制定要求」については、党首会談といった高いレベルでの提案が、国民に受ける印象が強いと思うので、政府・自民党の切ってくるカードを慎重に読みながら、柔軟に事態に対処していかなければならない。

田代問題を初め、最近の公明党に対する一般国民の風あたりには強いものがある。だからといって、何んでも反対、ということでは、一段と住む世界を狭くしていく。

かつての公明党は、福祉政策を中心に生き生きとし、わが国の国政をリードしていったこともある。

新間接税に反対でも、審議に応ずることによって、党勢を強くする方策があることを理解すべきではなかろうか。

◆四月二十八日(木)

午後二時半、権藤氏から電話、公明党中執(中央執行委員会)で矢野委員長が、税制改革に反対ばかりではいけない。減税の恩恵を受けない人々に対する政策を考えなければならないと発言したとのこと。また、池田名誉会長と竹入前委員長が福祉問題で動かそうとやっている。これらのことを、小沢副長官に伝えるようにとのこと。

【解説】矢野絢也委員長の税制改革についての発言は、次の三点である。①税制改革反対ばかりではだめだ。歳出についていかにあるべきかについての考え方が必要だ。②従って減税の恩恵を受けない低所得者や高齢者についての対策を抜本的に改革することを考えなければならない。③これからは福祉の公明党にふさわしい政治展開を考えていきたい。

なお、同日、政府税制調査会(会長小倉武一)は、「税制改革についての中間答申」を竹下首相に提出した。これに対して、野党各党は批判の談話を発表した。[43]

◆五月六日(金)

出勤するも、休暇とる者多く、数人。『日本の議会』の整理をする。終了した。早く午後七時半帰宅。

【解説】当時のメモによれば、この日、権藤議員から電話があり、「竹入さんが大変喜んでいた。二見副書記長にもコピーを渡して、よく研究しておくように言っておいた。誠にすまんが、君も『新しい福祉の概念』を勉強して、福祉基本法の基本構想等について案をつくっておいてほしい」とのことであった。

これに対して、私(平野)は、「私は政策の専門家ではないので、荷の重い話しだ。それでも、公明党が真剣に乗ってくるなら、最近の福祉のあるべき姿について基本構想をつくってもよい。しかし、福祉基本法の制定を条件に、税制改革に側面協力するという党の方針が非公式にでもまとまらないと、無駄なことはしたくない」と答えている。

なお、三日後、五月九日にも権藤議員から電話があり、「文藝春秋に大橋敏雄が池田名誉会長のことを書いて、九州地区の責任者のオレがいろんなところから批判されて困っている。[44]しばらく上京できないが、いろいろ調べものをたのむので、よろしく…」と言われた。その後、数回にわたり、同様の調査依頼があった。

◆五月十日（火）

午前十時、三塚議運委員長に長期臨時会の展開について資料で説明。召集時期、会期等で配慮がいる［と］説明をする。

公明党大橋議員文春に創価学会池田名誉会長の批判を書く。鳥居〔一雄〕[45]氏より、除名の手続について相談の電話あり。

◆五月十一日（水）

午後四時、権藤氏から電話、大橋氏の文春問題で福岡に帰りぱ《ママ》なしとのこと。公明党も学会も相当にガタガタになったとのこと。竹入先生が中心になって収拾にむけ、これからの党の方針もその線で進むので、小沢副長官に竹入先生を大事にするよう伝言してほしいとのこと。なお、税制国会は、自民党にはやりやすくなる。福祉基本法構想は、竹入先生と二見氏にメモをわたしているので、構想の肉づけをしておいてほしいとのこと。また、小沢＝山崎（学会副会長）の接触は十分注意し、利用されないよう配慮してほしいと伝えるようにとのこと。

【解説】第百十二回常会は、竹下内閣にとって消費税導入の準備期間であった。最も優先する公明党対策についてコンセンサスが出来る見通しがついた頃、大橋衆院議員の「月刊文藝春秋」への創価学会批判論文が問題となった。学会はこれを政治的に処理するよう指示し、案件の処理が公明党にもち込まれた。権藤氏は福岡県の責任者で、大橋氏を監督する立場にあったので苦境に立った。それまでの次期消費税臨時国会の召集日、会期等の見通しがつかなくなり、大橋問題の相談に乗らなくてはならなくなった。

◆五月十九日（木）

衆院の法案審議は実質的にほとんど終った。正午から十分足らずの動議で。いよいよ問題は税制改革に移った。自民税調では新型間接税の論議に入る。

夜、三塚委員長、事務総長と松下、佐藤が入って会食。三塚委員長税制国会に懸念はしていないとのこと。

【解説】この日の会合では、野党内の混乱と、自民党内部の造反問題、および臨時会冒頭に予想される混乱が議論の焦点となった。三塚委員長が「入口はそうとう紛糾するだろうね。山口（鶴）さんは、はじめ七月早期召集をぶって、それを野党がつぶして、二度目中旬で、いやいや応じざるを得ない形にしてくれと、オレに言っていたよ」と述べたが、私は自民党内部の結束問題の方が重要であると睨んでいた。三塚委員長は楽観視していたが、渡部国対委員長および小沢官房副長官との連携を密にするよう、注意を促した。

◆五月二十日（金）

本会議、議運関係なし。午後二時過ぎ、三塚議運委員長と会い、昨年の議運海外旅行の状況を説明。

午前十一時、税制問題の幹事長・書記長会談開かれる。自民、減税額を示し、政策減税についても前向きの発言で、野党、一応評価をしたものの、今会期中に法案成立については最大限の努力をするよう要求。

午後三時、権藤氏と会う。大橋問題で手を焼いている模様。途中大久保書記長が来る。税制問題で自民党と取引はできないので福祉基本法構想も政府から出して、税制の審議に入りやすい環境をつくってくれとのこと。

【解説】 午前十一時、自民・社会・公明・民社四党の幹事長書記長会談が開かれ、国会冒頭より与野党間で協議していた昭和六十三年度減税問題について、自民党の安倍幹事長が回答。①野党が要求している一兆二千五百五十億円の所得税減税を実施する。②与野党政策者合議で合意した内職所得者の課税最低限引き上げなどの減税は実施する。野党側から「減税の財源に大型間接税を導入しないこと。減税法案を今国会で処理するよう」求めたが、安倍幹事長は回答を避けた。

◆五月二十四日(火)

午前十時半、小沢副長官から電話、「今日午後時間をつくってくれ。税制国会の段取りで相談をしたい」とのこと。

本会議、森美秀氏の追悼演説。

本会議後、事務総長に連絡して、午後一時四十五分、官邸に行く。約一時間論議して、召集の段取りから、会期、税制法案の展開についてだいたいのデッサンをする。その後、小沢副長官が竹下総理と協議。

アドバイスとして、①参院議員の海外旅行を七月四日までに帰国させておくこと、②小渕官房長官の海外旅行中止させること、③三塚議運委員長と海外旅行出発までに協議しておくこと。公明党との話し合いは確実なものになって行く感じをうける。これで税制臨時国会の展望が開けた。

【解説】小沢官房副長官が竹下首相に説明して、税制改革臨時国会の基本方針が決まった。また、午後三時、自民・社会・公明・民社四党の幹事長書記長会談が開かれ、安倍自民党幹事長は、「一兆二千五百五十億円の所得減税は本年度実施するが、今国会中の法案処理は困難だ」と回答した。これに対して野党側は「公党間の約束が守れないことは遺憾であり、次の国会の運営に責任が持てない。重大な決意で対応せざるをえない」と強調した。

◆五月二十五日(水)

平穏な常会最終日だと思っていたら、消費税は国会決議に反しないとの大蔵省首脳の発言を野党が問題とし、議運理事会に〔小渕〕官房長官を呼ぶことでケリがつく。本会議の時間も遅れず。予定どおり終了。

午後三時半、大蔵省石坂文書課長と会う。臨時国会の情報交換。減税切りはなしを気にしているとのこと。万が一そうなっても、信用しておいてほしいと説明。

◆六月二日(木)

午後一時過ぎ、三塚議運委員長に呼ばれる。竹下総理の出発の日、自宅に呼ばれ、税制国会について相談したとのこと。減税、〔税制〕抜本改正を二つに分けて提出し、抜本改正を通常会でという案を総理に言ったところ、叱られたとのこと。海外旅行も含め、今後の考え方について意見を聞かれる。途中事務総長も参加。

①七月五日に議運理事会をセットするのが最初の目的、②最初から政治の話をしないこと、野党から探りがある、その後個別にじっくり腹を話しておくこと、③〔海外旅行の〕現地理事懇を開いて、七月五日をセットすること。等を説明。なお、臨時会の見通しについて、「減税、増税一本でなく、八月上旬減税切りはなし先行成立を条件に、特別委設置、趣旨説明、八月末の審議入りを一括して政党間で話をつけること」とアドバイス。

「百時間近く委員会で審議すれば、解散にはならない。会期延長は大巾になろうが、会期は九十日程度と常識的なものとしておくこと」等もいう。ほゞ、頭の中で画《ママ》けたと、喜ぶ。

【解説】竹下首相は、次期臨時国会で消費税制度を導入することを最大の戦略目的としていた。それなのに、減税を臨時国会で、消費税を次期常会でとは、政権の存立にかかわることであり、何にもわかっていないのか、と珍しく三塚議運委員長が叱られることになった。

◆六月八日（水）

午後三時権藤氏から電話。大橋問題の経過を聞く。「そっとしておきたかった」との考え方正解。二見〔伸明〕氏〔公明党副委員長〕と会館で約一時間懇談。税制国会の展開について話す。入り口は盆後、再開でほゞ理解。出口について矢野委員長も悩んでいるとのこと。「矢折れ、力つきる」ことでよしとするかとの意見が、今のところ大勢とのこと。それだけで党内も国民が納得しないことを懸念しているとのこと。「新型間接税に反対は当然。徹底的に解散に追い込む腹あるのか…。ないなら、民主主義のルールに従うしかないだろう。採決に応じていく条件に、審議の最終場面で、税の使い方の問題として、福祉基本法の制定を要求し、明確な答弁を得て、堂々と審議に応じていけ」とアドバイス。二見氏、「良いアイディア、早速矢野委員長に相談する」として、政審の社会福祉担当の鈴木氏と電話で、秋口にかけて、使うかもしれないので、福祉基本法の構想をまとめるよう依頼。そのため、臨調社会福祉版をつくってもよい、とのこと。なお、特別委員会方式で、質疑は全議員でやりたいとのこと。

◆六月九日(木)

午前十一時半、権藤氏から電話あり。「神崎〔武法議員(公明・元検事)の〕情報によると、七月に社会党の議員がパクラレルとのこと。税制改革に悪い影響が出ないよう、小沢副長官に伝えるように、また、〔税制問題は〕労働団体と産業別個別に話をするよう伝えるように」とのこと。

神崎情報を追求すると〔=追っていくと〕、前田〔宏〕検事総長もはり切っており、自民党にも一人いるとのこと。

◆六月十四日(火)

午前十時半、事務総長と松下氏に高知行きの説明。税制改革問題について公明党二見氏の話をする。[46]

事務総長、小沢副長官から電話あり、正午からの会合で事務総長から説明してくれといわれたとのこと。

小渕発言、渡部発言といい、自民党、自分から話をおかしくしている。社会党の拒否反応派、公、民をどうかゝえるかが問題だというと、社会党にこだわっていた。

午後五時四十分、池内氏と会う。〔…〕民社が明日塚本委員長の記者会見で税制国会、条件をのめば審議に応ずることを表明するとのこと。

【解説】この日、自民党税制調査会は「税制の抜本改革大綱」を決定した。その要点および野党各党の談話については、拙著『消費税制度成立の沿革』二七一頁以下を参照。

◆六月十五日(水)

午前十一時、権藤氏から電話あり。「大橋問題がかたづいたので、本気で税制国会での党内対策に取り組みたい。福祉問題でのアイディアを出してくれ、七月四日、小沢・中上〔政信・創価学会幹部〕で会うことになった」とのこと。

民社党の塚本委員長の韓国での税制改革国会についての発言[47]で、各派閥大さわぎ。部長会議が長びいて、早坂氏との会食また流れ、午後九時過ぎ電話で、二見・矢野〔間の〕情報を伝えたところ、竹下総理に伝え、五〔、〕六人質疑〔した後〕解散になってもよいというなら腹固めて、政府提案をする…等について興味を持っていたとのこと。サミットから帰ったら事務総長も入れて会談をしたい意向とのこと。

【解説】この日、政府税制調査会は「税制改革についての答申」を竹下首相に提出した。内容は「中間答申」をもって、最終答申とするというものであった。

また、翌十六日には、竹下首相がトロント・サミットに出席するため出発、塚本民社党委員長は、出発前の竹下首相に会い、「政府・自民党が誠実に取り組むかどうかが、審議参加の判断基準だ」と述べている。なお、社会・公明・民社・社民連の書記長会談が、午後開かれ、次の三点で合意した。

① 臨時国会での今年度減税法案の分離を強く要求する。
② 政府・自民党が消費税法案の今秋成立を強行するなら衆院の解散・総選挙を迫る。
③ 今後も四党は緊密な連携をとる。

この四野党の書記長会談は、民社党を野党共闘から離脱させないためのもので、これにより、民社党は独自に行動できなくなった。どこかの野党が民社党に理解を示さない限り、民社党の単独妥協はなくなった。

そして六月十八日、朝日新聞が「リクルート社が川崎市助役（小松秀煕）[48]へ一億円の利益供与をした疑惑がある」と報道した。いわゆるリクルート問題の勃発である。これにより、消費税の国会審議は翻弄されることとなる。

◆六月二十日（月）

権藤先生より電話あり、大橋議員が、権藤氏の女性問題等を洗っているとのこと。若いころのヤクザとのつき合いのこともとりざたれているらしい。

【解説】この際の電話の要旨をメモにして書き直し、夕刻、小沢副長官に届けた。そのメモは次の通り。

○権藤　税制改革大綱について、世論の反応をどう見ているか。
○平野　新聞論調を分析したが、不公平是正問題を中心に、内容についてはかなり厳しい批判があるので、このまま通すことは無理でしょう。
しかし、各紙の社説でオヤ！と感じさせることが一つありますよ。それは、私が読んだ限りでは、一社も「消費税」について「国会決議違反」とか「選挙公約に反する」と、批判していないことですよ。

○権藤　なるほど……、どう理解すればよいのか。

○平野　中味について注文はあるが、段取り・運び方については問題はないということではないですか。

「売上税」の時には、中味の論議の前に、運び方に問題があるという批判を各紙が社説で書いていたのが目立っていたんですよ。

○権藤　各党の反応はどうかね。

○平野　それぞれ書記長クラスが談話を出していますが、社・公は「国会決議違反」、「選挙公約に反する」といっています。印象として内容に対する批判の方にウェイトをおいたと思いますが……。

それと、二十日の社・公・民・社民連の政審会長レベルによる『税制の抜本的改革への共同見解』には、国会決議違反のことにはふれておらず、「国民合意の税制改革をめざして共同して努力していく。」と言っているので、審議をする腹はあると感じますよ。

○権藤　野党は審議拒否を続けると、国民からどう思われるのかなあ……。

○平野　売上税の時には、国民世論の中に審議を拒否したり、牛歩戦術をやったりすることに支持というか、拍手をする国民がいたことは事実です……。

一番厳しい、朝日新聞の社説ですら「(自民党は)数で押し切る姿勢は絶対許されない。野党との間に合意を広げる謙虚さが不可欠である。野党もまた、審議を頭から拒否する態度は避けてもらいたい。」と書いているんだから、野党もいつまでも審議拒否を続けると世論から批判されますよ。今回は……。

朝日の社説が常識というか、正論ですよ。

○権藤　民社党の塚本委員長のソウル発言をどう見るか。

○平野　吹き返しがありますよ。民社党は事前の約束を腹でもって守る政党ではありませんよ。状況が変われば理屈をつけて態度を変えるのはいつものことで、どれだけ信用できるか疑問ですよ。

それに、あそこは、政党として一つというより、個人個人が民社という集団を便宜上つくっているというところで、本当に話をつけるなら、一人、一人に話をつけないと、まとまらないとこですよ。

○権藤　自民と民社だけで審議を進めるという展開にはならないのか。

○平野　自民がいよいよ困って、民社がOKすれば二党でもやるようになるでしょうが、そうなれば、民社の中で社会党に引っぱられる部分があるでしょう。民社がまとまらなくなり、自民党の派閥に連動して政局がらみになると、民社はいろんなことを仕掛けてきて、決して竹下政権にプラスにはならないでしょう。それに簡単に塚本路線にまとまるかどうか……。政審会長の米沢〔隆〕さんなんか、旭化成の宮崎〔輝〕会長に頭を押えられており、経営者の中でも宮崎さんはまだ反対の旗ふりしていますからね……。

○権藤　そうすると、公明が一枚かまないと審議はできないということか。

○平野　その通りですよ。公明にとってもきちんとして常識的な国民政党の道に戻るか、社会党ペースの無責任政党のまま、だんだん先細りになるか、大事な峠になりますよ。

○権藤　そのことについては竹入先生や二見らといつも話しているよ。今度は、労働局長としての立場もあるので、言うべきことは言うよ。

◆六月二十一日（火）

大橋議員の公明党除名問題尾を引く。午後一時半、大久保書記長と会う。議長への要望書、積極的にコメントすべきでない、とアドバイス。

午後三時に再度会う。「記者会見することにした。党内問題で院の問題になっている」とのこと。原因は、藤原〔行正〕都議の息子が神がかって、「〔自分は〕戸田城聖の生れかわりで、第六代の会長になる」ということ〔＝言っていること〕に根があるとのこと。それなら、宗派内の問題で政治問題として深入りすべきではなく、まして、第三次宗教時代といわれる現代、少し、超能力的なものがあれば大衆は飛びつく。きわめて危険と、夜、権藤氏に電話。

【解説】当時のメモ[49]によれば、大久保書記長の議員会館に呼ばれた際、石田幸四郎副委員長、伏木和雄副委員長が同席。大久保書記長はゲッソリやせ、石田、伏木両副委員長も顔色悪く、疲れた様子であった。やりとりは次のとおり。

○大久保　大橋が今日、原議長に要望書を届けたが、これがそのコピーだ。要望書の性格と問題点を説明してほしい。

○平野　一般の人でも、団体でも、国政などについて自分の意見や要望を政治的影響力のある人に要望書として出すことは、いつも日常的にやっていることで、大橋さんの場合、現職の議員ということで珍しいがそういった種類のものと思います。

内容的には、議院に関係することが二点、大橋さん自身、疑惑といわれていることをはらしたいから証人として出頭したい。また池田名誉会長を「政教分離」問題で証人として喚問してほしい、という点です。二点とも議長に関係のないことで、議長としては目を通すだけで、何もしません。

○大久保　証人喚問というとどういう手続になるのか。

○平野　証人喚問を決めるのは所管の委員会で議決が必要です。要望書は筋を間違えているのです。所管の委員長に出すべきです。

仮に、委員長に出されるとすると、委員長は、いきなり委員会に諮るようなことはしませんよ。まず理事会で協議します。理事会で合意して話が進んでいくんですよ。それに、証言法の改正がそのままになっていますので、簡単に証人喚問といっても事実上できませんよ。

○大久保　今、両副委員長と相談していたんだが、書記長として記者会見して、その辺のことを話そうということになっているんだが、どうだろうか。

○平野　自分の党員でない人が、議長に出した要望書について、書記長として記者会見するのは、問題を大きくするだけですよ。無視しておけばよいと思いますよ。新聞の記事を大きくするだけですよ。

○大久保　それもそうだ。記者会見はやめよう。

［午後二時、大久保事務所退室］

（午後三時、院内、公明党役員室に呼ばれる。）

○大久保　さっき、大橋の要望書のことで記者会見しないことにしていたが、大橋側の記者会見で、私の政治献金のことを出したので、記者会見をすることにした。要望書のことを聞かれると思うので、どの程度のことを言っておけばよいかと思って……。

○平野　議長に持ち込む問題ではないこと、と「政教分離問題」は解決済……ということですか。あんまり、話をしない方が良いと思いますよ。

○大久保　今度の問題の根っこは、藤原の方にあってね……。つまらん、バカバカしいことが原因なんだよ。

○平野　どういうことなんですか原因は……。

○大久保　藤原の次男が、神がかったようになって「私は、戸田城聖[50]の生まれかわりだ。六代目の創価学会会長になる。」と口ばしっているらしい。そこで、池田名誉会長の攻撃に大橋が使われているんだよ。

○平野　それじゃあ、宗教上の争いが原因で、それを政治問題として処理しようとしているんですか。

○大久保　大橋が国会議員だから、政治問題として……。

○平野　一番悪いケースですよ。原因が宗教上の争いなのに、現職の議員の身分をいくらつっついても問題は解決しませんよ。だんだん泥沼化していって党の運営や国会対策が冷静にできなくなったら大変なことになりますよ。

○大久保　心配してくれて有難う。

（午後九時、権藤議員より電話）

○権藤　大橋のことで、大久保書記長に呼ばれたそうだな……。

○平野　今日、二度も大久保書記長に呼ばれて、大橋さんのことで話を聞いたが、原因が藤原さんの次男のことのようですな。
○権藤　なんか、六代目の会長になる運命だといっているらしい。
○平野　宗教の内紛というのは、みんなそういった神がかりから始〔ま〕るんですよ。バカバカしい話だと書記長は言っていましたが、「神がかり」ということは、大変な問題に発展する可能性がありますよ。しかも、それを政治的に押えようとして、ますますおかしくなりますよ。
○権藤　どういうことか、詳しく説明してくれんか。
○平野　現代の世相は、第三次宗教時代といわれているんですよ。いわば世紀末、人心の不安、将来への展望がないのが原因で、若者が新しい宗教、神秘的なものを求めて、ものすごく多数がオカルト的になっているんですよ。

世の中、超能力とか、霊能力とかというものがあふれているのでしょう。私の想像ですが、藤原の次男もおそらく、超能力的なものを多少持っているんじゃない〔か〕と思います。戸田城聖も超能力があって病気なんか治したというでしょう。藤原の次男というのは、予言的なことを言って、それにもとづいて一連の行動がなされているなら、余程注意しないと……。深層心理学的にいいますと、こういうことは現在では科学的に証明できるようになっているんですよ。仮に、予言が当るようになると、大衆は飛びついてきますよ。そうなると創価学会内部はメチャクチャになりますよ。
○権藤　よくわかるなあ……。実は、藤原の次男については不思議な人間で、会ったことのある人は、なんか、引き込まれるような力を持っているといわれているんだ。

○平野　そうですか……。こんな時には、政党という立場を守って、世間からとやかく言われないように、キチンとして、国民の期待にそって、堂々と政治をやっていくようにしないと……。下手すると、臨時国会に対応できなくなりますよ。大久保書記長の顔は、普通じゃなかったですよ。あんな様子だと、一番簡単な断固反対で突っ走るしかなくなり、社会党より強くなるかもしれませんよ。何時までも、大橋問題なんかにかまわずに、党として態勢を整えないと、大変なことになりますよ。

○権藤　わかった。竹入さんや二見さんに相談してみるよ。

◆六月二十四日（金）

午前十時半、部長会議。正午過ぎには終わる。午後二時から委員部課長会議を開く。予定どおり午後四時半すぎに再開して担当を決める。夜、権藤氏との電話をメモ…。

【解説】この日の午後（現地時間二十三日）、竹下首相は、カナダのトロント・サミット出席後、ハワイのマウイ島に立ち寄り、同行記者団と懇談。消費税導入を柱とする税制改革について、七月中旬に召集予定の臨時国会で関連法案成立を目指して「内閣の命運をかける」と強調した。発言の内容は、不公平税制の是正に対する意欲、所得税減税法案との切り離しを示唆したり、税制の抜本的改革に強い自信を示すものであった。佐藤内閣の沖縄国会への姿勢に学べのアドバイスが役に立ったようだ。

◆六月二十八日（火）

十一時半、直接三塚委員長に会った際、海外旅行中の政治の動き、社会、公明党の変化について説明。議運理事会、午後一時から二十五分経過で委員長が時間が早すぎるということで約五分懇談。社、公、民、共それぞれ話し。会期議決に社、公のボイコットが鍵となるが、今日のところ、そんな雰囲気でもない。

【解説】 政府は閣議で「税制改革要綱」を決定。内容は十四日に自民党が決めた「税制改革大綱」を受けたもので、消費税の導入、所得税・法人税と相続税の大幅減税を行うことを柱としたもの。竹下首相は「首相談話」[51]を発表。

午後一時、衆院議院運営委員会理事会が開かれた。

○自民党　税制抜本改革のため七月十一日に臨時国会を召集して審議期間を十一月七日まで百二十日間としたい。

○社会党　与野党合意した減税に限る臨時国会とすべきだ。

○公明党　減税に限って一週間の会期でよい。

○民社党　税制の改革は通常国会でよい。

○共産党　消費税は大型間接税だ。自民党の公約に反する。臨時国会の召集には応じられない。

各党、言いたいことを主張して二十分程度で議論は終わったが、早く終わることもないとして、十分ぐらい雑談して、時間を潰した。この当時、野党側は強気の反対論のわりには、雰囲気は悪くなかったのである。[52]

◆六月三十日（木）

午後三時過ぎ、権藤氏から電話。小沢副長官に口伝を〔＝伝えるよう〕たのまれる〔【別紙】参照〕。矢野委員長も解散に追い込む姿勢〔が〕なくなったとのこと。しかし、出口は審議拒否案らしい。税制基本法構想の中身を十分吟味してほしいとのこと。

【別紙】大橋問題をかかえたその後の公明党の動き

（六月三十日（木）午後四時、権藤議員から電話あり）

○権藤　この間（六月二十三日）電話したときと、党内の様子が少し変ってきた。七月四日の夜、小沢副長官と食事をするが、その時、学会のある人に会わせることになっていて、そこでの話に参考になると思うので、今日の電話の趣旨を、すまんが小沢さんに伝えておいてほしい。

○平野　わかりました。

○権藤　大橋問題をこじれさせた後、学会内部でかなり動揺が出ている。矢野委員長は一時期、学会や党のゴタゴタをふっ切るためにも、早期に解散に追い込んだ方が得策かと考えていたふしがあった。

いろいろ調べてみると、今のままだと学会も選挙態勢をとてもとれたものでもないし、激減すると読んだようだ。大久保書記長らは、このままだと落選らしい。そこで、年内解散も、同時選挙も避けたいということで、六月二十九日のＮＨＫのインタビューの話になったようだ。[53]

○平野　税制改革基本法のことですか。

○権藤　そうだ。不公平是正や行革・弱者対策について三・四年かけて基本法をつくって、必要があれば消費税を導入してもやむをえないということのようだ。
○平野　矢野委員長の発言の意図がよくわかりませんよ。それだったら、税制改革をやるについて必要な環境を整備して、それから消費税を検討しろということですか。言葉どおりなら、基本法というものでなくて、税制改革整備法という性格のものじゃないですか。
○権藤　政治家の話をあまり理屈で考えるなよ……。一口でいえば、環境を整えてから、消費税を採用しろということだ。それに、矢野さんも自分の言ったことが全部通るとは思っていないよ。提案したものの中から適当に趣旨を生かしてもらえば、臨時会で消費税を含む税制改革をやってよいというのが、腹のようだよ。
○平野　それじゃ、話し合いがつけば、審議に参加するということですか。
○権藤　大橋問題がこじれない時期には「矢折れ、力つきるまで質疑する」という腹だったようだが、「断固反対」は下せないようだし、若干の審議はしても、出口では、どうなるかわからんようだ。二見は徹底審議ということでいくべきだと主張している。
○平野　常識的にいって、消費税を決定しておいて、実施するまでに、不公平是正とか行革とか、弱者対策を中心とする福祉ビジョンの作成とか、新しい防衛費の枠等について合意する……ということだったら、政府・自民党も話に乗れると思いますが、それで話がまとまれば、審議に応じて採決のときも出席すべきですよ。
○権藤　ところが、今のところ採決は強行でやってもらうとか、単独でやってもらった方が、格好がつくというのが、公明党執行部の考えのようだよ。
○平野　それはおかしいですよ。実質的に取るものをとっておいて、あとは断固反対だから強行採決しろというのは。
○権藤　二見は君と同じことを言っているが、国対委員長は大出（社会党国対委員長）とがっちり手を組んでいるので、審議入りも難色を示しているし、採決の時出席することは今のところ、考えていないと思うよ。
○平野　仮に、衆議院の委員会段階で強行採決ということになれば、「解散」の可能性が出て来ますよ。税制の抜本改正で、自民単独強行採決ということだと新聞は徹底的に批判しますからね。社・共が勢いづき公明も社会党に必ず引っぱられます。そうなると民社も、反自民になりますからね。
　衆院の本会議を通すときに、各党が話し合って事態を収拾して審議に乗るようなことが出来れば別ですが、とても無理でしょう。そうなると参院で成立させることは不可能ですから……。公明が今一番避けたい「解散」の可能性がグンと高くなりますよ。
○権藤　そのことを七月四日の夜、小沢さんからよく相手に説明して、審議に参加するよう、よく納得させてほしい。それと、特に小沢さんに伝えてほしいのは、公明党を動かすためには、福祉問題で間違いなく画期的なことを実施するといってほしい。それに学会はいま世間から冷く見られているから、何か目立つことで評判を良くしようという動きがあり、「平和の問題」に関心が強いんだよ。だから、この間の世論調査でも出ていた、防衛費を拡大させない方策、これをうんと言ってもらいたいんだよ。
　わしは、四日の夜は何も言わずにいるので、この二点について、二人でじっくり話すよう伝えてほしい。

○平野　わかりました。伝えますが、臨時国会の入口で会期の決定にも出席しないという意見が、公明党内にあると報道されていますが、本当ですか。
○権藤　何人かいるようだよ。
○平野　国会が召集されたら、議員はどんなに反対の案件が出されるにしても応じなきゃならん義務が、国会法に書いてあるんですよ。会期を議決することに応じないということは、議会政治を否定することなんですよ。
　何の目的でどういうことをやりたいかという政府の所信を聴いて、その適否を代表質問で質すところまでは、国会議員の義務だということを、前国対委員長として、党内で力説すべきですよ。ここんところで、社会党ペースになると後が大変ですよ。

　話を戻しますが、矢野委員長は「解散路線」を考えなくなったという見通しは、大丈夫ですか。
○権藤　側近に「もう代理戦争はこりごりだ」といっているらしいから、大橋問題は学会の問題として、党はこれ以上さわらないようだ。
　冷静になってきたから、「解散路線」に帰ることはないと思うよ。

◆七月一日(金)

[午前十時、]小沢副長官に権藤氏から頼まれたメモをわたす(別紙〔六月三十日の項を参照〕)。

◆七月四日(月)

正午から衆院議運理事会。臨時会の召集案について野党各党、自民の提案に反発して、協議続行できず。自民が野党の主張を持ち帰った。
権藤議員から電話あり。小沢＝中上＝権藤会談の打合せ、今後の対応について、矢野委員長の〔福祉〕基本法発言をアレンジして、税制改革関連法を成立させておいて、施行するまでに、行革、福祉、防衛費についての見直しを行う…ことで審議入りをできないか、と権藤氏に説明。

【別紙】（七月四日（月）午後一時すぎ、権藤議員より電話）54

○権藤　今夜、小沢副長官と学会の秋谷会長の秘書の中上君と三人で会うが、中上君は、昨年売上税のとき平野君とも会わせて、意見を交換しており、直間比率の見直しなどについてはよく理解している。政治問題では秋谷会長の側近の中で一番影響力を持っているので、成果を期待している。

そこで、現時点でよいが、なんとか、政府自民党と公明党との話し合いの接点を見つけて、税制改革について堂々と論議をして取り組めるようにしたいので、話し合いの糸口になるポイントについて意見をいってほしい。

○平野　NHKのインタビューで矢野委員長のいった「基本法構想」をどう料理するかですよ。政府の意向として報道されている「基本法」とは、同床異夢ですが、政治的には似かよった考え方として、形の上で若干の共通性があるといえるでしょう。問題は内容ですよ。矢野委員長の発言は、税制改革の環境整備という考え方でしょう。整備が出来てから、消費税を立法化しろということですよ。ここんところは、政府は絶対にのめないと思いますよ。

逆に、税制国会で消費税を含む税制改革関係法律を成立させて、消費税法の施行までに、環境の整備をやるということだったら、政府・自民党との話し合う接点になると思いますよ。

○権藤　場合によっては、今夜話すので、もっとこまかく話してくれ。

○平野　税制改革法案の審議の入口は、小沢副長官が段取りを考えているので、そっちで聞いて下さい。本格的に審議が始まって、出口をどうするか、という時なんですが、公明党が審議に応じなければ、民社も応じないと見てよいと思いますから、採決は、自民単独の強行ということになり、参議院でどうなるかわからなくなり、衆議院の本会議だって大混乱でしょう。自民党が一体化しておれば、両院を強行突破しておいて、解散、あるいは同時選挙に持ち込むことも可能ですよ。減税もやるし、福祉なんかで新しい政策を展開すれば、自民党が大負けすることはありませんよ。

そこで、公明党は税制改革、消費税に断固反対で結構ですから、徹底審議ということで最後まで審議をやるのなら。そういう条件での話ですよ。

まず、不公平税制是正については、かねて公明党が主張している事項がありましたね。①キャピタル・ゲインの課税強化②政治家のパーティー収入への課税③宗教法人への課税強化④みなし法人の課税強化、それに法人の資産課税の見直しというのもありましたね。こういったことについては、税制国会で処置するんですよ。やり方として、与野党協議の機関で論議できれば一番良いですが、社会党は乗らないでしょう。野党の主張を踏えて自民党が修正するという方法でもよいと思いますよ。

次に、行政改革推進、福祉ビジョンの設定、防衛費の新しい枠等〔に〕ついては、短時間で政策化できないでしょうから、税制改革関係の法律を全部成立させておいて、消費税法を施行するまでに、政府が策定するということを国会答弁でとっておくんですよ。勿論、公明党として具体的な注文をつければよいことで、福祉ビジョンなんかは『福祉基本法』という形でまとめれば、公明党のイメージは上りますよ。

それだったら、消費税を中心とする税制改革に断固反対して、徹底審議して、主張は主張として政府にくみ上げさせるということで、筋が立つと思いますがねえ……。

○権藤　私もそれが良いと思うが、まだ党内でそれが理解されないいんだよ。矢野さんは理解していると思うがねえ……。

◆七月五日（火）

税制改革法案の立法形式について事務総長から問合せあり。大蔵省日高文書課長が午後説明に来る。「宮沢大臣が一度話を聞きたいといっていた」とのこと。

夜、早坂氏と電話して竹下総理へのメモを書くことになった。午後十一時半までかかる。

【別紙】（七月五日（火）午前九時すぎ、権藤議員から電話）

○権藤　昨夜は三人でゆっくり話した。中上君は、はっきりと直間比率の見直しを早くやらんと、日本が国際社会の中で将来発展的に生きてゆけなくなると、えらいはり切っていたよ。不公平税制では、宗教法人問題は、学会より自民党が大変だろうと言っていた。学会が「ダシ」に使われているると。

○平野　国会の運営の話は、こまかなことは出なかったでしょう。

○権藤　政府の人と学会だから、出しにくい話だったようだ。中上君は、自民党が一本になってぐいぐい押してきたら動きますよといっていた。税制改革は今年はやるべきで売上税のときと状況はまったく違うという意見だった。
○平野　学会の人は税制改革に前向きの話をするのに、どうして公明党の執行部は建前ばかりいっているんですか。
○権藤　党内にも、私や二見のように、今度は税制改革をやらんと、日本の将来にかかわると考えている人間もいるんだよ。ところで、小沢さんと別れた後、中上君といろいろ話したが、政府・自民党との話し合いの接点のことだが、昼間、君から聞いていたことをメモにして中上君に渡したら、これなら公明党として乗っていけるのではないかと評価していたよ。早速、秋谷会長に説明して、党から相談があったり、党を説得するために参考にしたいと言っていた。
　そこで、メモの内容といきさつについて、小沢さんは承知していないので、伝えてほしい。政府も自民党も公明党に、どんどん内容のある根廻しをして、党から学会に相談するようになれば、党も変ってくると思う。臨時会の入口ももたもたしているようだし、全体の流れをどうするか、という非公式な話も、どんどん持ち出すべきだと思うよ。

　それから、中上君から平野君に頼んでくれといわれたことがあるんだ。小沢さんとも熱心に話していたが、天皇が逝去した時のことだよ。葬儀なんか神道でやるようになるのか、憲法との関係とか、学会としてどう対応したらよいか、国事行為としてどんなことがあるのか。そこら辺のことを極秘に、どんな問題があるのか、研究しておいてほしいと言っていたよ。学会幹部もいろいろと心配しているようだ。
○平野　私は専門ではないので役に立ちませんよ。なんかの関係で、税制国会に役に立つかも知れんので勉強しておきます。

◆七月六日（水）

早坂氏に別紙メモをわたす【別紙1】。小沢副長官にもメモ【別紙2】。三塚委員長にもわたす【別紙3】。

朝日佐々木氏の情報によると、民社、塚本委員長のバック［の］宇佐美〔忠信〕さん〔同盟会長〕の政治力が落ちたとのこと、民社の展開が問題なり。

午後十時近くまで、農水委［で］米価問題をやる。

【解説】この日の午前十時、早坂氏から電話があり、「竹下首相が国会での自民党の動きが見えない。平野君に様子を聴いてくれ」とのことであったので、正午、【別紙1】のメモを届けた。なお、午後三時、早坂氏から「竹下首相からの伝言で、よく直言してくれた。感謝している」との電話。さらに「せっかくだから野党の動きも分析してくれ」との依頼あり。メモ作成中に、三塚議運委員長からも同じ要請を受けた。それが【別紙3】である。

【別紙1】税制改革国会に臨む自民党の姿勢について

いよいよ正念場の臨時国会の目前にして、自民党の態勢が一つ、締らないと言えます。

まず、七月四日（月）議運理事会をやるというのに、渡部国対委員長が福島県に帰って、東京にいない。これでは野党から足元を見られるのも当然だと思います。

次に、幹事長周辺から、民社党からの申入れは総理と大蔵大臣が受けている話で、幹事長のところには正式に聞いていない。党首による公開討論の話も幹事長として正式に聞いたものではない。とまるで他人事のような話が聞こえてきます。

次に、村岡議運理事が、七月五日の勉強会で、政府・党の職員のいるところで「税制改革法案の審議が始まるのは、九月中旬の福島県知事選が終わってからになるな……」と半分あきらめたような発言。これでは、関係者やる気をなくします。

一人、はり切って懸命な努力をしているのが、三塚議運委員長、会うたびにどんな情報でも教えろ！ 今度は議運が中心となって国会運営をやっていくから……と。臨時会の会期決定に、場合によっては野党ボイコットかという話に国会議員には召集に応じなければならない義務が国会法に規定されているんだ。政策課題を審議するための臨時会の会期決定に、野党はどんなに反対でも出席してきたと、社会党を議会政治の本旨から説得中です。

そこで政府与党首脳八者会談というのが、これから度々開かれて重要な意思決定をしていくと思いますが、これに議運委員長を参加させることを検討したらいかがですか。かつては政府与党連絡会議に議運委員長は出ていました。

とにかく、自民党が全体で一体化しますと、それだけで迫力が出て、野党がしりごみをします。その上で話し合いをすれば状況は好転します。昨年のマル優国会の時はそうでした。臨時会召集にあたって、自民党の締め直しを行い、相互に分担して野党を積極的に説得する態勢をつくり上げることが肝要かと思います。

【別紙2】小沢官房副長官あて平野書簡

前略　昨五日、午前十時、権藤先生から〔二度目の〕電話があり、親友が急死して福岡に急に帰ることになったので、小沢副長官に、伝言しておいてくれとのことでした。（平野拝）

七月四日の夜、小沢さんが帰ってから中上君と二人で話した。権藤個人の考え方として、政府と公明党の話し合いの接点として何かいると思って、次の要旨のメモを渡しておいた。

① 公明党は消費税法の成立に断固反対していかざるを得ない。が、徹底審議という線でいくべきで、審議拒否をいつまでも続けることは、減税等のこともあり総合的にみて、国民の支持を失うものである。

② 審議に応じていく条件として、矢野委員長がNHKで発言したこと、全部が通るものではないことは本人も承知のことである。

③ 政府・自民党と公明党の話し合いの接点として、

（イ）与野党で合意した六十三年度減税措置は議員立法で早期に成立させる。

不公平税制是正の強化も、税制国会で実現させる。与野党の協議ができないなら自民党が野党の意向を踏まえて修正すればよい。

（ロ）消費税を含む税制改革関係法案は臨時会で徹底審議で成立させておいて、消費税法を施行するまでに、

(1) 行政改革についてのこれからの具体的計画

(2) 老齢化社会に対応する福祉政策の見直し

(3) 防衛費を増大させない方策

等について、政府で立法なり措置をとることを国会答弁で約束させる。

このメモに対して中上君は『政府がこれをのむなら、公明党としても文句はないと思うが……、

秋谷会長によく説明しておくので、政府・自民党も、公明党にどんどん働きかけ、党から相談があれば、権藤構想が生きるよう努力する。』と言っていたそうです。

大久保・市川執行部が、この程度のことで、審議にのるとは思えませんが、権藤先生が熱心になんとか党を動かそうと努力していますので、何かにご参考にして下さい。

【別紙3】三塚議運委員長あて平野氏メモ

前略、新聞記者などを中心とする野党の動きについての情報を整理しますと、次のようになります。

一、民社党について

塚本委員長のソウル発言は、現段階で宙に浮いた状態のようです。原因は、民社党の背景の労組のゴタゴタにあるようです。

即ち、塚本委員長をバック・アップしているのは、旧同盟会長の宇佐美氏ですが、ここに来て宇佐美の政治力が急速に落ち、現在、処遇をめぐって連合内でもめているそうです。労組内でも、激しくイニシヤチブの取り合いのようです。

民社党内も、この影響をうけ、党内を取り仕切っていく人物がおらず、『塚本発言』が民社内で今後担保されていく保証はないようです。

連合を中心とする労働界の分析を、労働省自身が甘く見ていたようでして、官邸では、現在必死になって、宇佐美氏の政治力回復に根廻し等をしているようですが、これからの臨時会の展開が『塚本発言』ペースでは進まないと見ていた方がよいと思います。

二、公明党について

大橋問題を早く忘れて、臨時会に対応すべきだとの意見が党内の大勢となって、矢野委員長のNHK発言となったようですが、消費税に対して断固反対は最後まで続ける方針のようです。ただ、背後の学会は諸般の事情から「断固反対は良いが、何時までも審議拒否を続けることは得策でない」との考え方で（秋谷会長周辺）、時期をみて柔軟路線に変更すべしとの考え方のようです。

公明党内部では、大久保書記長・市川国対委員長が強固論で、特に市川先生が、社会党の大出国対委員長とガッチリ手を組んだ状態ですので、学会の意向が反映してくるには時間がかかりそうです。

柔軟路線を主張しているのは、竹入前委員長、権藤前国対委員長、二見副書記長《ママ》等で、なんとか徹底審議で、反対を貫きながら、福祉政策や防衛費の新しい枠などについて政府に画期的な約束をさせれば、税制改革を実現させてもやむを得ないのではないかという考え方のようです。

矢野委員長もこの考え方に理解を示しているということですが、市川国対委員長が、この春の予算審議のとき、浜幸さんとのからみを新聞や週刊誌に書かれ、共産党が選挙区で攻撃していることもあって、強固姿勢をくずせないのが実情のようです。

三、社会党について

税制改革に協力、妥協してくれそうな情報は一つもありません。徹底抗戦で解散に追い込むという方針は変わらないものと思います。もっとも、公明・民社が審議に応じるということになれば、一人でボイコットを続けるわけにはいかないので、応じてきましょう。従いまして、全体的な流れについて説得したり妥協させたりすることは無理かと思いますが、個別の問題、召集日とか会期とか、国会日程とか一つ一つ、こまかく理解してもらって口説いていくしかないようです。

四、まとめ

連合を中心とする労組の動きが、七月に入って、必ずしも税制改革に協力的でなくなったという状況の変化が生じていることを認識しておくべきでしょう。従って、民社との話合いはこれから屈曲があると思います。

全体の流れを見通すためには、公明党の柔軟路線を大きくしていくことが必要と思われます。そのため核は市川国対委員長と思います。市川氏は権藤・二見両氏とはきわめて悪い関係ですので、両氏のことにふれずに、市川氏を説得できれば事態はかなり良くなると思います。

民社もしばらくは、社・公・民一体でいかざるを得ない方針とのことですので、根気のいる国会になると思います。

◆七月七日(木)

リクルート株問題で〔森田康〕日経社長が辞め、江副〔浩正〕リクルート会長も辞め、竹下総理の青木〔伊平〕元秘書もかかわったということで問題化。

議運理事会、召集日問題十一日に持ちこし。自民八者会談、与野党国対委員長会談待ちという形。三塚委員長とリクルート問題と税制国会で懇談。この際、野党の意見を全部入れて、税制抜本〔改革案〕を全部かたづける機会とアドバイス。〔…〕リクルートに池田大作氏、山口鶴男氏の名があると共同〔通信記者〕の情報。中上氏に電話して確かめると、池田克也のまちがい。

夜、久しぶりに〝おもん〟に安藤〔仁・宮沢喜一大蔵大臣秘書〕、島崎、塩崎。安藤氏、服部蔵相秘書官のことを心配。解散を期待する話あり。

【解説】朝日新聞〔朝刊〕は、リクルートコスモス社の非公開株が、中曽根前首相、安倍自民党幹事長、宮沢喜一蔵相の秘書に売買され、いずれも公開直後に売却されたと報道。また、夕刊で竹下首相の元秘書〔青木伊平〕、塚本民社党の秘書にも同じ事実があったと報道した。[55] 六月九日の権藤議員からの神崎情報「七月国会議員捜査」が思い出された。

政府自民党は臨時国会の召集日七月十一日を断念し、与野党の協議を継続することになった。また、午後一時、三塚議運委員長に呼ばれ、リクルート問題が税制改革国会に与える影響について聞かれた。政界への捜査となれば国会運営は難しくなるが、株の譲渡となると、不公平税制の改善という税制の抜本改革のテーマでもあり、初めから深刻になる必要はないとアドバイスを行った。

この日の午後七時、浜町の「おもん」に行ったが、これは宮沢喜一〔蔵相〕事務所の安藤秘書らに呼ばれ、リクルート問題について懇談したものである。安藤秘書は、「服部大蔵大臣秘書官がリクルート社と関係深い。宮沢蔵相の責任問題が起る」と心配顔であった。

◆七月八日〔金〕

リクルート問題で〔朝日新聞政治部〕池内記者の話をきく。税制改革特別委員会は、法案審査という面を直接出さず、税制改革問題の調査と対策樹立ということでスタートさせた方が抵抗が少ないと思う［小沢副長官から要請のあった税制特別委のあり方についてメモを書く］。

〔公明鳥居先生より電話。十一日の議運で召集日を一方的に決めたら席を立つとのこと、官房長官の説明に文句をつけてからにしろという。

◆七月九日（土）

午前中出勤。朝日佐々木氏来訪、リクルート問題、社会党は上田の名が二人いるらしい。

十一時四十分、上野伊豆栄で、事務総長、谷〔福丸〕、松下〔事務総長秘書〕で昼食〔【別紙】を参照〕。税制改革については、特別委員会継続がよいところで、道すじがつけば良いとの感じ。

【解説】この日の午前九時半、小沢副長官から依頼され、昨日（八日）夜に書いたメモを届けた。内容は次のとおり。

前略　ご承知のことと存じますが、リクルート問題で、社会党は本日（八日）夕方頃から強気な姿勢になってきました。党首脳はいないということらしいです。清水勇さんの顔色もさえて、徹底追及をすると言っています。

臨時会の会期について、社・公で三十日間ということならという下話ができたようです。

リクルート問題は突発的でしたが、なんとかこれを〝神風〟にならないものかと、思いついたことをメモしておきますので、全体の画をかく材料にしていただければ……。

リクルート問題を税制改革の不公平税制問題という点で位置づけますと、これから野党が要求してくる追及の機関、新聞では特別委員会といっていますが、これがテコになるのではないかと思います。

即ち、『税制改革に関する諸問題を調査し、その対策を樹立するため』という考え方で特別委員会を設置し、前半はリクルート問題の責任論や問題点をとり上げ、後半は税制改革関係法案の審議をするということで、野党を説得できないでしょうか。

自民党としても、これだけの騒ぎになりますと、無視できないと思います。

不公平税制是正では、実現可能な野党の要求を全部のむぐらいの腹がほしいと思います。キャピタルゲイン課税の強化、パーティーで集める収入の課税、みなし法人課税強化、法人の含み資産課税強化など……この際、自民党も身を切って、国民の政治不信にエリを正すべきではないでしょうか。

自民党・保守党の歴史は、こういった時、先手を打って国民の期待に応えてきたので、現在の隆盛があるのだと私は思います。

リクルート問題で、国民に頭を下げるべきは下げ、不公平税制問題では思い切った措置をやるという姿勢で野党を説得し、前述した性格の特別委員会を設置できれば、税制改革の入口・出口が見えてくるかも知れません。ご検討の材料として……。

敬具

平野拝

小沢先生

【別紙】税制国会の展望について事務総長との懇談[56]

○弥富　リクルート問題が神風になるかと思ったが、どうも風向きが変ってきたな。

○平野　リクルートだけでなく、「矢野公明党委員長の」明電工とかいろいろあるので、何が出てくるかわからんということでないと、……。

しかし、見えないものを前提にしてもしかたがないので、常識的な想定で展望しないと……。

○弥富　税制法案審査のための特別委員会をつくって、出来るだけ審議して、継続というところが、結論じゃないか。
○平野　結論を出すのは早いですよ。この間、大蔵の幹部と懇談したでしょう。期待してましたよ。
○弥富　そりゃ、仕事は一生懸命やるよ、しかし、見通しとしては、そんなとこじゃないか、三塚さんも言っていたよ。
○平野　私達は中立の立場だから、表向き何も言えませんが、国や社会のことを考えると、大事な時には、うまく協力しないと動きませんよ。
○弥富　わかっている。
○平野　特別委員会の設置に二通りありますよ。
　税制法案審査のための特別委員会が、予定通り出来れば結構ですが、早い時期に野党が乗りますか。
○弥富　時間もかかるし、無理もしなくちゃならんだろう。
○平野　あと、対策樹立のための特別委員会という方法もありますよ。
○弥富　どういう内容になるのか。
○平野　委員部長の時、二人で朝食会に行ったでしょう。安全保障特別委員会をつくったとき、あの時は、「日米安全保障条約及び自衛隊を調査し、その対策を樹立するため……」という設置目的にしたでしょう。
○弥富　税制改革にあてはめるとどうなるか。
○平野　「税制改革の諸問題を調査し、その対策を樹立するため」ということになりますが。
○弥富　安保特別委員会は、さらに議運で法案を付託しないという申合せをしたなあ……。

○平野　そうです。そのままだと、所管の法案は付託されますので、あの時は法案を審議しないということが、設置の前提でしたので……。
○弥富　この方式だと、今度も法案審議しないという条件を野党は言い出すかもしれんなあ……。
○平野　言うでしょう。しかし、原則は、所管の法案は審議の義務ありですから……。
○弥富　その点は説明すれば、わかってくれるだろう。
○平野　法案審査のための特別委員会が順調に設置できるなら良いですが……。どうしてもそれに乗らないというんでしたら、公明・民社は税制改革は必要だといっていますし、不公平税制の是正が先だと言っていますから〔、〕税制協を拡大して、特別委員会にするという発想で、対策樹立の特別委員会にして、まず不公平税制問題を取り上げ、新聞や野党の意見の実現可能なもので合意して、政府提案の税制改革関連法案を審議すればよいと思いますよ。その場合の建前は、国会での「調査と対策樹立」ということが優先で、政府の提案したものは、一つの考え方、案であると考えれば、野党は入りやすいと思いますが……。
○弥富　検討課題の一つだ。

◆七月十一日（月）

自・社・公・民国対委員長会談で、自民野党の顔を立て、、臨時会の召集日について、十二日に協議を持ちこした。社、公、民はリクルート問題での追及を積極論に変えたので、臨時会の召集について歩みよりの芽が出てきた。議運理事会は午後六時過ぎ再開され、次回を決めただけ。

◆七月十二日〔火〕

議運理事会、与野党国対委員長会談の話し合い続行をうけて、〔臨時国会の召集日〕決まらず明日まわし。

権藤氏より午後二時電話あり。石田幸四郎が九州に来て、「参院選一本でやることになった。税制〔改革問題〕は反対反対で〔しかし最後には〕成立させざるをえない。解散回避が一番」といっていたとのこと【別紙】参照〕。

上層部で官邸と話しがつき始めている的な感じとのこと。三塚委員長にこのことを話すと、安倍派も公明との接触を決めている。岸さんが矢野さんと親しかった関係もあり、オレも市川と党務をやっていて良い感じだ。宗教というのは時の政権に逆らって存在できないものだなぁ…。

夜、午後七時半〝なりた〟で衆院クラブ有志〔である〕浜田〔読売〕、金本〔朝日〕、川出〔毎日〕、重城〔時事〕と懇談。二次会六本木のカラオケ…。

【別紙】公明党の状況について

昭和六十三年七月十二日〔火〕午後一時　権藤議員から電話

○権藤　昨日石田幸四郎副委員長が福岡に来た。「何をしにきたのか」と聞くと、「権藤の慰労に来た」と笑っていた。話を聞くと、公明党は、来年の参議院選挙一本にしぼった、ということらしい。

結局、『早期解散も同時選挙もない』ということをうちの幹部は前提としているようだ。うちの最高首脳と官邸は腹を合わしているようだよ。

税制改革について石田さんは、「反対反対でいくが、最後は、成立ということでいくしかないよ」と言っていたよ。

○平野　反対は結構ですが、上手に審議に入って、採決の時審議拒否しないで下さいよ。社会党は、審議拒否・紛糾・解散の路線一本ですから。混乱すれば、解散の可能性あり得ますよ。

◆七月十三日（水）

臨時会の召集今日も決めず、野党との話し合いを続けることになる。民が党首会談での三条件回答を要請したため、召集決定をのばしたもの。社、公、民の中ですこし、和音に乱れが出はじめたとみてよい。出口のことを考えれば、慎重な方がよい。

昼食、鳥居氏と一緒になる。会期の議決に出席しないことの問題点を説明すると、ビックリしていた。朝日池内氏、欠席すればワメクとのこと。午後五時半、NHK宮本氏から電話あり、召集日の問題点、会期議決と欠席の問題を説明するとマス・コミも勉強不足とのこと。

【解説】午前十一時、民社党は塚本委員長が六月十五日に韓国で示した臨時国会の審議に応じる条件（不公平税制等）について、党首会談で回答するよう要請したが、政府はこれに応じなかった。野党間で臨時国会の対応に意見が分かれた。

◆七月十四日（木）

臨時会の召集問題、自民党慎重論が大勢、議運理事会一回集っただけ。

午前十一時、佐藤健一氏より、中瀬古関係で閣僚級の取調べありうるとの情報あり。安藤氏〔宮沢大臣秘書〕を呼び意見を聴くと、渡辺政調会長あたりかとのこと。
午後六時半、小沢副長官から電話。今夜、会いたいとのこと。午後八時、ホテルキャピタル二〇七で大蔵省水野主税局長、総務課長、日高文書課長と会う。六三〔年度〕減税法案を議員立法でやる場合の問題点について説明。午後九時前、小沢副長官参加。野党は、議員立法で六三減税を処理してからでないと臨時会に入らないとのこと。政府の税制改革六案を先に出すのはダメとのこと。政府案を通過させる保証について野党の感触を副長官に聞く。大蔵省帰った後、約一時間副長官と二人だけで話す。帰宅午前零時半。

【解説】 同日の動きのポイントは、次のとおり。
○自民党の渡部恒三国対委員長は、個別に野党を説得するも不調。
○午後五時、政府自民党首脳八者会議を開き、「野党が要求する昭和六十三年度減税の切り離しに応じ、臨時国会の冒頭で処理することも含め検討する」との方針を決める。大蔵省当局が全面的に抵抗する。
○午後六時半、小沢官房副長官から電話。「大蔵省当局が、首脳八者会議の決定に抵抗して、混乱している。彼らは、減税法案と消費税法案は一括して審議し成立させないと、法的に不都合が発生すると理屈をいって納得しない。そこで、八時にホテル・キャピタル〔キャピタル東急ホテル〕二〇七号室に、水野主税局長、総務課長、文書課長を呼んでいるので、大蔵省の理屈を議事法規上反論して説得してほしい」。
○午後八時に指定の部屋に行くと、小沢一郎官房副長官が民社党の小沢貞孝国対委員長と会っていて、遅れて来る。午後九時から議論が始まる（【別紙】を参照）。

【別紙】税制国会の展開について小沢副長官・大蔵幹部との懇談

昭和六十三年七月十四日(木)午後九時〜ホテル・キャピタル

○小沢副長官　夕方の自民八者会談で、六三減税を議員立法で冒頭処理ということになった。今まで民社の小沢さんと会っていたが、何んとか、召集日に政府案を出して、同時に議員立法も出すという方向で了承してくれと口説いたが、言うことを聞いてくれない。

そこで、まず、法規的に、政府案と議員立法を併並して提出しなければならないという理由があれば、野党を説得しやすいので、考えてくれないか。

○平野　政府案があって、対案になる議員立法を自民党が入って出すこと自体、変則でおかしいのに、議事法規上二つ並べなければならないという理屈は、つくれません。

○小沢副長官　そうだろうな、今日も総理に云われて考えたが、思いつかなかったよ。なんとかコジツケでもよいが……。

○平野　無理な理屈をつくると、野党をダマスことになります。しかも、すぐばれることで、かえってもめるだけです。

○主税局長　政府案の減税は年末調整ですから、議員立法では九月からやるということにすれば、併並する必要があると言えますよ。

○平野　それも政治判断で、法律上の必然性、義務的なものじゃないでしょう。

○小沢副長官　あえて言えば、その程度のことで、それでは野党を納得させれないわ。そうなると、いよいよ総理に決断してもらわないといかんなあ……。まず、議員立法で六三減税をやって、政府案をその後提出して、所信表明ということを……。
○主税局長　政府は、抜本的税制改革の一環として六三減税をやるという方針で、すでに閣議で要綱も決めていますから、困ります。
○小沢副長官　それなら、議員立法と政府案を一緒に並べなければならないという理屈を考えてもらわんと……。ところで、先に議員立法を成立させ、後で政府案を提出することと、政府案の中の六三減税を議員立法で引っぱり出して成立させることと、議事手続上のメリットの差はあるのか。
○平野　同じことです。政府案の六三減税分を議員立法で引っぱり出して成立させても、傷になった政府案を治ゆしなくてはなりません。方法は内閣修正か、委員会を通すときに修正議決するとか、その事例は副長官が来る前に説明しましたが……。
　今回の税法の場合、先々のこと、例えば仮に委員会で強行採決とか、不正常になった時、修正となると、仕事が一つ重くなって、議事運営上野党からクレームをつけられる種になりますので、早めに内閣修正するようになるでしょう。そうなると、六三減税分を削りますので、初めから削って出すのと実質変りなく、政府のメンツだけの問題です。
○小沢副長官　わかった。明日まで努力するが、それで総理と大蔵大臣に納得してもらうほかないなあ……。
○主税局長　なんとか、今までの考え方で、政府案を出すだけのことはするようにしてもらいたいですが……。
○平野　四月に、このホテルで副長官中心に勉強会をやりましたね。その時、この方法でないと野党は応じないだろうと申し上げましたが、問題は、六三減税の入っていない税制改革関連法案を通していく保証というか、見通しはあるんですか。

○小沢副長官　ここまで譲れば、あとは信義の問題だ。

民社の塚本さんは、これをやってくれれば自・民だけでも審議に入ると言っているし、公明も最後は乗ってくるので、おれは自信を持っている。

○主税局長　やはり、六三減税が入っていないと食い逃げされるし、あくまでも抜本改正の中の減税にしないと、消費税を採用する理論が一つ減ることになる。

○平野　わかりますが、船を港から出すのが先で、港に船をつないだままで、いろいろ議論しても始まりませんよ。しかもその議論が船を出さなくしているのでは……。

○主税局長　税制改革法案成立の見通しが立たないと……。

○平野　事実上、竹下政権を代表する副長官が、公明・民社の状況も考えて、自信があるとおっしゃっているんですから、それを信用しないことは、竹下政権を信用しないということになりますよ。

○主税局長　状況はわかりました。省に帰って報告します。

（大蔵省関係者退出）

○小沢副長官　今度はオレも賭かも知れんが、勝負をする。それにしても、党との関係で苦労した。

今、自民の幹事長は〔事実上〕ミッチャン（三塚議運委員長）だ。どうして、社会党のいうことにのったかわからん。今朝の議決を単独でやるというシナリオをつくったんだから……。

○平野　いろいろ大変でしょうが、皆さんのおかげで政権が維持できるんですから、どんなことがあっても、感謝の気持を持っていなくては……。

私が感じますに、早稲田の仲間ということで、小渕・渡部・三塚の三先生はうまが合うようですよ。何時も話題にしてますよ。

ただ、三塚先生、野党の見方が甘い点があります。それは、国会対策に馴れていないせいでしょう。この間も民社について意見を聞かれたので、一人一党で十分気をつけておくようにいいましたが、春日〔一幸〕さんに話をしたから大丈夫だとか、最近の野党のいやらしさを知らないようです。

○小沢副長官　社会党は、単独で会期を決めさせれば、あとは混乱して解散にもっていけるという戦略だから、公・民もそこまで読んでいない。それに乗るんだからなあ……。

○平野　会期の議決に野党が入らんということは、議会政治の危機的なことで、野党は相当な批判をうけますよ。
野党の先生方に聞かれて、それをいうと驚くので、自民党はそういう角度での説得はしてないのだと、こっちがびっくりしていたんです。

○小沢副長官　とにかく、党内がばらばらで、甘くて、野党に話をつけたというから、確かめると、聞いていないという。今回は本当に危ぶなかったよ。
これからは、切り札を出したんだから、信義を裏切るようだったら、きちんとけじめをつけるようにする。

○平野　その前に、自民党の態勢をもっときちんとしなくてはいけませんな……。私なんか、とばっちりを受けていろいろ誤解もされるようですから……。

◆七月十五日（金）

大蔵省二宮参事官十時五十分来訪、「昨夜の小沢副長官、主税局長の会合で、分離して残り本体を成立させる保証はあるのかと平野がつめたこと、大蔵省感激している」とのこと。午前、総理、大蔵大臣の会談で冒頭分離について語った。

午前十一時半、自、社、公、民国対。午後一時半、幹事長・書記長会議で、召集日の段取りが合意。召集日は二転・三転して七月十九日と決まる。午後三時過ぎの議運理事会に小渕官房長官出席して説明。

夜、〝重箱〟で早坂氏と懇談。税制改革の成否は自民党内の結束にありという。読売〝This is〟〔＝〝This is 読売〟〕に「政治と金」について書くよう渡辺恒雄さんに依頼されたとのこと。手伝うことになる。別紙メモを渡す。

【解説】この日の動きのポイントは、次の通り。

○午後一時、自民・社会・公明・民社の幹事長書記長会談が開かれ、「昭和六十三年度減税について、税制の抜本改革から切り離し、臨時国会の冒頭に議員立法の形で処理する」ことで合意した。

自民党は、これまで野党各党が個別に要求していた課題について、①不公平税制を議論する各党協議の場をつくる。②行政改革と福祉ビジョンの策定は政府で誠実に検討する。③リクルート関連会社の非公開株譲渡問題については予算委員会で審議するなどと回答。野党側もこれを受けて、臨時国会の召集に応じることになった。

○午後六時、衆参両院の議運理事会に小渕官房長官が出席、七月十九日に第百十三回臨時国会

を召集する方針を表明した。（会期の協議は、召集日に持ち越した）
○午後七時、臨時閣議が開かれ、臨時国会の召集を決定した。
○午後七時半、赤坂〝重箱〟で、早坂氏と会う。竹下首相に、与野党協議の要点を報告したいとのこと。「九日の弥富事務総長との懇談」[57]「十二日の権藤議員との電話でのやりとり」[58]「十四日の小沢官房副長官と水野主税局長、私とのやりとり」[59]の三点のメモを渡した。

◆七月十六日（土）

早朝〔故人となった〕前尾さん〔繁三郎・元衆院議長〕の夢を見る。あの世に行くツアーがあり応募し、行くことになる。入口で手続をしていると、電話がかかってくる。前尾さんからで、「こっちに来るなら、ワタシのところに寄ってくれ。いろいろと聞きたいことがあるから…」「どこにいるのですか」と聞くと「少し暗いところだ。行き先をとどけないと、くれないので、今、居場所を使いの者にもたせるので、手続〔き〕してくれ」とのこと。やがて使〔い〕の女性がメモを持って来たので、書類に書きこんでいたら目が醒めた。

一日中、何もせず、ゴロね。午後サウナ、散歩。

【解説】午後、自民党の渡辺美智雄政調会長は、沖縄での記者会見で、昭和六十三年度の所得税減税の議員立法について、「与野党が合意した減税法案は六十三年度限りの特例法であり、六十四年度以降も減税するためには、税制抜本改革法案の成立が不可欠である」と語った。

なお、前尾氏は、昭和二十年敗戦時の大蔵省主税局長で、戦後の税行政で苦労した人物。消費税導入でもっとも熱心な政治家である。亡くなる直前の昭和五十六年七月七日、議長秘書であった私〔平野氏〕に「消費税を導入する時には、立場を超えて協力してほしい」との遺言があった。

◆七月十八日（月）

臨時会の段取りについては、召集日について与野党スンナリ決まるかと思ったところ、午後五時頃、鳥居先生〔公明党議運理事〕から電話あり、渡辺政調会長の沖縄発言を公明党首脳が怒り、会期決定に参加しない、とのこと。社、民によく相談するように言ったところ、市川国対委員長が大出社会党〔国対〕委員長に電話、それを清水理事が聞く。議運委員長室で清水理事と会い説明、説得をたのむ。その足で事務総長に会い、確認。その後、三塚議運委員長に報告する。

午後七時すぎ、鳥居理事から電話あり。「会期を決めないと開会式できるか、できないか、イエス、ノーで答えよ」とのこと。「イエス、できない」と答えたところ、「それを明日の議運理事会で事務総長に聞くから、同じ答をさせてくれ」とのこと。

【解説】この日の午後一時、社会・公明・民社三党の政審会長が会談し、①減税は単年度・時限立法でなく恒久減税を要求する。②減税は一〇％〜六〇％のきざみとし、最高税率を五〇％とする自民党案に賛成できない、ことを合意した。臨時国会の召集日前日であるにもかかわらず、与野党の意見が一致しないのは会期幅だけでなく、減税の内容の基本的なところでも合意がなく、波乱含みとなった。

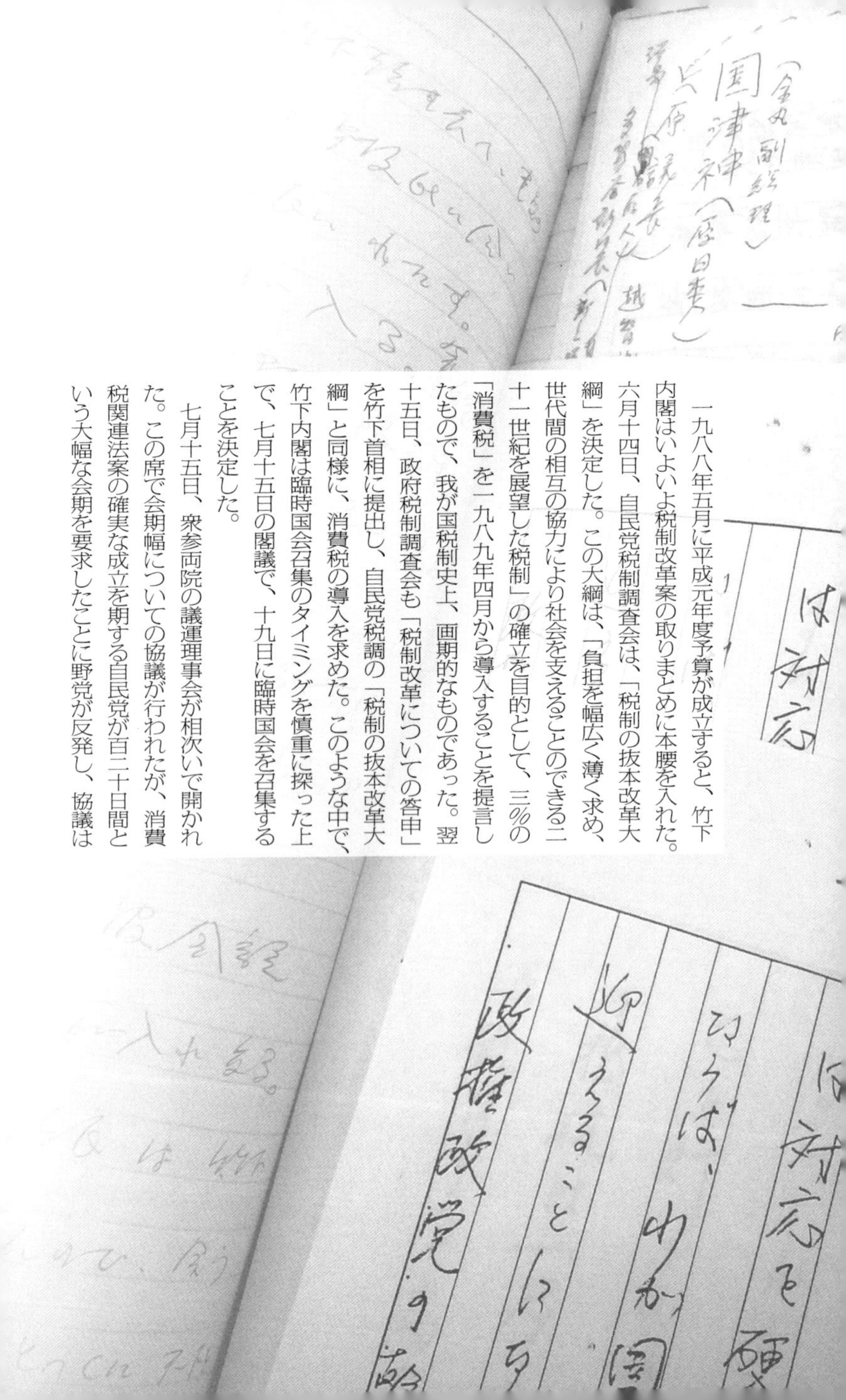

一九八八年五月に平成元年度予算が成立すると、竹下内閣はいよいよ税制改革案の取りまとめに本腰を入れた。六月十四日、自民党税制調査会は、「税制の抜本改革大綱」を決定した。この大綱は、「負担を幅広く薄く求め、世代間の相互の協力により社会を支えることのできる二十一世紀を展望した税制」の確立を目的として、三%の「消費税」を一九八九年四月から導入することを提言したもので、我が国税制史上、画期的なものであった。翌十五日、政府税制調査会も「税制改革についての答申」を竹下首相に提出し、自民党税調の「税制の抜本改革大綱」と同様に、消費税の導入を求めた。このような中で、竹下内閣は臨時国会召集のタイミングを慎重に探った上で、七月十五日の閣議で、十九日に臨時国会を召集することを決定した。

七月十五日、衆参両院の議運理事会が相次いで開かれた。この席で会期幅についての協議が行われたが、消費税関連法案の確実な成立を期する自民党が百二十日間という大幅な会期を要求したことに野党が反発し、協議は

第五章

消費税国会の実態

十八日に持ち越しとなった。十八日の衆議院議運理事会で、自民党は会期幅を九十日間とする提案をしたが、野党はそれでも長期すぎるとし、決着は召集日の十九日に持ち越された。十九日の衆議院議運理事会も難航したため、三塚博議運委員長は常任委員長会議を招集することになり、この席上で会期は七十日間とすることが決定された。こうして、「消費税国会」は幕を開けた。

竹下首相は、消費税導入に「内閣の命運をかける」ことを明言しており、強い意気込みで臨時国会に臨んだ。しかし、これまで周到な準備をしてきたにもかかわらず、六月に発覚したリクルート問題が各方面に波及したこともあって、消費税法案の成立は大いに難航することになる。

一九八八（昭和六十三）年七月―十二月

◆七月十九日（火）

第百十三臨時会〔消費税国会〕召集日。昨夜の話でスッキリ行くと思いきや、午前九時半頃から社、公、民で会期幅での文句、渡辺政調会長発言問題の再燃の情報あり。午前十時の〔議運〕理事会で休憩を公明が要求し、非公式交渉に入る。結局、午前十一時半再開して、六三減税問題で誠意のある回答が出ない場合には、国会日程に影響が出るとの社、公、民の話で、会期は委員長に一任、予定どおり進めることになる。常任委員長会議[60]で七十日間の会期答申を決め、議運理事会に報告。〔議運〕委員会で採決した。官邸と安倍〔自民党〕執行〔部〕との行き違いが明確、小沢副長官が六十日と公明に話していたこととの食い違いが出た。

夜、渡辺〔修〕総理秘書官と池内記者と三人で〝津やま〟で会食、自民党が一体とならないと税制改革は不可能と具体的に説明。池内氏、創価学会の山崎氏と小沢副長官の関係の話あり〔三者の関係が良くないという話〕。トラブラなければよいが…。

【解説】この日午後二時から、自民・社会・公明・民社の政策責任者の協議が行われたが、所得税減税の期限について物別れとなった。また、臨時国会の召集日は、会期を議決しただけで、国会日程も協議できないままになった。

◆七月二十日（水）

六三減税の議員立法についての政策担当者会議は、社会党の大出国対委員長が所信表明を一日ずらせる思惑で、話し合いつかず、自民もゆずり、公、民はほゞ了解している。

午後七時過ぎ、四谷荒木町で日高文書課長（大蔵）、二宮参事官と会食。お上［さん］が前尾先生の知人。

午後十時早坂氏宅へ。明二十一日夜、竹下総理と会うとのこと、説明材料をわたし（【別紙】）、作戦をねる。午前零時半帰宅。

【別紙】税制国会に対する公明党の対応について

昭和六十三年七月二十日（水）午前十時〜同五十分　二見副書記長との懇談

第一議員会館議員室

○二見　忙しいとこ《ママ》わざわざ来てもらって……。昨日権藤さんと会ったところ「今度の召集や会期のことで、公明党の国対が、自民党執行部や三塚さんあたりに信用をなくしているようだ。こんなことでは、党がおかしくなるので、実情を平野君から聴け」と言われた。

かまわなかったら、教えてくれないか。

○平野　私が全部知っているわけでもないし、直接聞いたことを参考に申しましょう。

三塚さんは、ご承知のように若い頃創価学会と闘った人ですよ。名誉会長証人喚問要求の時の、自民党の調査局長です。しかし、今ではすっかり丸くなって、公明党にも気をつかっているようです。

臨時会の召集が協議されるようになってからも、気にかけていましたよ。市川さんとは早稲田の関係だけでなく親しいという話を聞いたことがあります。私もいろいろ意見を聞かれた時、三塚さんに公明党との人脈は大切にされた方が良い、国会運営でも政策問題でも鍵になる政党ですから……と申し上げたことがあります。新聞記者の話ですと、昨夜、三塚さんは親しい記者との懇談で「市川は[redacted]だ、小沢（副長官）は生意気だ」等きびしいことを言っていたということですよ。

私にも、十八日（月）に公明とはやりにくい、夜、酒を飲んでいるときには調子が良いが、朝、誰かに何か言われるとすぐ変わる。信用できんと、市川さんのことを言っていました。

そこで、昨日夕方権藤先生から電話がありましたので、意見が一致しないことはしかたがありませんが、信用できないとか、相手にできんといわれ出すと、後々やりにくくなりますと言っておいたんです。

○二見　会期の幅のことでごたごたしていたようだ。もっと具体的な話を知りたいが……。

○平野　私も、真実は知りませんよ。現場にいませんから。少し前後を説明しますと、十八日の議運理事会で召集日の日程協議が合意できて、午後三時七分に散開したんです。四時半ころでしたか。鳥居理事から私のところに電話があって「明日、本会議は議席指定、特別委員会設置、休憩して、開会式後会期の決定ということにならないか。公明党は会期の議決に欠席するので……」という話でしたので、私が、「そんな無茶な話がありますか。先程、平穏にきちんと順序も決ったばかりでしょう。どういう理由ですか。」と聞くと、鳥居さんは「実は、十六日（土）に渡辺政調会長が沖縄で、記者会見し、『六三減税は単年度の特例だ、そうでないと子供に笑われる』という発言が赤旗に大きく出て、うちの幹部が怒っていること。それから、自民党が考えている会期幅が許容の範囲を超えている。この二つの理由だ」ということですから、私が「一昨日の話ならどうして、先程の理事会に出さなかったんですか。各党一致で召集日の日程を決めたんですよ。それから、会期幅のことは、どこかで主張すればよいことで、公明の主張が全部通るもんじゃないですよ……」と言うと、「とにかく、そういう主張をしろと上からの指令なもんだから、どうすればよいのか」ということでした。

そこで私は、まず社会・民社両党に説明して、三党でよく相談して、それから自民党に申し入れて、議運理事会を再開するなりするのが段取りだと言ったところ、早速、市川さんが社会党の大出さんに伝えたわけです。

私は事務総長に報告して「そんな馬鹿な話があるか！」ということで、社会党の清水勇さんをつかまえて、事務総長から「公明の話にのらないでくれ、なんとか説得してくれ」ということになり、清水さんも「今さら決めたものをこわすわけにはいかん、なんとか説得する」と理解してくれたんです。

そこで私が、五時半ごろ三塚委員長に会っていきさつを報告したところ、三塚委員長が、実はといって話してくれたんですよ。「ワタシは、会期幅について公明といろいろ話をした。六十日台という線でよいという話だったので、それを詰めていくと五十日台と言い出した。これでは、いつまでたっても話がつかないので、公明との話しは打ち切ったのだ。今夜、鳥居さんと会うが、会期を決める前に開会式をやるというそんなことはできないとよく説明しておく……」ということでした。

この時、三塚さんは私に、公明との交渉のむずかしさについていろいろグチをこぼしていました。

七時すぎに、鳥居先生から私に電話があって「会期を決めないと開会式は法規的にできないのか、できるのか、イエスかノーで答えろ」というもんですから、「できません。」と答えますと、今度は鳥居さん「明日の議運で事務総長に同じ質問をするので、同じ答えができるか」と詰めるもんですから、私も頭にきて「同じ答えができます。」といって、「そのかわり、本会議出席しますか」と問うと「出席する」ということでしたので、安心していたら、当日になってあのざまでしょう。時間ぎりぎりまでいやがらせをやる。こういうことでは、私だって信用しませんよ。

○二見　そんなことがあったのか。ところで新聞では、公明をはさんで、官邸と幹事長サイドでいろいろあったと書いてあるが……。

○平野　召集日当日、朝九時すぎ、事務総長のところで三塚委員長と村岡さんがいろいろあったようです。事務総長の話だと、村岡さんが六十日台を、三塚さんが七十日台を主張したらしいです。その時、小沢副長官が公明には六十日台で話をつけているという話が出たんでしょう。三塚さんが怒り出したのはそれからですから。推測しますと、公明が堅い要求をした後、軟らかくなった（六十日台）話を事前に三塚さんのところに説明していなかったんじゃないですか。

○二見　なるほど……。ところで、公明をめぐって、自民党内にはさやあてのようなことがあるのか。

○平野　私は自民党じゃないから知りませんよ。参考までに申しますと、官邸と幹事長サイドは、この臨時会の基本戦略で、喰い違いがあると思います。それは公明の評価ですよ。官邸は自・

公・民でやろうということでしょう。ところが幹事長サイドは、こんなに公明がややこしいなら、自・民でやろうということではないですか。それにもともと安倍派の中には創価学会つぶしを考えているグループがありますし、このグループが表立って物を言い出すと、公明党がいつまでも建前ばかり言って、[redacted]のようなことばかりやっていると、自民党の中で本気に公明党つぶしが始まるかもわかりませんよ。大橋問題だってまだ冷えてないでしょう。

○二見　そうだなあ……。官邸の立場も、そうなると困ることになるなあ……。矢野委員長はボクには徹底審議でいこうと言っていたし、トップ同志で話がついていると思っているが……。どうすればよいのかなあ……。

○平野　生意気なことを言いますが、このままの市川ペースで行きますと、後に引けなくなりますよ。総理は本気で税制改革に賭けていますから展開によっては解散ですよ。余程、公明も考えないと……。

最少限度、盆休前には、特別委員会の設置に応ずるペースに戻さないと、大変なことになりますよ。

○二見　どうも一番強固なのが、大久保書記長らしい。原因がわからん。選挙に苦しいせいかも知れんが、しかし、政府の提出する税制改革法案を審査するための特別委員会の設置には猛反発するだろうな……。何か良い方法はないのか……。

○平野　国民は税制改革の論議は国会の機関でどんどんやるべしという意見が大勢でしょう。これは無視できませんよ。法案審査の特別委員会にどうしても乗れないというのなら、「税制改革の諸問題を調査し、その対策を樹立するため」の特別委員会ということにすれば、国会が主体性をもって、税制改革に取り組もうということになりますし、政府案も一つの案として付託できるし、不公平税制問題も含めて政府案を一緒に審議すれば、説明はつくと思いますが……。
○二見　私個人は、それなら賛成するがね……。
○平野　いずれにせよ、現時点で公明の国対は、自民党執行部の中で信用されていませんよ。私らのように以前から縁のある立場の人間はやりにくくてしょうがありませんよ。
○二見　迷惑をかけてすまん。小沢副長官のこともあるし、ボクも党内で真剣にやっていくよ。

◆七月二十一日(木)

六三減税、政策担当者会議で、社会党が合意にのらず。原因は大出国対委員長、これまでの運営に、社会党の顔が立っていないので少し〝ねる〟とのこと。午前十一時半、小沢副長官から電話、政府の所信表明をぎりぎりずらした時の展開について相談。別紙カレンダー〔省略〕をファクスで送る。官邸には災害非〔常〕時用のファックスしかないとのこと。これもオソマツ。結論は、九月審議入りに支障なし。社会党の顔を立て、逆に会期延長の口実になるとの判断。

午後四時半、小沢副長官から電話。政策担当者会議で、村山〔達男〕さんが「恒久立法にすると、〔他の税制改革法の審議が〕一事不再議となる』との理由で反対したとのこと。これを社会党がつかまえて、〔消費税〕阻止の態度に出る〔＝減税の恒久法にこだわりはじめる〕。社会党が衆院法制局に聞いたところ一事不再議となるといったとのこと。「われわれの解釈は一事不再議とは思わん」と説明、最終的判断は事務総長に聴くよういう。

午後五時半、小沢副長官、事務総長のところに来る。午後六時半まで清水勇氏が「事務総長は一事不再議になるといった」ということで大さわぎとなる。

結果はよく理解してくれたと、委員部長〔池田稔氏〕の話。〔…〕午後十時半帰宅。早坂氏より電話。「総理と一時間半話した。政府、国会、中国等。国会のことは、よくわかった。心配かけてすまん。よく礼を言っておくように」とのこと。

◆七月二十二日（金）

午前九時五分に着くと〔＝出勤すると〕午前八時五十分から小沢副長官が連絡したがっていたとのこと。電話すると、一事不再議について事務総長の話を聞いたが、まだフに落ちないとこがあるので〔、〕閣議で説明させられるかもしれないので、説明してくれとのこと。概略を説明し、ファックスで資料を送る。〔この資料の要旨は、「国会が事情変更を認めれば、一事不再議を回避できる。同一国会で同一事項を議決できないという原則は旧憲法時代のもの、『同一事項』を現憲法では狭く解釈している」というものであった。〕午前十時すぎ、〔小沢官房副長官から〕よくわかったとの電話あり。

自民は、午後八時半から政策担当者会議を野党に呼びかけ、渡辺政調会長らが待つも、野党入らず。自民党役員会で渡辺〔政調〕と渡部〔国対〕の二人が放言、それが野党に伝わり、またもめる。

本会議は二十六日〔火〕にセット。長期戦か。

◆七月二十三日（土）

浜田〔読売〕、清原〔朝日〕来訪。清原氏「一事不再議」について社会党が乱用しているとのこと。

銀座英国屋に寄って「合いの背広」をしたてる。午後四時過ぎ帰宅。理髪に行く。横須賀での海上自衛艦〔潜水艦「なだしお」〕と釣船の事故の報をラジオで知る〔三十名死亡、十七名軽傷〕。瓦〔力・防衛庁〕長官は責任をとらざるをえないと直感する。二十日〔に委員部の〕部屋に見えた時、防衛大学校の教育について意見を云っておいたが、海幕長をはじめ、技術者としての発想で、国民の生命を守るという自覚が足りない。

【解説】この日、公明党は、税制改革案を発表。その要点は、「国会決議に違反する消費税を導入しなくても、現在の不公平税制の是正で約三兆二千五百億円の所得減税を実施できる」というものであった。

また、翌二十四日には、竹下首相が軽井沢での自民党のセミナーで講演し、消費税導入を中心とする税制改革について「国民の大多数が納得する税制の構築に、私の一身を燃え尽くす。辻に立っても、私の考えに理解を求めつつ、審議を促進し、審議を進めながら理解を求める」と発言した。

◆七月二十五日(月)

潜水艦事故の話題でもち切り。公明党が本会議での緊急質問を要求して、午後五時半、緊急議運理事会を開き、石原事故対策〔官房〕副長官等を呼び説明を聴取。連合審査の話も出て、二十六日協議となる。小沢副長官から電話。午後四時半。政府の対応と合わせてくれとのこと。

【解説】同日、税制改革協議では、社会・公明・民社側が「自民党が具体的な回答を用意するまで、協議を拒否する」ことを決めた。一方、自民党は、党四役で、六十四年度以降の減税について前向きの回答を行う方針を固めた。

◆七月二十六日（火）

本会議での緊急質問で議運理事会でもめる。結局、六三減税問題の政党間協議を待つことになる。午後二時からの協議で合意。午後四時半から国対委員長会談で幹事長・書記長会談を二十九日午前十時半にセット。ここで確認とのこと。

潜水艦問題は連合〔審査〕の方向が出る。

午後十一時半、浜田氏（読売）から電話。連合〔審査〕の見通しについて聞かれる。「二十八日両院の感じ」と答える。

【解説】午後二時、自民・社会・公明・民社の政策責任者協議が開かれ、次の三点で合意し、明日幹事長書記長会談で確認することになった。

一　昭和六十三年一月一日から所得税減税を実施することとし、このため税率構造を一〇％～六〇％・六段階とする。

一　内職所得者の課税の改善については、パート並みとなるよう必要経費の最低保障を行う。

一　昭和六十四年度以降の所得税については、昭和六十三年よりも負担増とならないよう適切に措置する。

◆七月二十七日（水）

午前十時三十分の「自民・社会・公明・民社の」幹事長・書記長会談で六三減税問題決着する。議運理事会で本会議で大蔵委の提出法案を緊急上程することを決める。召集日以来九日ぶりの本会議開かれる。

全員清々とした顔。

連合審査の話もトントンと進む。

午後六時半、〝魚大〟で権藤、二見、池内の四人で懇談（【別紙】を参照）。税制国会の展開について公明も深刻に考えるようアドバイス。二十八日午後一時に、展開を予想したものを二見氏に届け、矢野委員長を説得することになる。

【解説】午前十一時過ぎ、衆院大蔵委員会が開かれ、「昭和六十三年分の所得税の臨時特例法案」が、大蔵委員長提出の議員立法として全会一致で可決された。直ちに衆院本会議に緊急上程され、参院に送付された。[61]

【別紙】税制国会について、公明党権藤・二見議員との懇談[62]
七月二十七日（水）午後六時半～同十時半　於　大曲「魚大」
出席者　権藤恒夫、二見伸明、池内、平野
（会合の名目は、大橋問題で苦労した権藤氏を慰労する会）

（1）池内記者が、税制改革についてのマスコミの姿勢、政府側の考え方、及びリクルート問題、明電工問題の展開について説明した。
① 野党は消費税反対の理由に、売上税が選挙公約違反だといっているが、マスコミは全社、中曽根首相の退陣で政治責任は決着したと判断している。従って各社とも税制改革の論議に入るべきだと主張している。朝日新聞の社説さえもきびしく野党に審議入りを要請しており、今ま

でになかったことだ。この論調を無視して甘く見ていると野党は大変なことになる。
② 竹下政権は、税制改革ができないと弱体化するので、これに全力を挙げることは間違いない。まさに「命運を賭けて」やっていくだろう。新聞論調も審議入りを支持しており、中道の妥協がどうしても得られない時は強行成立で、解散という場面もありうる。
③ リクルート問題は、マスコミ界でも文春の編集長や講談社の常務も騒がれる前に辞めている。本格的にやりだすと大変なことになる。公明にとってはそれより明電工だ。八月八日頃から強制捜査に入るという情報がある。矢野委員長については「灰色」という感じでマスコミに出る可能性がある。そうなれば公明党に対するイメージはガタ落ちで、解散にでもなると壊滅になるだろう。

(2)平野が、これからの国会の展開について留意すべきポイントを説明した。
① 税制改革諸法案の審議に入るまでに三つのやまがある。第一は、リクルート問題等をかかえた予算委をどうこなすかだ。社・共は証人喚問を要求し、実現しないなら予算委に応じないというだろう。恐らく盆休を超える形で、予算委の紛糾が持ち越され、社会党は八月中、そのことで紛糾させようというねらいであろう。
公明がこれに乗れば、この国会の環境は著しく悪化し、自民の強行成立・解散への布石となり、可能性大となろう。第二は、予算委での紛糾をどう収め、税制改革諸法案の審議入りの手順をどうするかだ。予算委の紛糾は遅くても盆すぎの八月二十日までに収める必要がある。やり方は、予算委の中で収める方法、リクルート問題を不公平税制問題として税制改革特別委員

会に継続させる方法等がある。

第三は、税制改革諸法案の審議入りで、これは特別委員会を設ける協議をどうするかということだ。第二の問題と関連するが、自民党が許容できる審議入りの限界は九月一日だと推測できる。理由は、九月四日（日）が福島の知事と参院補欠選挙があり、これまでには実質審議に入っていないと、万が一の場合きわめて問題となるからである。

九月一日までに審議入りあるいは目途が立たない状態ならば、自民は恐らく、強行成立……という図を書かざるを得なくなるだろう。

以上の三つのポイントに対して、余程留意しながら上手に対応していかなければ、税制国会の展望は公明にとって最悪の状況になるのではないか。
② 税制改革諸法案の審議について、現段階でシミュレーションすることは無理だが、私の立場で言えることは、マスコミも国民も国会の公式な機関で論議せよということだ。これをやらないのは、国会の自殺行為と思う。約五十時間程度真面目に審議して、問題点を出せば、自ら方向が出る。修正とか、あとどの程度審議すればよいとか。その中で、福祉問題等で成果を上げていくことが、憲政の常道である。何時までも審議拒否を続けていると、野党は論理で負けるからだと見られることになる。
(3) 池内・平野の説明に対して、権藤・二見両氏は次のように語っていた。
① 公明執行部は事態の重大さをまったく認識していない。権藤・二見は早く選挙をしてもらった方が個人的には良いが、下手をすると党は壊滅状態となる。

② 明電工の捜査によっては、矢野委員長の政治責任ということもありうるので、早急に、実情を本人に説明する必要がある。

③ 権藤・二見からみても、大久保書記長、市川国対委員長の今までのやり方では、自民党から信用されないのは当然だ。今夜の話を整理して、早い機会に二見から矢野委員長に説明する。

④ 税制国会の展開について、平野が整理して、二十八日午後一時二見と会って、矢野委員長に説明する資料をつくることにする。

◆七月二十八日(木)

午前十時二十分、清水〔勇・議運〕理事(社)に証人喚問問題で委員部長と社会党控室で〔議院証言法の要点と改正課題につき〕説明。

午前十一時十分、三塚議運委員長に呼ばれる。証言法改正経過と、リクルート問題について説明する。昨夜の二見議員(公)らとの話をし、午後一時に会うが〔その〕説明の内容について了解をとる。

午後一時、二見議員と会館で会う。「税制改革審議入りまでに三つの山場があり、これをうまくこなさなければ、解散への方向になる。①リクルートで証人〔喚問〕にこだわって予算委を開かない場面、②予算委が紛糾して盆明けに持ち越した場合の収拾、③九月一日頃の税法審議入り。そして、会期延長までに少なくとも五十時間程度の審議をやらないと、国民世論は納得しない。法案の成否はそれからだ…。自民は政府案に十分自信をもち、かつ修正に応じるといっているので、協力がどうしても得られない場合には、強行成立、解散という選択をするだろう」と…。

午後五時過ぎ、二見議員より電話。〔…〕早い機会に、三塚委員長に公明の腹を伝えたいとのこと。

「直接会って伝える方が良い」とアドバイス。来週早々、調整することになる。

午後三時半、権藤議員（公）より電話。明二十九日十一時半、中上氏を会館に呼んだから、池内氏と三人で会って、よく話をしておくように。中上氏から秋谷会長に説明することになっているから、とのこと。資料を整備する。

◆七月二十九日（金）

午前九時半、三塚議運委員長と会って、二十八日の二見氏の矢野委員長に説明した反応を話す。

午前十一時半、権藤氏の会館で中上氏（秋谷学会会長秘書〔＝会長付政治担当〕）と池内氏と会い説明（別紙〔＝【別紙1】〕）。

午後零時二十分、院内別室で、再び三塚委員長と会う。矢野委員長（公）が（自民党の姿勢について）「半分オドシ、半分本当」という理解をしはじめたことを説明。特別委の設置について意見を求められる。「まず、法案審査特別委員会を要求。だめなら、税制問題での対策樹立特別委員会。それでも特別委員の名ボを出さないというなら、大蔵委を中心として、そこで討議する。という線で（行くようにアドバイス）」。特別委を設置してからもめるのは得策でない。ある時期まで待って、始めからどうするか見きめて判断した方がよい」というと、「だいぶ先が見えた。二見氏とは八月五日会いたいのでセットしてくれ…」と喜ばれる。

午後五時半、早坂氏に「二十七日以降の」一連の動きをメモして、午後九時半、河口湖の別荘にいった総理にファックスで送る。午後十時半、早坂氏から電話あり。「総理、大変感謝していた」と。

【解説】同日、午前九時の閣議で、消費税を柱とする税制の抜本改革を目指した税制改革六法案を決定。午前十時、参院本会議で「昭和六十三年分の所得税の臨時特例に関する法律案」を可決、成立。この直後、政府は税制改革関連六法案を国会に提出した。[63]午前十一時には、衆院議運理事会で、臨時国会の政府演説、代表質問等の日程を決めた。午後一時二十分から衆院本会議が開かれ、竹下首相が所信表明演説を行い、税制の抜本改革の実現への決意を表明した。

【別紙1】税制国会の展開について、中上秘書等との懇談

七月二十九日(金)午後十一時半〜十二時半　権藤議員会館

(1) 平野が今後の国会の展開について説明した。

(2) 池内が官邸と自民執行部が現公明執行部を信用していないこと。明電工の捜査の情報、リクルート問題で深追いすると国会混乱すること、等を説明

(3) 権藤議員から、同日午前十時から開かれた公明党企画委員会(中執に当る)での矢野委員長の発言を紹介した。

① 情報によると、税制国会の展開によっては、自民が強行成立、解散もありうるとのこと、これは半分オドシだが、半分は本当だ。

② 解散・総選挙となれば、公明は半減する。絶対に解散は避けなければならない。

③ そのため「韓信の股くぐり」で行かざるを得ない。

(4) 池内は、中上氏に対して、公明党執行部の事態認識の甘さを再度指摘し、八月に入れば具体的なことで、政府・自民党に信用してもらえることを示さないと、このままでは大変なことになると伝える。

(5) 中上氏は、直ちに秋谷会長に伝え、「私も矢野委員長本人に会って、よく説明する」とのことであった。〔なお、中上氏が、秋谷会長に説明する内容について、平野がメモを作成することになり、午後五時次のメモ【別紙2】を権藤議員に届けた。〕

【別紙2】税制国会の展開について

(1) 総理の所信表明、代表質問の八月三日(水)までの日程は、予定どおり消化できる。

(2) リクルート問題で、社会・共産は江副氏ら関係者を予算委員会に証人喚問する要求をしており、公明がこれに同調、自民が応じなければ、予算委員会に応じないと主張を行う見通しである。与野党の協議となるが、まとめどころはとりあえず参考人で呼ぶという方法が適切ではなかろうか。理由は、議院証言法改正問題が決着しておらず、証人の人権保護の整備が行われていないことと、リクルート問題が直接犯罪行為でないことから、とりあえずは参考人として出席を求め、情況を聴いてみるというやり方が、常識的なやり方であろう。

(3) 予算委員会は、いずれにせよ紛糾し、盆休明にまで紛糾が持越されることが予想される。これをこじらせると、税制法案の審議入りの環境を悪化させ、自民の単独審議、強行成立、解散の布石となる。

(4) これを回避させるための方策として考えられることは、八月中に税制改革特別委員会の設置に上手に対応していくことが必要である。

即ち、リクルート問題のポイントは、不公平税制の問題である。従って、特別委員会の設置の方法について、政府提案の法案を審査することを主目的とせず、衆院の意思として不公平税制

（リクルート問題等）その他諸々の税制問題を総合的に調査し、対策を樹立するための特別委員会とすれば、国民世論も国会の公式の場で税制改革の論議を行えといっていることだし、政府提案の法案は一つの参考として理解すれば、消費税反対の姿勢を貫きながら、特別委員会設置にもうまく対応していけるものと思われる。

その際、税制法案の審議に先行させて不公平税制問題を論議することや、法案の審議については徹底した審議を行い、強行採決等を行わないことを歯止めとして約束されておくことも必要である。

(5) 税制改革問題についての審議入りは、自民党が許容しうる限界は、九月一日（木）である。このポイントで、審議入りの目途が立たない場合、自民党は恐らく、大蔵委員会を中心とする所管常任委員会での審議入りを強行してくる可能性がある。その場合、野党は反発して審議拒否を続け、結局、自民の単独審議、強行成立、解散という流れができる可能性がある。

なお、社会党は九月十日すぎの特別委員会設置なら応じてくる可能性があるが〔 〕この方策でいくと、会期中審議できる日数がきわめて限定され、一週間程度となり、自民党は大蔵委員会中心方式に切り変えざるを得なくなり、解散への可能性は依然として残る。公明がこの特別委に乗れば社会も同調せざるを得なくなると思われる。

(6) 税制改革法案等の審議は、会期中において五十時間程度のものを自民党は確保したいと考えるものと思われる。五十時間前後の審議を真剣に行えば、国民世論の動向も定まり、問題点も浮ぼりにされ、審議終了、採決にあたっての方策も自然と道すじが出てくるものと思われる。

結果はともあれ、国民世論は国会の税制改革論争に一定の評価を与えるであろう。

(7)税制改革問題で忘れてならないのが、政府が考えている新税の使い方である。二十一世紀に向けての福祉のあり方、防衛費のあり方、行政改革の一層の推進等については、国会で真剣に論議しなければならない問題である。

審議の過程で、政府に対して質疑応答で、例えば、画期的な『福祉基本法の制定』や、新しい防衛費の枠づけ等について、公明の提案で確保できれば、消費税に反対し徹底審議し反対したが、取るべきものはとったということになり、将来に向って党勢を拡大できる重要な得点になるものと思われる。国会審議とは本来、かようなものである。

(8)いずれにせよ、九月二十六日(月)までの会期では審議時間は不足である。会期末は九月十八日頃からは、ソウル・オリンピック開会式や会期延長問題もからんで審議はできないものと思われる。

延長の幅は、その時の状況で即断できないが、順調に展開しても、五十日間〔十一月十五日(火)〕は必要と思われる。

◆八月一日(月)

代表質問、土井(社)さんは〔リクルート事件の責任問題を放置したまま〕税制改革について論議しないと公言。これでは国民の期待に反すること〔だと主張した〕。大久保〔直彦・公明党〕書記長は、税制論議をするも、一方的にきびしいだけ…〔税制抜本改革は三年程度の時間を要する。まず、税制改革基本法を制定すべし。まず、衆院の解放・総選挙を行うべしと主張〕。野田〔毅〕(自)さんは良い質問だった〔税制抜本改革を行う絶妙のタイミングだとして、低所得者への配慮等に政府の見解を問うた〕。

社、公は、税制論議に入ると負けるという意識があるようだ。それにしてもリクルート問題はやっかいだ。

本会議散会後、午後五時から約一時間、三塚、二見会談が東急キャピタル三〇七号で…［七月二十九日三塚氏から依頼されていたもの］。午後六時半、二見氏から電話あり。公明の意向は伝えておいたとのこと。

◆八月二日（火）

代表質問、〔衆院では〕終わる。発言時間をオーバーしたり、悪い言葉は少なかった。共産党の不破〔哲三〕演説が、皮肉なことに、税制改革問題で竹下総理の答弁と一番かみ合っていた［不破氏は、消費税は最低生活に必要な生活費にもかかわる逆進的税である。所得税の減税も高所得者優遇だ。法人税減税の大部分は大企業への還元だ。将来税率が引き上げられない保証はない等々と追及。〔野党の中で税制改革についてもっとも熱心に質疑〕］。

午前九時半、二見氏わざわざ見え、昨夜の三塚会談を説明してくれる。その中で「事務局に社会党の清水さんが、大橋議員の証人喚問について聞いてきている」との話があったらしい。三塚さんらしいブラフだが、「私は直接そんな話は聞いたことはないが、議員の喚問については、民間人と違った考え方をすべきだという意見は聞いたことがある」と含ませておいた。この程度のことは多少、しょって［＝理解して］やらねばと思うが…。

夕方、桜井新氏の主催で、議事部、委員部の有志を山王飯店に招いてもらう。越智建設大臣にトイレで会う。

◆八月三日（水）

［午前十時から参院本会議で代表質問の続き、終了。午後、社会党と共産党は予算委員会で、リクルート問題関係者の証人喚問を要求。］予算委をめぐる各党協議〔及び衆院予算委員会理事会で〕は、社・共抜きで自・公・民で四日から審議入りすることに決った。

午後四時、小沢副長官から電話あり。「予定通り公明が社会党と離れたとみてよいか」とのこと、「その方向の一つの現象とみてよいのではないか」というと「今夜確かめてみる」とのこと。午後四時半、二見［公明党副書記長］氏から電話。「やっと公明が私のいう路線に切りかえた…」とのこと。

午後五時過ぎ、池内氏（朝日）が来訪。小沢副長官と会ったところ、宮沢蔵相の服部秘書官について、「［リクルート社に関係のあった］当事者と一緒に記者会見させて、事情を説明、秘書官を辞めさせるよう、宮沢さんに話せ」とのこと。[64] その二十分前、宮沢事務所の安藤秘書が来訪。「大臣が、自分の答弁で意見があれば電話をくれ」とのこと。

午後七時過ぎ、安藤氏と会い、池内氏の話をし、午後九時半、宮沢大臣に電話。「私は個人の立場で意見をいうが、消費税については前尾先生の政治課題でもあり、自分の立場を超えてやっている。やっと、公明が社会党と別の路線を歩む方向を出してくれた。このことで先週は一晩徹夜した。ところが、公明もリクルートではある限界をもって追及せざるを得ない立場だ。それでないと、社会党から引っぱられまた戻される。問題は、総理の青木〔元〕秘書と［宮沢］大臣の服部秘書官のことだが、服部さんにはいわれないことではあるが《ママ》、現職の秘書官、それに元大蔵省の官吏、このことで税制改革の障害の一つになっている。ここんところを考えて［明日の予算委員会の］矢野［公明党委員長の］質問をみて、しかるべきケジメをつけるべきではないか…」と云ったところ、宮沢大臣は、「電話をいただいて有難い。みんながお世話になっている。服部については、〔リクルート問題の〕発生した時が公務員でもないし、宏池会のこともまかせてあり、かわいそうで今まで決断できなかった。明日の矢野質問をみたうえで、考えてみるが、矢野質問についての意見も言ってくれ」とのこと。〔これに対しては「リクルート問題については、公明党に関係者がいて神経質になっている。おそらく具体的な追及はやらないと思う。竹下首相や宮沢大臣に新聞報道程度の話を出して所見を聞く程度と思う。低姿勢で世間を騒がしていることに申し訳けないという対応で、どうでしょうか」と答え、宮沢大臣は「有難う。矢野質問の感想を聴かしてほしい」とのことであった。〕

この電話の要旨を安藤氏と池内氏に電話。

◆八月四日（木）

予算委は午前中社会党の参加がないため休憩して午後一時から渡辺〔美智雄〕（自）、矢野（公）と質疑に入った。矢野質問に対して、総理、蔵相とも、事実関係を明確にし謝ったため、同氏は理解したと思う。宮沢大臣には、電話をたのまれていたが、メモで、「事実関係を具体的に明確にしたことで国民は理解できたと思う。社・共の追及がわからないので予想はできないが、特別のことがない限り、これでしのげると思う。が、私が服部さんの立場なら秘書官職から身を引く…」と意見を〔安藤氏に〕渡す。

◆八月五日（金）

予算委は共も出席して、民社の質疑から入る。社会党は完全に孤立した。共産党松本氏〔善明・共産党国会議員団長〕の協議をめぐって、少しがたがたしたが、午後三時すぎから入った。公・民・共とも、それなりに主張をTVで国民に訴える形となり、社会党があせり気味となった。

午前九時四十分、竹下総理の波多野秘書官から電話あり。「総理が大変に世話になっている」とのこと。

事務総長の母親が昨四日午前六時十二分に亡くなり、密葬をすませ、午後二時登院。公表することになり、すぐ波多野秘書官に連絡して竹下総理からおくやみの電話を入れてもらう。社会党は戦術がなくなり、社会党に［理事会への］呼び込みがなかったと事務局に八つ当りする。

午後七時半、総長次室で、清水勇氏［社会党議運理事］、次長、記者らと一杯やっていると、共産党の東中氏［議運理事］から電話。明日予算委をやるかどうか予想してくれとのこと。「明日の理事会でないとわからない。やる前提で私達は準備している。現時点でやらないとはいえない」と答える。周囲の記者等が共までそんな相談に来るのかと大笑い。

帰り、浜田氏（読売）と日比谷まで来て、簡単な食事をしながら、三塚委員長が社会党から不信感を持たれているので注意してほしい［との］こと、三塚対小沢の関係をうまくやらないとこれから乗り切れないと説明。

◆八月六日（土）

八月、夏休中の土曜日というのに、午後一時から予算委が開かれ、その後理事会で午後六時まで協議が続く。

午前九時半、早坂氏に電話。昨日波多野秘書官から電話があったことを報告。「これまではマイナス局面をゼロに戻しただけで、全てこれからだ。自民内に楽観論が出ており、相変らず三塚、小沢両氏もオフレコ懇談で悪口を言い合っているらしいので、これから政府自民で寸分のスキもつくることなく、対応することが必要」と言う。おりかえし、早坂氏から電話あり。竹下総理から「小沢には〔三塚氏より〕十も年下で、三塚に当然頭を下げよといっているが…。問題の一つは、渡部国対委員長がうまく動かないから、おかしなことが起る。平野君に少し〔渡部氏の〕面倒をみるよう頼んでくれ」とのこと…。

予算委、坂口氏〔力・公明党政審会長〕の質疑のあと、理事会はまとまらず。小沢副長官からしばしば電話あり。様子を教えろと…。結局、八日（月）に持ちこす。

【解説】坂口氏の質疑は、前日矢野委員長が大阪で発表した「税制改革基本法要綱」に対する竹下首相の見解を質したもの。「政府案と対比して審議して、お互いの問答の中で調和点もありうる」と答弁。自民・公明・民社の三党間で、税制の抜本改革について土俵ができあがった。

◆八月八日（月）

予算委員長が議長に報告することで幕を閉めようという流れで、議長の長崎行日程について、渡部自民国対委員長、奥田予算委員長に了解をとりに行く。三塚委員長にも報告。そのまゝの日程で行くことになる。

予算理事会で、委員長見解の内容が口頭で示された。

午後の予算理事会には社会党も出席して、公、民のイガミ合いもあり、各党内でも意思不通があり、混乱。議運では、社、公、民の国対副委員長が協議して、公明党がリクルート問題特別委員会の設置を提起。これを予算委の各党理事が、突出とひがむ。結局、九日に全てを残すことになる。

【解説】リクルート問題での証人喚問問題が予算委員会でくすぶり、証言法改正が問題化することになった。

◆八月九日（火）

予算委は午前中理事会で委員長発言についてのまとめをやり、社・共は反対したが、午後二時から公、民、共の残り質疑を済ませ、散会間際に委員長が発言し、午後五時過ぎ、議長に報告して終決した。

【解説】　奥田委員長の発言は次の通り。[65]

一、証人喚問については強い要請があった。しかし、人権確保の観点から強い反対もあった。証人喚問が正常な形で行われる必要があると考えられるので次期国会を目途に証言法の改正がまとまるよう議長に申し入れる。

一、リクルート問題等調査のための特別委員会の設置について強い要請があったことを議長に伝える。

一、株取引や株売却利益に対する課税のあり方について適切な措置を講ずるよう政府に要請する。

一、政治資金規正法の見直しと政党法の制定を早急に検討すべきとの強い意見があったことを議長に伝える。

一、その他の資料要求については可能な限り早急に提出するよう政府に伝える。

午前十一時半、権藤氏から電話あり。公明の国会対策転換について、「結局、中上氏が秋谷会長に説明、矢野委員長を口説き、大久保、市川が反対したが、秋谷会長の強い意向もあって、来年同時選までを避けるため、転換せざるをえないと矢野委員長の判断で変った。」とのこと。「従って戦略上社会党と足並みをそろえることが一時的にあっても、基本方針を変えることはない。解散回避を小沢副長官に伝えるよう…」とのこと。

◆八月十日（水）

参院予算委、盆明け〔二十二日から四日間開会することに〕決まる。衆院議運委、証言法改正、リクルート特別委問題について協議するも、自民党内で証言法改正の段取り、税制特設置の提案をめぐって意見が分れ、結局、盆前の提案はなし。

夕方、早坂氏と会う。これからの展開について意見を述べ、権藤氏からの伝言、公明党が方向転換した経過について説明。「来年参院選過ぎるまで解散しないよう」竹下総理に伝えるようたのむ。これからの展開については、①場合によっては、税制改革は自・公・民でやる腹をくゝらなければならない。〔自社五五年体制が崩れ、自公民〕八八年体制の始まりだ。②リクルート特別委は、税法の審議入りを条件に設置に応ぜざるを得ない。③税制改革は、〔特別委員会にこだわらず〕大蔵、地方の常任委にした方が得策かもしれないが、各党の対応をみて…と話す。

午後十時半、早坂氏から電話あり。〔早坂氏が〕竹下総理に電話で二十分ぐらい話した。「お礼の言葉もないくらいお世話になっている」。

①八八年体制については、政権について以来考えていたことで、腹はくゝっている。土井委員長には井上晋方を通じて毎月小遣いをやっていたが、ここん《ママ》ところとりにこなくなり、社会党とは絶縁状況である。公明とは、少し方向転回が早くて急だったが、今、そのブレを直しているところで、しばらく、慎重になるだろうが、今解散となれば、どうなるか一人一人計算して判断したもの。権藤氏は当然だけど、首脳とは、よく話し合っているので、元に戻ることはない。三塚氏が公明と接触している話も承知

している。②リクルート特別委の設置は、結局は応じなければならないと考えている。③税制審議を特別委とするか、常任委とするか、よく検討してみる。とのこと。

◆八月十九日（金）

社会党の幹部会で、参院予算委には二十二日から審議拒否しないことを決める。ねらいは、総理訪中、帰国後まで、予算委を引っぱること。これで税制改革のせめ合いが本格化することになる。

池内氏から電話。「昨夜、学会副会長と会食。［公明党の税制改革にかかる］方向転換について、市川が一番反対した。市川は書記長を蹴落とし、委員長をねらっていた、それを支持する層もあったらしい。これからの展開について、ガイドする必要あり…」とのこと。社会党の作戦が明確化したので、展開について改めてメモをつくることになる。

◆八月二十一日（日）

午前中、公明のガイドラインのメモを書く。Normalizationの理念による福祉基本法の制定を政策提言することを中心として、今後の展開を予想したもの。

◆八月二十二日（月）

盆明けの議運、理事会、全てを参院予算委の様子まち。

［午後二時］三塚［議運］委員長の［議員］会館に呼ばれ、今後の国会の展開について話を聞く。安倍幹事長名で挨拶をうける。「今までの人のつながりで、自民内にも政府にも野党にも、いろいろ関係があり、

見られようによっては誤解も受ける点もあるかも知れないが、信用されたい」と説明すると、三塚議運委員長「自由に動いてくれ。それでないと情報も集まらないし、適格《ママ》な判断もできない。今まで築き上げた君の信用は誰も知っているので、安心して好きなように動いてくれ」とのこと。八月中に、二見先生と折衝することになった。

◆八月二十三日(火)

議運理事会はリクルート特委等の協議を二十五日にもちこした。

池内氏との相談の公明党路線の資料、「これからの国会の展開」と「福祉基本法制定への提言」出来上り、午後三時過ぎ、みせる(別紙〔=【別紙1】・【別紙2】〕)。池内氏満足し、明二十四日正午、二見議員の会館で会うことになった。

佐藤健一氏と会い情報交換。東京新聞がリクルートの一部の人名を出すとのこと。

【別紙1】八月下旬からの税制改革国会の展開について

(1) 八月中旬までの動きについての総括

社会党の硬直姿勢により、七月十九日の召集日以後、十日間近くも審議を空転させた。さらに、衆院予算委員会の審議に社会党が欠席するという予想を超えた作戦がとられ、自・公・民・共による質疑となった。社会党の戦術に同調して、予算委をボイコットしていたならば、相当な混乱が生じ、臨時国会の環境を悪化させ、今ごろは、解散ムードがかなり強くなっていたと思われる。予算委審議に応じた八月上旬の戦術変更は成功であったといえよう。

参院予算委員会には、社会党が参加することが決まったものの、ねらいは、総理訪中後に予算委を引き延し、税制改革諸法案の審議入りを遅らせようというねらいである。しかも、土井委員長を中心に、何がなんでも国会審議を紛糾させ、混乱のなかで衆院を解散させようとする戦略には変更はない。社会党内に意見の対立があるものの、土井委員長の方針は次期委員長再選をねらったものであるので、今後も一段と厳しい国会対策を採るものと思われる。

(2) 衆院での「リクルート問題特別委員会」設置について

リクルート問題で解明方法として、特別委員会の設置を要求したのは、公明党の矢野委員長である。また、これを体して議運理事会でも公明が提案、民社が賛成し、社・共が証人喚問と資料提出を条件として賛成し、自民党が検討中というところである。

この問題については、まず、野党側に足〔並〕の乱れがあった。即ち、公明・民社は無条件で設置すべきで、証人や資料問題については、設置した特別委員会で協議すべきことであり、社・共のように議運で条件をつけることはおかしい、との主張である。社・共のねらいは、あくまでも国会混乱、解散に持ち込むことである。社・共がいつまでもこだわると、おかしなことになると思っていたところ、八月二十三日には、社・共も早期設置論にかかわった。リクルート問題特別委員会は、公明党の提案であり実現が望ましいが、自民は簡単に応じないと思われる。もし設置した場合、真相究明の限界を承知しておくべきである。即ち、リクルート問題は、ロッキードとかグラマン問題と本質的に違って、「犯罪にかかわる問題でない」ということである。この問題は証券取引法とか税制関係法の不整備の問題と、社会的指導者のモラルの問題である。

従って国会に証人喚問という方法で究明すべきことではない。現段階でも関係者は国会での質疑やマスコミ報道で氏名が出され、社会的制裁もある程度行われている。国会がやるべきことは、今後の対策であり、社会的不公正がおこらないよう法制度を整備することである。そのためには、問題が発生した原因、事実関係等を関係政府当局にただし、また、学識経験者等から参考人として法制度の整備について意見を聴く程度のことが適当であると思われる。

この程度の発想でないと、自民党は特別委の設置に賛成できず、実現が困難である。「犯罪にかかわりのない問題」で証人喚問等にこだわり、政治裁判的なことを国会が行うようになれば、多数決を乱用すれば民主政治はこわれることになる。リクルート問題で証人喚問の前例をつくれば、今までいろいろ話題となっていた宮本問題・名誉会長問題等が論じられることになる可能性がある。

(3) 税制改革諸法案の審議入りについて

自民党は、恐らくリクルート問題特別委員会の設置とからめて、税制改革諸法案の審査のための特別委員会を設置する提案を、八月二十四日頃から行うものと思われる。

税制改革諸法案の審議入りは、遅くとも総理帰国直後の九月二日(金)までに、衆院本会議での趣旨説明と質疑を終えたいのが希望であろう。しかし、社会党の硬直姿勢と福島県での知事・参院補選とのからみもあり、自民党が、ぎりぎり許容可能な期日のリミットは、九月六日(火)と想定される。この頃までに審議入りができず、審議の方法について見通しが立たなければ、国会運営は社・共のペースとなり、紛糾・強行採決―解散の局面が出てこよう。従って、税制改正の審議入りは、この辺を目途に、うまく態勢づくりを行うべきである。審議の方法は、次の方策が考えられる。

① 税制改革諸法案審査のための特別委員会

（この場合、別にリクルート問題特別委員会が設置される場合とされない場合がある。）

② 税制改革とリクルート問題を究明することをセットとして、一つの特別委員会を設置する。

③ 税制改革諸法案を大蔵委員会と地方行政委員会の二つの常任委員会に分けて審議する。

（この場合、別にリクルート問題特別委員会が設置される場合とされない場合がある。）

前回、七月末、税制改革国会をシミュレーションした時、②が理想的で③が解散の可能性を含むとの見方を示したが〔七月二十九日の項を参照〕、その後の状況の変化によってこれらの見方を若干再検討する必要がある。理由は、社会党がかくも硬直した姿勢を示すと予想していなかったことにある。

まず、①の場合、社は、最後まで特別委員の名簿を提出せず、欠陥〔のある〕特別委員会として、本会議等の場で暴れよう。法規的に社が特別委員を提出しない特別委員会でも、自・公・民で審議・採択が可能であるが、初めから野党第一党が入ってこないことがわかっていて、無理な特別委員会を設けることは、国民的な眼からみても、公・民にかかる圧力も強いし、国会の慣行からいっても好ましいものではない。自民党としては、出来れば①の方法がもっとも効率的であるが、野党の出方によっては、幅広く検討するものと思われる。

②の場合、①に比べて社は審議入りしやすいと思われるも、社が本格的に出ることになった場合、今度は、リクルート問題ばかり要求して税制改革の審議に入らず、証人喚問等が税制法案審

議入りの条件ということにもなりかねない。そうなれば、会期中に税制法案の審議入りはできず社共ペースの国会運営となるが、リクルート問題の限界を理解して、運営を上手にやれば効果的であることは変らない。

もっとも、社がどんなことがあっても税制法案の審議に入らないということなら、思い切って、自・公・民で②のケースを選択する決断も得策かもしれないが、状況が読み切れないので即断は禁物である。

③の場合、七月末の段階では、特別委の設置に社・公・民が反対した場合、強行覚悟で自民党が選ぶ方策と思われていたが、社会党が税制改革の全てを拒否するという戦略に変更し、特別委員を提出しない戦術をとり、特別委員会の活動を意図的に遅らせるというのなら、むしろ、公・民と話し合ったうえで、大蔵、地方の両常任委員会とした方が得策ではないか、という考え方が、最近自民党から出て来ている。

この場合、常任委なら社もすでにメンバーがおり、野党の審議権を侵害するものでないこと。定例日が重複して、審議効率が悪いが、やむを得ず、まず、大蔵委を中心として、週三日間やり、地方委の方は、譲与税関係だから、元が決れば、次国会でもよい……という考え方を採ればよい……。という発想である。

税制改革諸法案の審議方法について、現段階で予め固定して考えるべきではない。状況がきわめて流動的なので、九月初旬の審議入りの際、もっとも適切と思われるものを選択すべきである。政府、自民党も、考え方を固めていない。社もこれから、どのようなカードを切るか不明な部分もある。

ただ、税制改革という立場で物を考えれば、特別委で一括して審議することが望ましい。特に、公明党の立場から言えば、「税制改革基本法」構想をどのように生かしていくか、「不公平税制問題」、「福祉ビジョンの設定」等、現在の国政全般のあり方を論議するためには、国民的な立場からみても必要なことである。しかし、政治的思惑がからむ問題であるので、慎重な対応が必要であろう。

(4) 税制改革の審議において留意しておくべきこと

九月二十六日(日)が、会期最終日である。従って、九月二十日すぎから、会期延長問題が出て、事実上、税制改革の審議は中断しよう。会期延長は、相当に紛糾しよう。これを自民党の単独採決ということになれば、以後、強行審議、成立、解散という局面を残すことになる。社はその状況づくりに必死となると思われる。

従って、公明が、会期延長の議決に堂々と出席できる環境づくりを九月中旬までには、つく〔っ〕ておくべきである。その方策は、政府の提出した税制改革諸法案には反対であるが、これこれの公明党の政策提言について実現を約束するなら、徹底審議を条件として審議拒否はしないということを、党の方針として明確に打ち出したうえで、審議の場でも提言しておく必要がある。

「政策提言」にはいろいろなことがあろうが、福祉受難と言われる一九八〇年代において、福祉政策の革命といわれるNormalization(ノーマライゼイション)という理念を導入した『福祉基本法』の制定を提言してみてはどうであろうか。

かつて、公明党は『福祉トータル・プラン』を提言して「福祉の公明」という名を国民に印象づけた。税制改革の論議において、これを発展させ、「真に豊かな国づくり」の先取りとして政策提言することにすれば国民は必ず評価してくれよう。その考え方については別紙にメモしておく。

なお、福祉政策に対する政策提言の外に、野党間で協議が行われている「不公平税制是正」の問題がある。これについては、公明党が突出することはできないが、早急に解決できうる事項と、時間を要す事項があるので、これを区別し、政党間の協議で問題を整理した後、早い時期に所管委員会の場に協議を移す必要があろう。この問題について社会党は政党間協議で時間をかせごうという方針であり、これに乗ると、税制改革の審議に入れず、時間がなくなれば、審議強行、紛糾、強行成立、解散という可能性が生じよう。

(5)税制改革諸法案の衆議院通過をめぐる問題

会期延長はおそらく、五十日間ぐらいになる可能性が強い。政府・自民党は一応、十一月中旬までには、成立させておきたい希望である。しかし、特別なことがあれば展開は変化しよう。問題は、衆議院通過の時期であるが、可能性としては、十月二十日前後が想定される。その際、委員会採決で社会党はまず欠席と見ておくべきだろう。出席したとしても強行採決で混乱となれば、後々の収拾が大変となる。

野党全党が欠席して自民党の単独採決という局面になった場合、衆院本会議、参院委員会・本会議もすべて自民の単独の可能性が高く、こうなれば野党も一斉《ママ》の国会審議に応じなくなり、強行成立―解散という芽が出てこよう。

問題は、野党が出席して混乱のうちに強行採決を行った場合、議長によるあっせんで収拾することについてである。出来れば、このようなことも避けた方が得策である。理由は、議長が出るとなると野党第一党（社会）のウェイトが高くなる。社会党は、税制改革をさせないために、議長がどんな案を出しても拒否するものと思われる。社会党を抜きにして議長にあっせんさせる方策もあるが、かなり危険な橋わたりとなる。しかし、やむを得ず、このような状態になったならば、議長から大義名分を引っぱり出して、社会党を残して、審議に応じていく決断をする必要があろう。

なるべくならば、衆院の委員会の採決に当っては、例え社会党がボイコットしていようとも、堂々と政策提言を行い、政府案に反対し、福祉基本法の制定や不公平税制是正で国民的成果を挙げて、採決に応じ、衆院通過をできるだけ混乱させないようにすることが大事である。これでもって、解散の可能性はなくなる。

公明党の政策提言を政府・自民党が取り入れた場合、税制改革諸法案に反対しにくい、あるいは反対することが、何かわざとらしいと危惧する考えがあるが、これについては、諸施策を講じた後に、税制改革を行うべきであるという主張を強く出し、（二～三年かけて論議すべしとの従来からの主張）、政府・自民党はその主張の趣旨を生かして、消費税法案の施行を昭和六十六年四月一日に、自民党修正し、その間に環境整備をする方針をとるということになると、公明党としては、不十分であり賛成はできないが、若干の誠意は評価して、審議には応じよう……ということで、国民も納得するのではなかろうか。

【別紙2】「福祉基本法」制定についての提言[66]

――ノーマライゼイションの理念を導入して福祉政策の革命的見直しを――

（1）従来の福祉政策に対する反省

一九六〇年代から七〇年代前半にかけ、福祉政策の黄金時代と言われた。一九七〇年代後半から八〇年代の現在まで、福祉政策は受難の時代である。わが国では、オイルショック後の総需要抑制政策や、昭和五十年代の後半から実施された行財政改革によって、真先に福祉予算が削減されたことは、記憶に新しいことである。

従来の福祉政策の基本理念は、弱者に対する同情、救貧法的発想から始まり、病人、身障者、老人等ハンディキャップを負った人々に対して、一定の措置を施し、効果的に管理することによって、国家や社会の発展の障害とならないようにしようという考え方であった。この根底にはハンディキャップを負った人々は国家や社会の発展を妨げる要因として理解されていたのである。

人間とは何か！　ということを熟慮した場合これで良いものであろうか。人間は社会的動物といわれ、社会＝集団を構成しなければ生きていけない宿命を背負っている。ハンディキャップを負った人々の多くは、自己には責任はなく、先天的あるいは社会的原因がほとんどである。

われわれは、豊かになったといわれる今日、国の施策から個人生活に至るまで、このハンディキャップを負った人々を潜在的に差別することによって、社会を運営してきたのである。人間の本当の幸福というものは、健康な普通の人間が豊かで快適な生活をすることだけで、よしとすべきものであろうか。

「真に豊かな国づくり」、「心が豊かになる国づくり」というものは、ハンディキャップを負った人々が、安心して生活でき、できるだけ普通の人々の暮しに近い形で社会生活を営める社会環境と条件を整えることではなかろうか。誰でも老人になり、ハンディキャップを負う立場にやがてなるのである。また、何時、不幸な事態になるかもしれない。

二十一世紀に向うわれわれの考え方は、従来の福祉政策理念を百八十度転換させ、ハンディキャップを負った人々こそが、いろいろな面で社会参加を行い、可能な限り多くの人々が生きがいと、幸福感を持ち、国全体として社会全体としての人間の幸せを感受できる制度をつくり上げることこそが、二十一世紀に向かうわれわれの責務ではなかろうか。

(2) ノーマライゼイションの理念について

Normalization 直訳すれば「日常化」とか、「普遍化」ということになるが、最近、福祉先進国やわが国でも一部の自治体で使用しはじめられている用語である。

ノーマライゼイションとは、社会福祉事業の対象者を特殊視して隔離的に処遇するという従来の考え方を改めて、障害者も身体の自由のきかない老人も、長期療養の病人も、できるかぎり住み慣れた環境の中で、日常的な普通の生活ができるようにすべきであり、働く年齢層の障害者はできるだけ働き、学校へ行く年令ではできるかぎり学校へ行って普通の生活を送ることが、本人の福祉と幸福にとって好ましく、ひいては国や社会にとっても有益であるという考え方である。

この考え方の背景には、健常者だけで構成される社会が普通ではなくて、身障者や老人が何パーセントか混在している社会が普通であって、これらの人々が幸福と感じてこそはじめて豊かで、充実した社会であるという哲学がある。

わが国においては、社会福祉審議会で、福祉政策の一般的原理として取り上げたことがあり（一九七七年の「社会サービスと補足的社会保障給付」）、その後の社会立法において若干の具体化や福祉行政の姿勢として、話題となったことがあるが、政府の施策の基本理念に採用されるには至っていない。

（3）ノーマライゼイションの制度化について

ノーマライゼイションの理念を制度化するにあたって、何より必要なことは、既成の政治・行政等について発想を転換させることである。いわば、政治・行政の意識を革命的に発展させなければ不可能である。具体的に例示するならば、

第一に、住環境、交通機関、労働環境など物理的環境を、身障者や高齢者等にも利用できるよう改善していくことが必要である。

第二に、経済的自立のため基礎年金制度、身障者、母子家庭の母親などの自立を促す雇用助成、自宅での自立生活を可能にする在宅ケア・サービス等の制度の改革が必要である。

第三に、ノーマライゼイションと自立助成の理念に真に目覚めるよう人々の意識の変革が必要である。一般の人がこれらの理念に目覚めるならば、身障者や老人が交通機関を利用したり、横断歩道を渡ろうとする際、必要なヘルプを自然と行うようになり、また、各種のボランティア活動も活発になり、参加型の福祉政策が可能になるのである。

第四に、もっとも大切なことは子供のころからノーマライゼイションにもとづく教育を行っておくことであろう。ハンディキャップを持つ人間の存在をあたりまえのことと認識させ、一緒になっ

て社会活動を行い、幸福になることが、社会の発展になるという教育を幼稚園の頃から行うことが必要である。個人による自分のための保険的意味での福祉では不十分であり、啓発された自愛心を生かしてヒューマニスチックな連帯精神を養う教育が不可欠である。

ノーマライゼイションの制度化は、政治・経済・社会・文化の全てにわたる問題となる。勿論、これを一挙になし遂げることは不可能である。重要なことは、これからの政治・行政にあたっては、この理念に基づいて、新しい施策には十分生かし、旧いものを改善するについては、この理念をできるだけ生かすように努力するという方法で進展させることになろう。

（4）福祉基本法の制定について

ノーマライゼイションを制度化する方策として、まず、必要なことは、この理念を国家社会の基本方針とすることとその実現のためのシステムを「福祉基本法」として、法制化することであろう。即ち、ノーマライゼイションの理念に基づく「福祉憲法」制定である。

立法の骨子については、専門的検討を要するが、現段階で必要と思われる事項を挙げるならば、次のようなものとなろう。

① 法律の目的に、ノーマライゼイションの理念を謳い、政府の施策の全てに生かすことを義務づけること。

② 各省庁の施策にわたることになるので、内閣総理大臣のもとに機関を設け、国民福祉のあり方について総点検を行い、かつ従前から設置している福祉関係の審議会を整理し、その機関のもとにおくこと。

③　福祉政策について総合計画を作定し、年次ごとに、施策の状況と結果を国会に報告させること。（福祉白書の公表）

④　総理大臣のもとにおく機関に、各省庁に対して基本法の趣旨に基づき、必要な勧告を行うことができる等の権限を与えること。

⑤　福祉政策の中でも、特に重要事項については、個別にその事項の重要性を認識させるため、措置について具体的目標を設けること。

⑥　その他

◆八月二十四日（水）

正午から一時間半、二見議員〔公明党副委員長〕の会館で、池内氏と三人で懇談〔要旨【別紙】〕。二見氏は二十三日の矢野発言は建て前で、両刃の剣ということで気にしていたとのこと。基本認識は変っていないということで、「福祉基本法の提言」について説明。〔渡した〕メモを読んで、これでないとやれないと驚いていた。非公式折衝の政府側窓口は大蔵省浜本〔英輔〕氏で、公明の窓づくりについて秋谷会長から矢野委員長へ二見氏を指名するよう中上氏に話すことになった。

参院の予算委は三十一日五時間を残して総理帰国後に持ちこした。散会と同時に瓦防衛庁長官辞任、田沢吉郎氏が後任。

【別紙】八月二十四日の二見議員の話　正午から一時間二十分、議員会館

①　八月二十三日の矢野委員長の総選挙準備の発言について

矢野委員長が全国県本部長会で、解散に備えて公認候補を決める等の発言は、建前発言であって、本人は、両刃の剣になると気にしていた。解散回避で行く方針には変更はない。

② 八月下旬からの臨時国会の展開について
（イ）社会党は何がなんでも解散という戦略で出てこよう。矢野委員長も同じ認識だ。
九月上旬の税制改革法案の審議入りが大事だと思う。審議入りの段取りをうまくつけて、出口の見通しもある程度、読める形でないと混乱する。九月末の会期延長をできるだけ混乱させないようにしておかないと、おかしくなる……。
（ロ）個人的には、税法案の審議は、税制問題を論議できリクルート問題も併せて議論できる特別委員会が望ましいと思うが、公明党が率先して主張するわけにもいかない。
（ハ）現段階で、公明には、事態を動かすための具体案は何もない。
（ニ）リクルートでは証人喚問すべきでないと考えているが、党として表向き言えない。

③ 税制改革諸法案の審議拒否をしないための公明党の政策提言「福祉基本法」の制定の構想メモ（別紙）について
（イ）構想としてきわめて重要で必要と思う。これが実現すれば、あと十年は公明党は活躍できる。結局、福祉と平和をいうしかないのだから……。
（ロ）「福祉基本法」については公明の自民党協調論者（竹入・権藤）から聞かされており、個人的には七月の初旬政審の担当者に依頼して構想を立案化しているところで、矢野委員長も承知しているが、作業が進んでいない。この構想はすばらしいものなので、税制改革の審議を行うことと引きかえに、実現させたいと思う。
（ハ）公明党内を説得しなければいけないが、まず、大久保書記長には私（二見）から説明する。矢野委員長の説得には学会の秋谷会長が適当であり、その筋から矢野委員長に、政府や自民党との非公式窓口に二見を指名するようにしてほしい。
（ニ）八月二十八日（日）、大分市で矢野委員長と一緒になる会議があるので、その時二人、税制改革の展開も含めて、「福祉基本法」の話も詰めてみる。
（ホ）構想の内容は、専門家の智恵を借りて拡充しよう。

◆八月二十五日（木）

午前七時、権藤先生に電話。桑名元議員の就職の件、小沢官房副長官からの返事を伝える。その時、公明党三役会等での情報を聴く【別紙】。

議運理事会で自民から税制六法案の趣旨説明と特別委設置を提案。野党反発。リクルート特別委については、関係委員会でとのこと。後日三十日に協議。正午、福祉基本法〔案〕、権藤氏にファックス。午後二時過ぎ、池内氏と会い、中上氏（秋谷会長秘書〔＝会長付政治担当〕）に会った時、権藤氏の話をしておくよう依頼。午後三時過ぎ、三塚議運委員長に状況を説明したところ、来週早々二見氏と会いたいとのこと。すぐセットして、二十九日（月）正午、昼食をすることになる。同席を指示される。

「大蔵省」浜本審議官から電話。「福祉基本法」小沢副長官良く出来ているとのこと。来週必要になるかも知れないので、問題点を至急上げるように依頼。

【解説】午前十一時、衆院議運理事会で、自民党が次の提案をした。[67]

① 税制改革関連法案の本会議での趣旨説明と質疑を早急に行い、その審査のため委員五十人からなる税制改正に関する特別委員会（仮称）を設置したい。

② 野党側から要求のあったリクルート問題解明の特別委員会の設置は必要でない。

③ 証人喚問に関する議院証言法改正問題は衆院議会制度協議会で協議してほしい。

野党側は、リクルート事件関係者の証人喚問が、最優先課題と主張し、話し合いつかず。

○竹下総理、中国訪問のため出発。（二十九日帰国）

【別紙】八月二十五日、権藤議員から電話の話

○八月二十三日の矢野委員長の総選挙準備の発言について

二十三日、全国県本部長会の前に、公明党三役会（書記長・政審会長・国対委員長）に矢野委員長が出席して今後のことを相談した。私（権藤）もオブザーバーで出席していた。

印象として、事態の厳しいことを執行部はまったくわかっていない。

総選挙準備の矢野発言は、市川国対委員長が突き上げて発言させたもの。このままだと十一月には解散の可能性があるので、念のため公認の準備はしておくべきだ……と矢野委員長をせっついて、それでは本部長会で発言しておこうかということになったのだ。

解散を避ける方法については、まったく考えてない。驚くべき感覚だった。矢野委員長は今後の見通しについて『民社が一党でも自民党についていくとのことだから、公明は反対・反対で社会党についていけば、税制改革法案は、そのうち成立し、解散はないだろう』と説明していた。

とにかく、委員長も書記長も国対委員長も国や党がどうなっても、自分さえ安全ならという感覚でどうしようもない。副書記《ママ》長の二見だけが、ポリシーを持っている。解散回避で方向転換したというものの、余程、監視しておかないと、何時、どんな時にひっくりかえるか知れないので、注意しておいた方がよい。

◆八月二十六日（金）

午後四時過ぎ権藤先生から電話。「福祉基本法はよく出来ており、中上君から話を聞いた。上京すれば自分もがんばる」とのこと。権藤氏「浜幸が〔創価学会問題について〕大橋や藤原〔行正〕を呼んで自民党代議士と会談を憲政記念館で開くとの情報があり、そんなウワサを流すだけでも、税制改革に協力できないと小沢副長官に伝えるよう」とのこと。

調査したところ、憲政記念館での予定はないが、佐藤健一氏にたずねたところ、浜幸氏がそばにいて、「やらない」といったとのこと。以前、そういうウワサが流れたことは事実らしい。

香川副長官秘書から北京〔の小沢氏〕に電話してもらうことにした。

午後十一時半、帰宅すると、北京〔の小沢官房副長官〕から二回電話あったとのこと。

◆八月二十七日（土）

午前八時過ぎ、北京の小沢副長官から電話あり。〔公明党問題について説明。権藤先生にも伝えるようにとのことであった。

◆八月二十九日（月）

午後十時半から平河町三塚事務所で、『議会政治100年』の定価について協議。安すぎると内容を疑われるということから、引き取りは変えず四千五百円で徳間書店と話をすることにした。その後、税制改革の展開について懇談。正午からの三塚・二見会談に臨む。

会談は約二時間。内容は前向きのものだったが（【別紙】）、決定権者でないため、いずれも党が了承するかどうか。しかし、展望打開はこの道を中心に行くしかないだろう。

事務総長に報告。「社会党を残して自、公、民で審議入りする場合、政治の流れが変わる」と情と理がねじれた発言あるも、しかたがないか…。

【別紙】三塚議運委員長と二見公明党副書記長の会談要旨

昭和六十三年八月二十九日（月）　正午〜午後二時。赤坂プリンス新館。

（会談を呼びかけたのは、三塚氏、税制改革諸法案の審議入りについて自民党が盆明けから硬化したので、状況を公明に説明しておきたいので、二見氏との会談をセットするよう依頼されたもの。平野も同席した。）

○三塚　先週の自民党役員会で、これからの国会の進め方で、強い線で臨む方針が確認された。理由は、盆に帰省した自民党の議員達が、選挙区の人達から、消費税に抵抗が少なく、逆に、国会は何をやっているのか、審議入りさえできないのは、三百議席を持ちながらだらしがないと言われているということや、新聞論調も審議に入るべきだとの主張だし、それに、福島の知事・参院補選も自民にとって最悪のことにはならんだろうという見通しなので、この際、九月二日（金）には、税制六法案の趣旨説明と特別委員会の設置をなんとしてもやれということになったんだよ。これについては、安倍幹事長も決断しているし、訪中前に竹下総理に私が会った際、非常に心配しておられ、国会の運びはまかせるといわれている。

○二見　私は、勝負時期は九月六日以降だと予想していたんですが、早いテンポですな……。

○三塚　自民党の役員会は九月二日にやれということですが、私は、九月二日にある程度の見通しがつけば、勝負を次の週にということでもよいと思っているんだが。渡辺政調会長は「九月二日にやるなら、オレは、何も言わ〔ん〕が……」と強硬なのだ。

○二見　しかし、八月二十五日の自民党の提案のままだと、乗れませんよ。税制改革六法案を審査するための特別委員会で、しかもリクルート問題調査特別委員会は拒否して……。

○三塚　それはわかる。そこで……、税制改革等に関する特別委員会にして、「等」で不公平税制是正問題、リクルート問題をやってもらうことで、議運理事会なり国対委員長会談で話をつけてもらうわけにはいかないだろうか。

○二見　昨日（二十八日）、大分から矢野委員長と一緒に上京した際、これからの展開についていろいろ話した。矢野委員長の腹は、①基本線として、税制論議に入る。②その前に社会党の本音を知る必要がある。本当に九月二十六日の会期終了日まで税制法案については寝るのかどうか。今日（二十九日）、大久保書記長をして山口書記長に確かめさせている。③本当に審議拒否をし続けるのなら、適当なところで社会党に見切りをつけなければならない。……というところなんです。問題は、社会党を見切るタイミングが難しいことなんですよ。

ところで、今週は、どういう運びをするんですか。

○三塚　自民は、八月三十一日の議運で九月一日(木)の本会議セットを強く主張するだろうが、これは、私が抑えます。しかし、九月一日の議運で次回本会議二日(金)のセットを自民党がせまってきた時、役員会での方針でもあるので、私は抑えることができないだろう。二日に本会議をセットしておいて、あるいは、見通しがつけばセットしなくてもよいが、いずれにせよ、相当に緊迫した中で、話し合いをしていくことになるが、公明・民社が乗れないなら、自民は次の週には単独ででも審議入りをしろという声が強くなり、どんなことになるのか。場合によっては大変なことに発展するかも知れない。

○二見　特別委員会方式は変更しないんですか。

○三塚　竹下総理も特別委員会でやってほしいとい〔う〕方針だ。

○二見　私の個人的意見だが、

①　特別委員会は、政府の提出した法案を審査するためというものでなくて、不公平問題やリクルート問題も含めて幅の広い形のものにすること。

②　特別委員会を設置したならば、冒頭で不公平税制是正問題で集中審議を行い、問題点を出し、小委員会でつめて、話がついたものは法改正していくこと。

③　リクルート問題では、なるべく早い時期に江副氏を参考人として呼ぶようにすること。

といったことを自民党が了承できるかどうか。了承できるとすれば、次の週、税制六法案の趣旨説明と特別委員会の設置に公明が応じるか。場合によっては、遅れて、特別委員会に入っていくか……。どっちかだろうが、いずれにせよ三項目をのめるかどうかだが……。

○三塚　②の不公平税制の集中審議は結構だ。

③の江副を参考人として呼ぶこと、これは今返事できない。自民党の中には、参考人や政治家に限って資料を公表すべしとの意見もあるが……。自民党の首脳に相談してみる。しかし、江副はノイローゼで入院しているらしい。

○二見　自民党として参考人として呼ぶ姿勢をとれるかどうか、が大事で、診断書が出されゝば、そこで相談すればよい。場合によっては、病院に委員派遣して医者のつきそいで質問してくるという方法もあるし……。

○三塚　特別委員会のつくり方については、平野君ちょっと整理してみてくれ。

○平野　特別委員会には普通①法案審査のため、②対策樹立のため、③調査のため、という種類がありますが、②と③を兼ねたものもあります。設置しますと、所管が発生しますので、所管の法案はそこに付託されますので、②でも③でも税制六法案の審議は特別委員会でやれます。

お二人の話を聞いてまして、一つの案として『税制改革等に関する諸問題を調査し、その対策を樹立するため、委員五十人よりなる税制改革等に関する特別委員会』としますと、いろいろな問題がとり上げられるという感じは出せると思います。

○二見　それも含めて党首脳に報告して相談します。私としては、矢野委員長に、自民党がリクルート問題で参考人を呼ぶことを了承し、不公平税制是正問題を特別委員会の冒頭集中審議することになれば、これに応じて行くべきだとの意見を申しますが、私が決定権者でないので、結果はわかりませんよ。

◆八月三十日(火)

午前九時二十分、三塚委員長と会う。昨日二見氏と別れた後の話。自民が江副参考人をゆずれば、のまないと大変なことになる旨[68]伝えたことを話す。議運理事会、各党主張をしただけで[協議に入ることなく]一回で散会。

午後二時前、二見氏から電話あり。「昨日の件[三塚氏との会談の内容]、矢野委員長に脚色せずそのまゝ伝えた。本気になって転身を考えるべきと進言したことを三塚委員長に伝えてくれ…」とのこと。

三十一日夕、池内氏と三人で会食することになる。

午後二時過ぎ、池内氏来訪。学会本部に行って山崎副会長等に事態の説明をよくしておいた。〝福祉基本法構想〟については、まさにわれわれがいままでいって来たこと、党に伝えるとのこと。なお、税制審議の入口については、改めて、秋谷会長から矢野、大久保、市川一緒に話をするとのこと。なお、大久保はいぜんとして「だんこ反対を貫く」といっているとのこと。

午後五時、三塚委員長と二見氏。午後八時に帰宅してサウナに行く。

午後十一時、権藤氏から電話あり。「矢野委員長の福岡発言[69]は、審議を拒否というのではない。現在の自民党の提案を強行するなら、ということだ。それと、社会党の筋の話として、自民の中には[自社]五五[年]体制をこわしたくない人がいて、自社で話がついていて、どんどん強く出てくれ、税制[改革]は先送りで同日選だ、公、民に徹底抗戦になってくれといっている」とのこと。自民サイドとしては中曽根復活論者がやりそうな動きだが…。小沢副長官に伝えてくれとのこと。

午後二時半、早坂氏に会い、三塚・二見会談の別紙資料[八月二十九日の項を参照]と二十三日以降のメモを竹下総理に説明するようにわたす。

◆八月三十一日(水)

午前十時五分、小沢副長官に電話。権藤氏と二見氏との話をする。今週中に会う機会をつくってくれとのこと。九月二日夜、四人で会うことに調整する。

議運理事会は一回限りで明九月一日にもちこす。整備新幹線問題で税制六法案の取扱は中心的話題とはならず。

午後七時過ぎ、日商岩井ビルの〝ユック〟で池内、二見氏と懇談。学会の幹部が九月一日~二日にかけて、〔研修のため〕そろって山に入り、そこで福祉基本法等出口のことが話し合われるもよう。入口をなんとかすれば、道は開けそう。二見氏いわく、中野〔寛成〕(民)は、ころ合をみて、公・民でやろうといっていたとのこと。

午後九時四十分、早坂氏に電話。午後十時、永田氏と会う。

◆九月一日(木)

自民は明二日の本会議のセットにこだわる。午後二時、三塚議運委員長に呼ばれ、税法六案の趣旨説明先行、常任委付託、その後特別委〔に移しかえて集中審議すること〕について意見を聞かれる。激突して混乱させるだけ。まず、間口の広い特別委を設置し、不公平税制等の集中審議をやり、次に税法案の趣旨説明・〔特別委員会に〕付託〔という手順〕で先が見えてくれれば、その線を生かすべきと進言。その後、事務総長に説明したところ、オレもその線しかないと昨夜から社にも話し、官邸もそれで動いているとのこと。

三塚委員長、明日昼間、二見氏と会いたいということで、午後一時キャピタル東急ホテルをセット。午後六時過ぎ、小沢副長官から電話、「明日の午後七時半からの〝鶴よし〟での会談に使うので、税法審議の見通しのメモをつくって持参するよう」たのまれる。

◆九月二日(金)

午後一時、キャピトル東急四四七号室で、特上のすしをつまみながら、三塚、二見会談に同席する。話の内容、別紙メモ〔不明〕。〔三塚議運委員長が「特別委員会設置を先行させ税制全体について議論してから、消費税法案の本会議審議としたい」との方針を説明したところ、二見副委員長は基本的に理解を示した。〕

議運理事会は三回にわたって開くも不調。

午後七時半、四谷〝鶴よし〟で小沢副長官・二見・権藤・平野で会談。別紙資料〔省略〕を中心に議論、メモ〔不明〕をまとめ段取りをつける。

政倫審にリクルート問題を投げることについて抵抗し、議運委で取扱うことにすることで公明がのるかどうか。特別委の設置目的から税制改革を削るよう〔公明党の両人から〕要求があり、検討することにした。いろいろ議論したが、公明が一応検討できる案をつくり、小沢、二見、平野で持ち帰る。

【解説】 三人の話の中で、私〔平野氏〕が「来年は弥富事務総長を解放するよう」小沢副長官に言うと、小沢氏は「だめ、緒方は運営について知らない。弥富も使っていない」というので、私が「それなら私は税制改革の話から降りる」と言うと、二見氏が「〔緒方氏は〕私の〔浦和高校の〕先輩だから頼む」とのこと。私から「私が全面的に支える」ということで、小沢氏が了承した。

◆九月三日（土）

午前九時半、事務総長に昨夜の報告をし、特別委員会の設置目的について問題があるとして、二人で検討する。その結果、別紙のものをつくり、小沢副長官、二見氏に連絡する。リクルート問題の議運委での取扱いにバトンタッチさせることは、事務総長も了承。

三塚委員長から九月五日の安倍幹事長、矢野公明党委員長の会談について、午後一時半から、ホテル・オークラ別館SP三二三ということに決まり、二見氏に連絡する。

昼食を大蔵省日高氏〔文書課長〕ととり、情報交換する。

【別紙】

（名称）税制問題等に関する調査特別委員会

（目的）不公平是正等税制に関する諸問題等を調査するため

◆九月五日（月）

午後一時半からの安倍幹事長と公明党矢野委員長の極秘会談が、正常化のベースになる。準備のため神経をつかう。約一時間、終わって〔同席した〕三塚委員長、「成功だったが詰めがある」とのこと。午後四時から開か〔れ〕る与野党国対委員長会談も、平行線であったが話し合いをもちこす。夕方、三塚氏、二見氏と会いたいとのこと。調整をしたが先方の都合悪し。その後二見氏から明日午前中に、三塚氏と会いたいとのこと。二見氏に見通しを聞くと「順調にいっている」とのこと。

帰り、読売浜田氏と時事重城氏と〝高知〟に行って食事。帰宅後、午前零時、池内氏から電話。小沢副長官から「出来すぎるぐらい順調」とのこと。学会の山崎副会長に、さらに日程のことをたのむ〔＝小沢氏が山崎氏に日程について頼んだ〕。

【解説】午後三時、社民連の楢崎弥之助衆院議員が記者会見し「八月中に再三、リクルートコスモス社の松原社長室長[70]が訪ねてきて、リクルートを助けてほしいと現金五百万円を二回にわたって提示した」と、NTVが収録した現場のVTRで明らかにした。[71]

午後五時、社会・公明・民社三野党の書記長会談が四〇日ぶりに開かれ、次の事項を確認した。

① 政府の税制改革六法案は、欠陥法案である。不公平税制是正の与野党協議機関を直ちに設けるべきである。

② リクルート問題解明のため、江副前会長の国会喚問を実現すべきである。

③ 政府自民党が、消費税導入を強行するのであれば、憲政の常道に従い、国民に信を問うべきである。

④ 社・公・民三党は、今後さらに緊密な連携を強化する。

◆九月六日（火）

午前九時五十分、二見氏の要請で、三塚・二見会談を極秘で、秘書課分室で行う。矢野委員長（公）がつくった不公平是正十項目の回答要望を〔二見氏が〕出す。そんなにむずかしい問題ではない。改めて回答することになる。同時に矢野委員長の要望の特別委の名称等について、別紙の案を持ってくる。事務総長に説明したところ「自民が了解すれば、問題はない」とのこと。

【別紙】
（名称）不公平是正等税制に関する調査特別委員会
（目的）不公平是正等税制の諸問題に関する調査のため

午後一時、三塚〔議運委員長〕・〔水野〕主税局長で、公明への回答を調整。午後二時過ぎ、二見氏〔副書記長〕を呼び主税局長から説明。二見氏持ち帰る。その後二、三の調整があって公明が了解。社会党から民社にアングラ〔情報〕が流される。「自・公で話がついている……」民社があわてる。

与野党国対は二回目で、明日幹事長・書記長会談を行うことで、妥結へのキザシが見え始めた。午後七時、二見氏から電話。社会党の清水勇氏が社会党も特別委に入るとのこと。

◆九月七日（水）

午前十時半からの〔自・社・公・民与野党〕幹事長・書記長会談開かれ、回答を安倍幹事長が示し、社、公、民合意、決着したが、その後の議運理事会で話がかみ合わず、特別委設置の本格交渉を明日にもちこした。

三塚委員長から、江副氏の国会招致について、議運委で参考人とするとの方針を聞かされる。事務総長に話したかとつめると、若干話したが、詳しいことは君から報告してくれとのこと。事務総長に報告すると聞いていないとのこと。「困ったことになったが、そうしろというならしかたがない。理屈づけを考えておけ…」とのこと。三塚委員長には「問題が多く、〔方針が〕固まったら再度事務総長に要請をして下さい」と話す。

その後、午後六時過ぎ、事務総長から、渡部恒三国対委員長から、議運委〔の参考人〕でなく、非公式なところでやってほしいとのたのみがあり、議運理事会で意見陳述者としてやる方向を準備する。

午後二時、権藤氏のところに行く。学会の幹部会で山崎副会長が「オレが話をつけた」とめだっており、中上氏が秋谷会長の立場を心配しているとのこと。一度、小沢、権藤、中上、池内、平野で会食をすることになった。

二見氏、政党協議〔の〕代表と特別委理事を兼ねるとのこと。九月九日に特別委設置できないと[72]保証できないとのこと。民社の動きを心配していた。

◆九月八日（木）

三回にわたる議運理事会で特別委の名称、目的が決まり、野党は反対したが、九日の本会議での設置は認めた。江副氏招致の件は議運理事会で取扱い協議ということで、切りはなされ一応成功した。

楢崎議員が江副氏ら三人を告発し、国会招致について協議が起ころう。矢野委員長（公）が、自動車総連大会で、税制改革法案について建設的に協議するとの方針を述べ、与野党の話題となる。

午後六時過ぎ、三塚委員長から礼の電話があった。


【解説】午前十時、自民・社会・公明・民社四党の政策担当者協議会が始まる。メンバーは、自民党─渡辺政調会長・野田国対副委員長、社会党─伊藤政審会長・清水国対副委員長、公明党─坂口政審会長・二見副委員長、民社党─永末副委員長、米沢政審会長。

〔自民が【別紙】のような目的の調査特別委員会の設置を強行したことから〕野党側は態度を硬化し、社会党は本会議の開会に応じないとの意向を固めた。公明・民社両党は反対ではあるが、本会議には出席する態度を固めた。共産党は、自民党案では問題の解明はできないとして、衆院に「リクルート疑惑調査特別委員会の設置を求める決議案」を提出。

【別紙】73

（名称）税制問題等に関する調査特別委員会

（目的）不公正是正及びリクルート等税制に関する諸問題を調査するため

（員数）五十名

九月九日（金）

税制特委の設置は野党各党反対であったが、設置［の議事］には同意した。議運で決まり、委員長候補に金丸信氏が内定したとたん、自民党から、社会党が特別委員を届出なくても、今日中に、委員長・理事の互選の会議を持つとの強固方針が出され、星野氏（国対事務長）に説得と説明にいくも効果なし。結局、いろいろあって、同日の互選は避け、社会党が十二日（月）午後四時頃届出るとの約束で、その後［互選を］行うことになった。

しかし、十二日の開会公報を出すかどうかで、自民国対でも意見が分かれ、大島・星野両氏が問合せにくる。各党の了承がとれれば出された方が良いとアドバイスをしているところ、小泉国対副が社、公、民の了解がとれたとの連絡が入り、出すことになった。その後、事務総長から電話があったので、事情を説明すると、「公報を出すな」との指示。その旨自民国対に伝えるも、いまさら困るとのこと。事務総長から再度の電話で、公報を出すこと了解をとりつける。渡部自民国対委員長に説明、社会党の清水さんに説明してもらうことになった。

これより先、午後四時頃、共産党の東中さんに呼ばれ、事情を聞かれる。①自民はどういう動きか、②社会党は設置に反対だから委員を出さないのか、③議長が指名をすれば支障が生じるのではないか等。③については沖縄特委で四十六年に例があり、政治判断だ、といったところ、「あの時は非常事態だった」ということなので、「政治家が決めることだが、今回だって、七十日間の会期のうち、残り二十日足らず、自民は税六法案の審議をしたいだろうが、野党によってはリクルートの解明をしたいだろう。そんなに日数はないので、この事態を『異常』と判断した場合、議長はなるべく早く特別委が機能できるように動くことも一つの見識ではなかろうか」といったところ、「君は私の同志だ、顧問だ」と大よろこびした。

◆九月十二日(月)

正午過ぎ、二見氏〔公明党副委員長〕と会う。夜の会食の案内を持参したところ、数分懇談する。「金丸委員長の起用について、公明は当初、社会党との関係が深いということで懸念するむきもあったが、むしろ、社会党を押えるおもしになると考えている。市川氏〔公明党国対委員長〕とはうまくいっている」とのこと。池内氏にこの話を小沢副長官に伝えるようにたのむ。

社会党は午後四時に特別委員の名簿を出し、午後五時過ぎに金丸委員長、理事を互選する。

夜、三塚委員長招待で、二見氏らと会食。

◆九月十三日(火)

議運理事会では、十六日税六法案の趣旨説明を行うよう自民党が提案。野党はこぞって反対、第二ラ

〔ウ〕ンドが始まった。税制特〔税制問題特別委員会〕では、社会党がぐずついたが十四日(水)から審議を進めることになった。

午後一時、権藤氏から電話あり。十六日の本会議のあるなし。その時、〝福祉基本法〟について聞いたところ、中執で学会から提案があり、質疑の中で展開していくことで準備しているとのこと。出口では使われることになろう。

午後一時半、大蔵省日高氏〔文書課長〕と会う。民社から福祉ビジョンの提示について政府に申し入れがあったとのこと。事前に二見氏に知らせて、民社の顔を立てることが得策。公明の基本法構想は別の性格でそれを包含するものだから…とアドバイス。

午後四時、池内氏から電話。権藤、日高氏の話をする。民社に顔を立てるよう小沢副長官に伝えるよういう。午後五時、池内氏から電話。中上氏との会食、十六日(金)に決ったとのこと。

◆九月十四日(水)

税制特委は順調なスタート。[74] 社会党の川崎〔寛治〕委員の質疑は準備不足。

権藤氏から電話あり。「大久保書記長と話して税制国会の実態について説明。やっとわかってくれたとのこと。これから出口にむけ、書記長という党の顔を放っておくわけにはいかないので、まず、池内、平野で、次に小沢、次に三塚氏と会食してよく話をしてやってほしい。ついては根まわしをしてくれ」とのこと。池内氏と相談して、その線をすゝめることになった。

また権藤氏によれば「これからは、できれば社会党も一緒になって、徹底審議で通していくべきで、社会党の顔も立てることを考えるべき」とのこと。

午後四時、清水勇氏（社、議運理事）に会期延長について相談される。二十二日の趣旨説明には出席しそう。

◆九月十六日（金）

議運、本会議をセットするもあらかじめ流会の予定につき、のんびり…。

税特委は午後一時から午後四時まで、民、共が質疑。[75]

午後二時、二見氏から呼ばれ、江副氏の国会招致について、自民が前進した回答をしないと、二十二日の趣旨説明はむずかしくなるとのこと。そこで、「議運で取扱いを協議しているので、『捜査が微妙な段階なので、とりあえず非公開の議運理事会で招致して、その後改めて検討する』とのことを議運理事会で自民から提案させることでどうか」と伝えたところ、市川国対も了承し、小沢副長官にも連絡。その線でいくことになった。

◆九月十七日（土）

石井一議員（自、副幹事長）から呼ばれ、江副氏の国会招致について意見を聞かれる。議長を使って議運の話し合いを促進することで、事務総長の意見を聞きたかったとのこと。議長をこのことで使うべきでないと進言。

◆九月十九日（月）

午前九時半、三塚委員長から、民社党への政府の行革と福祉ビジョンについての回答を見せてもらう。

抽象的な内容で、民社の反応一つ心配。

正午から議運理事会、自民党が江副氏の国会招致について議運理事会への提案をくり返すだけ、進展せず〔＝消費税関係六法案の本会議での趣旨説明の協議できず〕。

午後五時から民社、一応議案〔＝提案〕は理解するとの感触が出る。

米の自由化反対の国会決議、明二十日に行うことになる。農林水産省で下書きした趣旨弁明に手を入れる。午後八時前までかゝる。

◆九月二十日（火）

夜中に天皇陛下の容体が急〔変〕とのこと。吐血と発表され、大さわぎとなる。

午前九時半、大久保書記長（公）から電話あり。天皇崩御の際の基本的考え方について聞かれる。政治とかかわらさないのが新憲法の精神、たんたんと事務的に対処するしかないとアドバイス。

議運の話し合いは防衛二法案の上程と、米の〔自由化反対の〕決議等だけを本会議で行うことになる。

陛下の〔もしもの場合の〕対策〔対応〕のため、午前二時までかかって準備をする。泊り込みとなる。

◆九月二十一日（水）

午前八時に起きる。委員長控室の寝ごこちはまんざらでもない。切れ切れではあっても結構、眠れた。

午前九時過ぎ、三塚委員長に呼ばれ、社会党の提案の民社が了承した分割趣旨説明の抜道について意見を聞かれる。自民党は四者会談、八者会談で六法案一括のしばりをかける。

午後二時半〜午後四時、三塚・二見会談に立ち合う。午後八時四十分から再開された議運理事会で別紙メモを三塚委員長提案として出す。野党コピーがほしいとのこと。午後七時半過ぎ、［弥富事務総長に］あわてゝ作られたもの。冷汗ものだった。［この「委員長提言」に対して、社会党と共産党は猛烈に反発し、本会議に応じないと表明。公明党と民社党は党に持ち帰り、明日回答することになった。］

常識論として、これでまとまらなければ、議会政治ではない。諸準備のため、理事会散会後、事務総長室で打合せ。午前零時過ぎ帰宅。

【別紙】76

先程の理事会でも申し上げましたように、本臨時国会の会期も、実質でいえば、明二十二日(木)と会期最終日の二十六日(月)の二日間であります。各党それぞれの立場で主張を繰り返してきましたが、現時点の現状は、憂慮すべき事態だと認識しております。

そこで、事態打開のため、委員長として問題を整理し、一つの決断を致さなければならない時期に参ったと考えております。

そこで、申し上げますが、

まず、江副氏の国会招致については、税制問題等に関する調査特別委員会において協議いたすよう、自民党に特段の配慮を要望いたしたい。私といたしましても、金丸特別委員長に対して、本理事会での各党の主張の趣旨を正確にお伝えします。

次に、税制改革関係六法案の趣旨説明と質疑についてでありますが、七月二十九日に提出されて以来、長い期間、趣旨説明要求がなされたままになっております。その間、さまざまな各党間の話し合いが続けられ、その成果はそれぞれの評価があると思いますが、常識的に判断して、明二十二日には本会議において、各党の要求どおり趣旨説明を聴取し、質疑を行うべき、ぎりぎりの時点だと考えます。そのために、明二十二日には、午前十一時、理事会、正午委員会、午後一時本会議をセットいたします。

各党におかれては、議会政治の本旨、憲法や国会法等の制度の趣旨を十分に考察され、円満なる国会運営ができますよう、よろしくご協力を要請いたします。

◆九月二十二日（木）

事実上の会期終了日前日、見通しつかず。それでも昨夜の三塚委員長の見解が通らないようでは、議会政治もダメだ。

午前九時二十分、三塚委員長に、六法案一括趣旨説明、質疑を行うことが常識だ。どうしてもだめというときの策として、六法案一括趣旨説明、質疑を改革法案一本で今日やる方法もあるとアドバイス。いろいろな動きの中で、民社は結局、六法案の一括趣旨説明に出席することを決定。一たんできていた社、公、民共斗がくずれる。公明も本会議どたん場で出席することになり、自、公、民路線がまたも再現、定着の方向となった。午後七時半からの本会議で自、公、民出席のもと、待望の税六法案の趣旨説明と質疑が行われ、本会議散会後、付託について議運委が［自・公・民で］開かれた後、税特委で六法案の提案理由説明が行われ、江副氏の参考人招致の手続が決定された［社・共欠席］。

午前零時半過ぎまで事務総長と懇談、午前一時半帰宅。

◆九月二十四日（土）

週休日であったが出勤する。天皇のことと会期延長の準備で午後九時近くまでいる。二十六日までに崩御された場合、弔詞の奉呈議事と会期延長を同じ本会議で行うとの事務局首脳会議での決定を、分離することで変更してもらう。

大久保書記長（公）から電話。会期延長の本会議に出るか欠席するか。出席して反対の理由と、［消費税関連法案の］趣旨説明に応じた理由を公式に述べるようアドバイス。

◆九月二十五日（日）

正午に出勤、平楽堂からダンゴとせんべいを買って持参する。［天皇崩御の準備］作業は午後三時頃終る。陛下のご病状は落着いたもよう。

帰り、ニュートウキョウ［の］居酒屋により、土田君の手配で、午後八時から小沢副長官のホテルの部屋で飲むことになる。小沢副長官、楽しみに待っていてくれる。天皇関係でホテル住まいで退屈しているところ。税制改革のペースが最初の計画どおり進んでいること、三塚議運委員長との関係をうまくとりなしてほしいとのこと等、いろいろ話す。午前零時帰宅。

◆九月二十六日（月）

［会期最終日］天皇の病状は急変なし。会期延長だけの議事となる。公明は午前十一時まで論議して［会期延長の］幅が大きすぎるとして、本会議に出ないことを決める。民社も一旦欠席を決め、午後零時半、常任委員長会議を決め自民党単独で［会期延長を］議決する運びとなったが、直前で官邸からなるべく単独を避けるようとの要請があり、午後四時までかかって、やっと民社が出席することになった［会期を

十二月二十四日まで五十九日間延長〕。

自民単独でやった場合、自民が〔賛成〕討論をすると三塚委員長がいい出して、とめに入るシーンがあったが、民社も出席して討論をしたため、変な先例をつくらずに済んだ。

午後六時から、総務課〔本館〕三階でご苦労会。あとは、税制特の江副招致の問題となった。

◆九月二十七日（火）

午前九時半、鳥居〔公〕理事に呼ばれ、冬柴〔鐵三〕議員同席で、天皇崩御の際の準備について説明。

夜、〝おもん〟で大久保、権藤、二見、池内、五人で会食。税制六法案の出口〔採決〕について論議。社会党の状況を分析して、国会運営での限界を説明。自・公・民路線で行くことが、社会党の良識派のためになることを力説。〔昭和〕五十年代は自民党が政治倫理で問題があり、それで選挙になったが、六十年代になって各党出て来た今、政策中心にやるべし。世界に誇れる福祉政策を確立させ、それが世界人類の平和と福祉に役立つよう発展的なものにすれば、名と実が残る。消費税は格好の取引材料であることを説明した。

◆九月二十八日（水）

権藤氏に天皇崩御の際の日程についてメモをわたす。昨夜の大久保書記長との会談について喜ばれる。税制特理事会での江副氏〔参考人〕招致、話し合い進まず。江副氏が消極的になっているとのこと。連絡役の石井一氏に問題あり。

帰りがけ、寺前〔巌〕共産党国対委員長が遊びに来る。天皇のことで足止めとのこと。自治体が〔病気快治の」記帳をやるのはおかしいとの話なので、国会でも記帳所をつくろうかとひやかすと、笑いながら帰った。

◆九月二十九日（木）

税制特理事会、江副氏の招致について前進せず。日高氏（大蔵省）、江副問題に「つき江副氏が」出席すると大変なことになるとの話。

瓦氏（税制特理事）午後六時来訪。約一時間、江副問題について懇談。金丸委員長が「入院中の江副氏に」手紙を出す案については、消極意見をいっておいた。

◆九月三十日（金）

税制特委理事会は午前十時から五分間開いただけで早々と十月三日（月）に協議をゆずった。昨夜瓦氏に説明したのが効いてか、金丸委員長の手紙の話は立消えになった。三塚委員長に呼ばれ、臨床尋問について聞かれたが、簡単なものでないと説明しておいた。

正午～午後一時半、権藤氏の会館［＝議員会館の事務所］で中上氏（秋谷学会会長［付政治担当］）、池内氏と打合せ。公明党政審内に福祉基本法について理解を示さない人々がいることについて、改めて福祉基本法構想の意味について説明（【別紙】）。中上氏の話によれば、学会が申し入れて党も、十一月末の党大会で打ち上げる。七つのトータルプランの様にする。そのため、税制改革の出口に、政府に見解を示し、前向きの姿勢をとっておくとのこと。坂口氏（政審会長）に話すとのこと。

【別紙】福祉基本法構想について

① 総論　公明党及びそれを支持する人々の政治に対する願望は、『世界の平和と人類の福祉』を実現することであろう。『世界の平和』については、核問題をはじめとして積極的な活動を行っている。『福祉』については、昭和五十一年十月に「福祉社会トータルプラン――生きがいとバイタリティーのある――」を発表し、福祉の公明党という高い評価を受けた。しかし、昭和五十年代から始まった総需要抑制と行財政改革の波の中で、実際の福祉政策は後退を余儀なくされている。

行財政改革が、一つの段階を経た昭和六十年代に入って、税制の抜本改革が政治課題となり、中心的論点は直間比率の見直し、即ち、間接税の整備＝消費税の導入である。消費税の導入については、それが大衆課税であるがため、国民の間にさまざまな意見を生ぜしめ、各党も時期尚早論、不公平税制是正先行論を主張している。さらに、新税導入の理由の一つに、二十一世紀に向けての福祉政策の整備が挙げられており、一部の野党は、福祉ビジョンを提示せよと政府に要請しているところである。

そこで、福祉の公明党として、税制改革法案の審議を契機に、福祉政策について画期的な政策提言を行い、「トータル・プラン」の発展として、世界に範たる日本の福祉制度をつくり上げる絶好の機会として生かさなければならない。勿論、消費税導入反対という姿勢は堅持しながら、十分な国会審議を通して、消費税の条件闘争として、従来の福祉政策の発想を転換させ、人間の尊厳と真の平等を実現させる政治をこの機会に前進させなければならない。

② トータル・プランと福祉基本法の関係

公明党の政審部内に、基本法はトータル・プランと対立するものであり、トータル・プランの方針で進めていけばよいとの意見がある。これは、専門的知識が過剰となって全体が見えなくなっているもので、行政官庁の職員の発想となんら変らない。

消費税の導入は、西欧諸国では福祉に使用するために発案されたものであり、福祉目的税としてもよいものである。かつて、社会党の中にはこの発想があった。しかし、目的税とすることについて、制度上も、国民世論も障害があるため、福祉基本法という発想で事実上の目的税的なものにしようというねらいを、公明党幹部にぜひ理解させていただきたい。

同時〔に〕、「ノーマライゼイション」という発想の導入は、福祉政策をおし進めていきながら、政治・行政のあり方を革命的に変更させるものであり、ハンディキャップを持つ人々が本当に幸福と感じてこそ、人間の幸福があるのだ……という考え方を国家社会の国是とする運動でもあることをよく承知しておくべきである。

なお、福祉基本法構想に、さまざまな問題があって、法律という体系化が無理ならば、「福祉憲章」という形で閣議決定事項としてもよいし、具体的な政策の裏づけは、専門家の意見を聴く必要があるが、例へば、老人対策でも別紙のような施策を年次計画的に実行することを約束させることができよう。

要するに、福祉政策全体を政府の基本施策として位置づけて、総合的調整、判断、計画等が一貫して実行できるシステムをつくることによって、消費税を福祉目的税的に活用できるようにしようというねらいなのである。

◆十月一日（土）

税制特金丸委員長、自民理事の間で、江副氏の招致をめぐって動きあり。文書を出すとの話が出さないことになったが、結局、金丸、小沢副長官、羽田の話で、公文書として出すことになった。海部、藤波に了解をとって午後二時過ぎ、中央郵便局から配達証明書付で、〔リクルート〕本社、秘書課気付で発送した。結局小沢副長官と三度にわたる電話連絡でことが前に進んだ。委員部長には電話で連絡。

◆十月三日（月）

税制特理事会、午後三時半にのびる。与野党国対委員長会談開けず。

午前九時過ぎ、小沢副長官から電話。江副氏へ送付した書面の受領の返事について打合せる。中央郵便局で調べたところ、午前中には着くとのこと。午前十一時四分、リクルート小野秘書役から電話あり。確かに受領したと。小沢官房副長官に電話。税制特の理事会では金丸委員長、書面を送付と発言したものの、内容についてはふれず。

午後二時、日高氏〔大蔵省文書課長〕来訪。公明党の福祉構想に「計画」ということをはずされたいとのこと。その点は小生にかかわりない。政府と政党の問題だと言う。池内氏と事務総長、江副の十月十一日招致をもらす。

◆十月四日（火）

自・社・公・民国対委員長会談は、昨日の矢野公明党委員長の税制論議の中で歳出面について論議をすべきとの発言は、福祉政策の充実という点から、条件斗争に切りかえたとの報道もあって、公、民は、社と国会戦術を同じくしないとの態度を明確にしめし、不公平税制について審議入りすることに同意。社会党が回答をもちこすことになった。これで、自、公、民の路線が明確になり、展望が一段と開けてきた。

【解説】国対委員長会談では、自民党から税制問題特別委員会再開の条件が提示された。
① 江副前会長の税制問題特別委員会への参考人出席は、早い時期に実現を図る。
② 政策担当者会議で進めている不公平税制の是正問題（キャピタルゲイン課税強化、タックスヘイブン規制等）は、税制問題特別委員会の審議を通じて立法化に着手する。
これに対して、公明・民社両党は了承したが、社会党は党に持ち帰った。

◆十月五日（水）

社会党は国対、代議士会で税制特委の審議に参加することを決めたが、公、民の後をついていくだけという苦しい選択。市川（公）国対委員長は記者会見で社会党の審議引きのばしを批判。

午後三時半、二見氏から電話。矢野委員長と大久保書記長が、二人で条件斗争を競い出した。手柄を大久保書記長にしてやると権藤氏と話したとのこと。

◆十月六日（木）

税制特審議再開。不公平税制に限定しているものの六法案の審議修正論となる。

大蔵省日高氏［文書課長］午前九時四十分来訪。昨日、浜本審議官が二見、権藤両氏に〝老人介護費〟

について要請を受けたことを、〔大蔵省の組織として〕心外とのこと。池内＝浜本氏と調整して、特別な政治的配慮でやっていることなので、筋論をいってさわぐなとたしなめる。

◆十月七日(金)

税制特の審議二日目。午後四時過ぎ、リクルートから江副氏の出席について返事がくる【別紙】。「貴意に沿うよう努力中」とのこと。十月十一日の〔参考人〕出席については明確でない。

午後七時過ぎ、三塚委員長に知らせると、情報が遅いことに不満の意あり。

【別紙】

冠省　失礼いたします。

数度にわたるお電話及び十月一日付文書をいただき、お手数をおかけしており誠に恐縮に存じます。早速にもご返事申しあげるべきところ、遅れましたことをお許し下さい。

現在私は病気治療中であり、主治医とも相談しながら、貴意に添うべく努力を致しております。ご指示のありました十月十一日にむけて、さらに努力を続け、ご返事申しあげたく存じておりますので、今しばらくご猶予をお願い申しあげます。

昭和六十三年十月七日

株式会社リクルート取締役相談役　江副浩正

衆議院税制問題等に関する調査特別委員長

金丸信　殿

◆十月十一日（火）

江副氏の招致のことで午前八時半に出勤。職員が出ていたのに驚いた。午前九時半、リクルート社員が、十一日は出席できないと診断書を二通そえて持参。税制特理事会で協議を重ねて、午後医者に各党代表が面会にいく。十二日に臨床質問の運びの予定。

午前十時過ぎ、共産党がリクルート関連会社〔ドゥ・ベスト社〕の内部告発文書をもとにした資料を公表。その中に宮沢大蔵大臣自身に株の割当があったとの内容があり、大騒ぎ。宮沢蔵相は記者会見で「服部秘書の話と同じものではないか」と否定。公・民は資料の信ぴょう性が確かでないとひややか。社会党は共と同じ資料を持ちながら先を越されたくやしさありあり。

大蔵省浜本氏より〔宮沢蔵相は大丈夫かとの〕電話があったので、「本当に株をもらってウソをつける人なら、とっくに総理大臣になっているよ」と話したところ「参った」とのこと。

◆十月十二日（水）

午後二時四十五分に税特委委員長、理事、〔国会〕正面玄関を出て半蔵門病院で江副氏の病床質問を約一時間行う。午後六時過ぎから共同記者会見。第三委員室を使って、NHKは中継する。委員会活動の新しいやり方だろう。

午後三時半過ぎ、小沢副長官から電話。リクルートの集中審議をやらざるを得ないだろう。そのための総理の勉強に、江副の病床質問のテープをほしいとのこと。事務総長・委員部長に相談せず、対応した〔ダビングして届けた〕。

◆十月十三日（木）

本会議散会後、自民党渡部〔恒三〕国対委員長、小泉〔純一郎・国対筆頭〕副委員長に証人喚問問題について説明。その際、江副氏の当面のことについて相談を受ける。「十二日の病床質問は幹事長・書記長会談の約束を一応果し、金丸委員長の顔も立ったという点では成功であるが、リクルート問題そのものについては国民に〔宮沢大臣がらみで〕新しい疑惑を持たせた。従って、これでケリというと公、民はおかしくなる。問題は、税六法案の審議とリクルート問題の解明・対策をうまく区別していかねばならない。リ問題については〔野党の要求する〕証人喚問ということにこだわらずに、この問題の背景や、政治家と株とのあり方について国会としてどうするかという問題に方向を変えることにすればいい」と進言する。

◆十月十四日（金）

税制特リクルート集中審議で宮沢蔵相、自分名義のこと〔株譲渡〕を認める。勝負は五分五分だが、名義を使った人本人〔河合〔康文SE総合設計社長。宮沢氏秘書の服部恒雄氏の友人〕〕が直接説明しないと国民は納得しない。

午後二時四十分、権藤氏に呼ばれ、十一月の〔公明〕党大会の委員長の基調報告の原稿を書いてくれとのこと。唐突な話なので、理由を聞くと、福祉大会としたいが、党でいくら書いて学会にもっていっても〔学会側が〕気に入らなくて困って、大久保書記長から頼んでくれとのこと…。

◆十月十七日（月）

宮沢蔵相の名義貸し問題で、午前十一時過ぎ、大蔵省の日高文書課長が意見を聴きにくる。午後二時過ぎ、同じ問題で瓦力議員がくる。服部氏らにきちんとした記者会見をすゝめる。

税制特理事会で、社・公・民が服部、河合、菅原〔茂世・ドゥ・ベスト代表取締役〕の三人について証人喚問を要求することで足並がそろう。

午後八時五十分、早坂宅着。〔同日作成した〕別紙メモをわたし懇談。午後十時前、竹下総理に電話。同じ認識。総理から河合はノイローゼで世間に出せない状態、服部だけ出して対処したい。また相談にのってくれとのこと。

早坂宅にタクシーでかけつける途中、タクシー運転手から〔労組の〕「全自交」が関東地区で十五万人に税制改革のアンケートをとったところ、七五％が三％の消費税やむなし、〔ただし〕所得減税、パート減税を大幅にやってもらわないと、子供を高校に進学させられない。最近中卒で就職が多くなった。労組の上層部は、この意見を反映させないとの話を聞き、竹下総理にメモを書く。

【別紙】税制改革国会の今後の展開について

七月十九日に召集された第百十三回臨時国会は、異例の展開を示したものの、九月九日(金)、衆院に税制特別委員会が設置され、十月十七日(月)までに、質疑時間二十六時間四十二分、質疑者数十七名(いずれも税制改革六法案付託後)にのぼっている。

さまざまな評価があろうが、本日(十月十七日)現在で考えると、総合的にみて、よくここまできたものだというのが、率直な感想である。問題はこれからどのような展開となるか。江副氏に対する病床質問の国民のきびしい反応と宮沢蔵相の名義株問題という、二つの新しい問題をかかえ、いよいよ税制六法案の本格的審議入りの矢先という段階で、野党の硬化に如何に対処すれば適切か、きわめて微妙な状況になったといえよう。

① 江副氏の病床質問後のリクルート問題について

江副氏の病床質問が終了した翌日（十月十三日）、リクルート問題を渡部・小泉正副国対委員長から意見を聴かれたので、次のように説明した。

「江副氏の病床質問については、二点の成果があった。一つは、幹事長・書記長会談での約束を事実上実行したこと。一つは、金丸特別委員長の顔が立った。ということである。しかし、江副氏の答弁の中で心因反応的なものがあり、あれは逆に国民に新しいストレスを与えた。従って、これで、リクルート問題は結着したと自民党が言い出せば、公明・民社は非常にやりにくくなるので、必要に応じ調査・論議を続けようという柔軟な対応をしておくべきではないか。」

これに対して、渡部委員長は理解を示したが、小泉副委員長は反論してきた。「リクルート問題は、キャピタルゲイン問題であり、政策担当者会議で話がつけば、リクルート問題は終わりとすべきだ……」とのことであった。

そこで、次のように問題を整理した。「小泉先生の意見は一つの見識であるが、今朝の各紙の社説を読みましたか。江副氏の発言で国民は納得していませんよ。各紙とも、真相究明も続けるべきであり、また、税制六法案の審議も積極的にやるべきだ……と書いてありますよ。問題は、税制六法案の審議の障害にならないように、いかにリクルート問題を事実上棚上げしていくかだ。世論や野党の主張に表向き応じていく姿勢でないと、この国会は動かなくなる。」

渡部委員長から野党の証人要求などが強くなり、棚上げなどとてもできないのではないか、何

か具体的なアイディアはないか、との話があったので、

「野党の要求が具体的に出ていないので何んとも言えないが、考え方として、証人喚問には応じるべきでない。野党がまとまって強く要求しても、江副氏の健康状態が落着くまで時間がほしい。場合によっては、楢崎議員の告発で強制捜査が始まるようになれば、司直の真相究明を見て対応したい……。といったことで、公・民に理解を求めればなんとか動いていくのではないか。大事なことは不公平税制問題でも、リクルート問題でも何んでも審議を進めて、ストップさせないことが大事で、動かしていると良い智恵があるものです。自民党にとって理想的なことは、真相究明から再発防止へと方向を変へ、学識経験者を呼んで問題の地位づけや、株にまつわる政治資金の問題等について意見を聴くという方向に切りかわると、しのぎやすくなるのですが……」と説明したところ、渡部委員長は、しばらく様子をみてみたいと述べ、懇談を終った。

② 宮沢蔵相の名義株問題について

十月十七日(月)午前十一時頃、大蔵省の蔵相側近〔日高文書課長〕が、名義株問題について意見を求めてきたので、次のように説明した。

「宮沢蔵相が被害者だというのなら、世間の常識だと、加害者が釈明し、世間を騒がした、迷惑をかけたといって陳謝するのが筋、それがないと国民は納得しまい。それをやらない限り、何かあると見るのが普通だ。公明、民社だって、『なんとか智恵を出して、社・共にしっぽをつかまえさせるな』というのが本音だと思う。」

大蔵省側近は、「大臣の性格からいって、自分から服部・河合にそうしてくれとは言わないだろう。しばらく、塹壕に入ってしのいでいくしかないという考えだ。自分の名を使われたと正直

に認めたことで、世間は信用してくれると思う。不徳の部分については陳謝すればなんとかしのげる……。」とのことなので、

「それは甘い。国民は週刊誌レベルで物を考えるものだ。新聞ではそんなに追及されていないが、週刊誌は書き立てているではないか。野党もこのレベルで動くものだ。現に、公明党から、『好んでやるわけでないが、宮沢問題は新しい状況として厳しいことを言わざるを得なくなるので、事前に対応してくれると、税制法案の審議に入り易いが……』との話がある。せっかく、ここまで来たのだから、事態を重要だと考えるべきだ。総理はじめ関係者にこれ以上迷惑をかけるべきではない。」と伝えた。

その後、新聞記者情報として、宮沢蔵相名義の株については、加藤紘一議員が服部氏に持ち込み、河合氏が動いたとの話を聴く。

午後二時すぎ、瓦力税制特理事が来訪し、意見を求めたので、

「明日（十八日）の税制特委は、政策担当会議で詰った不公平是正問題で質疑ができるでしょうが、十九日以降は、簡単に動くかどうかわかりませんよ。江副氏の出席要求は健康上の問題でしのげるし、楢崎氏の告発問題の強制捜査が始まればリクルート問題の流れが変りましょうが、宮沢蔵相名義株については、服部・河合の証人喚問要求が野党から強く出される可能性がある。少なくとも今週中に、宏池会としても国民が納得する方策で何かしないと、税制審議そのものに影響が出ますよ……。」と伝える。

③　税制六法案の審議の展開について

税制特別委員会での税制六法案付託後の審議時間は約二十七時間である。民社党の米沢理事は

十七日昼の理事会で「六法案審議の前技だから、トータルとして考えよう」と発言しているので、このまま、なしくずしで審議を続けていけば、六法案の審議ということで包括できよう。税制特の野党議員が二十人だから一人平均二時間で、あと二巡させたとしても八十時間、実質、十三日間程度で済むこと。これだけやれば、百時間を超え、徹底審議といえよう。

公明の二見理事は、九月二十七日会食した際、衆院通過を十一月十日前後と語っていた。十月十四日、民社党の米沢理事は、十月十七日から数えて実質十八日間欲しいと非公式に語っていたという。いずれも、十一月十日前後を想定している。この話は宮沢蔵相名義株問題が発覚する以前のものであり、この問題の処理次第と思われる。宮沢蔵相本人や大蔵省が考えているように、塹壕作戦ですむかどうか、塹壕がタコツボにならんとも限らない。これがこじれず、ハプニングがこれ以上なければ、公明・民社の非公式協力で十一月十日頃、衆院通過が見込まれよう。

なお、税制六法案の審議については、通常の質疑の外、公聴会一日間、地方公聴会二日間を行いたいと、野党側は非公式にもらしている。

④　税制改革審議で今後留意すべきこと

公明・民社両党が税制改革審議入りの条件としている政策提言（福祉・行革等）については、十分配慮して対応すべきである。非公式な話として、両党とも政府側の誠意を評価していると聞いている。

特に、公明党は最後まで社会党との共闘にこだわった大久保書記長も、現在ではすっかり「福祉」づいて、これから世界のモデルになる「日本型福祉社会」をつくることに、公明党は全力を挙げるとの態度に変った。

十一月二十九日からの党大会で「二十一世紀へのトータルプラン」の中で福祉一本にしぼって、アッピールするとのことです。おかげで、被害をこうむっているのは私で、権藤議員を通じて書記長の「新福祉提言」について基調報告の原稿をつくるように言われ、これまでのいきさつもあり、断われず、頭をかかえているところです。

いずれにせよ、税制審議が本格化すれば、この問題が提起されますので、政府として上手に対応されたい。

なお、会期再延長について、自民党首脳陣から発言が出されていますが、早すぎますので、衆院通過まではガマンしておくべきです。

（追伸）

本メモを作成中、税制特委の理事会（十月十七日午後六時すぎ再開）で、社会・公明・民社の三党が共同して、服部・河合・菅原（ドウ・ベスト社長《ママ》）の三人について証人喚問要求をしてきました。これに対して、自民党がどう対応するかが、どうも、税制審議の鍵になったようです。少なくとも、参考人として呼ぶ程度のことは、覚悟しないと、これからの税制審議に大きな影響が出ると思います。

◆十月十八日（火）

午前九時半過ぎ、小沢副長官から電話。宮沢蔵相服部秘書問題について意見を聞かれる。「税制六法の審議に影響のない範囲で、公、民の顔を立てるしかない。例えば服部氏だけを参考人に呼ぶとか…」といったところ、「その話を金丸委員長にしたのか」とのこと。「していない」と答えると「同じ話をしていた。それは、竹下総理の青木秘書なんかに波及するので乗れない」とのこと。「それだと〔リクルート問題の〕小委員会を設置して、そっちに棚上げをするか、だが…」と答えると、「自分も考えるので、何か、良い知恵を考えておいてくれ」とのこと。「二十日に権藤氏と中上氏と三人で会食するが、何か言っておくことはないか…」と言うと、「江副にまで司直が及ぶことになり、政局は解散ぶくみになるので、早く審議をすゝめるように伝えておいてほしい」とのこと。

税制特委、午前中、自民党の質疑を行い（全党出席）、休憩のまゝ散会。理事会で服部氏ら三人の証人喚問問題話つかず。二十日に不公平問題について審議入りすることになった。

山岸〔章〕全電通委員長、税制改革審議で〔審議拒否ではなく〕条件闘争を提唱し話題となる。

午後二時過ぎ、村山〔富市〕社会党税制特理事来訪。議院証言法改正議論の資料をもらいに来る。昨夜の「全自交」のタクシー運転手の話をすると、そういうこともあるかもしれないとのこと。つかれたと連発。

午後五時過ぎ、安藤〔仁・宮沢事務所秘書〕氏から電話。宮沢大蔵大臣が心配して、話を聴いて〔＝聴かせて〕ほしいとのこと。社、公、民の動きを中心に解説する。

【解説】 この日、午前十一時、社会・公明・民社・社民連四野党の政策審議会長が記者会見し、「税制に関する基本構想」を発表。これを受けて、社会・公明・民社三党の国対委員長会談が開かれ、次のことを合意。

① 宮沢蔵相名義のリクルートコスモス株取引に関連する証人喚問を最優先に、リクルート問題を徹底解明する。

② 不公平税制の是正を税制問題調査特別委員会で徹底審議する。

③　四野党の「税制に関する基本構想」を税特委で論議する。

◆十月十九日（水）

リクルート問題で地検特捜部、楢崎氏の告発の件で強制捜査始まる。税制特は休み。宮沢蔵相名義問題で、総理と〔安倍〕幹事長の会談が開かれる。

午後二時過ぎ、瓦氏来訪。〔宮沢蔵相の株名義問題で〕宏池会の対応を聞くと、全然わかっていない様子。「議員の言動をどうして秘書が説明しなきゃいかんか…」とのこと。

午後六時半過ぎ、波多野〔首相〕秘書官主催の会食。〝小みや別館〟でいつものメンバー。波多野氏の話によれば、十八日朝にメモを〔早坂氏から〕もらい、それを、編集しなおして、総理から幹事長にわたしておいた。喜んでいた、とのこと。

佐藤健一氏〔自民国対事務次長〕より、リクルートを辞めた元幹部の辰巳氏がいろいろ話を出しており、社会党の岩垂〔寿喜男〕氏にも三千株いっているとのこと。土井委員長の直系なので、一つの目玉。

◆十月二十日（木）

税制特委、三度目のリクルート集中審議となる。午前十一時過ぎ、松原前社長室長が逮捕される。宮沢蔵相の名義問題はいぜんとしてスッキリせず。服部氏を参考人として招致することも宏池会の反対で結論出ず。二十四日に自民党が返事をすることで、二十一、二十四の両日は動きそう。

【解説】午後二時、社会・公明・民社三党の国対委員長会談が開かれ、「リクルート疑惑解明のため服部恒雄・蔵相秘書、河合康文SE総合設計社長、菅原茂世ドウ・ベスト代表取締役の三人の証人喚問を速やかに実現する」ことを合意した。引き続き、自民党を入れた四党国対委員長会談が開かれたが、自民党は、現場の理事に伝えるとしか回答しなかった。

佐藤健一氏の情報によると、社会党の岩垂氏三千株のほか、埼玉県の畑〔和〕知事がらみの問題〈リクルートのゴルフ場〉があるとのこと。

夜、権藤、中上氏と会食。途中から、小沢副長官が参加。「人間的福祉社会」の原稿、〔すなわち〕矢野委員長の福祉問題での演説原稿をわたす。中上氏大喜び。リクルート問題の展開について説明。検察は伊藤〔栄樹〕前〔検事〕総長の弔い合戦[77]、政治家についてカバーしない〔＝公にする〕とのことを説明。問題が大きくならないうちに税法六案を成立させておく必要ありと説明。服部問題は自民党引き続き努力する。捜査の推移をみて政治倫理問題、再発防止について真剣に取組む、程度のことで、六法案の審議に入るよう説明。小沢副長官も、自、公でやるという腹を固めると民もついてくる。ぜひそれでお願いしたい。そうでないと、全部駄目になりミソギ解散となると説明。中上氏、二、三日中に関係者に会って二十四日〈月〉までに反映させるとのこと。

【解説】この会合で権藤議員から秋谷創価学会会長の希望として、「右翼対策の騒音防止の議員立法で、政党本部を対象とするよう」要望があった。小沢官房副長官が「国会周辺と在外公館が限度で、それ以上は憲法問題になる」と反対した。平野が「公明党本部が創価学会本部と五百メートル以内で規制の対象になる。消費税法案を成立させなくてよいのか」と反論して小沢氏と論争になる。結果は議運委員会の所管なので三塚議運委員長の判断で実現することになる。

◆十月二十一日〈金〉

午前十一時過ぎ、二見議員から電話。秘書課別室で二人で会う。昨夜の小沢、権藤、中上氏との話をする。服部氏らの国会招致問題について「議員が発言したことを秘書を出して説明するということでは全体の問題にかかわるので、再度、宮沢蔵相が釈明することで始めたい…」とのこと。「それで収めてほしい」と依頼。来週辺《ママ》いよいよ川を渡るべしと勧める。二見氏に会う前に、権藤氏と会い、昨夜のことをメモにし大久保書記長にわたす【別紙1】。昨夜と権藤氏の話、二見氏の話をメモにして、早坂氏を通じて竹下総理にわたす【別紙2】。

夜、六時半、諸岡氏の送別会。午後六時五十分、真嶋都市局長の就任祝。帰り、湯島の〝小ばやし〟に寄り、帰る。安藤氏にメモをわたし、宮沢蔵相にも届ける。

【別紙1】十月二十一日(金)権藤議員と平野との懇談

(午前十時~午前十時四十分)於権藤氏の議員会館

○権藤　昨夜の話をまとめて、大久保書記長にメモを渡しておきたいので、書いてくれ……。

○平野　「人間的福祉社会論」はあれでよいんですか。何か足りなきゃ、書き加えますよ。

○権藤　これで十分。これをもとに、政策をつくって発表すれば、消費税に手をかしたといわれても、十分、反論できるよ。

○大久保書記長へのメモの要旨

①自民党は、服部らの国会招致に、現段階では応じることはできないようだ。これにこだわって、税制審議をストップさせておくと、リクルート問題で検察庁の捜査が進展すると、重大事態に発展する。

②検察庁は、伊藤前検事総長の弔い合戦として本気であり、江副氏の取調べで、政治家の名が与野党にわたってマス・コミに出る展開になろう。

問題が騒ぎになる前に、出来るだけ早く、税制法案を審議し、成立させておく必要がある。成立できないと、竹下政権は解散、総選挙の道を選択せざるを得なくなろう。共産党を喜ばせるだけである。

③公明党の姿勢として、

「服部氏らの証人喚問について、自民党は前向きかつ真剣に検討すべきである。」

「捜査の推移に応じて、政治倫理の確立や再発防止について徹底した審議を行うものとする。」

といった程度で、六法案の審議入りに応ずべきである。

④政府側との非公式交渉の中で

(1) 退職金の非課税額アップについて検討中。

(2) 老人対策で減税の方法で公明独自のもの出せるよう検討中。

(3) パート減税は、現在提出している法案で十分である。

【別紙2】十月二十一日(金)二見税制特理事と平野の懇談

(午前十一時二十分~同五十分) 於院内

(二見理事からの電話で、呼び出され、税制特委開会中懇談)

○二見　昨夜の権藤・中上との話はどうだった。

○平野　小沢副長官も心配して参加して、話しましたよ。

（昨夜の話の概要を説明）
○平野　今朝、権藤さんに呼ばれて、大久保書記長あてのメモをつくらせられた。二見先生を探していましたよ。
○二見　昨夜十時半ごろ電話をしたら、まだ帰っていなかった。結局、私が泥をかぶって、先に手を挙げなくてはならんだろう。
○平野　（「全自交」のタクシー運転手の話をする）
　減税に対する期待も多いし、福祉政策で少し画期的なことを出せば、国民的には批判されませんよ。
○二見　前からの鉄砲は恐くないが、後からの鉄砲は困るんだ。
○平野　その点については権藤先生も心配のないようにと、中上氏によく頼んでいましたよ。
　まず、税制特委の運営を国対委員長ベースに上げてはいけませんよ。
○二見　その点は、市川氏にも言ってある。現場で処理するよ。
　宮沢さんの問題は、服部を当面呼ばなくても済むようなことを考えおり、理事会に状況をみて提案してみようかと思っている。とりあえず、再度、宮沢さんが、服部から説明を受けて、問題を整理して釈明せよと……。まあ、議員の説明を信用できないから秘書本人から聴こうというのも、見識のないことだし。
○平野　それで事態を動かせると、結構なんですが……。
○二見　一時しのぎだろうが。何か方法はないか……。
○平野　服部らの問題は下げることができないでしょうから、要求しながら、自民党の努力を待つことにして、捜査が終ったら、政治家と株の問題について徹底審議という方向に切りかえていくしかないですよ。
○二見　特別な審議の場をつくるか。
○平野　宮沢問題が起こった翌朝、小沢副長官から電話があったので、小委員会に棚上げ出来ないかと申し上げておきましたが、副長官は、「それも一案だが、逆に出口でつっかえることになるのではないか」と心配していました。
○二見　小委員会をつくる案は、面白いよ。われわれの顔も立つし、坂井〔弘一〕さんとも相談してみる。出口のじゃまにならないように、採決の二、三日前にでも設置するようにする方法もあるよ。
○平野　検討事項にしておいて、完全に出口の障害にならないという方法なら検討してもよいですね。
○二見　とにかく、一日ぐらいは空転するかも知れないが、自分としては踏み切って、川をわたるようにするよ。

◆十月二十四日（月）

税制特委は、服部氏らの国会招致問題の自民党からの回答を先送りして、税制改革基本構想の質疑に入る。

午後二時過ぎ、事務総長の使いで、山口鶴男社会党書記長の部屋で、行革国会等の審議状況について説明。「〔税制改革について〕審議拒否はしない」とのこと。その直後、小沢副長官から電話あり。「〔税制六法案の〕公聴会が済んだ後の展開について…」聴かれる。「公聴会が終れば、問題が残っていなければ、締くゝり的質疑を行って採決」と説明。

◆十月二十五日（火）

本会議は十一月一日（火）までなし。税制特は服部氏らの国会招致問題がトゲ。

午後二時、日高氏（大蔵文書課長）。午後四時半、浜本大蔵省審議官来訪。浜本氏に、小沢副長官に渡してもらうよう公明党大会用の福祉問題の基調演説草案をわたす。

◆十月二十六日（水）

昼前、三塚委員長に税制特の公聴会について説明。正常に決まれば、各理事に持ちまわって了承してもらうが、変則な決め方になれば、理事会で協議してほしいと言う。

午後一時過ぎ、三塚委員長が来訪して、服部氏について聞きたいとのこと。元税務署員、シタタかで、根暗、あんな人が側近なら宮沢さんは天下は取れんと話す。

税制特は、二十七日、とりあえず、宮沢蔵相の再説明で委員会を開くことになった。

◆十月二十七日（木）

税制特は正午からの理事会で、宮沢蔵相の再説明と公聴会を十一月四日に開会することを野党反対のまゝ議決した。

その前に、三塚議運委員長に、［議運］理事会を開き、場合によっては委員会で公聴会承認の［議長への］答申を決めることになるかもしれないが、日数があるので明日でもよいとアドバイス。

波多野〔首相〕秘書官より、議院証言法についてメモを総理がほしいとのこと。明日までにとの話が急に午後二時半までになり大あわて…。

◆十月二十八日（金）

議運理事会は二度開き、午後二時過ぎ、自民党単独で公聴会承認〔の答申〕を採決した。波多野秘書官によれば、今夜、総理が各社の政治部長と懇談するとき、議院証言法の話をするとのこと。メモをとりまとめ、午後四時半、土田君に持参してもらう。

午後五時、池内氏から電話あり。権藤氏からの連絡で、矢野委員長が市川〔国対委員長〕、二見〔副委員長〕両氏を叱ったとのこと。要するに自民によりすぎているとのこと。竹下総理から矢野委員長に電話をして、来週は、正常化に協力することになったとのこと。権藤氏に右翼対策の法律について公明党の主張を入れることになった話の連絡を受けているかと聞いたら、受けているとのこと。四日の公聴会は予定どおりやれそう。

◆十月二十九日（土）

藤波〔孝生〕議員関係へのリクルートコスモス株の譲渡が朝日新聞にスクープされ、税制特の理事を辞めるかどうかで、金丸委員長をはじめ自民理事が集って協議。〔藤波氏は〕慰留されたが、野党がどのような出方をするか。

午前九時半、池内氏と会う。昨夜、矢野委員長を説得するのに大さわぎだったとのこと。服部、河合、菅原を参考人として議決すれば、公明は〔審議に〕応じていくことを〔自民党と〕約束したとのこと。

午前十一時、小沢副長官から電話あり。「公明党との話は聞いたと思うが、派閥〔宏池会〕を説得するのに困っている。三人を同時に呼ばないといけないということがにじみ出る決定方法を考えろ」とのこと。

◆十月三十日(日)

午後四時、小沢副長官の香川秘書から電話。「必要があれば出ていく」という。

午後五時、再び電話。服部ら三人の参考人の決め方と、税制法案の審議の仕方について説明。

◆十月三十一日(月)

午後二時過ぎ、金丸〔税制特〕委員長、社・公・民野党に回答するも、基本姿勢だけ。午後六時前、二度目の回答(【別紙】)。公明は、三項の公聴会を白紙に戻すということで、審議入りを了承。社会党は証人喚問にこだわり、民社党は難色を示す。

権藤氏から午後二時半、電話。公明関係でリクルート問題での動きについて情報が欲しいとのこと。午後七時半、〔権藤議員と議員〕会館で会う。①池田〔克也〕氏が二〜三日頃出る。裏もマスコミがとれている。②土井〔社会党〕委員長、楢崎氏らが矢野〔公明党〕委員長にも〔株譲渡の噂が〕あると盛んにマスコミに流している。あるらしいが、裏がとれていないので、書けて《ママ》ないらしい等を説明。

二見議員とも電話。リクルートと税法の切りはなしに小委員会構想をアドバイス。自民安倍幹事長が記者懇で話したことを説明。

午後八時半、権藤氏と〔赤坂〕〝ちゃんこ〟で夕食。「公明の三役会で、はっきり自・公路線を確認した。

塚本民社委員長から夕方矢野委員長に電話があり、「公明が行けば、民もついていくといった」とのこと。

池田（克）問題について、男らしく対応した方が良い〔と〕アドバイス。

午後十一時十五分、博多の全日空ホテルにいる中上氏に情勢を報告。中島ジャンボ（朝日）から午後十一時三十五分電話。宮沢蔵相が情報を欲しいとのこと。権藤氏の話をする。

【別紙】

①宮沢蔵相名義のリクルートコスモス株譲渡問題については、服部、河合、菅原の三君を参考人として国会へ招致することを委員会で決議する。

②三君の参考人招致の決議は、明日の委員会において税制改革法案の審議の冒頭、これを行う。

③公聴会については、各党出席の上議決したことであり、十一月四日に開催することとしたい。

◆十一月一日（火）

午前十一時からの議運理事懇は、本会議を開かないことを早々に決める。午前九時に金丸〔税制特〕委員長が原議長を訪ね、ひとさわぎ…。

税制特の理事懇は正午から二回開き、民社が公明の線に下りて社会党ものり、二日の審議日程が決まる。公聴会の日程と六法案の審議入りを決めなかったことで、自民党執行部はカンカン…。

午後二時より、東京地検の林検事来訪。リクルート楢崎氏の告発の件について説明を求められる。

毎日の阿曽氏より、十二月号の文藝春秋に、リクルート株で、池田名誉会長、池田克也、矢野委員長にわたった話が出されるとの情報。

午後十時過ぎ、権藤氏より電話。文春の話を伝える。

◆十一月二日（水）

正午からの税制特理事会で、税制六法案の審議日程が金丸委員長の裁断ということで決まる。十一月九日までの地方公聴会が決ったので、十一月十五日頃までには、衆院通過の見通しが出来た。残る問題は、文芸春秋の池田大作、矢野委員長の記事だけ。

夜、早野氏〔朝日記者〕の東京本社復帰を祝って、神楽坂〝楽々〟で、早野、池内と平野で会食。池内氏から文春問題について、「立花〔隆〕をキャップに洗っていたが、池田大作、矢野〔委員長〕については噂の域を出ないことで、記事をやめた」とのこと。これで衆院九〇％、参院八〇％〔の確率で〕の成立の可能性が固まった。よくこゝまで来たものだ。

◆十一月四日（金）

〔午後の税制問題特別委員会で〕二見議員〈公〉、福祉対策等で質疑を行い大きな成果。竹下総理も盛んにノーマライゼイションに理解を示す発言をする。

◆十一月五日（土）

税制特委員会散会後の理事会で、服部氏ら三名に文書で都合をきくことになる。昨夜、案文を下野課長にわたしていたが、野党の強い要求で、十四日又は十五日と日時を明示することになる。午後発送。天王台を経由して午後七時半、帰宅。

帰った直後、小沢副長官から電話あり。十四日・十五日と日時を明示した経過を聞かれたとのこと…。午後八時、小沢副長官から電話。午後三時過ぎに電話したら帰った後だったので下野課長に電話しておいた。七日（月）に服部、河合、菅原に文書がついたかどうか確認してくれ。服部については都合がつかないという返事でいこう。社・公・民の国対委員長会談で江副・高石［文部省］・加藤［労働省］の三人の証人喚問を要求してくるので、その問題を先にやりたいということになるので、服部らの確認が必要だとのこと。公明の矢野委員長の記者会見については、池内氏に確認しているので…。その後対応するとのこと［午後三時、公明党矢野委員長は記者会見で、「税制問題特別委員会で江副前会長の証人喚問と服部氏ら参考人の招致日時が特定されない限り、八日の公聴会、九日の地方公聴会以後の審議に協力できない」と発言した］。

午後九時過ぎ、権藤氏に電話。矢野委員長の記者会見、六人の証人喚問について日時を示さなければ十日以後の税制審議を拒否するとのことについて、本気かと聴く。権藤氏は、「病気だと思ってくれ。大阪人らしい格好のつけ方だ。大久保書記長からも電話があって笑っていた。心配はいらん…」とのこと。

午後十一時半、池内氏から電話あり。中上氏と会って話を聞いたところ、矢野委員長は池田名誉会長に［リクルート問題では］公明には［関係者が］いないと報告していたところ、［池田克也氏の問題が］出たので、大変立腹して叱ったとのこと。その反動で、強い姿勢をとったが、基本［自・公・民路線］が変更されるわけではない…とのこと。

◆十一月六日（日）

午前十一時、池内氏から電話。池田名誉会長には池田克也のことは事前に説明してあったそうだが、対応について不満があるらしい。下部からの突き上げがあり、強い姿勢を党内向きにとらざるをえなかったということ。基本は変わらない。自民は〔公明の〕顔をどう立てるかだ…とのこと。「高石、加藤は参考人として招致するようにしないと、採決に支障が出るよ…」と意見をいう。

安倍幹事長が岐阜の記者会見で「政治家も含め公務員については国会招致を与野党合意できれば検討する」とのこと。

竹下総理は、香川県での記者会見で「国会の政治倫理綱領に則して議論したい」とのこと。

◆十一月七日（月）

午後二時半からの社・公・民国対委員長会談で江副・加藤・高石の三氏について証人喚問を要求し、応じなければ十日以後の〔税制問題特別委員会での〕審議を拒否することになった。三塚委員長から〔安倍幹事長と矢野委員長の極秘会談をやりたいので〕二見氏の意見を聞いてくれとのことで、明朝報告することにする。

瓦理事が午後三時過ぎ来訪。服部から金丸委員長あて、心境を手紙で出す話を聞かされる。反対しておいた。

◆十一月八日（火）

税特委公聴会順調。十日以降の日程について裏交渉は見通し立たないまゝ。

午後、天皇陛下急変。血圧六〇〜三〇。午後十時まで待機。

午後五時過ぎ、池内氏来訪。公明党の説得に時間がかかっているとのこと。大久保書記長（公）と大内書記長（民）は、江副、加藤、高石三人は参考人でよいよとのこと。今週末、［特別委員会で］強行採決後、事態の収拾で本会議には公明、民社を入れたいところとのこと。

午前十一時半の議運委員会開会直前、村岡、原田、桜井、鳥居、中野の各理事に証言法改正について説明。自民から簡単なこと、成立させようとの話が出され、「だめだ。むつかしい問題がある」とたしなめたところ、中野理事［民社］が、事務局がより自民党だといわれる。

◆十一月九日（水）

午前九時二十分、三塚委員長に呼ばれ、熊本［に出張中］の二見先生に連絡。安倍・矢野会談をセットのため。

読売に議院証言法改正の記事が出る。浜田君に渡した資料をうまく使ったようだ。渡辺〔恒雄〕副社長の指示だったとのこと。安倍幹事長が証言法改正について積極発言。午前九時半、三塚委員長に改正経過説明中に村岡理事参加。安倍幹事長に呼ばれ二人が改正作業を進めるよう指示を受ける。

午前十一時半、原田理事に証言法経過説明。正午、清水勇理事（社）に同じく説明。午後二時、鳥居理事（公）に説明。午後三時半、自民党議運関係者・国対副［の合同打合会］に説明。

池内氏、午後四時来訪。［自民党執行部は税制六法案を］明日にでも採決とのこと。金丸委員長が納得したらしいとのこと。よく小沢副長官と連絡して事務的なことを説明されたいとの話。午後五時二十分、小沢副長官に電話したところ、先方からもかけて来る。打合せる。［税制特委の］混乱時の注意事項について明朝九時に会うことになる。

午後七時過ぎ、権藤議員と会う。地検側の動きを説明。来年初め、中曽根逮捕ありうる。政局混迷、連立政権もありうる。公明から入閣も可能な時代になるかも知れないので、税制改革で竹下・小沢に誠意を見せておくこと肝心と説明。〔委員会で強行採決があっても〕本会議には入るよう、全力を尽すとのこと。

帰り、税制特委派遣の随行組の慰労に四課に寄る。その後、大蔵省の政府委員室で少し飲み、午前一時半帰宅。

◆十一月十日(木)

午前九時過ぎ、小沢副長官と院内閣議室で会う。税制特で強行採決の際、野党が出て来て混乱すれば十一回の強行採決は事務的にホローできないと説明〔消費税法案はじめ六法案があり、修正案も四案あるので、手続的なものもいれれば十一回の採決を行うことになる〕。混乱すれば質疑打切りで止めるようたのむ。小沢副長官は、野党は欠席で自民党だけとのこと。ただし、今朝になって矢野委員長から、自民だけで質疑打切りで収め、修正問題を幹事長・書記長会談でやるようにしたい。しかも、本会議議了日は十八日以降という話が出て困っている、場合によっては〔委員会〕採決は十二日だとのこと。「それはおかしい。自民単独なら、今日やるべきだ。甘い姿勢を見せるからズルズルと引っぱられる。自民・政府でこれ以上ゆずれないと腹を固めると、公明は乗ってこざるをえないでしょう。福祉問題でも、今までの話を白紙に戻せば、〔福祉政策は政府自民と合意したことが中心であって〕二十九日からの党大会が開けなくなるので、決断すべし」と進言。審議時間だって歴代三位の九十八時間、前の二つは、六十年安保とか沖縄返還の外国がらみ、国内問題では一位だ、と説明。

昨夜、権藤氏にも徹底的に話をしておいたと伝える。「よくわかった」との話あり。なお、地検側との接触の話として、本腰なので、来年あたり〔リクルートの捜査が〕中曽根さんあたりのところまで行くようになれば、一〜二年後連立政権とか政界再編にならんとも限らん、そうなれば公明から閣僚が出るという状況になる可能性もあり、この国会のとり組みは、二〜三年先をにらんで、今、竹下政権に協力をしておくことのメリットを考えろ。いってみれば、〔衆参〕同時選前の伯仲時、金丸、竹下、竹入、権藤で話し合った連立構想の背景が生かせるかも知れない…。これを大久保書記長に伝えるよう、権藤氏に話したことをいったところ、小沢副長官「ぼくも直感的にそんな気がする」とのこと。

税制特は、午前中の理事会で与野党の話が決裂して、自民党単独で委員派遣の報告と、江副、加藤〔前労働事務次官〕、高石〔前文部事務次官〕三人の参考人の決定をして休憩し、午後一時過ぎ、竹下、安倍、金丸会談で本日の強行採決で合意、午後三時から自民・政府の八者会談〔小渕官房長官・宮沢蔵相、安倍幹事長、渡辺政調会長、伊東総務会長、渡部国対委員長、土屋参院議員会長、小沢官房副長官〕を開き、幹事長に一任。午後五時過ぎ、委員会を開くことになる。

ところが、出席しないはずの社会党が委員会に抗議して行く方針に切りかえたため、委員会には出席ではないとして、[78]社、公、民の議員がつめかけ、自民党単独ではなくなった。下野課長には、「予想が違ったが、こうなれば、堂々と、予定通りの議事をやれ。省略したりするな…」と指示。

幸い、野党も発言を妨害したり、暴力的行為には出ず、記録もきちんととれ、宮下〔創平〕議員〔自〕も短時間質疑をして、無事採決できた。[79]

◆十一月十一日（金）

午前十一時、議運理事懇。議会制度協議会での証言法改正を自民が持ちかけたが、のらず。自民、与野党国対委員長会談を要請するも各野党のらず。結局、十四日(月)午後の見通しとなった。

自民党役員会では、証言法改正を本気でとり込むことになって非公式折衝が始った。

小沢副長官から、本会議修正の段取り、捜査資料［リクルート関係］の提出について、知恵を出すよう電話あり。

◆十一月十二日(土)

午前中、小沢副長官レクチャー用の「資料要求」についてメモをつくり、午後一時過ぎ、［院内］秘書課分室で［国会が資料要求する場合の制度と実例について］説明。

株譲渡先の資料の提出のねらいは、矢野委員長(公)が白の証明をしたいがため。勿論早期の提出を要求することは当然だろうが、これを［税制改革関連法案の］衆院通過までに出せというのは、捜査の妨害、司法権の独立の侵害になりかねない、と説明。

午後三時半まで諸準備。

◆十一月十四日(月)

税制六法案の取扱いについての国対委員長会談は実らず［＝実現せず］。

議運理事懇で社会党は［税制六法案の委員会への］差し戻しが話し合いの条件と強硬。本会議の日程を十五日とセットして早々に終わる［自民党は、税制改革関連法案の採決白紙撤回、差し戻しを主張する社会党との折衝をあきらめ、公明党・民社党との折衝に焦点を絞ることになる］。

池内氏から午後一時過ぎ電話あり。小沢副長官に大久保書記長から電話が入った。前向きになっているが、資料〔公明要求〕の公開で矢野委員長がひっかかっているとのこと。

午後五時過ぎ、小沢副長官秘書の香川君から電話あり。今夜連絡するまで帰宅しないようにとのこと。

午後七時過ぎ、小沢副長官から電話あり。リクルート特別委員会を明日設置し、証人喚問を決定することで公明と話し合っているので、準備検討をするようにとのこと。

池内氏と連絡をとって午後十一時帰宅。

◆十一月十五日(火)

午前九時過ぎ、小沢副長官から電話。リクルート特別委員会について知恵を出せとのこと。〔野党からみの問題も取り上げることができるよう〕「等」を入れろというのが〔安倍〕幹事長の指示。公明はいやがるとのこと。名称に入れず、設置目的に入れると説明、それで説得。

午前十時過ぎ、小沢副長官から自・公・民でいく見通しがついた。〔株譲渡先の〕資料要求について、〔リクルート調査委員会を設置して同〕委員長からリクルート社とコスモス社に要求させてくれ、その段取りは全てよろしくたのむとの電話。

午前十一時から自、公、民の国対〔委員長会談〕が始まったものの、もつれにもつれ、自、公、民の幹事長書記長会談が開かれたのは、午後三時半過ぎ〔午後一時半に国対委員長会談を再開する予定であったが、個別の折衝で証人喚問の日時特定、未公開株譲渡先リストの公表、社会党にも出席を呼びかけることを条件に幹事長・書記長会談に応じることになった〕。中断したりして、リクルート特別委、資料公開で合意したのが午後六時近く。

議運理事会で社、共が脱出。自、公、民路線に帰る。午後七時四十分から本会議が開かれ、リクルート特別委設置〔委員五十人〕、社、共から委員の届出が今日はむりとの確認をしたうえで、自、公、民で特別委員長・理事の互選、休憩。自民党の理事、委員長の打合せが始まったのが午後八時二十分。

リクルート社らからの資料要求の段取りが自民党の委員長、理事に知らされていなかったがために、急遽呼ばれる。自民国対で、委員部の平野が承知しているとの話が出たようだ。説明。渡部国対委員長も見えたが全然わかっていない。

法務大臣の発言についても調整。法務事務次官の岡村氏と電話で打合せたところ、〔政治家に見せる前に〕資料がほしいとのこと。

午後十一時、リクルート社の山田君が資料を持参〔衆院面会所の便所で受け取る〕。理事会中のリクルート特委員長に届ける〔理事会でリスト資料を委員に配布することに決める〕。内容に民間の人の肩書があったので取扱いに時間がかかる。本会議延会中に、安倍幹事長が公開を決断。午後十一時四十五分からのリクルート特別委で証人喚問の決定、〔リクルート・コスモス社から提出された未公開株譲渡先リストの〕資料公開、法務大臣の〔リクルート問題解明についての〕発言を行う。

自公民での税法案修正の話し合いが始まり、夜を明かす。

◆十一月十六日(水)

〔午前十時、朝日池内記者が来訪。渡部自民国対委員長が記者懇で「リクルートの資料は小沢と平野がつくったもの、早坂の名がない」と言っていた。影響が出るので気をつけるようアドバイスを受ける。〕

徹夜の政党間交渉も午前十一時五十分からの自・公・民幹事長・書記長会談で決着し、午後一時半から本会議を開き、税制改革六法案を議決した〔社会・共産両党は本会議を欠席したが、公明・民社両党は、自民党との合意にもとづき本会議に出席、修正案に賛成し、修正部分を除く原案に反対した〕。

その後、議運理事会で議院証言法を改正することになり、本会議散会後、協議。午後五時半からの委員会で、社会党も賛成することになり各党それぞれ意見を述べ、自民党案を委員会提出案と決定する。

午後七時過ぎ、東中先生から電話あり。〔議院証言法について〕少し強く言いすぎたかな……とのこと。

◆十一月十七日（木）

正午からの本会議で議院証言法改正〔案〕を上程、三塚委員長、趣旨弁明で、先輩諸氏及び関係者各位の努力に敬意を表す発言をする〔リクルート問題で証人喚問のための急ごしらえ、ロッキード事件以来の懸案の解決だが、内容はきわめて問題多し。特に『テレビ中継を静止画像』とするアイディアを出したこと評判悪るし〕。

リクルート特別委で、社・共しめ出しについて公が頑固となり〔＝公明党が社会・共産の委員を締め出すことにこだわり〕、民は入れるべしとなったものの、自が公明党にかた入れして、ますますエスカレート。

午後六時半、鳥居議運理事（公）から十五日の午後六時過ぎの理事会でのリ特委設置協議の社会党の発言メモ〔＝社会党と共産党がリクルート特別委員を出さなかった理由と問題点の資料〕を依頼され、届けて、押しすぎると逆に〔公明が〕批判されると説明。

午後八時過ぎ、市川国対委員長の部屋に来るようにとのこと、酔っていて、約一時間半、いろいろ言われる。①事務総長が「社会党〔と共産党〕には〔リクルート特別委員会に〕出席する権利がある」と記者懇で発言したとのこと。事務局に法規の解釈権があるのか。②議長が社、共の遅れた委員指名を勝手にやったのは違法で、議長と事務総長に辞任要求をするとのこと。明日の議運委で責任を究明する等言いたい放題。③「〔社会党の〕大出〔国対委員長〕と清水〔議運理事〕が責任をとって辞めるまでやる…」とまるで常識はずれの話。事務総長は中曽根派で、記者にリークして政治を動かしている…。大久保［書記長（公）］は世話になっているが、おれは関係ないとか……。あげくのはて、同席の鳥居氏におまえも辞めろとのこと。午後十時過ぎまで対応を協議。

その後、リクルートの担当と協議をして、帰宅。午前二時過ぎ。

◆十一月十八日（金）

午前九時過ぎ、鳥居氏に会って、事務総長から聞いた昨夜記者懇をやっていないとの話をする。事務局からそんな話［＝昨晩の市川氏がしたような話］が出ることは考えられないと説明。

午前十時、小沢副長官から電話。市川氏からの話を聞いたとのこと。公明の肩をもつので論理づくりをしたいとのこと［市川氏の論は間違いであると伝える］。

午前十一時からの［議運］理事会で、日程を決めたあと、この問題で各党議論。久しぶりに議会のあり方について各党がそれぞれの意見を述べる。院で決めたものは守らねばならないとの結論となる。

午後二時半、権藤氏に呼ばれ、大久保書記長がNHKの討論会用のメモをほしいとのこと［リクルート特別委員会の構成の件］。「殺したいほど憎くても、議会での発言権は生命をかけて守る」との［英国議会の］格言を紹介。

権藤氏の会館でメモを書いた後、廊下で大久保書記長とパッタリ［出会う］。一応の説明をしたところ、「なんとかします」とのこと。

午後五時半過ぎ、清水理事（社）から電話。理事互選の先議性や理事会の公報なし開会について質問をうける。午後七時過ぎ、清水氏から再び電話で、明日、リク特［委］の社会党理事がいろいろ相談したいので出勤されたいとのこと。「土曜で休みの番だが出ましょう」と回答。

◆十一月十九日(土)

社会党の村山〔富市・国対副委員長〕、坂上〔リクルート問題調査特別委員会の理事予定者〕から、委員会の構成をはじめ、理事会の役割等についていろいろ質問をうけたが、参考資料を説明しただけ。その後、①理事の互選は最優先議事と思うが、どうか、②委員の質疑通告は理事会で拒否できないと思うが、どうか、について意見を聞きたいとのこと。「コメントできない」と答えたところ、理由を聞かれたので「抽象的なコメントでも、特定の問題について影響を与えることについてはコメントできない」と答えたところ、坂上氏は「検事みたいなことをいう」と笑う。本意は何かと聞くと、問題がこじれた時、委員長〔「議長」の誤り〕に公開質問状を出したいので、その準備だとのこと。村山氏が「いっそのこと質問状の原稿をつくってくれないか」とたのまれたので、「出されゝば回答は私らが書くんですよ」というと、「それでもよい」ということで非公式に承わる。

そのうち、社会・公明両党の書記長会談が開かれ午後二時からの記者会見で、リ特委に社・共を入れて二十一日から審議入りをすることになる〔したがって質問状は不要になった〕。

諸準備を進めていて、一応終った後、小沢副長官から電話あり。リクルート側が出頭にあたって相談したいことがあるとのことで、相談に乗ってやってくれ…とのこと。午後五時、〔リクルート社の〕小野秘書室長から電話あり。事務的な事項を説明した後、〔補佐人たる〕弁護士に資料をもたせた場合どうなるか、について聞かれ、証言の内容にかゝわれば、本人の資料と認められる場合あると説明。医者を委員室に入れることについて相談されたので、委員長に許可を認めるが〔＝委員長が許可すれば認められるが」、議事を妨害するようなことがないようにと注意「弁護士の同伴より医者だけの同伴で健康が良くない感じを出した方がよいとアドバイス」。明日出勤するかとのこと、しないというと、上層部と協議して再び相談したいので、帰らずに待ってほしいとのこと…。

午後八時半になっても、何も言って来ないので、こちらから電話して、どうなっているかと聞く。小野氏、一点だけ問題を残している。遅くなるので結構ですとのこと…。午後八時四十分帰宅に立つ。

◆十一月二十日（日）

午前十時過ぎから、NHKの井上、影山両氏から何度も電話。リクルート関係者から社会部に入った情報によると、江副氏は出席するとのことで確認を求めてくる。欠席の連絡はないので、出席という前提で用意している。当日、健康上の理由等でどうなるかはわからんと説明。正午のニュースでどう説明するかという相談なので、「リ社の情報として出頭するということで流しておくべきだ…」とアドバイス。

◆十一月二十一日（月）

午前九時前、リクルート社の山田君が、「江副証人の」随同者の名簿と医者の委員会入室依頼の文書を持参。弁護士はつれてこないとのこと。十九日（土）のアドバイスがきいたのか。原田リ特委員長に説明、医者の入室についての注意事項を伝えることになる。

午前九時四十分、江副証人来院。直ちに控室の第三委員室に入る。医者の入室の注意事項を伝えに行く。意外に元気で親しそうな対応をする。

午前十時からリ特委開会。社会党の理事を互選して、証人喚問始まる。江副氏については、宮沢蔵相のいままでの説明をくつがえす「服部秘書官に社員が会った」という証言が問題となる。

午後、高石〔元文部事務次官〕・加藤〔元労働事務次官〕両証人の喚問が終わる。なんとか懸案の問題が処理でき一段落だが、新しい問題もつくった。

◆十一月二十二日（火）

会期再延長をひかえ緊迫するかと思ったが、たいしたこともなく、本会議では臨教改法案〔臨時教育改革推進会議設置法案〕の趣旨説明を社、公、民がやった。

午後四時半、課長会議中を三塚議運委員に呼び出されて、会期再延長の幅について聞かれる。自民党案として十二月二十八日まで三十四日間、常会の召集は十二月三十日となる。

【解説】 当時の国会法の規定では十二月中に常会を召集しなければならず、かつ、臨時会と常会の間に最低一日間は置くのが先例であったこと、および、大晦日を常会召集日とすることは常識的に不可能なことが背景にある。

午後五時、安倍幹事長が両院議長に会期再延〔長〕の申入れを行う。緊急〔議運〕理事会で各党反対して持ち帰り。

山下徳夫〔自民党〕リ特委理事から、NHKの放送討論会用のメモをほしいとのこと。議証法改正の経過については資料をもって説明したが、当面の問題〔リクルート問題〕については、二十四日メモを渡すこととする〔二十四日の**【別紙】**を参照〕。

◆十一月二十四日（木）

三十四日の大幅会期延長も公、民が出席して波乱なく議決〔両党は反対票を投じた〕。議運委で社、共が意見表明…。討議の場としての国会がスタートした感じ。一昔前なら大乱斗だった。

朝、七時半前、宮沢先生から電話。服部氏の証人喚問問題で、たのむとのこと。午後二時、堀内〔光雄〕先生に会う。

夕方、権藤氏から電話あり。「宮沢蔵相問題は、自ら決着つけるタイミングを見誤るな」とのこと。「税制改革法案が成立の見通しをつければ、長く〔蔵相の立場に〕おるべきでない」とのこと…。

午後五時半、総務課三階で、簡単なご苦労会。午後六時過ぎ、中島氏（朝日）と〝土佐〟へ行く。〔宮沢事務所の〕安藤氏を呼び、懇談、池内氏も参加。〔二次会で〕原宿の〝ここ〟に行く。中島氏が宮沢先生に電話したところ、平野の家に電話したばかりとのこと。〔原宿駅前の〕宮沢邸に行く。約一時間バレン《ママ》の三十年ものをなめながら、これからの展開について懇談。帰り安藤氏と〝夢来〟に寄り、午前一時半帰宅。

【別紙】リクルート問題について――11／24 山下徳夫氏へ

(1) 総論

リクルート問題には、いろいろな側面がある。例えば、

①は、既に税制改革の不公平是正として、衆院で修正を行った、キャピタル・ゲインの問題である。

②は、刑事事件としての側面であり、楢崎氏の告発問題を発端として、司直が調査中であり、これ

は、時間をかけて結論を待たなければならない。

③は、株の譲渡に関係した国会議員の政治的・道義的責任の問題である。これこそ、国会に設置された、われわれのリクルート問題調査特別委員会の役割であると考える。

リクルート調査特別委員会は、十一月十五日、税制改革六法案の取扱をめぐって、与野党間が緊迫する中で、自民・公明・民社三党の合意で設けられ、設置直後、わずか四時間の間に、リクルート社等から「政官界関係者」への株譲渡リストを提出せしめた。きわめて異例な措置であったが、そのリストを深夜の委員会で公表するというはなれ技をやってのけたのである。

また、二十一日には、自・公・民で合意した証人喚問を行った。江副・高石・加藤の三人に、真相をただしたのであるが、衆院にとっては九年ぶりの証人喚問で国政調査権の活用としては、これ以上の方法はない。自民党としては、リクルート問題の解明に全力を挙げていることが、これらのことで理解していただけると思う。

(2) リクルートコスモス未公開株譲渡リストの再提出について

先般の譲渡リストの資料の信憑性が野党から指摘されているが、一部に問題があったといえ、リクルート社側が故意に行ったことではない。原田委員長の要請に応えて、短い時間に作成したものであり、一部の判断ミスはやむを得ないものと思う。このことによって資料の信憑性を疑うことはできない。むしろ、異例な資料要求に応じてくれたことに対して、敬意を表すべきことだ。

なお、この資料要求は、理事会での合意にもとづいたものであり、「政官界関係者」に限定したものであった。野党側は、民間人を含め全ての譲渡先を公表しろと新しい要求を行っているが、この点については、自民党としては、慎重に対応していかなければならないと考えている。

何故ならば、われわれの役割は、国会議員の政治的・道義的責任の究明であり、民間人の企業活動に干渉したり、人権を無視するようなことがあってはならないからである。国政調査といえども、企業秘密とか民間人の人権にかかわることには、慎重な判断が要請されると考える。

なお、野党側は、民間人の中に政治家とのかかわりのあるものがあるのではないかと指摘しているが、江副氏の証言では「ない」ということである。これを証明するため、資料の再提出とか、江副氏の再喚問とかと言っても、結果は同じことで、あとは、司直の調査の結果を待つしかないと思われる。

(3) 服部元蔵相秘書官等の新しい証人喚問要求について

二十一日の証人喚問を契機として、野党から新しい証人喚問要求が出されているが、自民党としてこれらの要求に対して慎重に検討させてもらいたいということで、具体的な対応は党内で協議していきますが、個人的な感想を申せば、服部氏関係の喚問については既に、服部氏自身が江副氏の証言を認めておるので、あとは、宮沢蔵相に対して、野党が問題の経過をただせばよいことだと思う。

ＮＴＴ関係の証人喚問については、現時点では証人として国会に喚問するだけの問題の材料が整ってはいないと感じている。むしろ、司直の調査を見守りながら、対応していくことが、適切だと思う。

さらに、位田〔尚隆〕リクルート社長・池田〔友之〕リクルート・コスモス社長の喚問要求もあるが、せっかく喚問を行うならばそれ相当の準備もあるし、効果も期待しなくてはならないので、現時点では、先般の江副・高石・加藤三氏の喚問で一応の問題点は判明したと考えている。

(4) 今後の問題について

国会におけるリクルート問題の調査の最大の役割は、国会議員の政治的道義的責任を究明し、今後、このようなことで国民から不信を受けない対策を立てることである。

今回の問題では、政治家と株という問題が社会的に批判されている。即ち、政治資金を株によって得ることとの問題である。

私達は、昭和六十一年に、「政治倫理綱領」というものを院議として決議している。それを実行するために、衆議院議員としての「行為規範」というものも持っている。この二つの院の決議を改めて熟読してみる必要があると思う。

政治に金がかかるという問題も、選挙制度とか政治資金規正の点から考え直すべきことでもあるが、私の個人的意見として、国会議員の株の売買について、国民から不信を買わないような方策を各党で検討していきたいと考えている。

◆十一月二十八日(月)

午後三時から議運理事懇。特に正常化の挨拶もなし、国会周辺の騒音問題を協議。

夕方、三塚事務所に平林、西内両氏を案内、陳情。その足で〃小みや〃に行く。午後九時半頃まで忘年会をかね、佐藤健一、松下、土田と会食。

帰り、向島の〃夢来〃に門田氏が芸妓らをつれて来る。竹下総理の書生、原田憲氏の秘書も同行。証人喚問の物マネをする。

午前零時前帰宅。池内氏から電話。明朝の朝日の「リクルート」企画に、「平野貞夫委員部副部長がリクルートの資料を受けとり開封した」とのるとのこと。実名を消してほしいとたのむ。

◆十一月二十九日(月)

朝日新聞朝刊千葉版〔省略〕に、リクルート企画の冒頭で実名で書かれる。東京版は変更してくれていたのが助かった。しかも最後が早坂氏の話なので、人によっては誤解されるところだった。

夕方、秋田大助先生の葬儀場に弔問に行き、挨拶だけして帰る。前尾先生と〔衆議院〕正・副議長時代には、本当に世話になった人だ。

午後七時前、〔赤坂〕〝津やま〟で早坂氏と久しぶりに会食。税制国会の裏話やリクルートの株の配分について話をする。「税制改革後の政治展開について」〔という〕竹下総理へのメモをあずける(【別紙】)。早坂氏の一万株は徳間書店の社長とのこと。

【別紙】税制改革後の政治展開について ――63.11.29 早→竹

(1) 参議院における税制改革審議

衆院の税制改革審議は、一言で申すならば司、司の人々が懸命に努力した熱意に神が応えてくれたとしか言いようのない、数々の奇跡に恵まれていました。十一月十四日の夜最後の作戦がととのい、十五日午後、社会党が離脱し、自・公・民で、リクルート特別委員会設置(午後七時四十分)、リクルート社へ資料要求(午後九時四十分)、資料提出(午後十一時十分)、資料公表(午後十一時五十分)、引き続き証人喚問の決定と林田法務大臣の決意表明と、わずか四時間ばかりで政治的にも事務的にも一つのミスなく次から次へと場面を展開できたのは、情報の秘密がよく守れたことと、三塚議運委員長と小沢副長官がよく協力し、相互に譲り合って、事務局を指導したことです。その後、幹事長・書記長レベルで政策問題が協議され、若干の論議を残したとはいえ、よくもあのように堂々と衆院を通過したものと、夢のような感じさえします。

問題は、江副証言で再燃した「宮沢蔵相問題」です。宮沢蔵相がもっとも避けたいことは〝服部の証人喚問〟で、もしこれをやるようになれば恐らく政治家を辞める展開になりかねなく、その影響は計り知れないものと思います。恐らくその心境は、出来れば税制改革法案を成立させて、辞任したいが、服部の喚問が避けられ、税制法案の成立が確実ということになれば進退にはこだわらないものと推察できます。宮沢蔵相を追い込んでいくことは得策ではありませんので、状況の許す限り自主的判断を待つことが肝心かと思います。宮沢蔵相自身「極限状態になれば、進退は決心する」と語っていますので、十二月に入って、少し様子を見られることが大事かと思います。

それにしても宏池会側には何の策もなく、ひたすら野党側の軟化を待つだけで、大きな展開を期待できませんが、少くなくとも服部が手に入れた金額（約二千万円余）の使途については、宮沢蔵相と関係ないことを証明しないことには、世間は納得せず、それでも政治責任は逃がれることはできない問題でしょう。宮沢蔵相問題が処理できれば、参院での税制改革審議は本格化しますので、成立の目安はつきましょう。それでも決して油断はできません。最悪の場合には、自民の単独ででも成立をはかるという腹を持っておくべきでありましょう。

それにしても、服部の証人喚問は避けるべきだと思います。江副証言との食い違いはありませんし、秘書の喚問は悪い先例をつくります。主人である政治家の政治責任として処理すべきことです。

(2) 税制改革国会の残したものは政治構造の流動化か

当初からのねらいとは言え、税制国会の自・公・民路線による展開は成功を収めましたが、何故、成功を収めることができたか、何故、社会党は硬直姿勢を変えることができなかったのか、これは、一時的で偶発的なことではありません。わが国における政治構造の変化を予告する動きであるととらえなければなりません。この税制国会の底流を詳細に分析することによって、三年から五年先の政治状況を読みとることができると思います。

(社会党の現状をどうみるか)

社会党の硬直姿勢を、土井委員長と大出国対委員長の個人的キャラクターにする見方が圧倒的でありますが、これは誤っています。恐らく誰が委員長・国対委員長になっても同じ国会対策を採ったと思われます。何故か、それは社会党の足元が構造的に変っているのに党として誰も気づいていないからです。即ち、条件闘争に切りかえていく基盤が党の体質として消失しているからであります。

ご存知のとおり、社会党は不特定多数の大衆を基盤としている形をとっていますが、実態は政治資金をカンパというもっとも効率的方法で得ることができる労組の利益代表にすぎなくなっています。時代の変化とともに、官公労中心の政党となりました。それは、国の財政から支給される給与をアップさせることによって、きわめて効果的に政治資金を得ることができるからであります。ところが、官公労自体が社会党から離れ、残ったのは国鉄関係の組合になっていたのです。それすら民営化されるはめになったのですが、その影響について、現在に至るまで気がついていないのであります。

今まで、ずい分、困難な重要問題を国会で処理してきましたが、ほとんど自・社路線で解決してきました。それは社会党が条件闘争を行う基盤があったからです。大幅な赤字をかかえた国鉄に対して国労の要求、主として仲裁裁定〔を〕めぐる要求に応えていくことによって、国会を動かしてきたといっても過言ではありません。例へば、五百億円の仲裁裁定に応じてやることによって、一％のカンパが社会党に入るとすれば、五億円を得ることができたわけです。国鉄・電々公社・専売公社が民営化されこのような構造は消え、労組自体が社会党の専売でなくなり「連合」という新しい形態をとるようになったのです。今年の仲裁が全林野を対象とした四十億円程度のものになっては、条件闘争にはなりません。

本来なら、社会党は不特定多数の大衆を基盤とする政党でなければなりませんが、形だけで、大衆に対する政策勉強をしていません。その点、公明は創価学会から幅を広げるため不特定多数の大衆のための政策追求をする必要にせまられ〔て〕いましたし、民社も中小企業向けの政策については柔軟な政策選択をする必要があったわけです。

福祉政策の充実・ノーマライゼイションの主張は本来なら社会党が主体となって展開しなくてはならない問題なんですが、現在の惰性に甘んじた社会党では、官公労、わけても国労に依頼していたわけでして、不特定多数の大衆を相手にする政策選択をする柔軟性は失ってしまったのです。そのことに気がついていませんので、税制改革問題でも、売上税と同じ認識をして、絶対反対を叫ぶだけで、政府を追い込めるものと戦略上の誤りを犯したのであります。

社会党の中に、田辺〔誠〕氏を中心に条件闘争論がありましたが、現在の社会党を取りまく状況に気がついている人々も若干はいますが、なにしろ長年にわたる慣れで意識の変更をするには時間もかかりますし、左から右へとはハンドルを簡単に切れるものではありません。恐らくこれから社会党内で党内抗争が起きると思われます。そして、状況の変化を認識して大衆のための政党に変るようになりましょう。一般大衆を基盤とする政党に生れ変らなければ、消滅していくしかないと思います。しかし、そこは、いろいろな人物もいますし、国民的にもそのような世論が社会党を動かしていくと思いますので、二、三年の間には、新生社会党に生れ変わる可能性を持っていると思います。

（公明・民社両党のこれから）

国民の評価はこれからですが、公明・民社両党のとった税制国会の対応は、政策的内容が、具体的に判明していくにつれて、高い評価をうけるようになり、両党ともとりあえず、来年の参院選挙等で、宣伝できる種を得たことになりましょう。だからと言って、将来にわたって両党が発展的なものになれるかといいますと、そんなに甘いものではないと思います。税制国会での対応がうまく行ったことが、かえって将来の展開の足かせとなることが予想されます。理由は、公明・民社両党とも自己の主体性によって税制国会に対応したからではないからです。

実態的にみますと、公明・民社両党とも内部事情が複雑で、方向を見失っていたところを、官邸—自民党が〝こうやると君達にとっても顔が立つし将来も良くなるよ〟ということでシナリオを与えてやったということです。自分達が真剣になってつくったシナリオではありませんので、成果が良ければ良い程、後になって、成果に対する消化不良をおこしてくるのが、政治のダイナミズムです。

現在の公明・民社両党の体制では、こういった政策的成果を党の発展の素材に活用していく能力はありませんので、その場限りのものとなる可能性が強いと思われます。社会党側からさまざまな働きかけも行われるでしょうし、依然として両党は、自民・社会の波の間でただよい続けることになりましょう。
問題は社会党が、新しい状況にどれだけ対応していくかということです。恐らくこのままでよいと思っている人達はいませんので、不特定多数の大衆を基盤とする政策や政党に切りかえていくことと思います。土井委員長で一度は総選挙をやりたいところでしょうが、来年二月の党大会で進退がどうなるかについても保証はないと思います。しかし、二、三年後には、社会党は脱皮するものと思われます。理由は脱皮しなければ消滅していくだけですから……。
そして、公明・民社両党は、方向を再び社会党寄りに戻し、新しい型での社・公・民路線が出来上ると思われます。これは、今まであった社・公・民路線とは質の違ったものになりましょう。税制国会を通じて、自・公・民で政策合意した経験を生かし、社会党がむしろ、公明・民社両党の政治選択を追認する形での路線となることが予想されます。その時点で、自民党内がどういう状態にあるのか、状況次第ではこの時点が、政治構造が流動化するピークになると推定します。

（昭和六十五年・一九九〇年頃から始まるか、政党再編成……）

自民党が三百議席をこのまま維持することは、まず困難なことです。リクルート問題の党内への影響は複雑で、特に中曽根派は神経をとがらして事態の成り行きを見守っています。宮沢派は身から出たサビとはいえ、なるべく影響の少ないようにと願っているはずです。とはいっても、検察当局が行っていることにプラス面でもマイナス面でも干渉をしていくことは絶対に避けるべきことだと思います。リクルート問題が政治家直接の犯罪に結びつくのかどうか、予断は許しませんが、いずれにせよ、今後の自民党の運営にとってトラブルの種であることは間違いなく、来年以降かなりの波風が立つものと思われます。

参院選挙、そして衆院選挙の結果にもよりますが、自民党内の波風と社・公・民新体制の組み合せによりましては、政権の維持に、自民党内の問題を超える可能性があります。来年の自民党総裁選挙での竹下総理再選は確定でしょうが、昭和六十六年の総裁選挙でどういう様相となるか、その時点での国会における首相指名は、自・社・公・民入り混じっての展開になる可能性があると見ておく必要がありましょう。

税制国会における、自・公・民路線の展開は、以上のような政治構造流動化の要因をつくったといえます。リクルート問題での宮沢蔵相の不手際について、多くの見方は「これで政権の目はなくなった」ということですが、これは逆でして、やりようによっては、昭和六十六年の秋の政変では、社・公・民が宮沢氏を立てれば保革連合による宮沢政権の可能〔性〕だってあるわけです。もっとも、これを実現させるには、宮沢派に竹中半兵衛や山本勘助がいればの話ですが……。

昭和三十年の保守合同以来、わが国の政治構造の基本は変化していませんが、あれから三十数年経っています。世の中の底はすっかり変りました。既成の政治構造だけが、古城となって残っているだけです。理由は、人間の意識の変化は物の変化の後についていくからであります。社会党のごく一部と、共産党を除けば、イデオロギーも政策も、ほとんど同質となりました。これからの政局は、日本の政治社会の底の底を読み切った上で、カードを切っていかなければ、大きな渦にのまれ込んでいくと思われます。

〈当面どのような発想で臨むべきか〉

まず第一は、なんとしても、参院において税制改革六法案を成立させることであります。野党との誠実な話し合いを続け、どうしても話にのらない時は、国家・国民のため自民党単独でも成立させるという腹を固めておけば、野党もついてきましょう。今回、衆院を通過した税制改革諸法案の内容に自信を持つべきであります。大半の国民はやむを得ないと納得してくれる内容であります。参院における運営のいやらしさについては、参院にまかせるしかありませんので、運び方の技術論は差し控えます。

第二は、内閣改造を手際良く行うことであります。特に傷の多い中曽根派には心をつかう必要がありましょう、ただし、中曽根前首相の影響力〔を〕なるべく減じていく方向という条件が肝心かと思います。

第三は、税制改革が完成した後の竹下政治の柱を何におくかということです。公約である「ふるさと創生論」の実行は、土地対策と一体のものとして具体化させるべきです。しかし、大事なことは、人間の尊厳を大切にする社会づくりのためであることを忘れてはなりません。「ふるさと創生論」は手段であって目的ではありません。目的は「人間的福祉社会の実現」だと思います。

第四は、最近、ご主張されている「政治改革」をぜひ、政治テーマとして、投げ続けていくべきだと思います。選挙制度の改革・政治資金のあり方、政治倫理の確立等々というテーマを具体的に実現させていくことは大変困難なことですが、これについて政治的イニシャチブを総理が持っておくことは、これから来る政治構造の流動化時代のイニシャチブを握ることになります。また、日本の民主政治の発展にも役立つことだと思います。

小さなことですが、リクルート問題の一つの対応として、政治倫理の行為規範を改正して、議員、家族（大人・子供）、秘書名義の株の売買は議長に届出とする、程度の制度はつくってもおかしくないと思います。（現在の行為規範の届出は、報酬を受けている企業・団体、特定の額以上の収入）

◆十一月三十日（水）

リク特委は午前十時から理事懇で、服部問題の引き受けについて協議。参院では十二月一日、二日に税制特〔税制等調査特別委員会〕でリクルート問題を集中審議し、冒頭江副等の証人喚問、宮沢蔵相の再釈明を行うことを決める。

午前十一時半からの議運理事懇は理事会に切りかえ、国会週辺等の静穏確保法案の取扱いを決める。十二月一日委員会、二日本会議が決まる。

正午、小沢副長官から電話。竹下、堀内と会議録のチェックを《ママ》〔＝宮沢氏の国会答弁を堀内議員とチェックして、参院の野党の追及に対応できるかどうかを、今日中に竹下首相に報告せよ、との内容〕。

午後二時四十五分、堀内先生の〔議員〕会館で、リクルート問題についての発言を会議録等で追跡して分析、服部の口座に入った金の使途について国民にきちんと説明ができなければ、乗り切れないこと。乗り切った後、服部の証人喚問については新議証法が十二月十六日施行なので、一寸の時間で対応できる等を進言。

午後五時過ぎ、池内、中島（ジャンボ）両氏来訪。堀内氏がそのあと宮沢蔵相と会い、問題点についてつめたところ、河合はかゝわりがなく、服部が一人でやったことがわかる。正森（共）氏が指摘していたとおりだった。

午後七時過ぎ、安藤氏と中島氏と三人で〔神楽坂の〕〝楽々〟で会食しながら懇談。安藤氏には新しい情報は話さず、抽象的に、「真実に近いものを説明して野党の反応を見て、きれいに身を処すべし」とアドバイス。

◆十二月一日（木）

午前九時過ぎ、池内氏から電話。「今朝二時に電話したが、出なかった。ようやく宮沢蔵相本人が納得して、本当のことを釈明することになった…」とのこと。

午前九時二十五分、竹下総理と宮沢蔵相会談。宮沢蔵相から説明、進退を一任。午前十時からの参院税制特で釈明した。反応は複雑。午後になって自民党内〔宏池会〕は〔宮沢蔵相を〕守っていこうとの動きになる。日高文書課長〔大蔵省〕参院の資料要求の扱いについて相談にくる。

午後三時から議運委で国会周辺等静穏法案を審議。約一時間質疑して、委員会提出法案と決定。反対、社、共。

午後五時過ぎ、清水理事（社）来訪。〔国会周辺の騒音防止法案の〕委員長の趣旨弁明に「質疑、応答」を入れておくよう要望あり。〔議運委員会の〕速記録が出来るのを待って、調整、午後十時半頃。五十三才の誕生日は仕事でくれた。

◆十二月二日（金）

参院での税制特審議に話題は集まる。〔毎日の〕阿曽氏の話によれば、「ほゞ七〇％宮沢蔵相の進退は大丈夫」とのこと。「まだ四〇％、来週が山」と伝える。

本会議で国会周辺静穏法案を議決。間際で、三塚委員長が趣旨弁明に、「憲法上の法の下の平等にもとづき、右翼を対象としたものでないか」との質問事項を入れた。

◆十二月五日（月）

午前十一時過ぎ、参院議運委に三塚委員長の同行としていく。国会周辺静穏法案の提案理由説明。衆院と同文の附帯決議をつけて、可決。

◆十二月六日（火）

参院でのリクルート問題、証人喚問行われる。江副氏の話の中で、宮沢蔵相との食い違いがあった程度。

午後三時過ぎ、アカハタの井上記者から池田委員部長に電話あり。衆・参両院での江副証人に証言のアドバイスを、池田委員部長がやっている証拠をもっているとのこと。

午後四時過ぎ、東中先生（共）に会って、説明する。調査をしてくれる。池田委員部長・木村議事部長の二人が、うまく証言を出来るように担当したという文書をアカハタの編集委員が持っているとのこと。

◆十二月七日（水）

午前九時五十分、東中先生と会う。ある程度の話をきく。昨夜七時半頃、部屋に寄ってくれた礼をいう。アカハタ編集委員がにぎっているブツは、きちんとしたメモで、池田・木村両氏の名があり、江副証人に対する知恵・アドバイスになっている。アカハタは自信をもっているとのこと。なりゆきによっては、出せば、事務局は告発する腹だと伝える。なお、リクルート内部からの資料とのこと、それについては、「内部からのものなら、平野の名があるはず。私が、小野秘書室長からの問合せに対応した。

私の説明の中で、先方がアドバイスと感じたものがあれば、尾ひれがつけばそうなる。」と説明。「とにかく書く時は必ず東中に相談する」とのこと。

事務総長と事務次長に東中先生の話を報告。「このことは、内部の資料ではない。恐らく、ブラック・ジャーナリズムが内部の資料として流したものをアカハタが入手したのだろう。さすれば、七月から八月の［事務局の人事をめぐる］怪文書と同根もしくは同一線上のものとの腹をもつべきで、弥富体制に対するゆさぶりの可能性あり」と意見を具申した。

宮沢問題、参院で集中審議するも、宮沢さんの開き直り発言が野党側に評判悪し。

午後六時半から〝穂づみ〟で総務課納会。午後七時過ぎ、〝楽々〟で池内、平野が宮沢事務所の松本・安藤に呼ばれ、進退問題について意見を聴かれる。「十二月九日（金）が限度、やめても、やめなくても、税制六法案は成立する。早く辞めた方が障害を少なくする。進退を竹下総理に一任しておいてもしかたがない。これから大きく政治の流れが変わるので、世間に多少はさすがという感じを持たせて辞めるべきだ。九日閣議の前に竹下総理に辞表を出し、閣議で挨拶し、記者会見で発表。約定書等の資料は辞めた後、発表させればよい…」とアドバイス。

◆十二月八日（木）

午前九時過ぎに出勤すると、中島ジャンボ（朝日）が待っていて昨夜の松本・安藤両氏への話を聞かれる。十二月九日が辞任の限度、あとは政治家として立てなくなるといったと伝える。

午前九時半、池内氏から電話。松本・安藤が朝、宮沢さんに会って話をし、昨夜の方向で腹を固めたもようとのこと。

［衆院］リクルート特の理事懇は、正午が午後三時半に、午後六時になり、最後午後九時半とのび、結局九日に再び理事懇という運びとなる。

午前零時頃電話あり、ベル三回でやむ。多分宮沢先生だったろう。

◆十二月九日（金）

午前中に宮沢蔵相の辞任の意向を表明〔竹下首相が兼任〕。午後、参院の税制特で公聴会議決、十二月十六日に行うことになった。自・公・民で決める。社、共欠席。宮沢先生はスッキリした顔。参院での税制審議に見通しつく。

◆十二月十四日

机のまわりを整理しようとしたが、次々と客が来てほとんど手がつかないまゝ。NTT真藤会長の口座に九百万、村田秘書からふり込まれていたことが報道され、午後辞任。リクルート問題はいよいよ核心に入るか。

午後、金本氏（朝日）のたのみで、宮沢蔵相辞任の背景について説明。午後四時過ぎ、早野氏（朝日）来訪、約一時間懇談。政局流動化、自・公・民路線の先行きについて議論する。

◆十二月十五日（木）

リクルート特別委の理事懇は中断をして夕方、竹下総理・蔵相の出席時間を一時間二十五分ということで「委員会を開くことに」合意。問題の焦点はNTT関係に移った。

◆十二月十六日（金）

参院で審議中の税制六法案は、二十三日中には参院で議了、成立の見通がついたもよう。権藤先生からしばしば電話あり。矢野問題についての情報をほしいとのこと。池内氏に依頼する。午後六時過ぎ、池内氏来訪。昨夜、学会の山崎氏［副会長］と会い、参院選後には、矢野委員長は、選挙の責任をとって辞めさせ、大久保委員長、市川書記長の体制をつくりたいとのこと。その前提として大久保と市川を仲直りさせる必要があるとのこと。

午後七時過ぎ、［赤坂の］〝小みや〟で、波多野総理秘書官主催の忘年会。

◆十二月十九日（月）

正午前、小沢副長官から電話あり。会期の実質的終了日をいつにするかとの相談。常識として、前日の二十七日あたりか。［内閣］改造もその後の方が良いと思うと答える。

◆十二月二十一日（水）

参院税制特での採決をめぐって、朝から社会党が衆院に内閣不信任案を提出する動きあり［同委員会では締めくくり総括質疑の二日目。自民党は、総括質疑終了後の採決を非公式に野党に打診する。社会・共産両党は強く反対］。参院事務局では、それを提出すれば、参院の審議がとまるとのこと。衆院側は、過去の事例からいっても、必然的に止るというものではない。まして、特定の政党だけの提出なら、何のパンチ力もないし、審議日程について議運で協議すればよいとの意見。

東中先生から「アカハタの件、特定の人がリクルート社内部からといって出まわったメモだった。記事にしないことになった…」とのこと。その三十分後、アカハタ井上記者が委員部長に挨拶に来る。話によると、十三行用紙三~四枚のQ and Aで、中身は弁護士でなく［衆院］事務局の人でないと書けないもの。ただし、あまり［証言の］役には立ってないよう…とのこと。［事務局］内部から出たメモには間違いない。

午後七時前、参院税特委は、税法六法案を採決。相当混乱する［喜屋武委員の質疑中、自民党の斉藤文夫委員が質疑打切り動議を提出。野党議員が抗議のため委員長の席に詰め寄るなど、混乱の中で、梶木委員長が起立による採決を行い、自民党の賛成多数で、税制改革関連六法案を可決した］[80]。読売の浜田氏の話によると、社会党は衆院に内閣不信任案を提出することを固めたとのこと。わざわざ、大掃除することないのにという。

◆十二月二十二日（木）

午前十時半から課長会議。職員勉強会について懇談。

午後一時、社会党から竹下内閣不信任決議案を提出。［参議院では］午後三時から［自民党と公明・民社両党との協議が整い］[81]緊急議運理事会。［嶋崎・参院議運委員長が職権で］二十三日に本会議をセットして、［税制改革六法案を］上程することになる。社会党から牛歩等をさせないことを一札とる。公、民は［内閣不信任案に］賛成するとのこと［社会党は、公明・民社両党に内閣不信任案の共同提案となるよう要請したが、両党は賛成の態度に留めることを回答した］。

◆十二月二十三日（金）

内閣不信任案は社会党だけの提出であったが、公、民もそれなりに協力して、一応、記名投票ということで、社会党の顔は立ったが…。審議にはまったく熱が入らず、形だけのもの〔賛成一九一、反対二八一で否決〕。

参院は午後四時から本会議を開いたが、これがまた、社、共が超牛歩〔十三年ぶり〕をやり、〔嶋崎〕議運委員長解任決議案に六時間かける。来年の選挙のせいであろうが、委員会で九十時間も審議しているものを牛歩をやることは問題。しょせん、社、共は実質的に議会主義政党でないことを見せるようなもの。

◆十二月二十四日（土）

参院本会議での税制六法案審議は、社・共両党が徹底した牛歩で対抗し、成立したのが午後五時五十九分[82]〔午後一時半、税制改革関連六法案が議題となったところで、梶木税制等調査特別委員長問責決議案が社会党から提出され、長時間にわたる引延ばしで否決したのが、午後五時十一分。土屋議長が、梶木特別委員長に委員長報告を求めたところで、社会・共産両党の議員は一斉に本会議から退場。委員長報告後、公明党の矢原秀男議員が反対討論、自民党の平井卓志議員が賛成討論、民社党・国民連合の柳沢錬造議員が反対討論を行った。午後五時五十九分、税制改革関連六法案は一括して採決され、賛成多数で可決・成立した〕。社・共はかつての反議会暴力革命の残存を見せた。

午後二時過ぎ、〔渋谷区松涛町の〕前尾邸に久しぶりに行き、税制改革、消費税導入について報告。仏壇の前で思わず涙が出た。約二時間夫人と吉田さん〔元前尾氏秘書〕と雑談。夫人から、もしも死亡した時といわれて、墓のつくり方をいわれる。

◆十二月二十六日(月)

議運理事会は午後三時から、一日早く閉会の手続をすることを決め、十二月三十日の常会の段取りも協議。リクルート特別委に「ついて」社会党が設置をしぶる。魂胆は、予算委を止めるため。

◆十二月二十七日(火)

予定どおり、第百十三回国会は幕を閉じ、内閣改造も順調に進んだ。三塚先生は通産大臣に入閣。一連の事務の中で、政倫審会長の交代の話が保岡副幹事長から事務次長のところに来たが、後で電話で事情を説明し、一応交代しない方向で説得。

その後、事務総長と約一時間、諸般のことについて話す。永田町の〝志水〟にいき、帰宅午前三時。泥酔――!!

◆十二月二十八日(水)

会期一日を残すだけで、整理だけ。午後六時過ぎ、瓦先生の会合に出る。

午後三時、早坂事務所に呼ばれ、早坂氏を通して竹下総理より挨拶をうける。早速礼状を書く。「税制改革で二十一世紀の展望が開けた」と…。

◆十二月二十九日(木)

午後三時に院内、事務総長次室でのみ始め。午後四時過ぎ、〝河庄〟へ。午後七時には帰宅。事務総長から辞表提出の時期について話があり。三月、予算が上り、リクルート問題等が衆院でかたづいた時が適当と進言。進退について、三十日部長を集め、それとなくふれるとのこと。

◆十二月三十日(金)

第百十四回常会が召集される。午前十一時過ぎには本会議で常任委員長の改選を行い、新議運委員長に山口敏夫氏選ばれる。

午後二時過ぎ、担当者と挨拶をする。「お叱りいただきたい。[それでも]私達は必要なことは申し上げる」と挨拶する。長谷川[峻]法相がリクルート献金問題で辞任し、後任に高辻[正巳]氏が決まる。梶原清氏らが候補にのぼった。竹下改造内閣もようやく、これで立ち直りをみせる。

午後五時過ぎ、帰宅してモチなどをかざる。サウナに行く。

◆十二月三十一日(土)

午前中、ゆっくり過し、午後、庭そうじ。一応正月の準備をする。嶋崎氏が自分で釣った「赤目だい」を持参してくれる。二十八日以降、熟睡出来ない。あれやこれや考える。自分の限界というか、神裁きというか。ともかく運命のサイコロがどうでるかわからないが、神の示す道を歩むしかない。

注

1　平河クラブとは自民党担当記者の記者クラブで、自民党本部内と衆議院内に部屋を持っていた。

2　この頃平野氏は、早坂茂三氏の名で発表された『政治家田中角栄』（中央公論社、一九八七年、のち集英社文庫所収）の代筆を行っていた。同書あとがきに登場する坂本寛（議会研究家）は、平野氏のペンネームである。

3　一九六八年、佐藤内閣の倉石忠雄農相が、アメリカ・北朝鮮間のトラブルに伴う日本海の漁業の安全操業問題に関する談話の中で、「こんな馬鹿馬鹿しい憲法を持っている日本は妾のようなもの」などと発言したとされ、野党の追及により辞任を余儀なくされた。

4　早坂茂三「田中角栄無名の一〇年」前・後（『中央公論』一九八六年一一月号・一二月号）の執筆準備のこと。この論文の草稿は平野氏が執筆した。この論文は、のちに早坂茂三『政治家田中角栄』の一部になる。

5　このメモを会話調に改め、より詳細にしたものが、平野貞夫『公明党・創価学会の野望』（講談社＋α文庫、二〇〇八年〔初出二〇〇五年〕）七七〜八〇頁に引用されている。

6　平野氏によれば「権藤さんから電話」の間違いであるとのこと。

7　平野氏によれば、これは〝小林〟であるとのこと。

8　鹿児島県の無人島である馬毛島の土地をめぐって平和相互銀行が関与した不正融資事件。一九八六年に発覚。

9　国会法上、総予算の採決には公聴会の開催が絶対条件とされており、公聴会の日程が決まり、これが実施されれば、いつでも総予算を採決することが可能であった。そのため、公聴会の日程を決めることが重要問題となった。

10 この資料は、平野氏が日記のメモとして記録したもので、平野貞夫『ロッキード事件「葬られた真実」』（講談社、二〇〇六年）を執筆する際にも参考にしたとのこと。なお、このメモ自体は公刊されていない。

11 「合ったものの」の誤り。

12 平野氏によれば、議運で扱う事務局人事は、原則として秘密会で行われるとのことである。なお、参議院のケースであるが、秘密会であるか否かを問わず、議運の議題となるのは次長以上の人事の場合に限られる。参照、『指宿清秀オーラルヒストリー』（二〇一一年）九九頁。

13 一枚目欄外に「3／9（月）小沢→竹下」と書き込みあり。

14 平野氏によれば、これは「秘書」になってくれ、という趣旨であるとのこと。

15 一枚目欄外に「62.3.18　TBS田中→金丸副総理、早坂→竹下幹事長」という書き込みあり。

16 一枚目の欄外に「62.3.19」と書き込まれている。

17 『朝日新聞』昭和六十二年三月二十一日（土）の記事「記者席　質問封じに身内からも批判」の切り抜きが添付されている。末尾の「ベテラン職員」が平野氏のことを指すのであろう。

18 一枚目欄外に「四月二日、早坂→竹下幹事長」という書き込みあり。

19 一枚目欄外に「昭和六二年四月六日、事務総長」という書き込みあり。

20 一枚目欄外に「六二、四、一八　公明大久保」との記載あり。

21 一枚目欄外に「六二、四、二二　早→竹」との書き込みあり。

22 この図が日記に挟み込まれており、またその略図が『虚像に囚われた政治家——小沢一郎の真実』（講談社＋α文庫、二〇〇七年〔初出二〇〇六年〕）一四一頁に掲載されている。

23 『消費税制度成立の沿革』にも未収録の資料である。

24 平野氏は、六月一一日（木）～六月二四日（水）、「衆議院各国議会制度並びに政治経済事情調査議員団

〈議運班〉」の一員として西欧へ随行している。

25 議長と伊東座長のQ&A、および税制協議会報告本文については、竹下・平野〈監修〉『消費税制度成立の沿革』一七一〜一七八頁を参照。

26 竹下・平野前掲書、一八一〜一八二頁を参照。

27 同日午前の社・公・民国対委員長会談の経過について、竹下・平野前掲書、一八二〜一八三頁を参照。

28 一枚目下欄外に「六二、八、三（月）佐藤→竹下幹事長」と書き込みあり。

29 一枚目下欄外に「六二年八・五　佐藤→竹下幹事長」と書き込みあり。

30 早坂茂三「竹下流気配りの真骨頂」（『中央公論』一九八七年十二月号）。

31 欄外に「六二、一〇、二一　早→竹」との書き込みあり。

32 欄外に「六二、一一、四　早坂→竹下」と鉛筆で書き込まれている。

33 欄外に「六二、一一、四　早坂→竹下」と鉛筆で書き込まれている。

34 欄外に「六二、一二、二四　早坂→竹下総理」と鉛筆で書き込まれている。

35 平野氏は七月一日に委員部副部長に昇格した後も、委員部総務課長事務取扱を発令されていた。十二月十六日をもって、この兼任が解かれたことを指している。

36 欄外に「六二、一二、二四　早坂→竹下総理」と鉛筆で書き込まれている。

37 昭和六十三年一月八日付読売新聞のコラム記事「とれんど『間接税の検討は幅広く』（論説委員・松井義雄）」が綴じ込まれている。

38 欄外に「六三、一、二八〈浜幸〉」と鉛筆で書き込まれている。

39 欄外に「六三、一、二九　早坂→竹下総理」と鉛筆で書き込まれている。

40 別紙企画案では、本は『日本の議会政治〈仮称〉――まもなく百年――』と題されていた。平野氏はこの後公務の傍ら執筆を続け、この企画は三塚博監修『日本の議会政治一〇〇年』として結実する。

41　一九八八年一月十八日、公明党の田代富士男参院議員は、砂利船の転用に関する質問で業界に有利な答弁を引き出し、全国砂利石材転用船組合連合会から謝礼としての計七千万円を受けとったとして大阪地検特捜部から取り調べを受けた。田代は公明党を離党し、議員辞職をした後、一月三十一日に受託収賄罪で起訴され、一九九二年に懲役二年六ヶ月、執行猶予三年が確定した。

42　昭和五年〜平成十八年。昭和四十二年以降、衆院議員を通算十期務める。公明党副書記長を十九年にわたり務めた後、昭和六十一年に公明党筆頭副委員長、同六十三年に公明党委員長、平成六年公明新党代表、ついで新進党副党首、平成十二年政界引退。

43　竹下・平野前掲書、二六一〜二六七頁を参照。

44　矢野絢也『黒い手帖』（講談社、二〇〇九年）二三二〜二三五頁を参照。

45　昭和十二年七月十五日東京大田区生まれ。電通大通信別科卒。公明新聞社会部長、編集局次長を経て、昭和四十四年以降、衆議院議員を通算八期務める。平成五年には衆議院建設委員長。本文当時は衆議院議運委の理事を務めていた。毎日新聞千葉支局編『ちば人国記Ⅰ』（毎日新聞社、昭和六十三年）一二五頁以下も参照。

46　六月八日の項目を参照。

47　(1)六十三年度所得税減税は抜本改革と切り離し、臨時国会の冒頭で処理すること、(2)不公平税制是正のため与野党協議の場を設置し、徹底的に論議すること、(3)行財政改革の中期計画と高齢化社会の医療、年金のあり方など「福祉ビジョン」を策定すること、の三条件を提示して、政府・自民党がこれらの条件を確約・実行するなら、消費税（新型間接税）導入を柱とする抜本改革法案の審議に応じてもよい、と発言したもの。

48　昭和五十八年八月以降、かわさきテクノピア地区再開発をはじめとする川崎市都市再開発事業の構想・立案、企業誘致および都市計画決定手続を担当する企画調整局長。リクルート事件発覚時は同市助役で、次期市長候補とも言われていた。六月二十日に伊藤・川崎市長によって解職された。

49 早坂氏にわたすため六月二十二日に書いたメモ。実際に渡したのは同二十五日とのこと。

50 一九〇〇〜一九五八年。創価学会第二代会長。本名は甚一。初代会長牧口常三郎と同時期に投獄されたが、敗戦の直前に釈放され、創価教育学会を創価学会と改称して、組織の拡大に努めた。

51 竹下・平野前掲書、二八六頁以下を参照。

52 以上については、竹下・平野前掲書、二八九頁も参照。

53 六月二十九日の午前中、NHKの番組の録画撮りで、矢野公明党委員長は、「政府・自民党が消費税の導入を断念する代りに、与野党で『税制改革基本法』(仮称)で制定すること」を提案した。

54 平野氏によれば、この別紙は四日の電話中に要点筆記し、翌日、早坂氏から竹下首相にわたしてもらうため、書き直したものである。

55 塚本氏に対する朝日新聞横浜支局の取材過程については、『追跡リクルート疑惑』(朝日新聞社、一九八八年)一四二頁以下を参照。

56 七月十五日の【解説】を参照。

57 七月九日の項の【別紙2】を参照。

58 七月十二日の項の【別紙】を参照。

59 七月十四日の項の【別紙】を参照。

60 会期等の決定に際し議長が意見を聴くための会議体。衆議院規則二十条・二十一条を参照。議長サロンで開催されるのが通例。

61 同法案の要旨については、竹下・平野前掲書、三〇三頁を参照。

62 平野氏によれば、このメモは、懇談の翌日に荒書きしたものを、後日まとめたものである。

63 法案要旨・増減税幅については、竹下・平野前掲書、三〇三〜三〇四頁を参照。

64　宮沢氏は前尾元衆議院議長の系統であり、前尾議長秘書であった平野氏からの説得に期待したもの。
65　竹下・平野前掲書、三一六～三一七頁。
66　「63.8.24 二見議員へ」と書き込まれている。
67　竹下・平野前掲書、三一八頁。
68　自民党が江副参考人の招致について譲歩すれば、公明党としてはこの段階で妥協しないと、波乱の国会となり、解散含みになってしまう、という趣旨。
69　矢野公明党委員長が福岡市で記者会見し、「リクルート疑惑解明のための証人喚問、未公開株譲渡リストの公表、不公平税制の徹底的な是正の懸案が解決されない限り、消費税法案の審議に絶対入ることはできない」と発言した。
70　松原弘。九月五日、社長室長を辞任。
71　八月三十日の訪問の様子をＮＴＶが撮影・放映したもの。捜査過程でＮＴＶのビデオが捜査当局から押収され、報道の自由と捜査の必要性のバランシングの問題として、最高裁まで争われた。
72　「設置すると」の誤り。
73　「決定」と書き込まれている。平野氏によれば、二案あってこちらが採用されたものだ、とのこと。もう一方は、設置目的が「不公平是正等税制に関する諸問題を調査するため」となっていた。
74　各党が取り上げた問題については、竹下・平野前掲書、三二九～三三〇頁を参照。
75　同前、三三〇頁を参照。
76　竹下・平野前掲書、三三一～三三二頁にも翻刻されている。
77　同年五月二十五日に盲腸癌により死去。死後、闘病生活を書き綴ったエッセイが出版されている（『人は死ねばゴミになる』（新潮社、一九八八年））。
78　野党側は委員会には出席していないと称して、委員室で立ったままで採決に抗議したので、混乱はなく、午後五時四十三分散会した。

79　その後に発表された各野党の談話については、竹下・平野前掲書、三六六〜三六七頁を参照。

80　野党各党の抗議談話については、竹下・平野前掲書、三九〇頁を参照。、また、民社党から要求のあった消費税の施行を「半年間弾力的に運営する」との衆院での修正の解釈について、政府・自民党が行った五項目の回答につき、同三九一頁を参照。

81　同日正午、参院議院運営委員会理事会で、社会党と共産党は「採決は無効、委員会へ差し戻すべき」と要求。自民党は拒否し休憩となっていた。なお、この前後における参院自民党と公明・民社両党との協議概要について、竹下・平野前掲書、三九一頁以下を参照。

82　消費税制度導入に当っての竹下総理談話、および各党談話・声明について、竹下・平野前掲書、三九五〜三九八頁を参照。

内閣官房長官	内閣官房副長官（政務）	衆議院議運委員長	自民党幹事長	自民党国対委員長
			金丸信（84/10~86/7）	藤波孝生（85/12~87/11）
後藤田正晴（86/7~87/11）	渡辺秀央（86/7~87/11）	越智伊平（86/7~87/11）	↓	↓
↓	↓	↓	竹下登（86/7~87/10）	↓
↓	↓	↓	↓	↓
↓	↓	↓	安倍晋太郎（87/10~89/6）	↓
小渕恵三（87/11~89/6）	小沢一郎（87/11~89/6）	三塚博（87/11~88/12）	↓	渡部恒三（87/11~89/7）
↓	↓	↓	↓	↓
↓	↓	↓	↓	↓
↓	↓	↓	↓	↓
↓	↓	↓	↓	↓
↓	↓	山口敏夫（88/12~89/6）	↓	↓
塩川正十郎（89/6~89/8）	牧野隆守（89/6~89/8）	小此木彦三郎（89/6~90/1）	橋本龍太郎（89/6~89/8）	奥田敬和（89/7~90/不詳）
↓	↓	↓	↓	↓
山下徳夫（89/8）	志賀節（89/8）	↓	小沢一郎（89/8~89/9）	↓

年	国会	内閣
1986	第38回衆議院、 第14回参議院議員選挙（7/6）	第2次中曽根第2次改造内閣 （85/12/28~7/22）
		第3次中曽根内閣 （7/22~87/11/6）
	第108回通常国会（12/29~87/5/27）	↓
1987		↓
	第109回臨時国会（7/6~9/19）	↓
	第110回臨時国会（11/6~11/11）	竹下内閣 （11/6~89/6/3）
	第111回臨時国会（11/27~12/12）	↓
	第112回通常国会（12/28~88/5/25）	↓
1988		↓
	第113回臨時国会（7/19~12/28）	↓
	第114回通常国会（12/30~89/6/22）	↓
1989		宇野内閣 （6/3~8/10）
	第15回参議院議員選挙（7/23）	↓
	第115回臨時国会（8/7~8/12）	第1次海部内閣 （8/10~90/2/28）

吉田◆元前尾繁三郎秘書　493
吉田茂◆元内閣総理大臣　008
吉田之久◆民社党国対副委員長　167, 274-275
吉野良彦◆大蔵事務次官　072
米沢隆◆民社党政審会長　137, 332, 424, 445-446

……………… ラ行

レーガン, ロナルド◆アメリカ合衆国大統領　194

……………… ワ行

若槻礼次郎◆ロンドン軍縮会議首席全権、元内閣総理大臣　209
若宮啓文◆朝日新聞記者　083
渡辺修◆竹下総理秘書官　251, 263, 267, 370
渡部恒三◆自民党国対副委員長→国対委員長　118, 127-128, 215, 232, 251-252, 269-270, 280, 306, 324, 328, 347, 364, 377, 393, 423, 425, 441, 443, 464, 467
渡辺恒雄◆読売新聞社取締役論説委員長→副社長　365, 462
渡辺秀央◆第三次中曽根内閣官房副長官（政務）　065
渡辺美智雄◆自民党政調会長　184, 202, 264-265, 272-273, 280, 291, 294, 304, 306, 360, 366-367, 370, 372, 377, 391, 415, 424, 464

……………… **ヤ行**

薬師寺◆朝日新聞記者　201
安井郁◆法政大学教授　008
保岡興治◆自民党副幹事長　493
安森公俊◆赤坂満がんオーナー　094-096, 100-101
弥富啓之助◆衆議院事務総長　022-024, 028, 031, 050-053, 056-058, 060-061, 063, 065, 067-068, 070-072, 074, 086, 088, 090, 101-102, 107-108, 113-115, 117-118, 120, 123, 125, 127-130, 132, 135-137, 147, 149, 152-153, 155-161, 166, 168-169, 173-174, 176, 178-179, 182-183, 185-187, 201, 211, 213-215, 220, 222-224, 229, 238, 251, 262, 264, 266, 269-270, 272, 280-281, 286, 324--325, 327-328, 345, 354-357, 367, 373-374, 376-377, 392, 414, 420-423, 425, 428, 430-431, 437, 440, 454, 468-469, 488, 494
柳沢練造◆参議院税特委委員（民社党）492
矢野絢也◆公明党委員長　017, 019, 030-031, 055, 058, 062, 076, 080, 087-088, 096, 104-105, 111, 166, 169, 222, 228, 239-240, 245, 252, 259, 274, 276, 301-302, 313-314, 321-322, 327-329, 339-340, 342-343, 345, 351, 355, 358, 375, 380-381, 383-386, 390-391, 394, 398, 409, 412, 415, 417-418, 421-422, 424, 437-438, 456-463, 465-466, 490
矢原秀男◆参議院税特委委員（公明党）492
山岸章◆全電通委員長　448
山口鶴男◆社会党書記長　022, 052, 055-056, 071, 076, 090-092, 103, 107, 111, 119, 129, 152, 157, 165, 220, 227, 252, 262-265, 269, 305, 324, 352, 415, 454
山口敏夫◆衆議院議運委員長（新自由クラブ）494
山崎尚見◆創価学会副会長　218, 323, 370, 418, 422, 424, 490
山崎拓◆自民党代議士　051
山下元利◆自民党代議士　071, 110, 136
山下徳夫◆衆議院リクルート問題調査特別委員会理事（自民党）472-473
山田◆リクルート社員　467, 471
山中貞則◆自民党税制調査会長　160, 272-273, 280, 286, 291
山花貞夫◆社会党代議士　152-153

松岡◆議運委関係者　074
松下◆衆議院事務総長秘書　051, 058, 108, 117, 120, 168, 179, 182, 185, 201, 324, 328, 354, 476
松原◆リクルートコスモス社長室長　422, 449
松本◆宮沢事務所秘書　488
松本善明◆共産党国対委員長　089, 232, 391
三木武夫◆元内閣総理大臣　015, 086, 134
水野勝◆大蔵省主税局長　360-363, 365, 423
三塚博◆衆議院議運委員長（自民党）→通産大臣　026, 213, 215, 222, 232, 262-263, 265, 269, 275, 294, 299, 304, 323-324, 326-327, 338, 347-348, 350, 353, 356, 358, 363-364, 367, 371-374, 393-384, 389, 392-393, 395-397, 411, 414-424, 426-434, 439, 450, 455, 461-462, 468, 472, 476-477, 486-487, 493
三山◆読売新聞記者　184
宮崎輝◆旭化成会長　332
宮沢喜一◆中曽根内閣、竹下内閣大蔵大臣　024, 029, 034, 050, 053-054, 57, 61, 100, 121, 149, 152, 158, 171, 184, 195, 197, 345, 353, 390-391, 440-442, 444-446, 448-449, 451, 453-455, 458, 464, 472-473, 478, 483, 485-489
宮下創平◆自民党代議士　464
宮本◆NHK記者　359
宮本顕治◆共産党議長　027, 265-266
武藤山治◆社会党代議士　103, 305
村岡兼造◆衆議院議運委筆頭理事（自民党）219-220, 232, 258, 272-274, 348, 374, 462
村上弘◆共産党代議士　258, 275
村田◆真藤恒NTT会長秘書　489
村山達男◆自民党代議士　376
村山富市◆衆議院税制特委理事（社会党）448, 470
森美秀◆自民党代議士　325
森田康◆日本経済新聞社社長　352
森本晃司◆公明党代議士　225
諸岡昭二◆衆議院職員　451
諸星◆NHK記者　127

日高◆大蔵省大臣官房文書課長　345, 360, 371, 421, 427, 434, 437-438, 442, 444, 455, 486
平井卓志◆参議院税特委委員（自民党）492
平石磨作太郎◆公明党代議士　086, 291
平林◆筆者縁者　476
吹田◆衆議院予算委理事（自民党）073
福田赳夫◆元内閣総理大臣　157
福永健司◆自民党代議士　287
福本和夫◆戦前期共産党幹部　197
藤尾正行◆自民党政調会長　241
伏木和雄◆公明党副委員長　333
藤波孝生◆自民党国対委員長→税制特委理事　016, 057, 071, 081, 119-120, 126, 132, 157, 179, 274, 437, 456
藤原行正◆東京都議会議員（公明党）333, 335-336, 413
二見伸明◆公明党副委員長　017, 030, 164-166, 171, 229, 268, 277, 281-282, 290, 322-323, 327-329, 333, 337, 340-341, 346, 351-352, 371, 374-376, 380, 382-383, 389-390, 397, 409, 411, 413-424, 426-429, 433, 438, 446, 451-454, 456-457, 459, 461-462
冬柴鐵三◆公明党代議士　433
不破哲三◆共産党委員長　389
保科◆自民党関係者　272
星野◆自民党国対事務局長　068, 136, 274, 425
保利茂◆元衆議院議長（自民党）119
堀昌雄◆社会党代議士　103, 126, 169
堀内光雄◆自民党代議士　473, 485
ボルカー, ポール◆前FRB議長　231

………………マ行

前尾繁三郎◆元衆議院議長（自民党）010, 017, 061, 066, 081, 129, 157, 203, 366, 371, 477, 493
前田宏◆検事総長　328
正森成二◆共産党代議士　265-266, 485
真嶋一男◆建設省審議官→都市局長　075, 169, 451
益谷秀次◆元衆議院議長（自民党）009

……………… ハ行

長谷川峻◆竹下内閣法務大臣　494
羽田孜◆自民党代議士　437
畑和◆埼玉県知事　306, 450
波多野誠◆竹下総理秘書官　215, 234, 263, 267, 269-270, 392, 449, 456, 490
服部恒雄◆宮沢蔵相秘書官　282, 352-353, 390-391, 440-442, 444-445, 447-461, 472-473, 475, 478, 485
浜田◆読売新聞記者　358, 377, 379, 392, 421, 462, 491
浜田幸一（浜幸）◆衆議院予算委員長（自民党）027, 058, 067-068, 079, 081, 093, 110, 113, 154, 225, 232, 252-253, 255-258, 261-269, 271, 291, 301, 351, 413
浜田靖一◆浜田幸一長男　268
浜本英輔◆大蔵省大臣官房文書課長→審議官　069-070, 083, 109, 121, 126, 409, 411, 438-439, 440, 455
早坂茂三◆田中角栄秘書→竹下登秘書役　020, 051, 060, 081, 083, 086, 089-090, 093, 096, 099-101, 108, 110, 112, 120, 125, 127, 129, 133, 142, 148, 157-158, 170, 177, 184-186, 190-191, 202, 219-220, 225, 229, 234, 262-263, 267-270, 281-282, 284-285, 287, 292, 294, 298, 310-311, 329, 345, 347, 365-366, 371, 377, 384, 392-393, 395, 418, 442, 451, 467, 477, 493
林◆東京地検検事　458
林讓治◆元自民党代議士　008-009, 294
林義郎◆衆議院予算委理事（自民党）068, 093
林田悠紀夫◆竹下内閣法務大臣　477
早野◆朝日新聞記者　050, 459, 489
原健三郎◆衆議院議長（自民党）024-025, 050, 066, 077-078, 082, 086, 088, 113, 116-117, 119, 122-124, 127, 129, 132, 137, 144, 156-158, 201, 205, 242-243, 249, 281, 333-334, 458
原田昇左右◆衆議院議運委理事（自民党）462
原田憲◆衆議院リクルート問題調査特別委員長（自民党）471, 474, 476
東中光雄◆衆議院議運委理事（共産党）071, 134, 174, 176, 392, 462, 468, 487-488, 491

富成◆衆議院事務局職員　269
鳥居一雄◆衆議院議運委理事（公明党）114, 223, 225, 264, 294, 298, 323, 353, 359, 367, 372-374, 433, 462, 468-469

ナ行

中上政信◆創価学会組織企画部副部長（秋谷会長秘書）070, 088, 104, 252, 329, 343, 345-346, 349, 352, 384-386, 394, 409, 411, 413, 424, 427, 434, 448, 450-452, 458, 460
中島◆NHKデスク　268-269
中島隆◆衆議院事務次長→会計検査院検査官　051-053, 061, 072, 082
中島俊明（ジャンボ）◆朝日新聞記者　052, 061-064, 074, 083, 108, 127, 135, 171, 458, 473, 485, 488
永末英一◆民社党副委員長　021, 081, 129, 137, 424
中曽根康弘◆内閣総理大臣　07, 011, 016, 018-026, 029, 050-051, 053-059, 062, 064, 066-067, 070, 091, 093-095, 099-103, 107-108, 111, 116, 119-123, 127-130, 143, 149, 151, 157-158, 170, 175, 184-185, 189-195, 199, 208-209, 212, 220, 227, 239-242, 244-245, 248, 280-281, 353, 462, 464, 484
永田◆早坂茂三氏知人　419
中野寛成◆民社党代議士、議運委理事、国対副委員長　128, 146, 183, 218, 224, 273-274, 277, 419, 462
中浜万次郎（ジョン万次郎）◆　230, 234, 294
灘尾弘吉◆元衆議院議長（自民党）119
楢崎弥之助◆社民連代議士　031, 422, 424, 444-445, 449, 457-458, 473
成田知巳◆元社会党書記長　309
二階堂進◆自民党代議士　110, 128, 133, 149
西内◆筆者知人　093, 099, 476
西崎◆西日本新聞編集局長　090
西村◆筆者知人　099
西村英一◆自民党代議士　110, 133
西村春水◆筆者知人　219
二宮◆大蔵省参事官　083, 109, 156, 170, 365, 371
野田毅◆自民党国対副委員長　136, 388, 424
野呂山◆建設省（越智建設大臣秘書官）211-212

377-378, 384-385, 389, 391-393, 395, 412, 415-416, 419, 442, 448-449, 451-452, 456, 461, 463-464, 477, 483, 485-486, 488-489, 493
田沢吉郎◆竹下内閣防衛庁長官 409
田代富士男◆公明党参議院議員 215, 259, 313-314, 321
立花隆◆ジャーナリスト 459
辰巳◆元リクルート幹部 449
館山◆連合 282
田中角栄◆元内閣総理大臣 067, 110, 142, 152-153, 160, 189-190, 196-197, 184, 309
田中健蔵◆第11回統一地方選挙福岡県知事選自民・公明・民社推薦候補 080, 087, 089-090, 093, 095, 101, 109
田中直紀◆田中角栄女婿 127
田中真紀子◆田中角栄長女 127
田中良紹◆TBS記者 053, 079-080, 083, 091, 094, 113, 175, 184, 265-266, 280
田名部匡省◆自民党代議士 154, 175
田辺誠◆社会党代議士 480
谷福丸◆衆議院事務局秘書課長 153, 155, 354
谷垣禎一◆自民党国対副委員長 251
谷川和穂◆自民党代議士 136
田村元◆竹下内閣通産大臣 153-154, 232
知野虎雄◆元衆議院事務総長 009, 224
塚本三郎◆民社党委員長 017, 019, 029-030, 105, 253, 259, 316, 328-329, 332, 347, 350, 353, 359, 363, 458
津島雄二◆自民党代議士 136
土田喜代治◆衆議院委員部職員 058, 090, 117, 185, 201, 213, 215, 218, 268, 282, 432, 476
土屋義彦◆自民党参議院議員会長 464, 492
寺前巌◆共産党国対委員長 433
土井たか子◆社会党委員長 019, 058, 094, 103, 105, 111, 152-153, 253, 280, 388, 395, 398, 449, 457, 479, 482
遠山茂樹◆法政大学教授 008
戸沢政方◆衆議院法務委員長（自民党） 271
戸田城聖◆元創価学会会長 333, 335

303-305, 354, 373, 376, 383, 389, 392, 423-425, 428, 462, 468-469, 486
下野◆衆議院委員部課長（消費税問題担当） 459-460, 464
昭和天皇◆ 033, 182-184, 346, 429, 432, 461
白戸◆テレビ朝日記者 267
真藤恒◆NTT社長→会長 080, 489
菅原◆朝日新聞記者 173
菅原茂世◆ドゥ・ベスト代表取締役 442, 447, 449, 456, 458, 460
鈴木◆公明党政策審議会社会福祉担当 328
鈴木善幸◆元内閣総理大臣 016, 194
鈴木隆夫◆元衆議院事務総長 009
砂田重民◆衆議院予算委員長（自民党） 023, 059, 063-064, 071, 073-074, 076-077, 082, 089, 093, 108
全斗煥◆韓国大統領 194
園田直◆元衆議院副議長（自民党） 010-012, 086

……………… タ行

高石邦男◆前文部事務次官 460-462, 464, 472, 474-475
高辻正巳◆竹下内閣法務大臣 494
高戸純夫◆衆議院事務局文書課長 182
高橋◆読売新聞記者 067, 100, 102, 113, 146, 299
高久◆朝日新聞記者 082, 089, 108, 128, 178, 182, 184
多賀谷真稔◆衆議院副議長（社会党） 024, 077, 119, 122-123, 157
竹入義勝◆公明党前委員長 076, 080, 087, 096, 104, 107, 252, 268, 301, 313-314, 321-323, 327, 333, 351, 410, 464
竹下唯子◆竹下登母 197
竹下登◆第1・2次中曽根内閣大蔵大臣→自民党幹事長→内閣総理大臣 007, 011, 016-017, 020-030, 032-035, 050, 053, 060-061, 064, 066, 068-069, 079, 081, 083, 086, 088-091, 093-097, 099-102, 107-108, 110-123, 127-130, 132, 135-136, 142, 146-148, 151, 154, 157-158, 161, 164-168, 170, 177-179, 184-186, 189-193, 196-202, 205-206, 208-212, 219-223, 225-227, 229, 233-234, 239, 244-249, 251, 258, 263, 267-269, 274-275, 280-282, 284, 286, 291-292, 298, 310-311, 315, 319-320, 322, 325-327, 329, 337-338, 345, 347, 352, 366, 371, 375,

権藤恒夫◆公明党議運委理事→国対委員長　017, 020-021, 028, 030-031, 033, 057, 062, 064, 066-067, 069-070, 074-075, 080-081, 083, 086, 088-091, 093-097, 100-101, 107, 109-110, 112, 115, 118, 125, 161, 164-166, 185, 218, 222, 229, 252, 259, 268, 274, 281-282, 284-285, 290, 299-303, 313-315, 321-325, 327-333, 335-337, 339-346, 348-352, 358, 371, 380, 382-386, 394-395, 410-413, 419-420, 424, 427, 433-434, 438, 441, 447-448, 450-453, 456-460, 462-464, 469, 473, 490

……………… サ行

斎藤邦吉◆元自民党幹事長　265
斎藤十朗◆第三次中曽根内閣厚生大臣　100
斉藤文夫◆参議院税特委委員（自民党）491
坂井弘一◆公明党代議士　137, 454
坂上富男◆社会党代議士　470
坂口力◆公明党代議士、政審会長　137, 393, 424, 434
桜井新◆衆議院議運委理事（自民党）219, 389, 462
佐々木◆朝日新聞記者　267, 282, 347, 354
佐々木更三◆元社会党委員長　309
佐藤榮作◆元内閣総理大臣　187, 196-197, 313
佐藤観樹◆社会党代議士　305
佐藤健一◆自民党国対事務局次長→幹事長室　060, 065-066, 068-070, 091, 093, 108-109, 123, 153, 156, 159, 161, 166, 170, 177, 184-185, 190, 211-212, 219, 234, 264, 266, 270, 359, 397, 413, 449-450, 476
佐藤孝行◆自民党代議士　152-153
佐藤宏尚◆衆議院職員　263, 324
佐野◆NHK記者　115
塩崎武男◆前尾繁三郎縁者　352
重城◆時事通信記者　358, 421
島桂次◆NHK専務理事　294
島崎◆筆者知人　352
嶋崎均◆参議院議運委員長（自民党）168, 491-492, 494
清水勇◆社会党国対副委員長、衆議院議運委理事　054, 065, 072, 081, 126-128, 134, 136, 154, 174-175, 272, 276, 285, 291, 299,

仮谷忠男◆自民党代議士　086
河合康文◆SE総合設計社長　441-442, 444-445, 447, 449, 456, 458, 460, 485
川崎寛治◆社会党代議士、税制特委員　063, 427
川出◆毎日新聞記者　358
川俣健二郎◆衆議院予算委理事（社会党）076
瓦力◆竹下内閣防衛庁長官→税制特理事　155, 171, 211, 264, 378, 409, 434, 442, 445, 449, 461, 493
神崎武法◆公明党代議士　328, 353
木内良明◆公明党代議士　114
岸信介◆元内閣総理大臣　174, 178, 358
木村◆朝日新聞記者　062, 066-067, 072, 079, 097, 099-100, 113, 115, 118, 120-121, 130, 133, 135, 167, 169, 173, 185, 218, 266
木村◆衆議院議事部長　487
木村武雄◆元自民党代議士　187
喜屋武真栄◆参議院税特委委員（沖縄社会大衆党）491
京極純一◆東京大学名誉教授　205-206, 210
清重◆NHK記者　218
清原◆朝日新聞記者　130, 377
国正武重◆朝日新聞編集委員　057, 177, 229
久野忠治◆元自民党代議士　187
久保◆道路公団関係者　267
熊谷弘◆自民党国対副委員長　171, 251
久米宏◆ニュースキャスター　203
倉石忠雄◆元自民党代議士　052
桑名義治◆元公明党代議士　411
小泉純一郎◆自民党代議士→国対筆頭副委員長　136, 232, 425, 441, 443
高村正彦◆自民党代議士　176
河本敏夫◆自民党代議士　149, 257
後藤田正晴◆中曽根内閣官房長官　007, 016, 053, 057, 065, 067-069, 071, 100, 108, 111, 119-120, 123, 127, 130, 147, 156, 161, 184-185
小松秀熙◆川崎市助役　330
近藤◆建設省課長　212
近藤元治◆自民党代議士　171

413, 418-421, 424, 426-428, 432, 437, 440, 447, 450-451, 454-455, 457, 460, 462-466, 469-470, 478, 485, 490
小沢佐重喜◆元自民党代議士　009
小沢貞孝◆民社党国対委員長　154, 164, 166-167, 284, 360
小田◆朝日新聞記者　089
越智伊平◆衆議院議運委員長→竹下内閣建設大臣　020, 023, 026, 051-054, 057-059, 061-070, 072-075, 079, 081-083, 088, 091, 108-109, 113-114, 122, 129-130, 132-135, 146-148, 152-157, 160-161, 166, 168, 170-173, 175-178, 182-183, 185, 190, 201, 211-213, 218, 389
小野◆リクルート社秘書室長　437, 470-471, 487
小渕恵三◆竹下内閣官房長官　232, 326, 328, 364-365, 464

……………… **カ**行

カーチス, ジェラルド◆コロンビア大学教授　210
海部俊樹◆自民党代議士、税制特委理事　033, 437
香川◆小沢官房副長官秘書　413, 457, 466
影山◆NHK記者　218, 471
風祭幸子◆田中角栄実妹　110, 127-128
梶木◆参議院税特委委員長（自民党）491-492
梶本◆週刊朝日記者　051, 066-067
梶原清◆自民党参議院議員　494
春日一幸◆民社党常任顧問　109, 364
加藤紘一◆自民党代議士　064, 133, 445
加藤孝◆前労働事務次官　460-462, 464, 472, 474-475
門田◆木曜会事務局長　476
金子みつ◆社会党代議士　222
金子満広◆共産党代議士　112
金丸信◆自民党副総裁→税制問題調査特別委員会委員長　007, 019, 022-025, 032-033, 053, 057, 067, 079-080, 083, 086, 091-092, 094, 097, 099-100, 102, 108, 111, 113, 116, 120, 123, 127, 130, 154, 167, 175, 185, 225, 256, 266-267, 269, 279, 315, 425-426, 430, 434, 437, 439, 441, 443, 447, 456-459, 461-462, 464
金本◆朝日新聞記者　358, 489

072, 076, 081, 087, 091-092, 104-105, 109, 111, 115-116, 118-119, 123, 129, 152-153, 155, 157, 165-166, 225-229, 234, 238, 252, 258-259, 264-265, 282, 286, 301-302, 313-314, 325, 333-337, 339, 350-351, 375, 383, 388, 394, 411, 415, 418, 427, 429, 432-433, 438, 441, 446, 451, 453, 460-461, 464-465, 469, 490
大島理森◆衆議院議運委理事（自民党） 218, 425
太田昭宏◆創価学会青年部長 064
大坪道信◆衆議院事務局委員部職員 074, 201, 218
大友武◆衆議院事務局委員部予算担当課長 063, 082
大西正男◆自民党代議士 179
大橋敏雄◆公明党代議士 090, 322-325, 327, 330, 333-337, 339, 389, 413
大平正芳◆元内閣総理大臣 015, 034
岡田利春◆社会党代議士 153
緒方◆大蔵省主計官 063
緒方信一郎◆衆議院庶務部長→事務次長 062, 070, 147, 153, 155, 159, 169, 221, 420, 488, 493
岡部◆毎日新聞記者 059, 090-091, 110, 183, 185
岡村泰孝◆法務事務次官 467
小川是◆大蔵省大臣官房文書課長→竹下総理秘書官 155, 282
小川仁一◆社会党代議士 076
奥田敬和◆衆議院予算委筆頭理事（自民党）→予算委員長 267, 270-271, 393-394
奥田八二◆福岡県知事、九州大学名誉教授 090, 095
奥野誠亮◆自民党代議士 136
小倉武一◆政府税制調査会長 322
小此木彦三郎◆自民党代議士 093
小沢一郎◆竹下内閣官房副長官（政務） 007, 009-010, 017, 020-021, 023-024, 026, 028, 030, 033, 035, 052-053, 074-075, 079-081, 083, 086-087, 089, 091, 093-095, 107, 117-118, 123, 125-126, 130, 132, 164-166, 213-215, 218-220, 222-223, 232, 264, 270, 274, 281-282, 285, 292, 297-299, 302-304, 306, 310, 313, 321, 323-325, 328-330, 339, 341-344, 346-349, 354, 360-365, 370, 372, 374, 376-378, 390, 392-394, 411,

岩動麗◆元参議院議員・岩動道行夫人、林譲治長女　074
市川雄一◆公明党国対委員長　056, 076, 087, 104, 114, 129, 156, 166, 169, 178, 228, 259, 277, 284-285, 290, 301-302, 305, 312-313, 316, 350-352, 358, 367, 372-373, 375, 383, 394, 396, 412, 418, 426, 428, 438, 453, 456, 468-469, 490
伊藤栄樹◆前検事総長　450, 452
伊藤茂◆社会党代議士、政審会長　136, 424
伊東正義◆自民党政調会長→総務会長、税制改革協議会座長　025, 058-060, 071, 136-137, 156, 158, 160, 464
糸山英太郎◆衆議院議運委理事（自民党）062, 081, 091, 128, 156, 160, 172, 176, 202, 211
井上◆創価学会本部役員室総務部長　064
井上◆NHK記者　471
井上◆アカハタ記者　487, 491
井上泉◆社会党代議士　173, 253
井上普方◆社会党代議士　395
岩垂寿喜男◆社会党代議士　449-450
位田尚隆◆リクルート社長　475
上田哲◆衆議院予算委理事（社会党）073, 112, 263, 267, 286-287
上村千一郎◆衆議院政倫審会長（自民党）153, 160
宇佐見忠信◆同盟会長　347, 350
薄井信明◆大蔵省主税二課長　083
宇野宗佑◆竹下内閣外務大臣　251
江崎◆早坂事務所スタッフ　142, 148, 202
江副浩正◆リクルート前会長　032, 352, 386, 416-418, 422-424, 428-431, 433-434, 437-445, 448, 452, 460-462, 464, 471-472, 474-475, 478, 485, 487
江田五月◆社民連代議士　184
榎本◆公明党職員　100, 274
近江巳記夫◆衆議院議運委理事（公明党）→交通特委員長　071, 114, 134, 153, 183, 223
大出俊◆社会党国対委員長　067, 136-137, 148, 159-160, 166, 175, 178, 269, 305, 312-313, 341, 351, 367, 371, 373, 376, 468, 479
大内啓伍◆民社党書記長　105, 108, 111, 166
大久保直彦◆公明党書記長　017, 020-021, 023, 050-051, 053-059, 070,

主要人名索引

肩書きはいずれも日記に登場した際の記述に基づき、変遷があった場合には極力追跡調査を行ったが、一部、筆者の日記以外のメモ、記憶に拠った部分もある

ア行

相沢英之◆衆議院法務委員長（自民党） 265, 271
青木伊平◆元竹下首相秘書 352-353, 390, 448
赤城宗徳◆自民党代議士 184
秋田大助◆元衆議院副議長 477
秋谷栄之助◆創価学会会長 066, 087, 096, 104, 343, 346, 350-351, 384, 386, 394, 409, 411, 418, 424, 450
浅井◆公明党関係者 313
阿曽◆毎日新聞記者 458, 486
安倍晋太郎◆自民党総務会長→幹事長 029, 033, 066, 102, 108, 185-186, 195-197, 213, 267, 269-270, 295, 306, 325-326, 353, 370, 396, 415, 421, 423, 449, 461-462, 464, 466-467, 472
安藤仁◆前尾繁三郎秘書→宮沢蔵相秘書 061, 129, 155, 352-353, 359, 390-391, 448, 451, 473, 485, 488
池内文雄◆朝日新聞記者 020, 030, 050, 060-062, 66, 068-069, 071, 074-075, 079, 081, 083, 090, 093, 100-102, 130, 169, 178, 183, 185, 218, 229, 251, 263, 268, 285, 315, 328, 353, 359, 370, 380, 382, 384-385, 390-391, 396-397, 409, 411, 418-419, 421, 424, 426-427, 433-434, 439, 456, 459-461, 465-467, 473, 476, 485-486, 488, 490
池田克也◆公明党副書記長 054, 272, 352, 457-458, 460
池田大作◆創価学会名誉会長 019, 074, 087, 094-096, 104, 215, 321-323, 334-335, 352, 458-459, 460
池田友之◆リクルート・コスモス社長 475
池田勇人◆元内閣総理大臣 157, 294
池田稔◆衆議院委員部長→事務次長 053, 061, 063, 070, 136, 159, 270-271, 377, 437, 440, 487, 491
池田行彦◆衆議院大蔵委員長（自民党） 114, 125
石井一◆衆議院議運委理事（自民党）→副幹事長 072, 081, 128, 134, 212, 428, 433
石坂匡身◆大蔵省大臣官房文書課長 282, 314-315, 326
石田幸四郎◆公明党副委員長 315, 333, 358-359
石原信雄◆竹下内閣官房副長官（事務） 016, 378

著者略歴

平野貞夫（ひらの・さだお）

一九三五年高知県生まれ。一九五八年法政大学法学部法律学科卒業。一九六〇年法政大学大学院社会科学研究科政治学専攻修士課程修了後、衆議院事務局に入局。園田直衆議院副議長秘書、前尾繁三郎衆議院議長秘書、委員部総務課長などを経て委員部長。一九九二年参院高知地方区から立候補して当選。参議院財政金融委員長などを歴任。二〇〇四年に引退後は論説・執筆活動に専念し、著書多数。

校訂者略歴

赤坂幸一（あかさか・こういち）

九州大学大学院法学研究院准教授

一九七五年京都府生まれ。一九九八年京都大学法学部卒業。二〇〇三年金沢大学法学部助教授。広島大学大学院法務研究科准教授を経て、二〇一〇年より現職。

主要論文に「統治システムの運用の記憶――議会先例の形成」『レヴァイアサン』四八号（二〇一一年）、「解散の原理とその運用」大石眞／土井真一／毛利透編著『各国憲法の差異と接点――初宿正典先生還暦記念論文集』（成文堂、二〇一一年）、「事務局の衡量過程のEpiphanie」衆議院事務局編『逐条国会法』第一巻（信山社、二〇一一年）。訳書にコンラート・ヘッセ著『ドイツ憲法の基本的特質』（成文堂、二〇〇六年、初宿正典と共訳）などがある。

奈良岡聰智（ならおか・そうち）

京都大学大学院法学研究科准教授

一九七五年青森県生まれ。一九九九年京都大学法学部卒業。二〇〇四年京都大学大学院法学研究科博士後期課程修了。京都大学法学研究科助教授を経て、二〇〇六年より現職。

主要論文に「消費税導入をめぐる立法過程の検討――「平野貞夫日記」を手がかりに」『レヴァイアサン』四八号（二〇一一年）、「近代日本政治と「別荘」――「政界の奥座敷」大磯を中心として」筒井清忠編著『政治的リーダーと文化』（千倉書房、二〇一一年）。単著に『加藤高明と政党政治――二大政党制への道』（山川出版社、二〇〇六年）がある。

消費税国会の攻防 一九八七-八八
平野貞夫 衆議院事務局日記

二〇一二年五月二十八日 初版第一刷発行

著者 平野貞夫
校訂・解題 赤坂幸一／奈良岡聰智
発行者 千倉成示
発行所 株式会社 千倉書房
〒一〇四-〇〇三一
東京都中央区京橋二-四-一二
〇三-三二七三-三九三一(代表)
http://www.chikura.co.jp/

印刷・製本 中央精版印刷株式会社

造本装丁 米谷豪

©HIRANO Sadao 2012
Printed in Japan〈検印省略〉
ISBN 978-4-8051-0994-6 C3031

乱丁・落丁本はお取り替えいたします

JCOPY ＜(社)出版者著作権管理機構 委託出版物＞

本書のコピー、スキャン、デジタル化など無断複写は著作権法上での例外を除き禁じられています。複写される場合は、そのつど事前に、(社)出版者著作権管理機構(電話 03-3513-6969、FAX 03-3513-6979、e-mail: info@jcopy.or.jp)の許諾を得てください。また、本書を代行業者などの第三者に依頼してスキャンやデジタル化することは、たとえ個人や家庭内での利用であっても一切認められておりません。

日米同盟というリアリズム　信田智人 著

外交政策から戦後各期の日米関係を通観し、21世紀の同盟国に求められる安全保障の未来像を提示する。

❖四六判／本体 二二〇〇円＋税／978-4-8051-0884-0

外交的思考　北岡伸一 著

外交の基礎は冷静な現状分析と歴史の振り返りである。確かな歴史認識に裏打ちされた政治への洞察を読む。

❖四六判／本体 一八〇〇円＋税／978-4-8051-0986-1

政治へのまなざし　御厨貴 著

オーラルヒストリーなどを駆使し、メディアや建築と政治の関係を論じてきた先駆者が語る政治史学の愉しみ。

❖四六判／本体 二六〇〇円＋税／978-4-8051-0988-5

千倉書房

表示価格は二〇一二年五月現在